개발자를 위한
**쉬운 도커**
컨테이너 기초부터 개발자에게 필요한
네트워크, 볼륨 개념과 다양한 실무 사례까지

## 개발자를 위한
## 쉬운 도커
컨테이너 기초부터 개발자에게 필요한
네트워크, 볼륨 개념과 다양한 실무 사례까지

**지은이** 황현우
**펴낸이** 박찬규  **엮은이** 이대엽  **디자인** 북누리  **표지디자인** Arowa & Arowana

**펴낸곳** 위키북스  **전화** 031-955-3658, 3659  **팩스** 031-955-3660
**주소** 경기도 파주시 문발로 115, 311호(파주출판도시, 세종출판벤처타운)

**가격** 28,000  **페이지** 380  **책규격** 175 x 235mm

**초판 발행** 2025년 03월 25일
**ISBN** 979-11-5839-593-3 (93000)

**등록번호** 제406-2006-000036호  **등록일자** 2006년 05월 19일
**홈페이지** wikibook.co.kr  **전자우편** wikibook@wikibook.co.kr

Copyright © 2025 by 황현우
All rights reserved.
Printed & published in Korea by WIKIBOOKS

이 책의 한국어판 저작권은 저작권자와 독점 계약한 위키북스에 있습니다.
신저작권법에 의해 한국 내에서 보호를 받는 저작물이므로 무단 전재와 복제를 금합니다.
이 책의 내용에 대한 추가 지원과 문의는 위키북스 출판사 홈페이지 wikibook.co.kr이나
이메일 wikibook@wikibook.co.kr을 이용해 주세요.

개발자를 위한
# 쉬운 도커

황현우 지음

컨테이너 기초부터 개발자에게 필요한
네트워크, 볼륨 개념과 다양한 실무 사례까지

위키북스

이 책은 인프런에서 진행한 《개발자를 위한 쉬운 도커》 강의를 기반으로 집필했습니다. 강의는 2024년 1월 8일에 게시된 후 1년 동안 약 1,800명이 수강하며 좋은 반응을 얻었습니다.

도커는 컨테이너 가상화를 손쉽게 활용할 수 있게 해주는 도구로, 컨테이너 가상화 기술을 대중화하는 데 큰 역할을 했습니다. 2013년에 도커가 공개된 후 시간이 꽤 흘렀지만 여전히 신입사원이나 동료들이 도커를 낯설어 하는 모습을 흔히 볼 수 있습니다. 이는 대부분의 교육 과정에서 도커나 가상화 관련 개념을 깊게 다루는 경우가 드물고, 시중의 많은 도서가 명령어나 실습 위주로 구성돼 있기 때문입니다.

도커 자체는 복잡한 기술이 아닙니다. 도커를 처음 배우는 과정에서는 주로 명령어 위주로 익히는 경우가 많은데, 그러다 보면 명령어가 실제로 어떤 일을 수행하는지 충분히 이해하지 못한 채 '그냥 쓰게' 되는 경우가 많아집니다. 이는 컨테이너가 제 역할을 하지 못하거나 환경이 복잡해지면서 다양한 문제를 야기하는 경우도 생깁니다. 새로운 기술을 제대로 이해하려면 "왜 이 기술을 써야 하는가"라는 본질적인 질문에 답할 수 있어야 합니다. 가상화를 왜 사용해야 하는지부터 이해하고, 서버, 네트워크, 스토리지 같은 기본 지식이 뒷받침되어야 도커를 제대로 활용할 수 있습니다. 이 책은 도커의 원리와 애플리케이션을 컨테이너에서 운영했을 때의 장점을 충분히 이해할 수 있도록 돕고, 스스로 컨테이너 기반 애플리케이션을 설계할 수 있는 기초 역량을 다지는 것을 목표로 하고 있습니다.

이 책은 도커를 처음 접하는 개발자를 고려해 구성했습니다. 도커는 서버와 관련된 기술이기 때문에 왜 개발자가 배워야 하는지 의문이 생길 수 있습니다. 과거에는 개발자가 소스코드를 작성하고 운영자가 서버나 네트워크 같은 인프라를 관리하는 식으로 역할이 명확히 분리돼 있었습니다. 하지만 데브옵스(DevOps)가 확산되면서 개발과 운영의 경계가 점차 희미해지는 추세입니다. 서버 환경을 소스코드로 관리하는 IaC(Infrastructure as Code) 기술이 확산되고, 개발과 운영 역할이 자연스럽게 교차하며 데브옵스 엔지니어

직무가 만들어졌습니다. 이 과정에서 서버 관리 영역은 운영자의 중요한 역할로 남아 있지만 성능이나 유지보수를 담당하는 일로 더 압축되는 추세입니다.

저는 소프트웨어 인프라 엔지니어로 커리어를 시작했고, 이후 데브옵스 업무를 거쳐 개발자로 일하며 도커를 활용하고 있습니다. 인프라 엔지니어 시각에서 바라본 도커와 애플리케이션을 직접 개발하는 입장에서 보는 도커는 꽤 다릅니다. 애플리케이션을 개발한 사람이 애플리케이션의 특성을 가장 잘 파악하고 있기 때문에 개발자가 직접 컨테이너 환경을 설계하는 편이 더 자연스럽고 이점이 많다는 사실을 깨달았습니다. 이런 점에서 도커를 활용할 줄 아는 능력을 갖춘 개발자는 커다란 경쟁력을 갖게 될 것입니다.

이 책은 학부생 수준의 개발 역량을 갖추고, 도커를 처음 접하는 독자를 대상으로 기본 개념부터 실무 활용법까지 자연스럽게 익힐 수 있게 쓰였습니다. 초심자도 큰 어려움 없이 따라올 수 있도록 구성했으니 이 책을 통해 도커의 개념과 실무 활용법을 익히고 컨테이너 환경을 직접 설계하고 운영하는 역량을 키워나가길 바랍니다.

## 01 \ 도커 시작하기

**1.1** 실습 환경 정보 … 2

**1.2** 윈도우에서 실습 환경 구축하기 … 3
    1.2.1 깃 설치하기 … 3
    1.2.2 도커 데스크톱 설치하기 … 5
    1.2.3 VS Code 설치하기 … 8
    1.2.4 실습 폴더 생성하기 … 9
    1.2.5 실습 자료 내려받기 … 10

**1.3** macOS에서 실습 환경 구축하기 … 10
    1.3.1 iTerm2 설치하기 … 11
    1.3.2 홈브루와 깃 설치하기 … 11
    1.3.3 도커 데스크톱 설치하기 … 12
    1.3.4 VS Code 설치하기 … 14
    1.3.5 실습 폴더 생성하기 … 15
    1.3.6 실습 자료 내려받기 … 15

**1.4** 실습 가이드(윈도우, macOS 공통) … 16
    1.4.1 실습 명령어 복사하기 … 17
    1.4.2 브라우저 시크릿 창 사용하기 … 17
    1.4.3 모든 컨테이너 삭제하기 … 17

## 02 \ 가상화 기술과 컨테이너 가상화

**2.1** 서버 … 19
    2.1.1 서버와 클라이언트 … 20
    2.1.2 서버의 종류 … 21
    2.1.3 엔터프라이즈 환경의 서버 운영 … 22

| 2.2 | 가상화 기술 | 23 |
|---|---|---|
| | 2.2.1 가상화 기술과 소프트웨어 | 24 |
| | 2.2.2 가상화 기술의 경제성 | 27 |
| 2.3 | 하이퍼바이저 가상화 | 27 |
| | 2.3.1 프로세스와 OS | 29 |
| | 2.3.2 하이퍼바이저의 역할 | 29 |
| 2.4 | 컨테이너 가상화 | 31 |
| | 2.4.1 하이퍼바이저 가상화 vs. 컨테이너 가상화 | 32 |
| 2.5 | 도커 | 33 |
| | 2.5.1 도커의 아키텍처 | 34 |
| 2.6 | 컨테이너 실행 | 37 |
| | 2.6.1 웹 서버 | 37 |

## 03 　 이미지와 컨테이너

| 3.1 | 이미지 | 45 |
|---|---|---|
| | 3.1.1 프로그램을 실행하는 데 필요한 요소 | 46 |
| | 3.1.2 이미지 | 46 |
| | 3.1.3 이미지를 활용한 컨테이너 실행 | 47 |
| 3.2 | 컨테이너 | 47 |
| | 3.2.1 프로그램과 프로세스 | 47 |
| | 3.2.2 이미지와 컨테이너 | 48 |
| | 3.2.3 이미지와 컨테이너의 활용 | 49 |
| 3.3 | 이미지와 컨테이너의 메타데이터 | 54 |
| | 3.3.1 Cmd와 Env 값 변경하기 | 57 |
| | 3.3.2 docker run 명령의 -d 옵션 | 60 |
| 3.4 | 컨테이너의 생명주기 | 64 |

## 04 \ 이미지 레지스트리

**4.1** 이미지 레지스트리 … 73
    4.1.1 이미지 레지스트리의 기능 … 73
    4.1.2 이미지가 저장되는 공간 … 74
    4.1.3 프라이빗 레지스트리 … 75

**4.2** 이미지 이름 규칙 … 75

**4.3** 도커 허브 가입 및 이미지 공유하기 … 77

## 05 \ 이미지 빌드

**5.1** 이미지와 레이어 … 87
    5.1.1 레이어 구조의 장점 … 88
    5.1.2 레이어의 구성 원리 … 89
    5.1.3 이미지와 컨테이너의 레이어 … 91
    5.1.4 카피-온-라이트(Copy-On-Write; COW) … 97

**5.2** 이미지 커밋 … 98

**5.3** 이미지 빌드 … 103

**5.4** 빌드 컨텍스트 … 109
    5.4.1 .dockerignore 파일을 사용한 파일 제외 … 110

**5.5** 도커파일 지시어 … 112
    5.5.1 envColorApp … 112
    5.5.2 envColorApp 구성 … 113
    5.5.3 애플리케이션 빌드와 이미지 빌드 … 114
    5.5.4 envColorApp 소스코드 … 115

**5.6** 멀티 스테이지 빌드 … 128

| | |
|---|---|
| 5.6.1 JavaHelloApp | 128 |
| 5.6.2 JavaHelloApp 소스코드 | 130 |
| 5.6.3 학습 내용 정리 | 136 |

## 06 \ 컨테이너 애플리케이션

| | |
|---|---|
| **6.1 클라우드** | **137** |
| 6.1.1 클라우드 서버 | 138 |
| 6.1.2 퍼블릭 클라우드와 프라이빗 클라우드 | 138 |
| 6.1.3 클라우드와 공유 경제 | 138 |
| 6.1.4 클라우드 컴퓨팅의 핵심 요소: 확장성, 복원력, 비용 효율성 | 139 |
| **6.2 클라우드 네이티브** | **141** |
| 6.2.1 컨테이너 | 141 |
| 6.2.2 모놀리식과 MSA | 141 |
| **6.3 리피 애플리케이션** | **143** |
| **6.4 리피 애플리케이션 이미지 빌드하기** | **148** |
| 6.4.1 소스코드 다운로드 | 148 |
| 6.4.2 PostgreSQL 이미지 빌드하기 | 149 |
| 6.4.3 백엔드 애플리케이션 이미지 빌드하기 | 157 |
| 6.4.4 프런트엔드 이미지 빌드하기 | 166 |

# 07 네트워크

## 7.1 네트워크 기본 178
- 7.1.1 네트워크 178
- 7.1.2 IP 주소 179
- 7.1.3 공인 IP와 사설 IP 181
- 7.1.4 네트워크 인터페이스와 포트 184
- 7.1.5 공인망과 사설망 185
- 7.1.6 NAT와 포트 포워딩 186
- 7.1.7 DNS 189

## 7.2 도커 네트워크 192
- 7.2.1 브리지 네트워크 193
- 7.2.2 가상 네트워크와 인터페이스 194
- 7.2.3 포트 포워딩 명령 203
- 7.2.4 도커의 DNS 208
- 7.2.5 도커의 네트워크 종류 212

## 7.3 리피 네트워크 213


# 08 볼륨

## 8.1 컨테이너의 상태와 스테이트리스 특성 216
- 8.1.1 컨테이너의 스테이트리스 특성 216
- 8.1.2 서버 관리 패러다임의 변화: Pet vs Cattle 217

## 8.2 애플리케이션 현대화 220
- 8.2.1 컨테이너 기반 애플리케이션의 특징 220
- 8.2.2 스테이트리스 애플리케이션 개발 시 고려사항 222

### 8.3 도커 볼륨 — 223
- 8.3.1 도커 볼륨의 필요성 — 223
- 8.3.2 도커 볼륨의 작동 원리 — 225
- 8.3.3 도커 볼륨 활용 — 227
- 8.3.4 도커 볼륨 관리 명령어 — 228
- 8.3.5 도커 볼륨의 마운트 종류 — 229

## 09 \ 도커 실무

### 9.1 이미지 관리 — 240
- 9.1.1 RUN 지시어를 활용한 레이어 최적화 — 241

### 9.2 캐시를 활용한 빌드 — 246
- 9.2.1 레이어의 캐시 생성 원리 — 247
- 9.2.2 캐시를 활용한 빌드 최적화 — 248

### 9.3 3티어 아키텍처 구성 — 256

### 9.4 환경변수를 활용한 동적 서버 설정 — 263

### 9.5 이중화 DB 구성 — 270

### 9.6 컨테이너 애플리케이션 최적화 — 277
- 9.6.1 리소스 최적화 — 277
- 9.6.2 자바 힙 메모리 최적화 — 282

### 9.7 컨테이너를 활용한 개발 환경 구성 — 284

## 10 도커 컴포즈

**10.1** YAML 파일   305
**10.2** 도커 컴포즈 명령어   306

## 11 도커와 데브옵스

**11.1** 데브옵스   329
    11.1.1 CI/CD 파이프라인   330

**11.2** 깃허브 액션   331
    11.2.1 깃허브 가입 및 소스코드 포크   332
    11.2.2 리피 파이프라인 소스 확인   333
    11.2.3 깃허브 액션 개념   334
    11.2.4 워크플로 문법   335
    11.2.5 자주 사용하는 액션   337

# CHAPTER 01

# 도커 시작하기

컨테이너 기반 가상화 기술은 현대 소프트웨어 개발 및 운영 환경에서 필수적인 도구로 자리 잡았습니다. 특히 도커는 가장 널리 사용되는 컨테이너 관리 도구로, 애플리케이션을 효율적으로 배포하고 운영할 수 있습니다.

도커가 등장하기 전에는 서버를 구성하고 운영하는 과정이 복잡했습니다. 운영체제마다 설정이 달라 호환성을 맞추고, 의존성 충돌을 해결하며, 배포 중 발생하는 오류를 잡아내느라 많은 시간과 노력이 필요했습니다. 그러나 도커는 복잡한 설정 과정을 단순화하고, 개발과 운영 간의 협력을 효과적으로 지원하여 이러한 문제를 크게 줄였습니다.

이 책은 기본 개념, 심화 개념, 실무 적용, 활용 순으로 구성되어 있습니다. 1장부터 5장까지는 기본 개념 단계로, 컨테이너의 핵심 원리와 이미지를 빌드하는 방법을 학습합니다. 이어지는 심화 개념 단계에서는 네트워크와 볼륨 같은 기초 지식을 학습하고 컨테이너와 실습 애플리케이션에 적용합니다. 실무 적용 단계에서는 레이어 관리, 캐싱, 3티어 구성 등 다양한 사례를 통해 컨테이너를 실제 업무에 적용하는 방법을 살펴봅니다. 또한 인텔리제이 IDEA, VS Code와 같은 개발 환경에서 컨테이너를 활용하는 방법도 소개합니다. 마지막 활용 단계에서는 도커 컴포즈로 여러 컨테이너를 효율적으로 실행하고, 깃허브 액션을 통해 이미지 빌드와 푸시 과정을 자동화하는 방법을 다룹니다. 이를 통해 컨테이너 기반의 CI 파이프라인을 구축하는 과정을 다룹니다.

## 1.1 실습 환경 정보

이 책에는 컨테이너를 학습하기 위한 다양한 실습이 준비돼 있습니다. 이번 장에서는 실습을 위해 각 운영체제에 맞게 환경을 구성하는 방법을 설명합니다. 실습은 윈도우 10, 윈도우11, macOS에서 진행할 수 있게 구성했습니다.

이 책의 내용을 실습하는 데 필요한 최소 권장 사양은 다음과 같습니다.

**최소 권장 사양**

- CPU: 2코어
- RAM: 8GB

다음으로 실습 환경을 구축하기 위해 **터미널, 깃, 도커 데스크톱, VS Code** 순으로 설치하겠습니다. 그에 앞서 먼저 각 도구가 실습에서 어떤 역할을 하는지 알아보겠습니다.

- **터미널(terminal)**

    터미널은 컴퓨터에 명령을 직접 입력할 수 있는 도구입니다. 도커를 사용할 때는 터미널을 자주 활용합니다. 실습에서도 도커 명령을 실행하고 컨테이너 상태를 관리하는 데 터미널을 사용합니다. 윈도우 환경에서는 기본 터미널인 파워셸을 사용하고, macOS 환경에서는 다양한 편의 기능을 제공하는 터미널인 iTerm2[1]를 사용하겠습니다.

- **깃(Git)**

    깃은 소스코드의 버전 관리를 돕는 도구입니다. 실습에 필요한 코드는 깃을 통해 쉽게 내려받을 수 있습니다. 또한 각 버전별로 이동하며 실습을 진행할 수 있기 때문에 소스코드 관리 도구인 깃을 활용하겠습니다.

- **도커 데스크톱(Docker Desktop)**

    도커 데스크톱을 이용하면 실습 환경에 도커를 쉽고 빠르게 설치할 수 있습니다. 또한 컨테이너를 손쉽게 관리하고 실행할 수 있는 그래픽 사용자 인터페이스(Graphical User Interface; GUI)를 제공합니다. 도커 데스크톱은 개인, 교육용, 소규모 기업에 무료로 제공되지만 대기업에서 상업적으로 사용하려면 라이선스를 구매해야 합니다.

- **비주얼 스튜디오 코드(Visual Studio Code, VS Code)**

    실습에서 코드를 직접 작성하고 수정하려면 코드 편집기가 필요합니다. VS Code는 마이크로소프트에서 제공하는 코드 편집기로, 다양한 프로그래밍 언어와 도커를 지원합니다. 또한 가볍고 효율적인 코드 편집기로 널리 사용됩니다.

---

[1] https://iterm2.com/

## 1.2 윈도우에서 실습 환경 구축하기

윈도우에서 실습 환경을 구축하겠습니다. 윈도우 10과 윈도우 11을 사용할 경우 아래의 순서에 따라 프로그램을 설치합니다. macOS를 사용할 경우 이번 절은 건너뛰고 1.3절로 이동합니다. 소스코드를 다운로드하기 위해 깃을 설치한 후, 도커를 실행하기 위한 도커 데스크톱과 코드를 편집하기 위한 VS Code를 설치할 것입니다.

### 1.2.1 깃 설치하기

웹 브라우저를 열고 깃 공식 웹사이트에 접속합니다. 메인 페이지에서 [Download for Windows] 버튼을 클릭해 다운로드 페이지로 이동합니다.

- 깃 공식 웹사이트: https://git-scm.com/

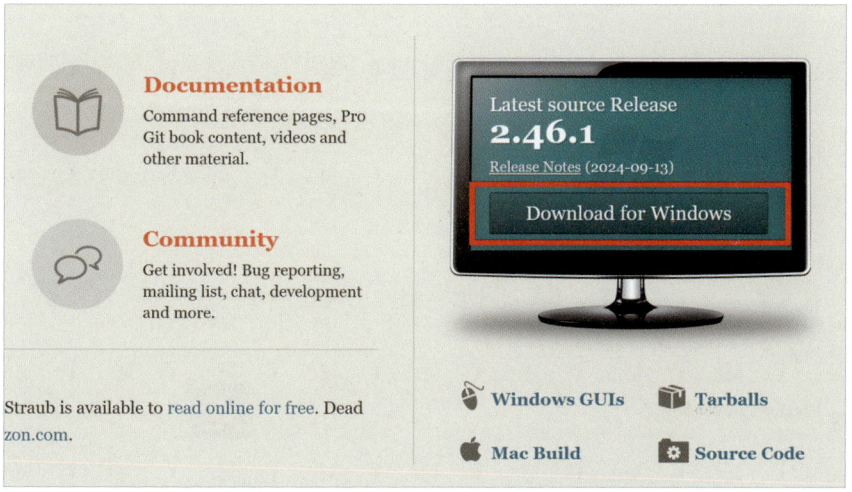

그림 1.1 깃 공식 웹사이트에서 다운로드 페이지로 이동

다운로드 페이지에서 PC 사양에 맞는 버전을 선택합니다. 대부분의 최신 PC는 64비트 버전을 사용하므로 해당 버전을 선택하는 것이 일반적입니다. 다운로드가 완료되면 설치 파일을 실행합니다.

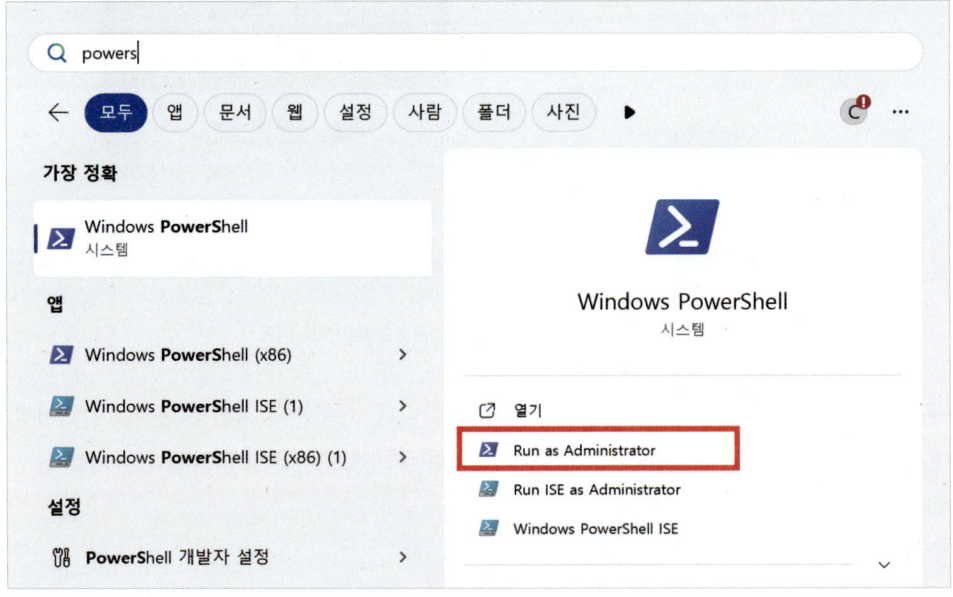

**그림 1.2** PC사양에 맞는 버전 선택

설치 마법사의 안내에 따라 설치를 진행합니다. 설치 과정에서 각 단계마다 [Next] 버튼을 클릭해 기본 옵션으로 설치를 진행합니다.

다음으로 시작 메뉴에서 'powershell'을 검색한 다음 [관리자 권한으로 실행]을 선택해 관리자 권한으로 실행합니다.

**그림 1.3** 파워셸을 관리자 권한으로 실행

터미널이 열리면 `git --version` 명령으로 깃이 정상적으로 설치됐는지 확인합니다. 버전 정보가 출력되면 설치가 성공적으로 완료된 것입니다.

```
$ git --version
git version ...
```

## 1.2.2 도커 데스크톱 설치하기

도커 데스크톱 다운로드 페이지로 이동해 설치 파일을 내려받습니다. 웹 브라우저에서 '도커 데스크톱 다운로드'를 검색해 이동하거나, 아래 주소로 직접 접속합니다. 다운로드 페이지로 이동한 후 [Download for Windows] 버튼을 클릭해 설치 파일을 내려받습니다.

- 도커 데스크톱 다운로드 페이지: https://www.docker.com/products/docker-desktop/

그림 1.4 윈도우용 도커 데스크톱 내려받기

다운로드가 완료되면 설치 파일을 실행합니다. 설치 마법사에서 설정(Configuration) 항목 두 개가 모두 선택돼 있는지 확인한 후 설치를 진행합니다.

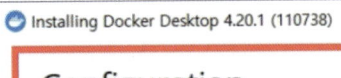

그림 1.5 설정 항목 두 개를 모두 체크해서 설치

윈도우10의 경우 WSL 2(Windows Subsystem for Linux 2)로 업데이트가 필요합니다. 도커 데스크톱은 윈도우에서 리눅스 컨테이너를 실행하기 위해 WSL 2를 사용합니다. (윈도우 11에는 기본적으로 WSL 2가 포함돼 있어 쉽게 활성화할 수 있습니다.) WSL 2로 업데이트하는 방법은 WSL 2 업데이트 가이드에 안내하고 있으므로 가이드 페이지를 참조하거나 이 책의 지침에 따라 업데이트를 진행합니다.

- WSL2 업데이트 가이드: https://learn.microsoft.com/ko-kr/windows/wsl/install-manual

### 윈도우 11 환경

윈도우 11을 사용할 경우 파워셸을 실행한 후 `wsl` 설치 명령을 실행합니다.

```
$ wsl --install
```

설치가 정상적으로 완료되면 다음 명령어를 입력해 기본 `wsl` 버전을 2로 설정합니다.

```
$ wsl --set-default-version 2
```

### 윈도우 10 환경

윈도우 10을 사용할 경우 파워셸을 실행한 후 다음 명령어를 실행합니다.

```
$ dism.exe /online /enable-feature /featurename:Microsoft-Windows-Subsystem-Linux /all /norestart
```

```
$ dism.exe /online /enable-feature /featurename:VirtualMachinePlatform /all /norestart
```

다음 링크로 이동해 WSL 2 커널 업데이트 패키지를 설치합니다. 또는 가이드 페이지의 'x64 머신용 최신 WSL2 Linux 커널 업데이트 패키지' 링크를 클릭해 설치할 수도 있습니다.

- WSL 2 커널 업데이트 패키지 다운로드: https://wslstorestorage.blob.core.windows.net/wslblob/wsl_update_x64.msi[2]

설치가 정상적으로 완료되면 파워셸에서 다음 명령어를 입력합니다.

```
$ wsl --set-default-version 2
```

설정을 모두 마쳤다면 PC를 재부팅한 후 도커 데스크톱을 실행합니다.

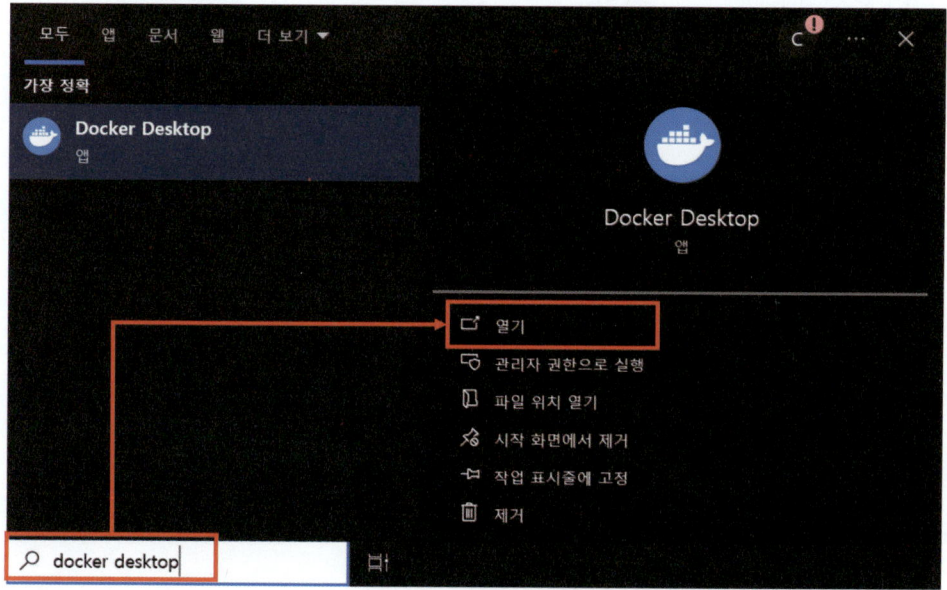

그림 1.6 도커 데스크톱 실행

---

2   단축 URL: https://bit.ly/wslu

### 1.2.3 VS Code 설치하기

웹 브라우저에서 'Visual Studio Code'를 검색해 공식 웹사이트로 이동하거나 아래 주소로 직접 접속합니다. 페이지에 접속한 후 [Windows] 버튼을 클릭해 설치 파일을 내려받습니다.

- VS Code 다운로드 페이지: https://code.visualstudio.com/download

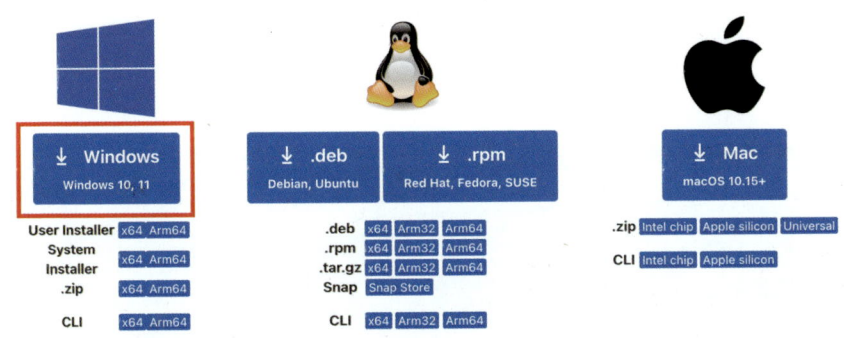

그림 1.7 VS Code 윈도우용 다운로드

다운로드가 완료되면 설치 파일을 실행해 설치를 진행하고, 라이선스 약관에 동의합니다. 설치 과정 중 '추가 작업 선택' 화면에서는 모든 옵션을 선택합니다.

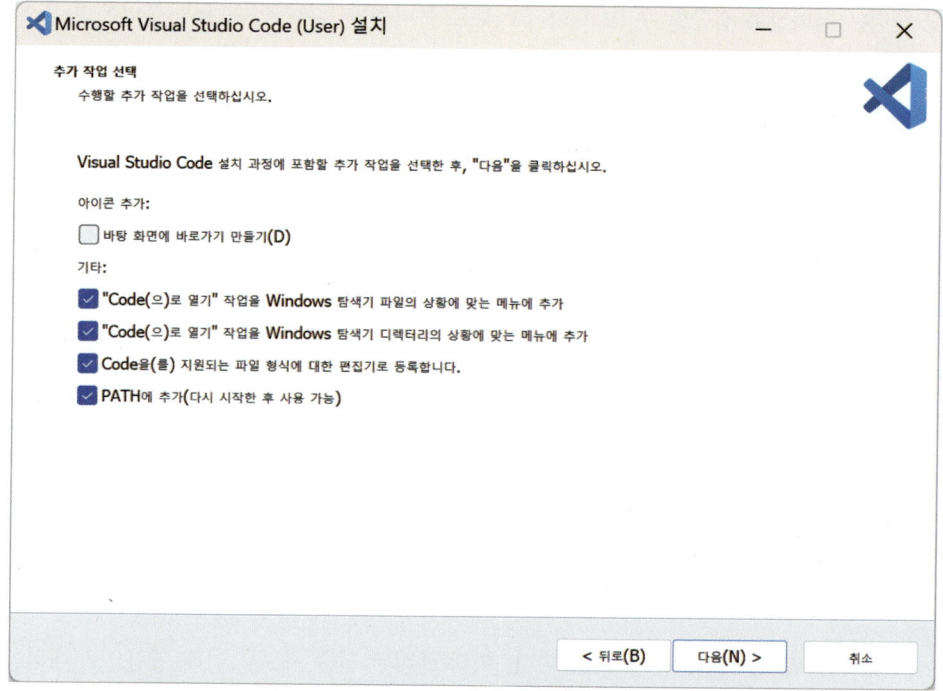

그림 1.8 VS Code 설치

이 옵션은 파일 탐색기의 컨텍스트 메뉴에 VS Code를 추가하고, 기본 편집기로 VS Code를 설정하는 등의 편의 기능을 제공합니다. 바탕화면에 바로 가기 아이콘이 필요하지 않으면 해당 옵션만 해제합니다. 설치가 완료되면 VS Code를 실행할 수 있습니다.

### 1.2.4 실습 폴더 생성하기

사용자 홈 디렉터리(C:\Users\<사용자명>)에 실습용 폴더를 생성합니다. 폴더 이름은 easydocker로 지정합니다. 폴더는 파일 탐색기에서 마우스 오른쪽 버튼을 클릭한 후 [새 폴더]를 클릭해 생성하거나 파워셸에서 다음 명령어로 생성할 수 있습니다.

```
$ cd ~                  # 사용자의 홈 디렉터리로 이동
$ mkdir easydocker      # easydocker 폴더 생성
$ cd easydocker         # 생성한 easydocker 폴더로 이동
```

실습 폴더는 터미널로 접근할 수 있고 VS Code로 폴더를 열 수도 있습니다. 폴더에 마우스 오른쪽 버튼을 클릭하고 **[Code(으)로 열기]** 버튼을 클릭하면 VS Code가 **easydocker** 폴더를 기준으로 열리게 됩니다.

그림 1.9 실습 디렉터리를 VS Code에서 열기

### 1.2.5 실습 자료 내려받기

이어서 실습을 위한 자료를 준비하겠습니다. 미리 준비된 실습 자료를 아래 명령으로 내려받을 수 있습니다. 단, 학습 효과를 높이려면 실습 자료의 명령어를 직접 입력해보는 것이 좋습니다.

```
$ cd ~/easydocker
$ git clone https://github.com/daintree-henry/easydocker-command
$ cd easydocker-command
$ ls
01.preparation    04.registry       07.network       10.compose
02.virtualization 05.build          08.volume        11.devops
03.image          06.application    09.practice      LICENSE
```

## 1.3 macOS에서 실습 환경 구축하기

macOS에서 실습 환경을 구축하겠습니다. 먼저 실습 명령을 위해 iTerm2 터미널을 설치하고, 소스코드를 내려받기 위한 깃을 설치합니다. 다음으로 도커를 실행하기 위한 도커 데스크톱과 코드를 편집하기 위한 VS Code를 설치하겠습니다.

## 1.3.1 iTerm2 설치하기

웹 브라우저를 열고 iTerm2 공식 웹사이트에 접속합니다. 메인 페이지에서 [Download] 버튼을 클릭해 설치 파일을 내려받습니다.

- iTerm2 공식 웹사이트: https://iterm2.com/

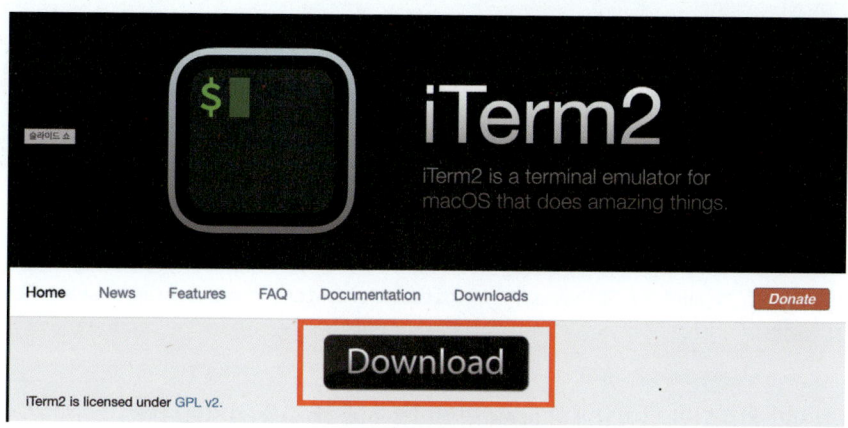

그림 1.10 iTerm2 설치 파일 다운로드

다운로드가 완료되면 내려받은 파일을 응용 프로그램 폴더로 드래그 앤드 드롭합니다. 설치를 마친 후 Spotlight 검색창(단축키: Command + space)을 열고 'iTerm'을 검색해 프로그램을 실행합니다.

그림 1.11 iTerm2 실행

## 1.3.2 홈브루와 깃 설치하기

개발 환경을 구성하기 위해 홈브루(Homebrew)와 깃을 설치하겠습니다. macOS에서 깃을 설치하기 위해서는 홈브루를 먼저 설치해야 합니다. 홈브루는 macOS용 패키지 관리자로, 다양한 소프트웨어를 쉽게 설치하고 관리할 수 있게 해주는 도구입니다. 웹 브라우저를 열고 홈브루 공식 웹사이트에 접속합니다. [복사] 아이콘을 클릭해 설치 명령어를 복사한 후 터미널에 붙여넣고 실행합니다.

- 홈브루 공식 웹사이트: https://brew.sh/

그림 1.12 홈브루 설치 명령어 복사

```
$ /bin/bash -c "$(curl -fsSL https://raw.githubusercontent.com/Homebrew/install/HEAD/install.sh)"
```

홈브루 설치가 완료되면 터미널에서 brew 명령어를 사용해 깃을 설치합니다.

```
$ brew install git
```

설치가 정상적으로 완료됐는지 확인하기 위해 깃 버전을 확인하는 명령어를 실행합니다. 버전 정보가 표시되면 설치가 성공적으로 완료된 것입니다.

```
$ git --version
```

### 1.3.3 도커 데스크톱 설치하기

도커 데스크톱을 설치하기 위해 웹 브라우저에서 '도커 데스크톱 다운로드'를 검색해 이동하거나, 아래 주소로 직접 접속합니다.

- 도커 데스크톱 다운로드 페이지: https://www.docker.com/products/docker-desktop/

다운로드 페이지로 이동한 후 [Download for Mac] 버튼을 클릭해 설치 파일을 내려받습니다. 다운로드 버튼은 사용자의 운영체제와 CPU 종류를 자동으로 감지해 적절한 버전을 보여주지만 정확한 CPU 버전이 선택됐는지 한 번 더 확인한 뒤 내려받습니다.

그림 1.13 도커 데스크톱 설치 파일 다운로드

다운로드가 완료되면 내려받은 설치 파일을 실행합니다. 설치 창이 열리면 도커 아이콘을 응용 프로그램 폴더로 드래그 앤드 드롭해 설치를 완료합니다. 설치가 끝나면 다운로드 폴더에 남아 있는 설치 파일(Docker.dmg 파일)은 삭제해도 됩니다.

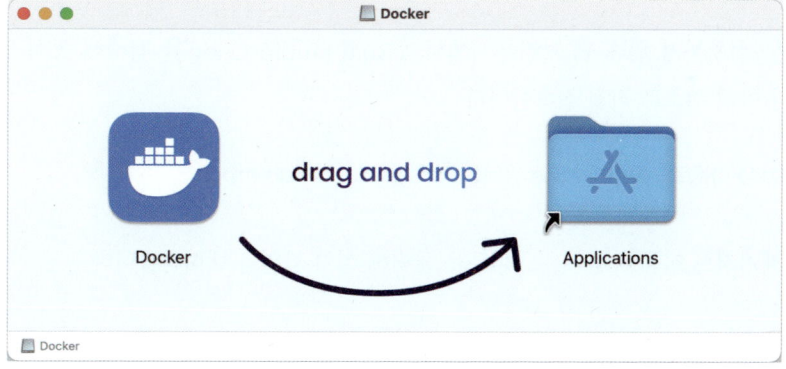

그림 1.14 응용 프로그램 폴더로 드래그 앤드 드롭

설치가 완료되면 응용 프로그램을 선택한 후 도커 데스크톱을 실행합니다.

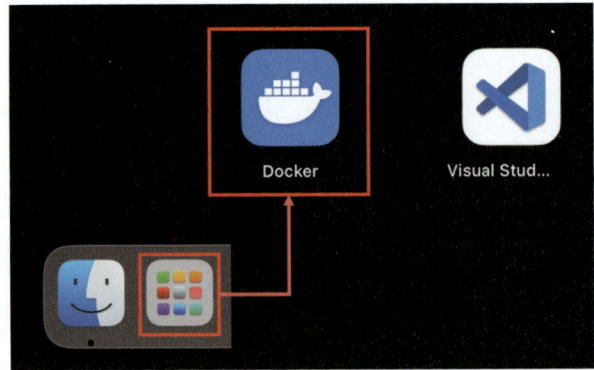

그림 1.15 응용 프로그램 선택 후 Docker 실행

프로그램이 정상적으로 실행되면 터미널에서 도커의 버전 정보를 확인할 수 있습니다.

```
$ docker version
```

실행 결과로 버전 정보가 표시되면 도커 데스크톱이 제대로 실행 중인 것입니다. PC를 재부팅한 후 도커 명령을 사용하려면 도커 데스크톱 애플리케이션을 다시 실행해야 합니다.

## 1.3.4 VS Code 설치하기

VS Code를 설치하기 위해 웹 브라우저에서 'Visual Studio Code'를 검색해 공식 웹사이트로 이동하거나 아래 주소로 직접 접속합니다.

- VS Code 다운로드 페이지: https://code.visualstudio.com/download

다운로드 페이지로 이동한 후 [Mac] 버튼을 클릭해 설치 파일을 내려받습니다.

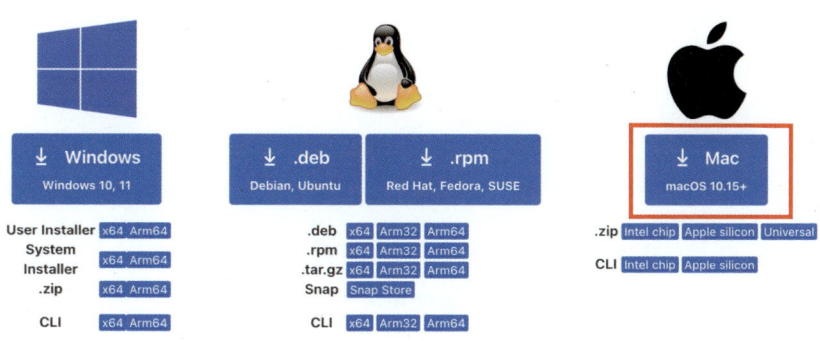

그림 1.16 Mac용 VS Code 다운로드

다운로드가 완료되면 압축을 해제하고 파일을 응용 프로그램 폴더로 드래그 앤드 드롭해 설치를 완료합니다. 설치가 끝나면 VS Code를 실행할 수 있습니다.

### 1.3.5 실습 폴더 생성하기

사용자 홈 디렉터리(/Users/<사용자명>)에서 실습용 폴더를 생성합니다. 폴더 이름은 easydocker로 지정합니다. 터미널에서 다음 명령어로 폴더를 생성할 수 있습니다.

```
$ cd ~                    # 사용자의 홈 디렉터리로 이동
$ mkdir easydocker        # easydocker 폴더 생성
$ cd easydocker           # 생성한 easydocker 폴더로 이동
```

### 1.3.6 실습 자료 내려받기

이어서 실습을 위한 자료를 준비하겠습니다. 미리 준비된 실습 자료를 아래 명령으로 내려받을 수 있습니다. 단, 학습 효과를 높이려면 명령어를 직접 입력해보는 것이 좋습니다.

```
$ cd ~/easydocker
$ git clone https://github.com/daintree-henry/easydocker-command
```

```
$ cd easydocker-command
$ ls
01.preparation      04.registry        07.network       10.compose
02.virtualization   05.build           08.volume        11.devops
03.image            06.application     09.practice      LICENSE
```

## 1.4 실습 가이드(윈도우, macOS 공통)

실습을 진행할 때 참고할 수 있는 여러 가지 가이드를 확인하겠습니다. 터미널을 편리하게 실행하고, 명령어 복사 및 붙여넣기, 브라우저 실행 방법 등 실습 과정에서 참고해야 할 기본적인 내용을 학습합니다. 그리고 실습 PC의 모든 컨테이너를 제거해 실습 환경을 정리하는 명령어도 알아보겠습니다.

### VS Code에서 터미널 실행하기

VS Code에서 터미널을 사용하면 코드를 편집하면서 명령어를 실행할 수 있어 편리합니다. VS Code에서 터미널을 실행하는 방법을 살펴보겠습니다. 먼저 VS Code를 실행하고, 상단 메뉴에서 [Terminal] → [New Terminal]을 차례로 클릭합니다.

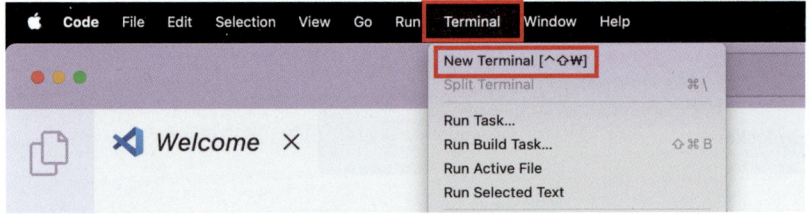

그림 1.17 VS Code에서의 터미널 실행

이렇게 하면 코드 편집 창 아래에 터미널 창이 나타납니다. 이제 코드를 작성하고 명령어를 실행하는 작업을 한 화면에서 할 수 있습니다.

## 1.4.1 실습 명령어 복사하기

실습 명령어를 빠르고 정확하게 입력하려면 복사 및 붙여넣기 기능을 활용할 수 있습니다. 내려받은 실습 자료에서 원하는 명령어를 마우스로 드래그해 복사합니다. 그다음 macOS 사용자는 iTerm2를, 윈도우 사용자는 파워셸을 실행합니다. 복사한 명령어를 터미널에 붙여넣습니다. 이때 윈도우 사용자는 마우스 오른쪽 버튼을 클릭하거나 Ctrl + V 단축키를 사용하고, macOS 사용자는 Command + V 또는 마우스 오른쪽 버튼을 클릭한 후 [붙여넣기]를 선택합니다.

## 1.4.2 브라우저 시크릿 창 사용하기

실습용 애플리케이션에 접속할 때는 웹 브라우저의 시크릿 모드(또는 개인 정보 보호 모드)를 사용합니다. 이 모드는 브라우저가 캐시를 저장하지 않아 실습에서 수정한 내용이 반영되지 않는 문제를 방지합니다. 이 책에서는 크롬 브라우저를 기준으로 설명하지만 대부분의 브라우저에서 시크릿 모드를 지원합니다.

크롬을 실행한 다음, 브라우저 창 오른쪽 상단의 케밥 메뉴 아이콘을 클릭하고 [새 시크릿 창]을 선택합니다. 그러면 '시크릿 모드로 전환됨' 페이지가 나타나며, 이 상태로 실습을 진행합니다.

그림 1.18 크롬 브라우저에서 시크릿 창 열기

## 1.4.3 모든 컨테이너 삭제하기

실습 중 문제가 생기거나 처음부터 다시 시작하고 싶을 경우 실행 중인 모든 컨테이너를 삭제해 초기 상태로 돌아갈 수 있습니다. 이 방법은 운영체제에 따라 약간의 차이가 있습니다.

윈도우에서는 파워셸을 열고 다음 명령을 실행합니다.

```
$ docker ps -aq | ForEach-Object {docker rm -f $_}
```

macOS에서는 터미널을 열고 다음 명령을 실행합니다.

```
$ docker rm -f $(docker ps -aq)
```

이 명령으로 실행 중인 모든 컨테이너를 삭제할 수 있습니다. 또는 각 실습 마지막 부분의 실습 환경 정리 내용을 참고합니다.

CHAPTER
02

# 가상화 기술과 컨테이너 가상화

**도커**는 **컨테이너**를 관리하는 소프트웨어입니다. 컨테이너는 **서버**를 효율적으로 사용하기 위한 **가상화 기술**입니다. 따라서 도커와 컨테이너를 이해하려면 **서버와 가상화 기술에 대한 기본 지식이 필요합니다**. 이번 장에서는 서버의 기본 개념을 정의하고, 가상화 기술의 일종인 하이퍼바이저(hypervisor)와 컨테이너(container) 가상화 기술을 비교합니다. 또한 컨테이너 가상화 도구인 도커에 대해 알아보겠습니다.

## 2.1 서버

컨테이너는 서버와 관련된 기술이므로 먼저 서버의 개념을 이해하는 것이 중요합니다. 서버는 IT 산업에서 자주 쓰는 용어로, 서버 프로그래밍, 서버 운영, 서버 설치 등 다양한 분야에서 사용됩니다. 서버는 서비스를 제공하는 컴퓨터를 의미하며, 모든 컴퓨터가 서버 역할을 할 수 있습니다. 여기서 서버는 하드웨어와 소프트웨어를 모두 포함하는 용어입니다. 예를 들어, 하드웨어로서의 서버는 '서버의 전원이 꺼졌다'와 같이 사용하고, 소프트웨어로서의 서버는 '서버 설치 파일을 다운로드했다'와 같이 표현합니다. 따라서 서버라는 단어는 사용되는 문맥에 따라 하드웨어나 소프트웨어를 가리킬 수 있으므로 정확한 문맥과 의미를 파악해야 합니다.

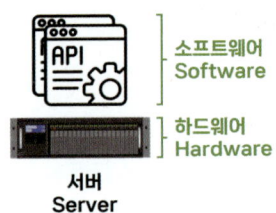

그림 2.1 하드웨어와 소프트웨어로 구성되는 서버

서버의 어원인 '서브(serve)'는 무언가를 제공한다는 의미를 갖고 있습니다. 예를 들어, 매장에서 직원이 서비스(service)를 제공하거나, 식당에서 음식을 서빙(serving)하는 경우가 여기에 해당합니다. 서버(server)라는 단어도 서브(serve)에서 파생된 것으로, **무언가를 제공하는 주체**를 의미합니다.

**Serve 제공하다**
Service : 제공하는 대상
Serving : 제공하는 행위
Server : 제공해주는 것

그림 2.2 무언가를 제공하는 주체를 의미하는 서버

### 2.1.1 서버와 클라이언트

서버는 무언가를 제공합니다. 서버로부터 무언가를 받으려면 원하는 것을 서버에 **요청(request)**해야 합니다. 그리고 서버는 이 요청에 대한 **응답(response)**을 제공합니다. 여기서 서버에게 원하는 것을 요청하는 주체를 **클라이언트(client)**라고 합니다.

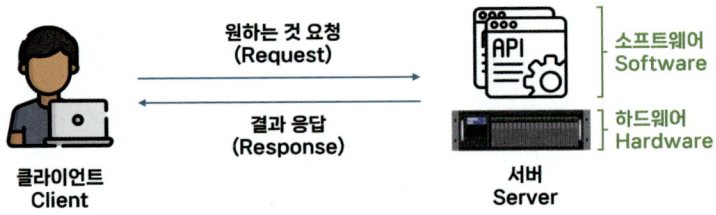

그림 2.3 원하는 것을 요청하는 클라이언트와 결과를 응답하는 서버

그림 2.3은 클라이언트와 서버의 상호작용을 보여줍니다. 클라이언트가 원하는 것을 서버에 요청하면, 요청이 네트워크를 통해 하드웨어로 전달됩니다. 하드웨어에서 실행 중인 소프트웨어가 이 요청을 처리한 후 결과를 클라이언트에게 응답합니다.

기업은 사용자에게 서비스를 제공하기 위해 서버를 운영합니다. 제공하는 서비스에 따라 하드웨어의 성능이나 소프트웨어 종류가 달라질 수 있습니다. 하지만 모든 서버의 공통점은 **클라이언트의 요청을 받아 결과를 응답**하는 것이며, 이것이 서버의 근본적인 역할입니다.

## 2.1.2 서버의 종류

실제 서비스를 구성하는 서버의 종류를 살펴보겠습니다. 서버는 실행 중인 소프트웨어에 따라 다양하게 분류됩니다. 대표적으로 파일 서버, 데이터베이스(DB) 서버, 웹 서버, 웹 애플리케이션 서버 등이 있습니다.

파일 공유 소프트웨어가 실행되는 서버는 **파일 서버**입니다. 클라이언트는 파일 서버를 통해 파일을 업로드하고 다운로드할 수 있습니다. 데이터를 관리하는 데이터베이스 관리 시스템(DBMS)이 설치된 서버는 **데이터베이스 서버**입니다. 대부분의 기업 애플리케이션은 데이터베이스 서버를 통해 데이터를 저장하고 조회합니다. 파일 공유 소프트웨어와 데이터베이스 관리 시스템은 보통 다른 회사에서 만든 소프트웨어를 구입해 사용하며, 이는 구글이 개발한 크롬(Chrome) 브라우저를 내려받아 사용하는 것과 유사합니다.

소프트웨어는 오픈소스이거나 유료 라이선스를 구매해 사용할 수 있습니다. 예를 들어, 데이터베이스 서버로는 오픈소스 소프트웨어인 MySQL이나 PostgreSQL이 있으며, 유료 소프트웨어인 Oracle 제품을 구매해 사용할 수도 있습니다. 이 책의 실습에서는 PostgreSQL을 사용합니다.

개발자가 직접 만든 소프트웨어를 실행하는 경우 **웹 서버(web server)**와 **웹 애플리케이션 서버(Web Application Server, WAS)**[3]를 사용합니다. 웹 서버는 프런트엔드 개발자가 만든 HTML, CSS, 자바스크립트(JavaScript) 파일을 브라우저에 제공하고, 웹 애플리케이션 서버는 백엔드 개발자가 개발하고 복잡한 로직을 처리하는 애플리케이션을 실행합니다.

---

3   WAS를 '와스'라고 읽습니다.

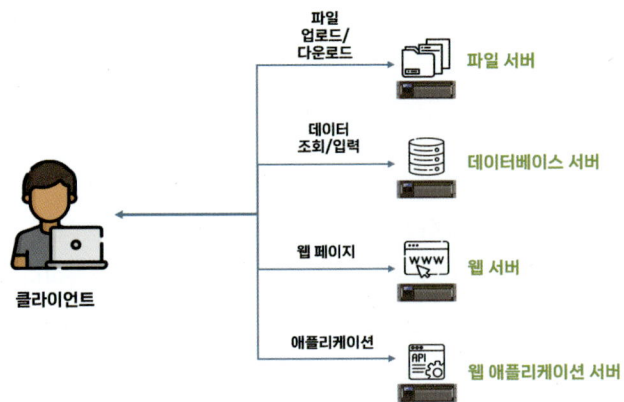

그림 2.4 실행되는 소프트웨어에 따라 분류되는 서버

### 2.1.3 엔터프라이즈 환경의 서버 운영

엔터프라이즈 환경에서 기업이 서비스를 운영할 때 하나의 서비스는 다양한 종류와 역할을 가진 여러 서버로 구성됩니다. 이때 기업에서 여러 서버를 운영하는 방법은 크게 세 가지로 나눌 수 있습니다.

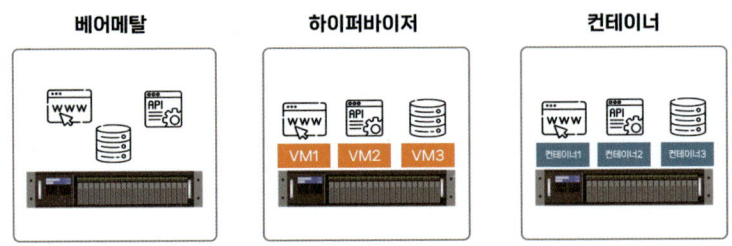

그림 2.5 엔터프라이즈 환경의 서버 운영 분류

첫 번째는 **베어메탈(bare metal)** 방식입니다. 베어메탈 방식은 일반적으로 PC에서 소프트웨어를 실행하는 것과 유사합니다. PC 한 대에 운영체제(Operating System; OS)를 설치하고, 그 OS에서 여러 소프트웨어를 운영하는 방식입니다.

두 번째는 **하이퍼바이저 방식**, 세 번째는 **컨테이너 방식**입니다. **하이퍼바이저 방식과 컨테이너 방식은 서버 운영에 가상화 기술을 활용합니다.** 그림 2.5와 같이 서버의 수나 실행되는 소프트웨어는 동일하지만 중간에 VM(Virtual Machine)이나 컨테이너가 추가된 형태입니다.

## 2.2 가상화 기술

가상화(Virtualization) 기술의 동작 원리와 가상화 기술을 사용하는 이유를 학습하겠습니다. 먼저 가상화 기술의 **'가상'**이라는 단어의 의미에 대해 생각해보겠습니다. **가상**이라는 단어의 뜻은 '실제로 존재하지 않지만 마치 존재하는 것처럼 느껴지는 것'을 의미합니다. 실생활에서도 많이 사용되는 가상현실과 가상화폐를 예로 들어보겠습니다. 가상현실(Virtual Reality)은 실제 현실은 아니지만 실제처럼 느껴지는 환경을 말합니다. 가상화폐(Virtual Currency)는 실물 화폐는 아니지만 실제 화폐의 역할을 수행할 수 있습니다.

가상화 기술은 서버에 적용되는 기술입니다. 앞서 설명한 가상의 개념을 서버에 적용하면 실제 서버가 존재하지 않더라도 마치 서버가 있는 것처럼 만드는 기술입니다. 간단히 말해, 가상화 기술을 사용하면 한 개의 물리적 서버에서 여러 대의 서버를 동시에 실행할 수 있습니다.

그림 2.6 가상화 기술을 사용한 논리적인 컴퓨팅 환경 구성

그림 2.6과 같이 가상화 기술을 사용하면 사용자는 한 대의 서버로 여러 대를 운영할 수 있습니다. IT 산업에서는 실제로 존재하는 것을 **물리적**이라고 표현하고, 가상으로 존재하는 것을 **논리**

적이라고 표현합니다. 따라서 가상화 기술은 **물리적인 컴퓨팅 환경 내에서 여러 개의 논리적인 컴퓨팅 환경을 만들 수 있는 기술**로 정의할 수 있습니다.

### 2.2.1 가상화 기술과 소프트웨어

가상화 기술은 소프트웨어를 안전하게 운영하기 위해 사용됩니다. 그림 2.7과 같이 CPU 8코어와 64GB 메모리를 탑재한 서버 한 대가 있다고 가정해 봅시다. 이 서버에서 평균적으로 1코어와 8GB 메모리를 사용하는 소프트웨어 4개를 실행하면 총 4코어와 32GB 메모리가 필요할 것입니다.

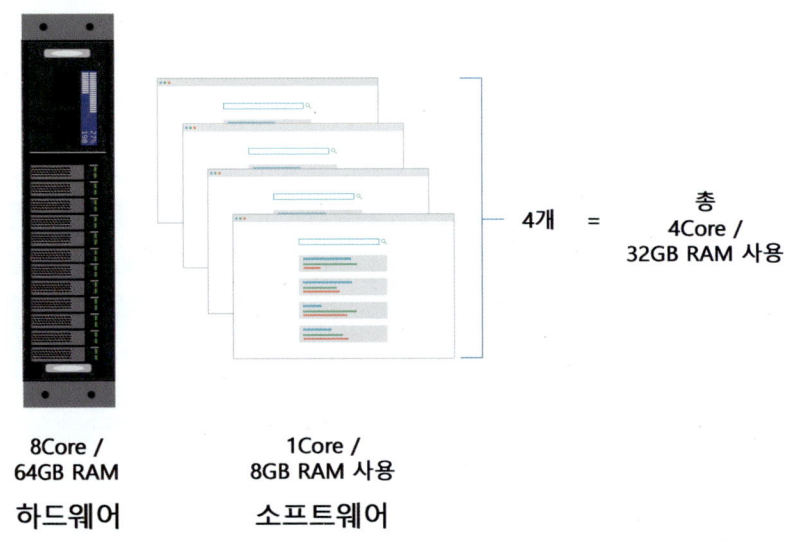

그림 2.7 하드웨어 자원과 소프트웨어 실행 시 사용량 합계 예시

소프트웨어는 프로그램이라는 용어로 더 자주 사용됩니다. 일반적으로 컴퓨터를 사용할 때는 하나의 OS에서 모든 프로그램을 실행합니다. 이는 앞서 설명한 베어메탈 방식이며, 그림 2.8에서 베어메탈 방식의 구조를 확인할 수 있습니다. 앞서 계산한 프로그램이 사용하는 총 리소스 사용량은 4코어와 32GB 메모리였습니다. 여기에 서버에서 실행 중인 OS도 1코어와 8GB 메모리를 사용한다고 가정하면 OS와 프로그램은 총 5코어와 40GB 메모리를 사용할 것입니다. 이 방식은 프로그램을 모두 실행한 후에도 컴퓨터에 남은 리소스가 충분하고, 하나의 OS에서 모든 프로그램을 실행하므로 관리하기가 쉽습니다.

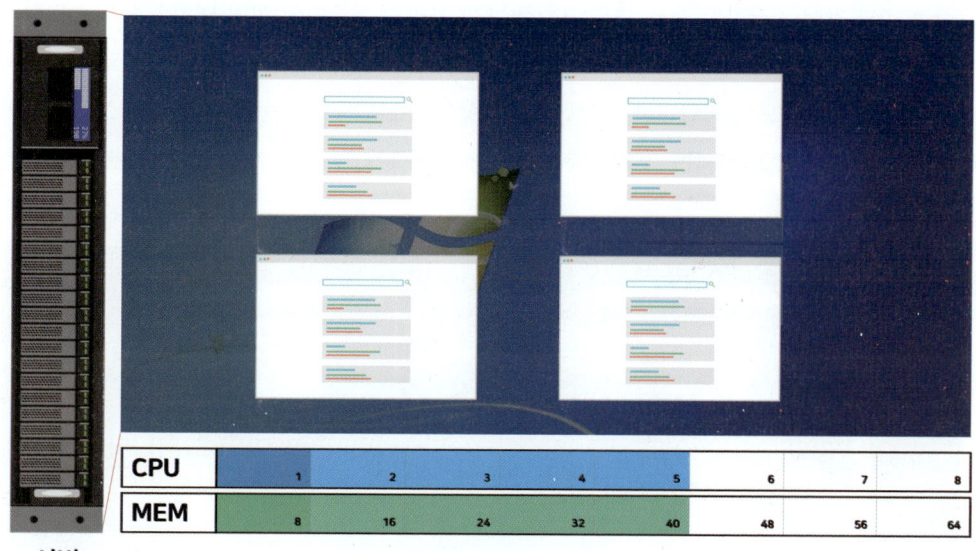

그림 2.8 하나의 OS에서 여러 프로그램을 실행하는 구조

하지만 이 상태에서는 모든 프로그램이 같은 OS에서 실행되므로 프로그램 하나가 해킹되면 다른 프로그램의 정보도 탈취될 위험이 있습니다. 또한 한 프로그램의 리소스 사용량이 급증해 모든 리소스를 소모할 경우 나머지 프로그램이 정상적으로 실행되지 않을 수 있습니다. 기업 운영 환경에서 이러한 상황은 큰 장애로 이어질 수 있어 소프트웨어를 단일 OS에서 운영하는 베어메탈 방식은 적합하지 않습니다.

그림 2.9 베어메탈 방식의 문제점

그림 2.10과 같이 가상화 기술을 사용하면 한 대의 물리적 컴퓨터에 여러 대의 논리적 OS 환경을 구성할 수 있습니다. 앞서 설명한 베어메탈 구조와 비교했을 때 OS의 개수가 5개로 증가해서 전체 리소스 사용량도 증가합니다. 그리고 각 가상환경에는 사용 가능한 최대 리소스를 할당할 수 있습니다. 그림 2.10에서는 각 가상환경에 1.5코어와 12GB 메모리를 할당했습니다.

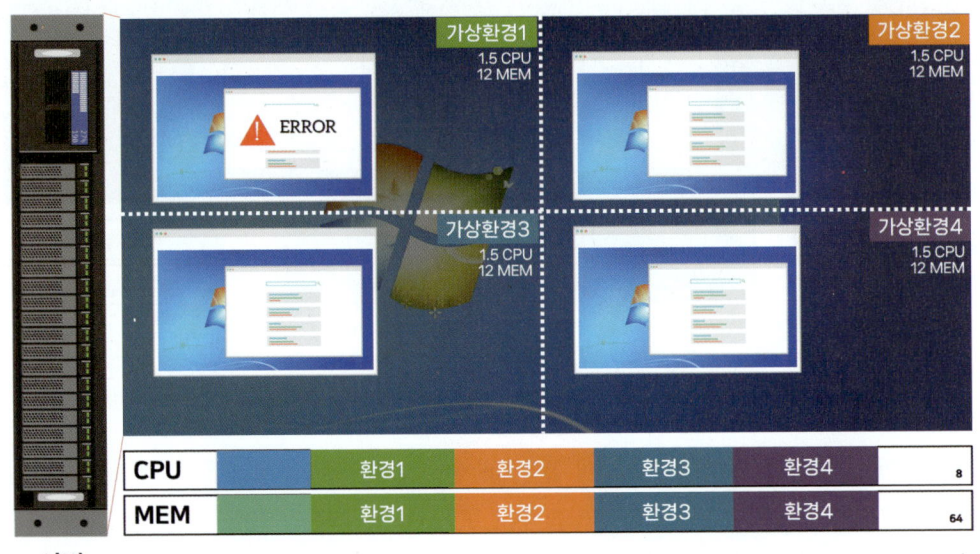

그림 2.10 가상화 기술을 사용해 격리된 공간에서 소프트웨어를 실행

가상환경은 논리적으로 격리되어 앞의 문제들을 해결할 수 있습니다. 한 프로그램에서 오류가 발생해도 다른 프로그램에 영향을 주지 않으며, 프로그램의 리소스 사용량이 급증해도 각 OS의 리소스 사용량이 제한되어 다른 환경에 영향을 미치지 않습니다. 이처럼 가상화 기술을 사용하면 한 대의 물리 서버로도 여러 대의 서버를 운영하는 것처럼 안정적으로 소프트웨어를 운영할 수 있습니다.

### 2.2.2 가상화 기술의 경제성

독립된 OS 환경에서 소프트웨어를 운영하는 것이 안전하다면 여러 대의 하드웨어를 사용하는 것이 더 간단하지 않을까요? 그렇다면 왜 군이 가상화 기술을 사용할까요?

기술이 발전할수록 하드웨어 성능은 향상되고, 하드웨어에서 실행되는 소프트웨어 하나가 요구하는 리소스는 상대적으로 줄어듭니다. 따라서 기업은 낮은 사양의 컴퓨터를 여러 대 사용하는 것보다 높은 사양의 컴퓨터 한 대를 사용하는 편이 비용, 설치 공간, 인력, 서버 운영, 하드웨어 크기 및 배송 등 여러 면에서 더 경제적입니다. 예를 들어, PC를 구매할 때 16GB와 32GB 메모리는 무게나 부피 측면에서 거의 차이가 없습니다. 기업이 하드웨어 서버를 구매할 때도 마찬가지로 사양에 따라 부피가 크게 달라지지 않으며, 여러 대를 사용하면 전력 소비와 관리 비용도 증가합니다.

일반적으로 하나의 소프트웨어가 요구하는 사양은 하드웨어 한 대의 성능보다 훨씬 낮습니다. 따라서 가상화 기술로 하드웨어를 효율적으로 활용하는 것이 기업 환경에서는 필수적이며, 많은 IT 기업이 운영 환경에서 가상화 기술을 사용하고 있습니다.

## 2.3 하이퍼바이저 가상화

하이퍼바이저 가상화 방식은 초기부터 사용된 전통적인 가상화 기술입니다. 하이퍼바이저는 OS에서 실행되어 가상환경을 관리하는 소프트웨어입니다. 서버에 하이퍼바이저를 설치하면 가상환경을 생성하고, CPU나 메모리 같은 리소스를 할당할 수 있습니다. 하이퍼바이저로 생성한 가상환경은 디스크 공간을 차지하며, 실행 중인 가상환경은 할당한 만큼의 CPU와 메모리를 사용할 수 있습니다.

그림 2.11 하이퍼바이저 가상화의 실행 구조

그림 2.11은 서버에서 하이퍼바이저 가상화를 실행하는 구조를 나타냅니다. 하이퍼바이저를 실행하는 OS를 **호스트OS(HostOS)**라 부릅니다. 호스트OS는 물리적인 하드웨어 서버를 관리합니다. 하이퍼바이저는 이 호스트OS의 자원을 이용해 새로운 가상의 OS인 **게스트OS(GuestOS)**를 실행합니다.

호스트OS와 게스트OS의 관계는 집 주인과 손님의 관계와 비슷합니다. 호스트OS는 실제 집을 관리하고, 게스트OS는 공간을 임시로 제공받습니다. 즉, 호스트OS는 물리 서버를 직접 관리하고, 게스트OS는 호스트OS의 리소스를 나눠 사용하는 논리적인 공간입니다. 이렇게 논리적으로 분리된 게스트OS를 **가상머신(Virtual Machine)**이라고 부릅니다. 가상머신에서는 웹 서버, WAS, 데이터베이스 서버 등의 프로그램을 **프로세스(process)**로 실행합니다. 여기서 프로세스는 실행 중인 프로그램을 의미합니다.

## 2.3.1 프로세스와 OS

하이퍼바이저의 작동 원리를 이해하려면 프로세스와 OS의 관계를 이해해야 합니다. 그림 2.12는 프로세스, OS, 서버의 관계를 보여줍니다.

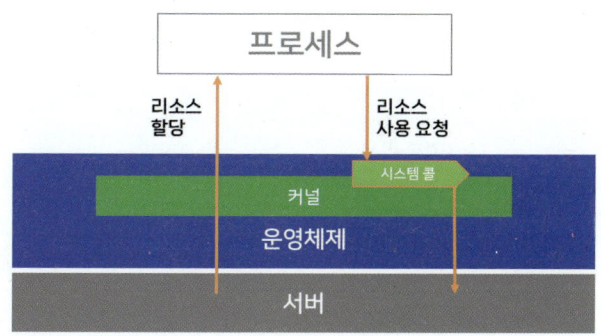

그림 2.12 OS의 커널과 시스템 콜을 사용하는 구조

프로세스를 실행하려면 CPU나 메모리 같은 하드웨어 리소스가 필요합니다. 프로세스가 하드웨어 리소스를 사용하려면 OS에 리소스 사용을 요청해야 합니다. OS에는 이러한 요청을 처리하는 **커널**(kernel)이라는 중요한 구성 요소가 있습니다. 커널은 프로세스의 리소스 사용 요청을 처리하기 위해 **시스템 콜**(system call)을 제공합니다. 프로세스는 시스템 콜을 통해 안전하게 자원을 사용할 수 있습니다. 예를 들어, 브라우저나 메모장 같은 프로그램을 프로세스로 실행하면 프로세스는 커널의 시스템 콜을 통해 하드웨어 리소스를 요청합니다.

## 2.3.2 하이퍼바이저의 역할

OS는 윈도우, 리눅스, macOS 등 다양한 종류가 있으며, 각 OS는 고유한 커널과 시스템 콜을 사용합니다. 그림 2.13은 윈도우 호스트OS에서 게스트OS로 macOS나 리눅스를 실행하는 상황을 보여줍니다.

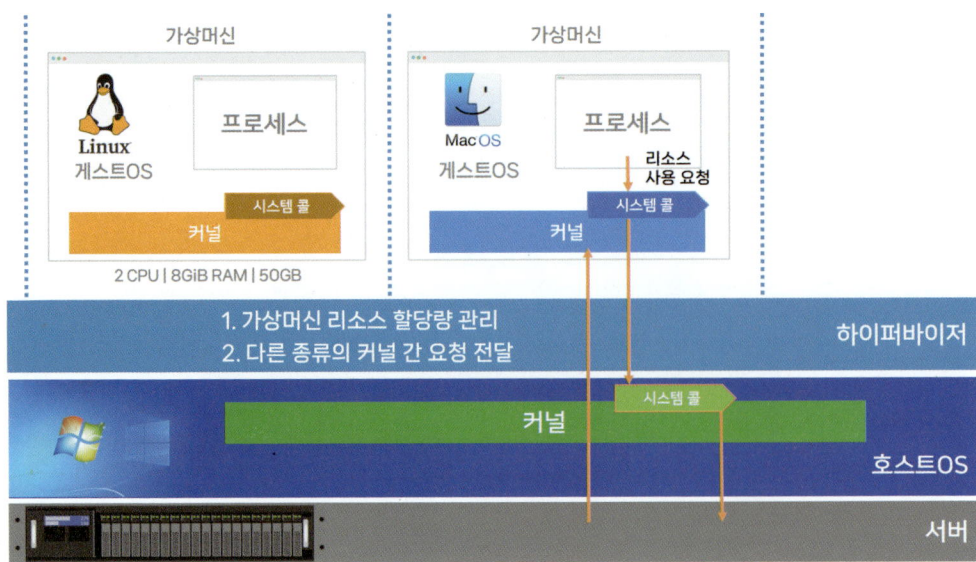

그림 2.13 하이퍼바이저의 역할

게스트OS의 커널은 물리적인 하드웨어가 없으므로 리소스를 요청할 때 호스트OS의 커널을 거쳐야 합니다. 그러나 호스트OS와 게스트OS가 서로 다르면 호스트OS는 게스트OS의 시스템 콜을 직접 처리하지 못합니다. 이는 마치 서로 다른 언어를 사용하는 손님이 방문한 상황과 비슷합니다. 이 문제를 해결하기 위해 하이퍼바이저는 통역사 역할을 함으로써 **호스트OS의 커널과 게스트OS의 커널 간 상호작용**을 가능하게 합니다.

하이퍼바이저는 다양한 커널 간의 요청을 관리하고, 가상머신에 필요한 리소스를 할당합니다. 이를 통해 다양한 종류의 게스트OS를 격리된 공간에서 사용할 수 있습니다. 예를 들어, 윈도우 OS에서 리눅스 OS를 사용하기 위해 하이퍼바이저가 활용됩니다. 윈도우는 사용성이 좋지만 성능이 무겁고 라이선스 비용이 많이 듭니다. 따라서 호스트OS로 윈도우를 사용하면서, 게스트OS로는 가볍고 저렴한 리눅스를 여러 개 사용하는 경우가 많습니다. 리눅스를 사용할 때 버추얼박스(VirtualBox) 같은 하이퍼바이저 프로그램으로 윈도우에 리눅스를 설치해 본 경험이 있을 텐데, 하이퍼바이저 역할을 하는 소프트웨어는 제조사별로 다양하며, 버추얼박스도 그중 하나입니다.

## 2.4 컨테이너 가상화

컨테이너 가상화는 현대 애플리케이션 운영 환경에서 하이퍼바이저 방식보다 선호되는 기술입니다. **컨테이너 가상화는 하이퍼바이저 가상화보다 가볍고 빠르며**, 이는 현대 애플리케이션 운영에서 중요한 요소입니다. 소비자의 요구사항이 빠르게 변화함에 따라 애플리케이션도 신속하게 대응할 수 있어야 하기 때문입니다.

컨테이너 가상화는 리눅스 커널의 LXC(Linux Containers) 기술에서 시작됐습니다. 하이퍼바이저 가상화와 달리, LXC는 별도의 소프트웨어 없이 커널의 기능만으로 격리된 공간을 만듭니다. LXC는 프로세스, 파일 시스템, 네트워크 등을 분리하는 **네임스페이스(namespace)**와 리소스 사용량을 관리하는 **cgroups** 기술을 활용합니다. 그리고 이렇게 격리된 공간을 **컨테이너**라고 부릅니다.

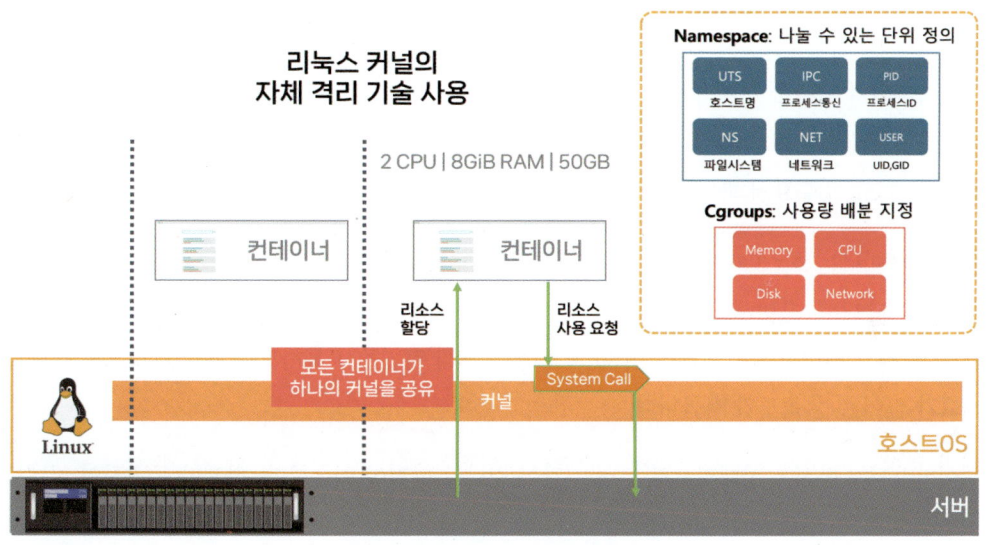

그림 2.14 컨테이너 가상화 기술의 원리

네임스페이스나 cgroups의 원리를 깊게 이해할 필요는 없습니다. 중요한 것은 컨테이너 가상화가 **하이퍼바이저 없이 커널의 기능을 사용하는 가상화 기술**이라는 점입니다. 그림 2.14와 같이 컨테이너는 커널의 격리 기능을 활용해 모든 컨테이너가 호스트OS의 커널을 공유합니다. **호스트OS의 커널을 공유하는 것은 컨테이너 가상화의 중요한 특징입니다.**

## 2.4.1 하이퍼바이저 가상화 vs. 컨테이너 가상화

그림 2.15는 하이퍼바이저와 컨테이너 가상화 방식의 장단점을 보여줍니다.

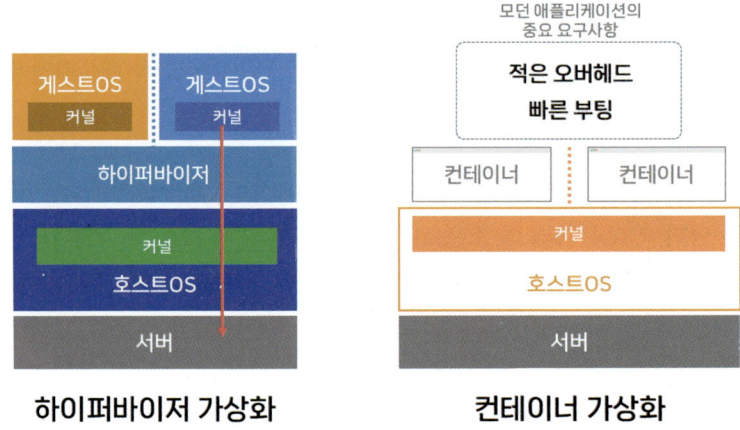

그림 2.15 가상화 방식 간 장단점 비교

하이퍼바이저 가상화 방식에서는 게스트OS와 호스트OS의 커널이 독립적으로 존재합니다. 하이퍼바이저가 중간에서 커널 간의 통신을 지원하며, 각 시스템 콜이 하이퍼바이저를 통해 처리됩니다. 이로 인해 요청 과정이 길어져 오버헤드[4]가 커집니다.

반면 컨테이너는 호스트OS의 커널 기능을 활용하여 생성되므로 하이퍼바이저 방식에 비해 오버헤드가 적습니다. 오버헤드가 적다는 것은 하드웨어 리소스 요청이 효율적으로 이뤄진다는 의미입니다. 각 컨테이너는 자체 커널이 없고 호스트OS의 커널을 공유하므로 커널을 별도로 실행할 필요가 없어 부팅 속도가 빠릅니다.

하이퍼바이저 방식은 상대적으로 부팅 시간이 길다는 단점이 있습니다. 하지만 독립적인 커널을 갖추고 있어 보안 측면에서 더 유리합니다. 반면 컨테이너는 호스트OS의 커널을 공유하기 때문에 호스트OS와 다른 종류의 OS를 실행할 수 없다는 단점이 있습니다.

---

4 오버헤드(overhead): 가상환경을 실행하기 위해 호스트OS가 추가로 소모하는 시스템 자원의 양

## 2.5 도커

커널의 가상화 기술은 일반 사용자가 직접 다루기에 복잡합니다. 이러한 어려움을 해결하기 위해 2013년에 도커(Docker)가 등장했습니다. 도커는 컨테이너 가상화 기술을 쉽게 사용할 수 있게 해주는 오픈소스 도구로, 도커를 사용하면 컨테이너를 간편하게 생성하고 관리할 수 있습니다.

도커와 같은 도구를 **컨테이너 플랫폼**이라고 합니다. 그림 2.16에서 볼 수 있듯이, 컨테이너 플랫폼은 **컨테이너 엔진**과 **컨테이너 런타임**으로 구성돼 있습니다.

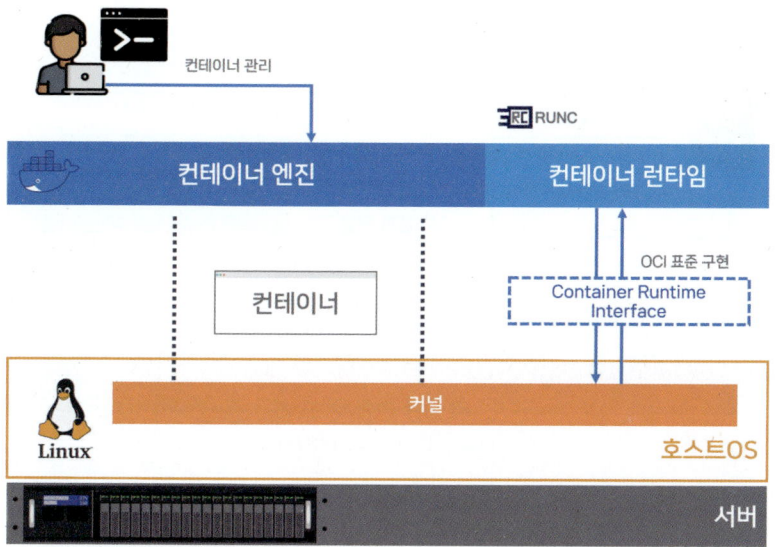

그림 2.16 컨테이너 엔진과 컨테이너 런타임으로 구성된 컨테이너 플랫폼(도커)

컨테이너 엔진은 사용자 요청에 따라 컨테이너를 관리하고, 컨테이너 런타임은 커널과 직접 소통해서 실제 컨테이너를 생성합니다. 컨테이너 런타임에는 여러 종류가 있으며, 도커는 runC를 사용합니다. 이 외에도 cri-o, containerd 등 다양한 런타임이 있으며, 대부분 OCI(Open Container Initiative) 표준을 따릅니다.

컨테이너를 사용하기 위해 다른 컨테이너 플랫폼이나 런타임을 선택할 수도 있습니다. 하지만 도커는 가장 높은 점유율을 자랑하며, 레퍼런스가 많고 문서가 잘 구성돼 있다는 장점이 있습니다.

도커와 하이퍼바이저는 비슷해 보일 수 있습니다. 하이퍼바이저 방식은 격리된 공간을 만들기 위해 하이퍼바이저 소프트웨어가 필요한 반면, 컨테이너 가상화에서 실제 격리를 수행하는 주체는 커널 자체입니다. 도커 없이도 커널은 컨테이너를 만들 수 있으며, 도커는 이러한 커널의 컨테이너 가상화 기술을 쉽게 활용할 수 있도록 도와주는 보조 도구입니다.

### 2.5.1 도커의 아키텍처

도커는 클라이언트-서버 모델을 기반으로 합니다. 도커는 사용자 명령을 전달하는 클라이언트와 컨테이너를 관리하는 도커 데몬(docker daemon) 서버로 구성됩니다. 도커 데몬은 dockerd 라고도 불립니다. 그림 2.17은 도커의 작동 과정을 보여줍니다.

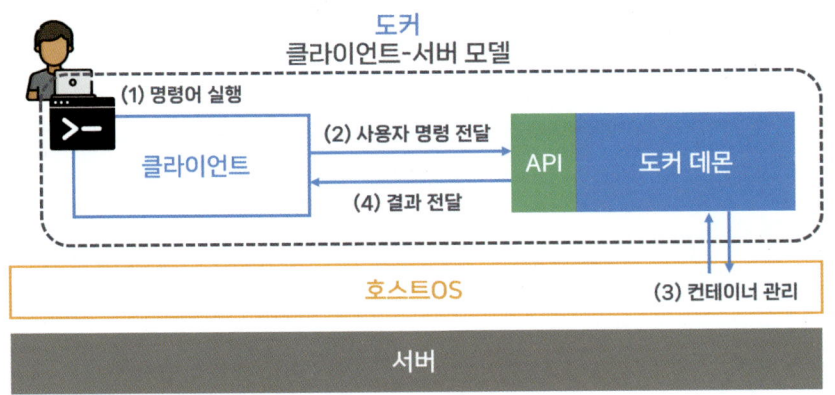

그림 2.17 도커의 아키텍처

1. **명령어 실행**: 클라이언트가 도커 관련 명령을 실행합니다.
2. **사용자명령 전달**: 도커 클라이언트가 명령을 도커 데몬에 전달합니다.
3. **컨테이너 관리**: 요청에 따라 컨테이너를 관리합니다.
4. **결과 전달**: 도커 데몬이 클라이언트에게 응답을 제공합니다.

도커 데몬은 클라이언트가 커널의 기능을 이용할 수 있도록 API(Application Programming Interface)를 제공합니다. **API는 상호 간에 주고받는 데이터의 약속된 양식**입니다. 실생활의 예로 이사 후 전입신고를 하는 과정을 들 수 있습니다. 주민센터에 가서 전입신고를 하겠다고 말하면 주민센터 직원은 전입신고 신청 문서를 작성해달라고 안내합니다. 서류를 작성하지 않고 전입을 요청하면 처리되지 않습니다. 한국에서 전입신고를 하려면 모든 사람이 같은 양식의 서류를 주고받아야 합니다. 도커에서 도커 데몬은 호스트OS라는 마을에서 API라는 약속된 양식을 통해 컨테이너를 관리하는 주민센터 직원과 같습니다.

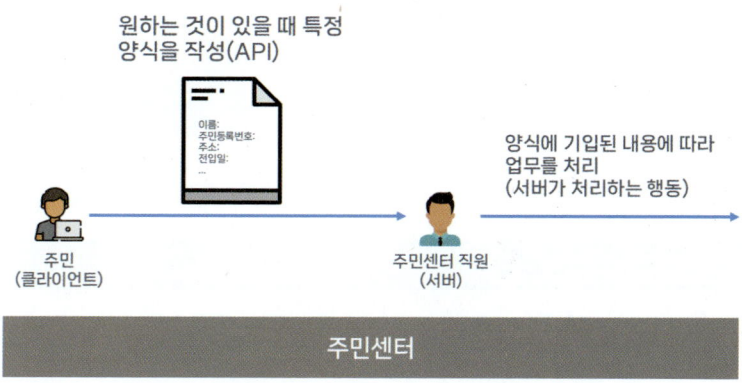

그림 2.18 컨테이너를 관리하기 위한 양식인 도커 데몬의 API

컨테이너를 생성하거나 삭제하려면 도커 데몬에 API 요청을 보내야 합니다. 도커 API 공식 문서[5]에는 도커 엔진이 제공하는 API에 관한 정보가 있습니다. 하지만 도커 데몬의 API에 직접 요청을 보내는 것은 복잡합니다. 이를 해결하기 위해 도커는 커맨드 라인 도구인 **도커 CLI(Command Line Interface)**를 클라이언트로 제공합니다. 도커 CLI는 사용자가 입력한 명령어를 API 양식에 맞게 변환해 전달합니다. 이를 통해 사용자는 간단한 명령어만으로 서버와 통신할 수 있습니다.

명령어를 통해 컨테이너를 관리하는 과정은 그림 2.19와 같습니다.

---

[5] https://docs.docker.com/engine/api/v1.41/

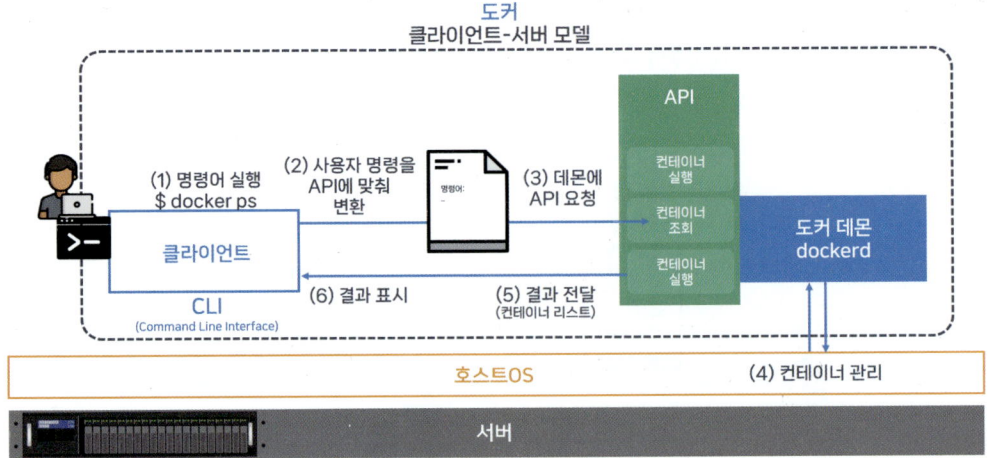

**그림 2.19** 사용자는 도커 CLI로 도커 데몬의 API를 사용

사용자가 컨테이너 목록을 조회하기 위해 docker ps 명령을 실행했을 때 동작 순서는 다음과 같습니다.

1. 클라이언트가 CLI에서 docker ps 명령을 실행합니다.
2. 도커 CLI가 명령어를 API 양식에 맞게 변환합니다.
3. 도커 CLI가 도커 데몬에 API 요청을 보냅니다.
4. 도커 데몬이 요청을 분석해 컨테이너 리스트를 조회합니다.
5. 도커 데몬이 조회 결과를 클라이언트에게 응답합니다.
6. CLI는 응답을 사용자가 보기 쉬운 테이블 형태로 화면에 표시합니다.

주민센터를 직접 방문하지 않고 법무사에게 복잡한 문서 작성과 업무 처리를 맡기듯, CLI는 도커 데몬에게 요청을 전달하는 중간다리 역할을 합니다. 이렇게 **CLI를 사용하면 사용자가 API를 직접 작성하지 않아도 명령어를 통해 컨테이너를 쉽게 다룰 수 있습니다.**

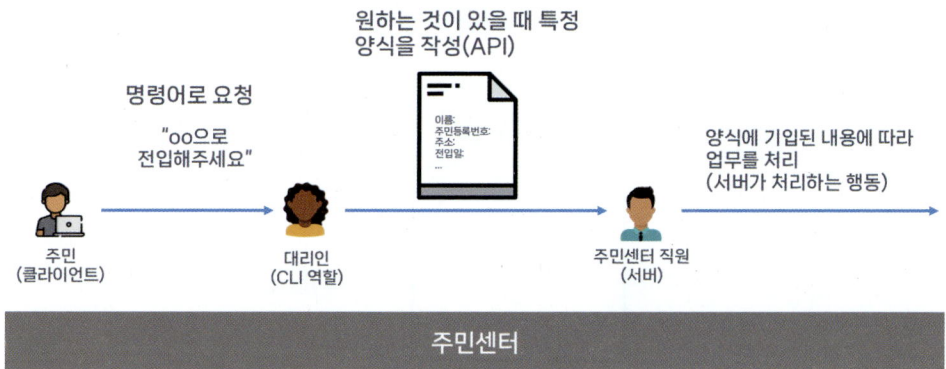

그림 2.20 도커 CLI로 도커 데몬에게 쉽게 요청을 전달

## 2.6 컨테이너 실행

실습을 통해 컨테이너를 직접 만들어보겠습니다. 첫 번째 실습의 목표는 엔진엑스(nginx)[6] 웹 서버 컨테이너를 실행하고, 컨테이너가 제공하는 웹 페이지에 접속하는 것입니다.

### 2.6.1 웹 서버

웹 서버는 브라우저에 웹 페이지를 제공합니다. 구글이나 네이버 같은 웹사이트도 웹 페이지를 제공하기 위해 웹 서버를 운영합니다. 사용자가 브라우저 주소창에 웹사이트 주소를 입력하면 인터넷을 통해 해당 웹 서버로 요청이 전달되고, 웹 서버는 웹 페이지 파일을 응답으로 보내 사용자 브라우저에 표시합니다.

실습에서는 웹 서버를 실습 PC에서 실행할 것입니다. 브라우저 주소창에 `http://localhost`라는 주소를 입력하면 현재 PC에서 실행 중인 웹 서버에 접속할 수 있습니다.

---

[6] https://nginx.org/en/

그림 2.21 웹 브라우저와 웹 서버 사이에서 요청과 응답이 이뤄지는 과정

## 실습 2.1 --help 명령으로 기본 명령어의 사용법 확인하기

컨테이너를 실행하기 위해 도커의 명령어 사용법을 알아보겠습니다. docker 명령과 --help 옵션을 활용하면 도커 명령어의 매뉴얼을 확인할 수 있습니다.

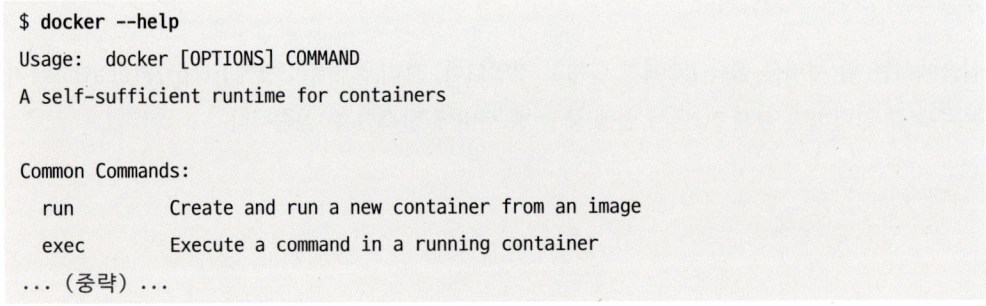

그림 2.22 --help 옵션을 사용한 매뉴얼 확인

터미널을 실행하고 docker --help 명령을 실행하면 docker 명령어 다음에 이어서 사용할 수 있는 명령어의 목록을 확인할 수 있습니다.

```
$ docker --help
Usage:  docker [OPTIONS] COMMAND
A self-sufficient runtime for containers

Common Commands:
  run         Create and run a new container from an image
  exec        Execute a command in a running container
... (중략) ...
```

예를 들어, docker image --help 명령을 실행하면 docker image 명령어에 관한 설명과 이어서 사용할 수 있는 명령어의 목록을 확인할 수 있습니다.

```
$ docker image --help
Usage:  docker image COMMAND
Manage images

Commands:
  build      Build an image from a Dockerfile
  history    Show the history of an image
... (중략) ...
```

이제 docker --help 명령의 출력 결과로 도커 명령어의 구조를 확인해 보겠습니다. 도커의 명령어는 docker 명령, 관리 커맨드(Management Command), 커맨드(Command)로 구성됩니다. 관리 커맨드는 보통 생략할 수 있는 경우가 많습니다.

**docker (Management Command) Command**
　　　　대분류　　　　　　　　소분류

**docker container run ...** ⇨ **docker run ...**
　　　　　　　　　　　　　　생략 가능

그림 2.23 도커의 명령어 구조

예를 들어, 컨테이너를 실행하는 전체 명령어는 docker container run이지만 docker run으로 줄여서 실행할 수 있습니다. 따라서 이 책에서는 생략 가능한 명령어는 생략하도록 하겠습니다.

터미널에서 다시 한 번 docker --help를 실행해 출력 결과를 확인합니다.

```
$ docker --help
Usage:  docker [OPTIONS] COMMAND

Common Commands:
  run        Create and run a new container from an image
             # 이미지로부터 컨테이너를 생성 및 실행합니다.
```

```
...
Management Commands:
  container   Manage containers
              # 컨테이너를 관리합니다.

...
Commands:
  rm          Remove one or more containers
              # 하나 이상의 컨테이너를 삭제합니다.
```

출력 결과 중 컨테이너와 관련된 명령어를 보면 Common Commands, Commands, Management Commands라는 명령어들을 확인할 수 있습니다. Common Commands, Commands의 명령어 목록은 커맨드를 나타냅니다. Common Commands는 커맨드 중 자주 사용되는 명령어를 의미합니다. Management Commands의 명령어들은 명령어의 대분류 역할을 하는 관리 커맨드입니다. 각 필드의 값에는 run, container, rm 등 docker 명령어 다음으로 사용할 수 있는 명령을 확인할 수 있습니다.

다음으로 docker container 뒤에 입력할 수 있는 명령을 확인하겠습니다. docker container --help 명령을 실행하면 docker container 뒤에 어떤 명령을 입력할 수 있는지 확인할 수 있습니다.

```
$ docker container --help
Usage:  docker container COMMAND

Manage containers

Commands:
... (중략) ...
  run         Create and run a new container from an image
              # 이미지로부터 컨테이너를 생성 및 실행합니다.
```

관리 커맨드인 container 뒤에 사용할 수 있는 명령어 중 컨테이너를 실행할 수 있는 run 커맨드를 확인합니다. 첫 번째 결과와 두 번째 결과로 봤을 때 docker run 명령과 docker container run 명령 모두로 컨테이너를 실행할 수 있음을 확인할 수 있습니다. 이렇듯 대부분의 명령어는 관리 커맨드를 생략하고 사용할 수 있습니다. 다음으로, 아래 명령을 실행해 docker container run 뒤에 작성할 수 있는 옵션들을 확인합니다.

```
$ docker container run --help
Usage:  docker container run [OPTIONS] IMAGE [COMMAND] [ARG...]

Create and run a new container from an image

Aliases:
  docker container run, docker run

Options:
... (중략) ...
      --name string     Assign a name to the container
                        # 컨테이너의 이름을 지정합니다.
```

Usage 부분에서는 컨테이너를 실행할 때 필요한 문법과 옵션을 확인할 수 있습니다. [ ]로 감싸진 부분은 생략할 수 있음을 의미합니다. 즉, docker container run 뒤에 IMAGE 부분만 지정하면 컨테이너를 실행할 수 있습니다. run과 IMAGE 사이의 [OPTIONS] 부분에는 컨테이너를 실행할 때 사용할 옵션 값을 지정합니다. 사용 가능한 옵션은 아래의 Options 부분에 나열됩니다. 자주 사용하는 옵션 중 --name 옵션은 실행할 컨테이너의 이름을 지정합니다.

> 실습 정리
> - --help 옵션을 사용해 명령어 사용법을 보여주는 매뉴얼을 출력할 수 있습니다.
> - docker 명령은 관리 커맨드와 커맨드로 구성됩니다. 관리 커맨드는 일반적으로 생략할 수 있습니다.

## 실습 2.2 웹 서버 컨테이너를 실행하고 브라우저로 접속하기

이번 실습에서는 컨테이너를 실행해보겠습니다. docker run 명령으로 컨테이너를 실행한 다음, 브라우저로 접속하고 컨테이너를 삭제할 것입니다. 컨테이너를 실행할 때는 docker run 명령을 사용하며, run 다음에 옵션을 추가한 후 이미지(image) 이름을 지정해야 합니다. 컨테이너를 삭제할 때는 docker rm 명령을 사용하며, rm 뒤에는 컨테이너의 이름이나 ID를 입력합니다. 이미지에 대해서는 다음 장에서 자세히 다룰 것이므로 지금은 컨테이너를 실행하기 위한 재료로 이해하면 됩니다.

**docker run (옵션) 이미지명**
컨테이너 실행

**docker rm 컨테이너명/ID**
컨테이너 삭제

그림 2.24 컨테이너 실행 및 삭제 명령

엔진엑스 컨테이너를 실행하려면 이미지 이름에 `nginx`를 입력합니다. 옵션에는 `--name`을 사용해 컨테이너의 이름을 `hellonginx`로 지정하고, `-p` 옵션으로 포트를 `80:80`으로 지정합니다. 포트는 7장 '네트워크'에서 자세히 다룰 것이므로 지금은 입력만 하겠습니다.

```
$ docker run -p 80:80 --name hellonginx nginx
/docker-entrypoint.sh: /docker-entrypoint.d/ is not empty, will attempt to perform
configuration
/docker-entrypoint.sh: Looking for shell scripts in /docker-entrypoint.d/
... (중략) ...
[notice] 1#1: start worker process 37
[notice] 1#1: start worker process 38
```

실행 중인 엔진엑스의 로그가 출력되는 것을 확인합니다. 크롬 브라우저의 시크릿 창을 열고 `http://localhost`를 입력하면 다음 그림과 같이 웹 페이지를 확인할 수 있습니다. 이 페이지는 방금 실행한 엔진엑스 컨테이너가 제공한 기본 웹 페이지 파일입니다.

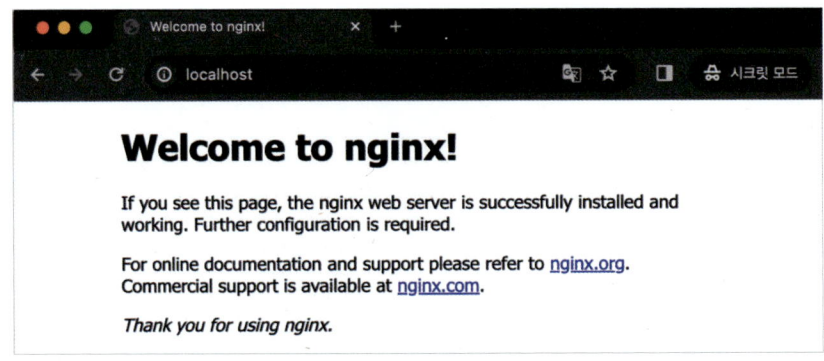

그림 2.25 엔진엑스의 기본 페이지

터미널로 돌아가면 엔진엑스의 로그를 확인할 수 있습니다. 엔진엑스는 지속적으로 실행되는 프로그램이므로 한 번 실행되면 터미널을 점유하며 종료할 때까지 로그를 출력합니다. 컨테이너가 터미널을 점유하고 있는 동안에는 다른 명령어를 입력할 수 없습니다. 이 상태에서 컨테이너를 종료하려면 Ctrl + C를 입력합니다.

```
[notice] 1#1: start worker process 36
[notice] 1#1: start worker process 37
[notice] 1#1: start worker process 38
"GET / HTTP/1.1" 200 615 "-" "Mozilla/5.0 (Macintosh; Intel Mac OS X 10_15_7) AppleWebKit
/537.36 (KHTML, like Gecko) Chrome/120.0.0.0 Safari/537.36" "-"

(Ctrl + C로 종료)
```

아래 명령으로 컨테이너를 삭제합니다. 컨테이너 이름이 출력되면 정상적으로 삭제된 것입니다.

```
$ docker rm hellonginx
hellonginx
```

### 실습 정리

- docker run 명령으로 컨테이너를 실행합니다.
- --name 옵션으로 컨테이너의 이름을 지정합니다.
- docker rm 명령으로 컨테이너를 삭제합니다.

그림 2.26을 통해 도커의 가상화 관점에서 실습 내용을 정리하겠습니다.

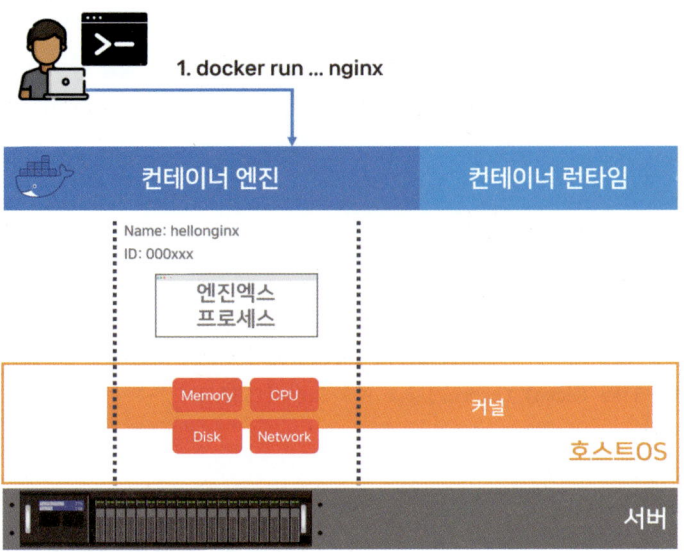

그림 2.26 엔진엑스 실행 시 도커의 실행 구조

현재 실습 PC에 도커를 설치해 호스트OS로 사용하고 있습니다. `docker run nginx` 명령을 실행하면 CLI가 이 명령어를 컨테이너 실행 API에 맞게 변환해 도커 데몬으로 전달합니다. 도커 데몬은 요청을 분석한 뒤 컨테이너 런타임을 통해 컨테이너를 생성합니다. 브라우저에서 `http://localhost`에 접속하면 엔진엑스 컨테이너(`hellonginx`)의 프로세스가 요청을 받아 웹 페이지를 제공합니다. 이러한 컨테이너는 디스크, 네트워크, 메모리, CPU 등의 자원이 완전히 격리된 공간으로 실행되며, 이를 통해 여러 서버를 안전하게 운영할 수 있습니다.

이번 장에서는 가상화 기술과 하이퍼바이저, 컨테이너 기술을 비교하며 컨테이너 가상화 기술을 학습했습니다. 도커가 컨테이너 가상화 기술을 활용하기 위해 만들어진 소프트웨어라는 것을 학습하고, 도커의 아키텍처와 실행 원리를 살펴봤습니다. 실습을 통해 도커 명령어의 사용법을 알아보고 컨테이너를 직접 실행해 봤습니다. 다음 장에서는 이미지와 컨테이너의 생명주기에 대해 학습하겠습니다.

CHAPTER
03

# 이미지와 컨테이너

2장에서 `docker run` 명령을 사용해 엔진엑스 컨테이너를 실행했습니다. 이때 이미지를 간단히 컨테이너를 만드는 재료로 설명했습니다. 이번 장에서는 이미지가 구체적으로 무엇인지, 그리고 이미지와 컨테이너의 관계에 대해 자세히 알아보겠습니다. 또한 컨테이너의 실행부터 삭제까지의 과정을 테스트하며 컨테이너의 생명주기를 학습하겠습니다.

## 3.1 이미지

앞서 컨테이너 가상화는 호스트OS의 공간을 격리해서 컨테이너를 생성하고, 그 내부에서 프로그램을 실행하는 방식이라고 배웠습니다. 컨테이너를 실행하려면 이미지가 필요합니다. 이미지는 **컨테이너에서 프로그램을 실행하는 데 필요한 모든 것이 포함된 압축 파일**입니다. 이미지를 이해하기 위해 컨테이너 내에서 프로그램을 실행하는 데 필요한 요소를 알아보겠습니다.

## 3.1.1 프로그램을 실행하는 데 필요한 요소

그림 3.1 프로그램 실행에 필요한 세 가지 요소

프로그램을 실행하려면 그림 3.1과 같이 세 가지 요소가 필요합니다. 먼저 **실행할 프로그램**이 필요하며, 웹 서버처럼 외부에서 다운로드한 프로그램이나 직접 개발한 프로그램을 실행할 수 있습니다. 그리고 프로그램을 실행하기 위해 특정 패키지나 라이브러리, 런타임 언어가 필요한 경우도 있습니다. 예를 들어, 자바(Java)로 개발된 애플리케이션을 실행하려면 자바 런타임이 OS에 설치돼 있어야 합니다. 이렇게 실행에 필요한 의존 요소를 **구성**(configuration)이라고 합니다. 마지막으로 프로그램을 실행하고 하드웨어 자원을 사용하기 위해 **OS**가 필요합니다.

## 3.1.2 이미지

서버에서 프로그램을 실행하려면 앞서 설명한 세 가지 요소를 구성하는 과정이 필요합니다. 하지만 엔진엑스를 컨테이너로 실행할 때는 따로 환경을 구성하지 않고도 `nginx`라는 이미지 이름만으로 프로그램을 실행할 수 있었습니다. **이미지는 파일 시스템의 특정 시점을 저장해 놓은 압축 파일**입니다. 이 이미지에는 앞서 설명한 프로그램, OS, 구성 요소가 모두 포함돼 있습니다. 이미지는 윈도우의 백업 기능과 비슷합니다. 컴퓨터에 윈도우와 프로그램을 설치한 뒤 그 상태를 백업으로 저장해두면 언제든 해당 상태로 복원할 수 있듯이, 이미지도 프로그램 실행에 필요한 모든 요소를 미리 준비해 압축한 것입니다. 이렇게 준비된 이미지로 컨테이너를 실행하면 프로그램을 빠르게 실행할 수 있습니다.

### 3.1.3 이미지를 활용한 컨테이너 실행

2장에서 활용한 `nginx` 이미지는 엔진엑스 개발사가 OS에 엔진엑스 프로그램과 필요한 의존 요소를 미리 준비하고, 엔진엑스를 실행할 준비가 된 상태를 이미지로 저장해서 온라인에 공유한 것입니다. 따라서 사용자가 `docker run` 명령에 `nginx`를 입력하면 격리된 공간에 컨테이너가 생성되고 그 안에서 웹 서버가 실행됩니다.

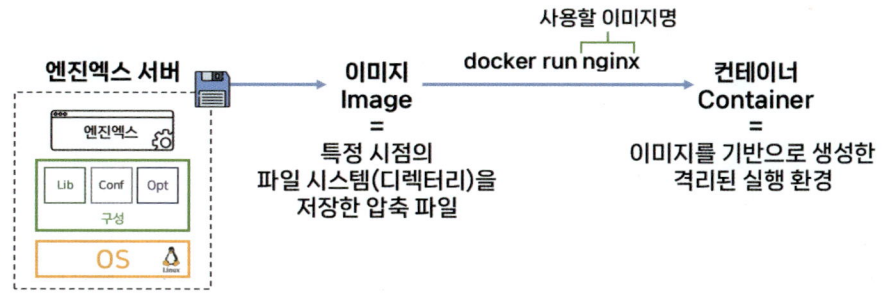

그림 3.2 nginx 이미지로 빠르게 엔진엑스 서버를 실행

이미지는 크기가 작아서 인터넷에 저장하고 공유하기에 편리합니다. 사용자는 다른 사람이 만든 이미지를 내려받아 사용할 수 있으며, 직접 이미지를 제작해서 사용할 수도 있습니다.

## 3.2 컨테이너

이미지와 프로그램, 컨테이너와 프로세스는 공통점이 많습니다. 따라서 프로그램과 프로세스를 비교해 보면서 이미지와 컨테이너의 관계를 이해해보겠습니다. 또한 이미지와 컨테이너의 정보를 관리하는 메타데이터와 컨테이너의 생명주기에 대해서도 학습하겠습니다.

### 3.2.1 프로그램과 프로세스

새 노트북에 크롬 브라우저를 설치할 때를 떠올려보면, 먼저 크롬 브라우저의 설치 파일을 다운로드하고 프로그램을 설치합니다. 이때 프로그램은 PC의 특정 경로에 저장되어 공간을 차지합니다. 프로그램은 많이 설치해도 실행하지 않으면 성능에 큰 영향을 주지 않습니다. 프로그램 자체로는 CPU나 메모리를 사용하지 않고 디스크 공간만 차지하기 때문입니다.

프로세스는 실행 중인 프로그램입니다. 크롬 프로그램을 실행하면 웹 브라우저가 프로세스로서 실행됩니다. 크롬 프로그램 하나로 여러 개의 크롬 프로세스를 실행할 수 있으며, 크롬 페이지를 많이 열면 컴퓨터가 느려질 수 있습니다. 각 프로세스가 CPU와 메모리를 사용하기 때문입니다.

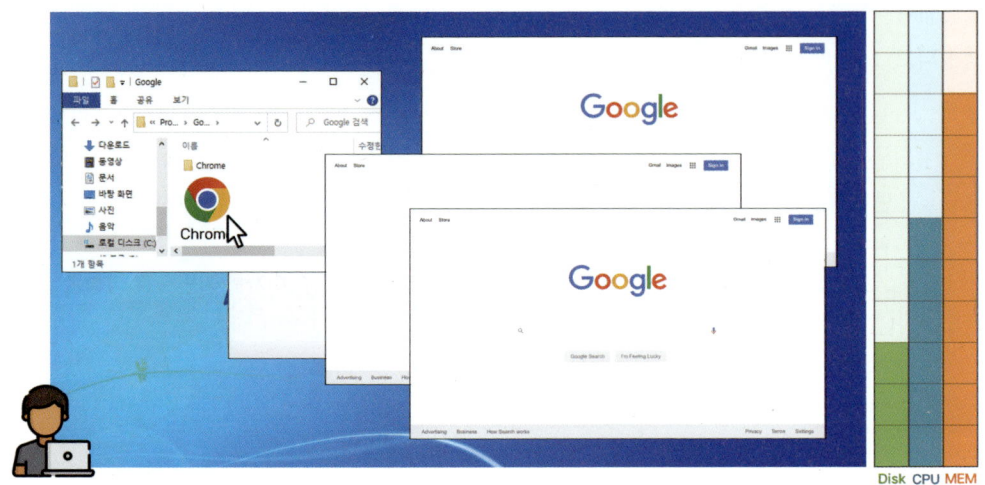

그림 3.3 프로그램 하나로 여러 개의 프로세스를 실행

### 3.2.2 이미지와 컨테이너

컨테이너와 이미지의 관계는 프로세스와 프로그램의 관계와 비슷합니다. 컨테이너를 실행하려면 이미지가 필요합니다. 이미지는 실행 가능한 프로그램과 실행에 필요한 모든 환경이 준비된 파일 시스템으로, 이 이미지를 기반으로 컨테이너가 실행됩니다. 이미지는 압축 파일 형태로 호스트OS의 특정 경로에 저장되며, 디스크 공간만 차지합니다.

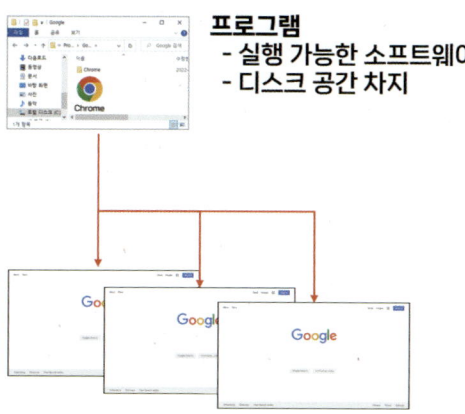
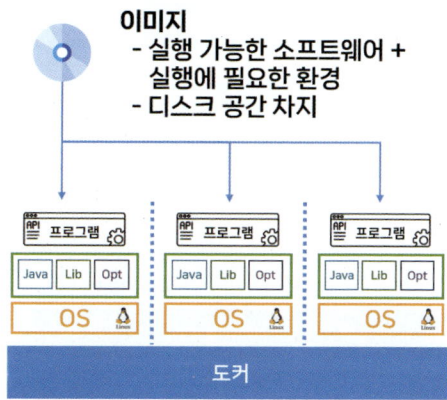

그림 3.4 이미지와 컨테이너, 프로그램과 프로세스의 관계

이미지로 컨테이너를 실행하면 격리된 가상 공간이 만들어집니다. 이 공간에서 이미지에 미리 지정한 프로그램이 프로세스로 실행됩니다. 이때 프로세스는 시스템의 CPU와 메모리 같은 자원을 사용합니다. 하나의 프로그램으로 여러 프로세스를 실행할 수 있듯이, 하나의 이미지로 여러 컨테이너를 동시에 실행할 수 있습니다. 프로세스와 컨테이너의 차이는 컨테이너 간 리소스가 격리된다는 점입니다. 컨테이너는 격리된 환경에서 실행되기 때문에 다른 컨테이너에 영향을 받지 않고 안정적으로 운영할 수 있습니다.

정리하자면, **이미지는 프로그램과 실행 환경을 함께 압축한 파일이며**, **이미지로 컨테이너를 실행하면 격리된 환경이 생성**되고 그 안에서 **프로그램이 프로세스로 실행**됩니다.

### 3.2.3 이미지와 컨테이너의 활용

그림 3.5는 이번 장에서 배운 이미지와 컨테이너의 개념을 도커와 함께 정리한 것입니다. 도커는 가상환경에서 격리된 공간인 컨테이너를 운영하는 기술로, 웹 서버나 웹 애플리케이션 같은 소프트웨어를 컨테이너로 운영하는 것이 목적입니다.

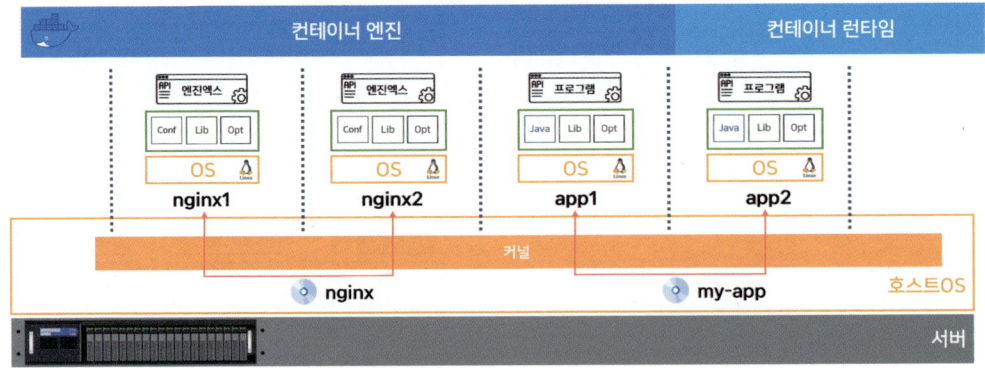

그림 3.5 도커를 사용해 이미지를 컨테이너로 실행하는 구조

그림과 같이 nginx 이미지로 nginx1, nginx2 컨테이너를 실행하고, my-app 이미지로 app1, app2 컨테이너를 실행할 수 있습니다. 동일한 프로세스를 여러 개 실행한 것처럼, 같은 이미지로 실행한 컨테이너는 모두 같은 프로그램이 실행됩니다.

개발자가 만든 애플리케이션은 보통 개발, 테스트, 운영 등 여러 환경에서 실행해야 합니다. 여러 서버 환경에서 애플리케이션을 실행하려면 각 서버에 프로그램 실행에 필요한 구성이 모두 준비돼 있어야 합니다. 이 구성이 조금이라도 다르면 환경의 차이로 인해 프로그램 실행에 문제가 발생할 수 있습니다. 개발자의 PC에서는 잘 동작하던 프로그램이 운영 서버에서는 오류를 일으킬 수 있는 것입니다. 예를 들어, 개발자 PC는 최신 OS와 구성 요소로 업데이트된 상태이지만 운영 서버는 업데이트하지 않은 경우가 자주 발생합니다. 환경의 차이로 인해 발생하는 문제는 심각한 경우 서비스 장애로 이어질 수 있습니다. 하지만 이미지는 **프로그램뿐 아니라 실행 환경까지 포함**하므로 도커만 설치돼 있으면 **모든 서버에서 동일한 환경을 구성**할 수 있습니다. 따라서 도커를 사용하면 **소프트웨어 배포와 환경 구성을 일관성 있게 유지**할 수 있습니다.

### 실습 3.1 실습 PC에 저장된 이미지 조회하기

이번 실습에서는 로컬 디스크에 저장된 모든 이미지를 조회하는 `docker image ls` 명령을 알아보겠습니다. `docker image ls` 다음에 이미지 이름을 입력하면 특정 이름의 이미지만 조회할 수 있습니다. 여기서 `ls`는 리스트(list)를 의미합니다.

# docker image ls (이미지명)
로컬 이미지 조회

**그림 3.6** 이미지 조회 명령

터미널을 열고 아래 명령어를 입력하면 이전 장에서 컨테이너를 실행할 때 다운로드한 `nginx` 이미지를 확인할 수 있습니다. 현재는 다른 이미지가 없으므로 `nginx`만 조회됩니다.

```
$ docker image ls
REPOSITORY      TAG        IMAGE ID        CREATED         SIZE
nginx           latest     8aea65d81da2    3 months ago    192MB
(이미지가 더 있을 경우 모든 이미지가 조회됩니다.)
```

출력 결과에서 `REPOSITORY`는 이미지 이름을, `TAG`는 이미지 버전을 의미합니다. 각 이미지는 고유한 `IMAGE ID`를 가지며, `CREATED`는 이미지를 만든 날짜를, `SIZE`는 이미지 크기를 의미합니다.

`docker image ls` 뒤에 이미지 이름인 `nginx`를 입력하면 여러 이미지 중에서 `nginx`만 조회할 수 있습니다.

```
$ docker image ls nginx
REPOSITORY      TAG        IMAGE ID        CREATED         SIZE
nginx           latest     8aea65d81da2    3 months ago    192MB
```

### 실습 정리
- `docker image ls` 명령으로 로컬 스토리지에 저장된 이미지를 조회할 수 있습니다.
- 출력 결과의 `REPOSITORY`는 이미지의 이름, `TAG`는 이미지의 버전, `IMAGE ID`는 이미지의 고유한 ID를 의미합니다.

## 실습 3.2 여러 개의 컨테이너 실행하기

이번 실습에서는 하나의 `nginx` 이미지로 3개의 컨테이너를 실행해보겠습니다. 먼저 실습에 사용할 명령어를 알아보겠습니다. `docker run` 명령으로 컨테이너를 실행할 때 `--name` 옵션으로 컨테이너 이름을 지정할 수 있습니다. 컨테이너의 이름은 호스트OS에서 중복될 수 없습니다. `-d` 옵션을 사용하면 컨테이너를 백그라운드에서 실행합니다.

다음으로 docker ps 명령은 실행 중인 컨테이너의 목록을 확인합니다. 여기서 ps는 프로세스를 의미합니다.

이전 실습에서는 docker rm 명령으로 컨테이너를 삭제했지만 이 명령은 실행 중인 컨테이너는 삭제할 수 없습니다. 실행 중인 컨테이너를 삭제하려면 docker rm 뒤에 -f 옵션을 추가해야 합니다.

docker ps
실행 중인 컨테이너 리스트 조회

docker rm -f
실행 중인 컨테이너 삭제

그림 3.7 컨테이너 실행, 목록 조회, 삭제 명령어

터미널을 열어 다음과 같이 docker run 명령을 세 번 실행합니다. --name 옵션 뒤에 첫 번째 컨테이너의 이름을 multinginx1로 지정하고, 이미지 이름은 nginx로 설정합니다. 첫 번째 컨테이너를 실행한 후 위쪽 방향키로 이전에 실행한 명령을 불러옵니다. 이후 컨테이너 이름의 숫자만 변경해서 multinginx2와 multinginx3 컨테이너를 순서대로 실행합니다. -d 옵션으로 실행된 컨테이너는 백그라운드에서 작동하며, 바로 다음 명령어를 실행할 수 있습니다. 각 컨테이너가 실행될 때 실행된 컨테이너의 ID가 출력됩니다.

```
$ docker run -d --name multinginx1 nginx
75501146ff51... (실행된 컨테이너의 ID)

$ docker run -d --name multinginx2 nginx
15287eb1722... (실행된 컨테이너의 ID)

$ docker run -d --name multinginx3 nginx
6cfafe8834f1... (실행된 컨테이너의 ID)
```

다음 명령으로 실행 중인 컨테이너 목록을 확인하면 총 3개의 컨테이너가 실행된 것을 볼 수 있습니다.

```
$ docker ps
CONTAINER ID    IMAGE    CREATED         STATUS          PORTS       NAMES
6cfafe8834f1    nginx    1 minutes ago   Up 1 minutes    80/tcp      multinginx3
15287eb1722     nginx    1 minutes ago   Up 1 minutes    80/tcp      multinginx2
75501146ff5     nginx    1 minutes ago   Up 1 minutes    80/tcp      multinginx1
```

각 컨테이너의 ID가 서로 다른 것을 확인할 수 있으며, 모두 nginx 이미지를 사용하고 있습니다. CREATED는 컨테이너가 생성된 시각이며, STATUS가 UP인 경우 컨테이너가 실행 중인 상태임을 의미합니다. PORTS는 컨테이너가 사용하는 포트, NAMES는 컨테이너의 이름을 의미합니다.

마지막으로 컨테이너를 삭제해보겠습니다. `docker rm multinginx1`을 실행하면 다음과 같이 에러가 발생합니다.

```
$ docker rm multinginx1
Error response from daemon: You cannot remove a running container ... Stop the container before attempting removal or force remove
```

multinginx1은 실행 중인 컨테이너이므로 `-f` 옵션을 사용해야 삭제할 수 있습니다. 또한 `docker rm` 뒤에 컨테이너의 이름을 여러 개 연속해서 입력하면 한 번에 여러 컨테이너를 삭제할 수 있습니다. 각 컨테이너의 이름은 띄어쓰기로 구분합니다.

```
$ docker rm -f multinginx1 multinginx2 multinginx3
multinginx1
multinginx2
multinginx3
```

세 컨테이너의 이름을 모두 지정한 후 명령을 실행하면 컨테이너가 한 번에 삭제됩니다.

실습 정리

- 하나의 이미지로 여러 컨테이너를 독립적으로 실행할 수 있습니다.
- --name 옵션으로 컨테이너 이름을 지정할 수 있으며, 컨테이너 이름은 중복될 수 없습니다.

- `-d` 옵션을 사용해 컨테이너를 백그라운드에서 실행합니다.
- `docker ps` 명령으로 실행 중인 컨테이너를 확인합니다.
- `-f` 옵션을 사용하면 실행 중인 컨테이너를 강제로 삭제할 수 있습니다.

## 3.3 이미지와 컨테이너의 메타데이터

메타데이터(metadata)는 데이터에 관한 데이터를 의미합니다. 이미지는 실제 압축된 파일과 이 파일의 정보가 저장된 메타데이터로 구성됩니다. **메타데이터는 이름, 크기 등 이미지에 관한 정보를 저장하고 관리합니다.**

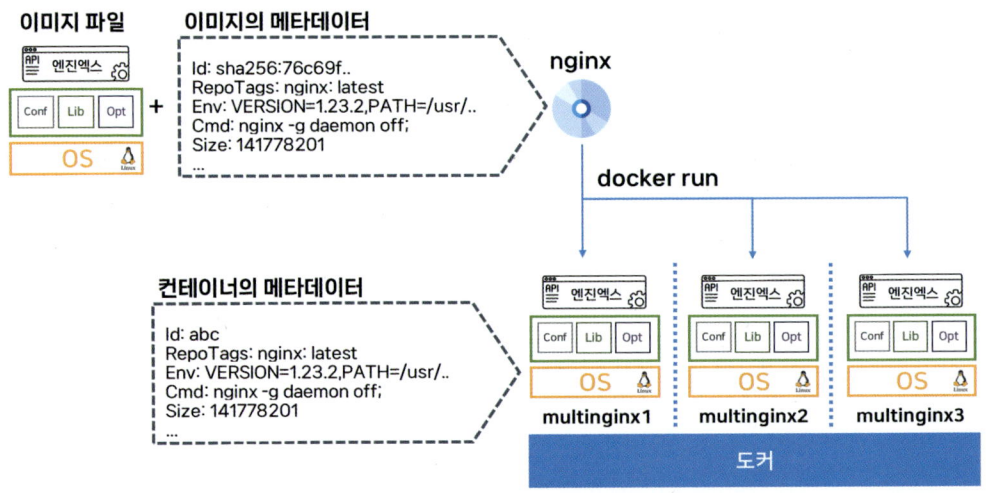

그림 3.8 메타데이터로 정보를 관리하는 이미지와 컨테이너

그림 3.8은 nginx 이미지의 메타데이터를 보여줍니다. 메타데이터에는 이미지 ID, 이름, 파일 크기 등의 정보가 포함됩니다. 자주 사용되는 필드는 **Env**와 **Cmd**입니다.

- Env는 애플리케이션의 환경 설정 값을 의미하며, '키=값' 형태로 구성됩니다. nginx 이미지는 소프트웨어의 버전(VERSION=1.23.2)과 PATH 변수(PATH=/usr/...) 같은 정보를 Env 필드에 저장합니다.
- Cmd는 이미지로 컨테이너를 실행할 때 함께 실행할 명령어를 지정합니다. 윈도우에서는 아이콘을 클릭해서 프로그램을 실행하지만 리눅스에서는 명령어로 프로그램을 실행합니다.

nginx 이미지로 컨테이너를 실행하면 압축 파일과 메타데이터를 사용해 격리된 공간인 컨테이너가 생성됩니다. 이 시점에서 **컨테이너의 메타데이터는 이미지의 메타데이터를 복사**해서 새로 만들어집니다. 그리고 Cmd 필드에 저장된 nginx -g daemon off; 명령어로 엔진엑스가 실행됩니다. 이 과정에서 프로세스는 Env 필드의 값을 참고합니다.

메타데이터는 컨테이너를 실행할 때 새로운 값으로 변경할 수 있습니다. 예를 들어, nginx 이미지의 Cmd 필드의 기본값인 nginx -g daemon off;로 웹 서버를 실행하도록 설정돼 있지만 컨테이너를 실행할 때 Cmd 값을 수정하면 다른 프로세스를 실행할 수도 있습니다.

### 실습 3.3 이미지의 메타데이터 확인하기

실습에서 사용할 명령어를 알아보겠습니다. docker image inspect 다음에 이미지 이름을 입력하면 해당 이미지의 메타데이터를 확인할 수 있습니다. 또한 docker container inspect 뒤에 컨테이너 이름을 입력하면 실행 중인 컨테이너의 메타데이터를 확인할 수 있습니다.

**docker image inspect 이미지명**
이미지의 세부 정보 조회

**docker container inspect 컨테이너명**
컨테이너의 세부 정보 조회

그림 3.9 inspect 명령을 사용한 이미지와 컨테이너의 메타데이터 확인

터미널을 열고 nginx 이미지의 메타데이터를 확인해보겠습니다. docker image inspect 뒤에 이미지 이름인 nginx를 입력합니다.

```
$ docker image inspect nginx
[
    {
        "Id": "sha256:8aea65d81da202cf886d7766c7f2691bb9e363c6b5d9b1f5d9ddaaa4bc1e90c2",
        "RepoTags": [
            "nginx:latest"
        ],
...
        "Created": "22:44:45Z",
```

```
...
        "Config": {
... (중략) ...
            "Env": [
                "PATH=/usr/local/sbin:/usr/local/bin:/usr/sbin:/usr/bin:/sbin:/bin",
                "NGINX_VERSION=1.25.3",
                "NJS_VERSION=0.8.2",
                "PKG_RELEASE=1~bookworm"
            ],
            "Cmd": [
                "nginx",
                "-g",
                "daemon off;"
            ],
```

실행 결과에서 스크롤을 위로 올려 이미지의 ID, 태그, 생성 시각을 확인할 수 있습니다. `Config`에는 `Env`와 `Cmd` 필드가 있습니다. `Env`는 엔진엑스의 버전과 환경변수에 대한 정보가 포함돼 있으며, `Cmd`에는 실행 명령어가 저장돼 있습니다. `Cmd` 필드의 값은 띄어쓰기를 기준으로 배열로 지정돼 있습니다. 실제로 실행되는 명령어는 세 개의 배열 값을 하나로 합친 `nginx -g daemon off;`입니다.

다음으로 엔진엑스 컨테이너를 실행하고, 컨테이너가 정상적으로 실행됐는지 확인해보겠습니다. `docker container inspect defaultCmd` 명령으로 컨테이너의 메타데이터를 확인하면 `Config`에서 이미지와 동일한 `Env`와 `Cmd` 정보를 확인할 수 있습니다. 이는 이미지의 메타데이터를 복사해 컨테이너의 메타데이터가 생성됐기 때문입니다.

```
$ docker run -d --name defaultCmd nginx
(실행된 컨테이너의 ID 출력)

$ docker container inspect defaultCmd
...
        "Config": {
... (중략) ...
            "Env": [
                "PATH=/usr/local/sbin:/usr/local/bin:/usr/sbin:/usr/bin:/sbin:/bin",
```

```
            "NGINX_VERSION=1.25.3",
            "NJS_VERSION=0.8.2",
            "PKG_RELEASE=1~bookworm"
        ],
        "Cmd": [
            "nginx",
            "-g",
            "daemon off;"
        ],
```

### 실습 정리

- docker image inspect 명령어를 사용해 이미지의 메타데이터를 확인할 수 있습니다.
- docker container inspect 명령어를 사용하면 실행 중인 컨테이너의 메타데이터를 확인할 수 있습니다.
- 이미지의 메타데이터에는 ID, 태그, 생성 시각, 환경변수(Env), 실행 명령어(Cmd) 등의 정보가 포함됩니다.
- 컨테이너의 메타데이터는 이미지의 메타데이터를 기반으로 생성되며, 동일한 Env와 Cmd 정보를 포함합니다.

## 3.3.1 Cmd와 Env 값 변경하기

이미지를 사용해 컨테이너를 실행할 때, 이미지 메타데이터의 Cmd와 Env 필드를 수정할 수 있습니다. Cmd를 수정하려면 docker run 명령에서 이미지 이름 다음에 실행할 새로운 명령어를 입력합니다. Env 필드를 변경하려면 docker run 명령의 --env 옵션을 사용하며, 줄여서 -e로도 지정할 수 있습니다. 그림 3.10과 같이 옵션 옆에 수정할 키와 값을 입력합니다.

**docker run 이미지명 (실행명령)**
컨테이너 실행 시 메타데이터의 cmd 수정

**docker run --env KEY=VALUE 이미지명**
컨테이너 실행 시 메타데이터의 env 수정

그림 3.10 Cmd와 Env 필드의 값을 수정하는 명령

## 실습 3.4 이미지 메타데이터의 Cmd 수정하기

실습을 위해 먼저 리눅스의 `cat` 명령을 알아보겠습니다. `cat`은 리눅스에서 제공하는 기본 명령어로, `cat` 뒤에 파일 경로를 입력해 파일 내용을 출력할 수 있습니다. 예를 들어, 'hello world!'라는 내용이 담긴 greeting.txt라는 파일이 있다고 했을 때 `cat greeting.txt` 명령을 실행하면 'hello world!'를 볼 수 있습니다. `cat`은 파일 내용을 출력하고 종료되는 일회성 명령어입니다.

이제 `docker run --help` 명령을 실행해보면 이미지 이름 다음에 입력하는 `COMMAND`로 메타데이터의 Cmd를 수정할 수 있음을 알 수 있습니다.

```
$ docker run --help
Usage:  docker run [OPTIONS] IMAGE [COMMAND] [ARG...]
... (중략) ...
```

새로운 컨테이너를 실행하면서 Cmd 필드를 수정하겠습니다. `docker run --name customCmd nginx`로 컨테이너를 실행하면서, 덮어쓸 Cmd를 `cat usr/share/nginx/html/index.html`로 지정해 index.html 파일의 내용을 출력해보겠습니다.

```
$ docker run --name customCmd nginx cat /usr/share/nginx/html/index.html
<!DOCTYPE html>
<html>
<head>
<title>Welcome to nginx!</title>
<style>
html { color-scheme: light dark; }
body { width: 35em; margin: 0 auto;
font-family: Tahoma, Verdana, Arial, sans-serif; }
</style>
</head>
<body>
<h1>Welcome to nginx!</h1>
... (중략) ...
</body>
</html>
```

Cmd가 `nginx -g daemon off;`에서 `cat /usr/share/nginx/html/index.html`로 수정됐기 때문에 customCmd 컨테이너는 `index.html` 파일의 내용을 출력합니다.

출력된 파일의 내용은 엔진엑스 웹사이트에 접속할 때 보이는 페이지입니다. `nginx` 이미지로 컨테이너를 실행하면 웹 서버는 클라이언트에게 `/usr/share/nginx/html` 폴더의 `index.html` 파일을 응답합니다.

다음 명령으로 실행된 컨테이너의 메타데이터를 확인해보면 Cmd 필드의 값이 변경된 것을 확인할 수 있습니다.

```
$ docker container inspect customCmd
"Config": {
... (중략) ...
        "Cmd": [
            "cat",
            "/usr/share/nginx/html/index.html"
        ],
```

`docker ps`로 컨테이너를 조회하면 처음 실행한 defaultCmd만 보이고 customCmd는 표시되지 않습니다. 이는 customCmd에서 실행한 cat 명령이 파일 내용을 출력하고 종료되는 일회성 프로세스이기 때문입니다. 프로세스가 종료되면 컨테이너도 함께 종료됩니다.

```
$ docker ps
CONTAINER ID    IMAGE    STATUS          PORTS       NAMES
23f1f1c616      nginx    Up 8 minutes    80/tcp      defaultCmd
```

`docker ps -a` 옵션을 사용하면 종료된 컨테이너까지 모두 확인할 수 있습니다. -a는 'all'을 의미하며, customCmd가 Exited 상태로 종료된 것을 확인할 수 있습니다.

```
$ docker ps -a
CONTAINER ID    IMAGE    STATUS                        NAMES
933d1800a       nginx    Exited (0) About a minute ago customCmd
23f1f1c616      nginx    Up 8 minutes                  defaultCmd
```

### 실습 정리

- `docker run` 명령으로 컨테이너 실행 시 이미지의 Cmd를 수정할 수 있습니다.
- 수정된 Cmd는 실행된 컨테이너의 메타데이터에서 확인할 수 있습니다.
- 컨테이너는 내부에서 실행한 프로세스가 종료되면 함께 종료됩니다.
- `docker ps`는 실행 중인 컨테이너만 표시하며, `docker ps -a`는 종료된 컨테이너까지 조회할 수 있습니다.

## 3.3.2 docker run 명령의 -d 옵션

`docker run` 명령에 -d 옵션을 추가하면 컨테이너를 백그라운드에서 실행할 수 있습니다. 백그라운드에서 실행된 컨테이너는 ID만 출력되며, 이후 커맨드 창에서 다른 작업을 계속할 수 있습니다.

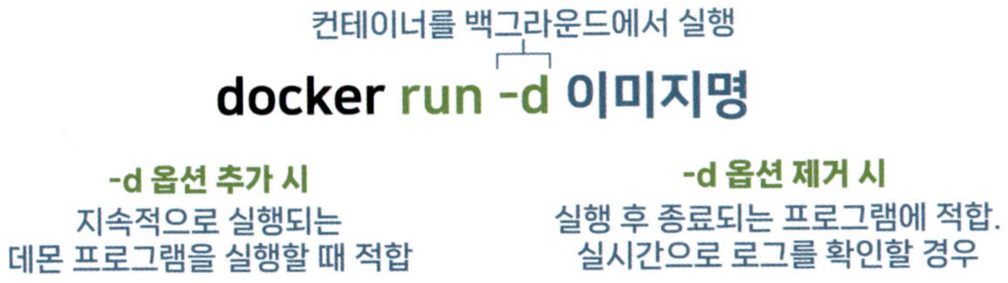

컨테이너를 백그라운드에서 실행
**docker run -d 이미지명**

**-d 옵션 추가 시**
지속적으로 실행되는
데몬 프로그램을 실행할 때 적합

**-d 옵션 제거 시**
실행 후 종료되는 프로그램에 적합.
실시간으로 로그를 확인할 경우

그림 3.11 -d 옵션의 활용 방안

엔진엑스 같은 프로그램은 지속적으로 실행되는 데몬 프로세스입니다. 이러한 프로그램을 컨테이너로 실행할 때 -d 옵션을 사용하지 않으면 프로세스의 로그가 커맨드 창에 지속적으로 출력됩니다. -d 옵션을 사용하면 컨테이너가 백그라운드에서 실행됩니다.

반면, cat 명령처럼 결과를 즉시 반환하고 종료되는 명령어로 컨테이너를 실행할 때는 -d 옵션을 사용하지 않습니다. -d 옵션이 없으면 컨테이너의 출력이 사용자의 커맨드 창에 직접 나타나므로 실행 결과를 즉시 확인하면서 다른 명령어도 이어서 실행할 수 있습니다.

이처럼 -d 옵션의 사용 여부는 실행되는 컨테이너의 특성과 사용자의 요구에 따라 결정됩니다. 지속적으로 실행되는 프로그램에는 보통 -d 옵션을 사용하며, 일회성 작업이나 프로세스 로그를 확인해야 할 경우에는 -d 옵션 없이 컨테이너를 실행합니다.

## 실습 3.5 이미지 메타데이터의 Env 재정의하기

이번 실습에서는 이미지 메타데이터 중 Env 필드를 변경해보겠습니다. docker run --help 명령을 확인하면 --env 또는 -e 옵션으로 Env 필드를 변경할 수 있음을 알 수 있습니다.

```
$ docker run --help
... (중략) ...
    -e, --env list
              Set environment variables
```

실습에 사용할 envColorApp 애플리케이션을 소개하겠습니다. envColorApp은 Node.js 기반의 애플리케이션으로, 컨테이너 실행 시 설정한 환경변수 값에 따라 사용자에게 다른 색의 글씨를 응답합니다.

이미지의 메타데이터를 확인하기 위해 새로운 이미지를 다운로드하고, 로컬 스토리지의 이미지를 조회해 잘 다운로드됐는지 확인하겠습니다.

```
$ docker pull devwikirepo/envnodecolorapp
... (중략) ...
Status: Downloaded newer image for devwikirepo/envnodecolorapp:latest
docker.io/devwikirepo/envnodecolorapp:latest

$ docker image ls
REPOSITORY                        TAG       IMAGE ID       CREATED        SIZE
nginx                             latest    8aea65d81da2   4 months ago   192MB
devwikirepo/envnodecolorapp       latest    e77752c9bb0b   7 weeks ago    863MB
```

이미지의 메타데이터를 확인합니다. Env 필드의 COLOR 키의 값이 기본적으로 red로 설정돼 있습니다. Cmd 필드에는 Node.js 애플리케이션을 실행하는 npm start 명령이 설정돼 있습니다.

```
$ docker image inspect devwikirepo/envnodecolorapp
        "Config": {
... (중략) ...
            "Env": [
                "PATH=/usr/local/sbin:/usr/local/bin:/usr/sbin:/usr/bin:/sbin:/bin",
                "NODE_VERSION=14.21.3",
```

```
            "YARN_VERSION=1.22.19",
            "COLOR=red"
        ],
        "Cmd": [
            "npm",
            "start"
        ],
```

다운로드한 이미지로 컨테이너를 실행합니다. 다음 명령어로 기본 메타데이터 값을 사용해 defaultColorApp 컨테이너를 실행합니다.

```
$ docker run -d -p 8080:3000 --name defaultColorApp devwikirepo/envnodecolorapp
(실행된 컨테이너의 ID 출력)
```

두 번째 컨테이너를 실행합니다. 다음 명령어로 blueColorApp 컨테이너를 실행합니다. 이때 --env COLOR=blue 옵션을 사용해 COLOR 변수의 값을 blue로 설정합니다.

```
$ docker run -d -p 8081:3000 --name blueColorApp --env COLOR=blue devwikirepo/envnode
colorapp
(실행된 컨테이너의 ID 출력)
```

blueColorApp의 메타데이터를 확인합니다. 이미지의 기본 COLOR 값은 red였지만 컨테이너 메타데이터에서 COLOR 값이 blue로 변경된 것을 확인할 수 있습니다.

```
$ docker container inspect blueColorApp
        "Config": {
... (중략) ...
            "Env": [
                "COLOR=blue",
                "PATH=/usr/local/sbin:/usr/local/bin:/usr/sbin:/usr/bin:/sbin:/bin",
                "NODE_VERSION=14.21.3",
                "YARN_VERSION=1.22.19"
            ],
```

브라우저를 열어 두 애플리케이션에 접속합니다. http://localhost:8080에 접속하면 defaultColorApp 컨테이너로 연결되며, 이때 Env의 COLOR 값이 red로 설정돼 있어 웹 페이지의 글씨 색상이 빨간색으로 표시됩니다. http://localhost:8081에 접속하면 blueColorApp에 연결되며, COLOR 값이 blue로 수정되어 글씨 색상이 파란색으로 표시됩니다.

### Env Color Application

사용자님, 환영합니다.

현재 ENV 값으로 적용된 환경 변수는 red 입니다.

### Env Color Application

사용자님, 환영합니다.

현재 ENV 값으로 적용된 환경 변수는 blue 입니다.

그림 3.12 defaultColorApp(왼쪽)과 blueColorApp(오른쪽)에 각각 접속한 결과

실습에 사용한 모든 컨테이너를 조회한 뒤 삭제하겠습니다.

```
$ docker ps -a
CONTAINER ID   IMAGE                        NAMES
64b9c43f207b   devwikirepo/envnodecolorapp  blueColorApp
ad1d2ae65582   devwikirepo/envnodecolorapp  defaultColorApp
933d1800a62c   nginx                        customCmd
23f1f1c61648   nginx                        defaultCmd

$ docker rm -f defaultCmd customCmd defaultColorApp blueColorApp
defaultCmd
customCmd
defaultColorApp
blueColorApp
```

**실습 정리**

- docker run 명령에서 --env 또는 -e 옵션으로 이미지 메타데이터의 환경변수(Env)를 수정할 수 있습니다.
- 실행된 컨테이너의 메타데이터를 확인하면 수정된 Env 값을 확인할 수 있습니다.

이미지는 압축된 파일과 메타데이터로 구성됩니다. 컨테이너 실행 시 메타데이터에 정의된 Env 환경변수가 적용되고, Cmd 필드의 명령어로 프로그램이 실행됩니다. Env와 Cmd는 컨테이너 실

행 시 수정할 수 있으며, 메타데이터를 수정하는 일은 주로 이미지 디버깅 시 활용됩니다. 이로 인해 동일한 이미지를 사용하더라도 다양한 결과를 얻을 수 있습니다.

## 3.4 컨테이너의 생명주기

이번 절에서는 컨테이너의 생명주기에 대해 알아보겠습니다.

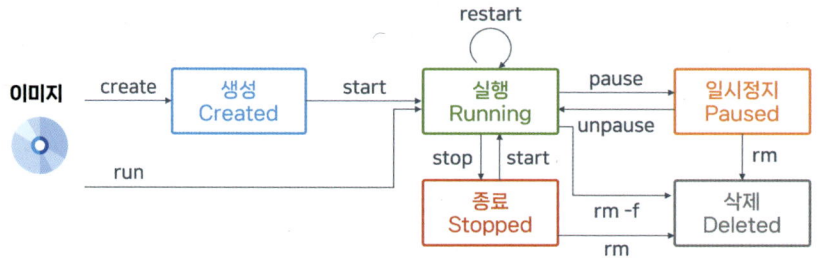

그림 3.13 컨테이너의 생명주기

컨테이너는 여러 가지 상태를 가지며, 이미지를 사용해 생성됩니다. 먼저 `docker create` 명령으로 컨테이너를 **생성(Created)** 상태로 만들 수 있습니다. 생성 단계에서는 격리된 공간이 만들어지지만 컨테이너 내 프로세스가 실행되지 않아 CPU나 메모리 자원을 사용하지 않습니다.

다음으로 `docker start` 명령을 사용해 컨테이너를 **실행(Running)** 상태로 전환할 수 있습니다. 이때 컨테이너의 프로세스가 시작되어 CPU와 메모리 자원을 사용하게 됩니다. `docker run` 명령은 `docker create`와 `docker start`를 결합한 명령으로, 컨테이너 생성과 실행을 한 번에 수행합니다. 실행 중인 컨테이너는 `docker restart` 명령을 통해 재시작할 수 있으며, 이 경우 프로세스를 재시작하는 신호를 보내 10초 후에 다시 실행됩니다.

실행 중인 컨테이너는 `docker pause` 명령으로 **일시정지(Paused)** 상태로 만들 수 있습니다. 이 상태에서는 프로세스가 일시적으로 멈추고 현재 상태가 메모리에 저장됩니다. 따라서 CPU는 사용되지 않지만 메모리는 계속 사용됩니다. 그리고 `docker unpause` 명령으로 일시정지된 시점부터 컨테이너를 다시 시작할 수 있습니다.

**종료(Stopped)** 상태는 실행 중인 컨테이너에 `docker stop` 명령을 사용해 전환할 수 있으며, 이 상태에서는 컨테이너 내 프로세스가 완전히 중단되어 CPU와 메모리 사용이 모두 중단됩니다. 종료된 컨테이너는 `docker start` 명령을 사용해 처음부터 다시 시작할 수 있습니다.

모든 상태의 컨테이너는 `docker rm` 명령으로 **삭제(Deleted)**할 수 있으며, 실행 중인 컨테이너를 삭제할 때는 `-f` 옵션을 사용해야 합니다.

요약하면, 컨테이너의 생명주기는 생성, 실행, 정지, 종료, 삭제 단계로 구성됩니다. 대부분의 생명주기는 컨테이너에서 실행되는 프로세스의 상태와 일치합니다. **프로세스가 실행되면 컨테이너도 실행되며, 프로세스가 정지하거나 종료되면 컨테이너 역시 정지하거나 종료됩니다.** 그러므로 프로세스를 잘 설계하고 관리하는 것이 컨테이너를 효율적으로 활용하는 데 중요합니다.

### 실습 3.6 컨테이너 생성, 실행, 종료하기

이번 실습에서는 컨테이너의 상태를 관찰해보겠습니다. 실습 3.6과 실습 3.7에서 사용할 이미지는 `tencounter`와 `hundredcounter`입니다. 두 이미지 모두 실행 후 종료되는 일회성 컨테이너입니다. `tencounter`는 1부터 10까지, 1초 간격으로 숫자를 출력한 후 종료되며, `hundredcounter`는 1부터 100까지, 1초 간격으로 숫자를 출력한 후 종료됩니다.

먼저 컨테이너를 생성(Created) 상태로 만들어 보겠습니다. `docker create` 명령을 실행하면 이미지를 온라인에서 다운로드하고, 컨테이너를 생성합니다.

```
$ docker create --name tencounter devwikirepo/tencounter
Unable to find image 'devwikirepo/tencounter:latest' locally
latest: Pulling from devwikirepo/tencounter
... (중략) ...
(실행된 컨테이너의 ID)
```

컨테이너가 생성되면 `docker ps -a` 명령으로 컨테이너의 STATUS가 Created 상태임을 확인할 수 있습니다. 이때는 CPU나 메모리를 사용하지 않고 격리된 공간만 생성된 상태입니다.

```
$ docker ps -a
IMAGE                   CREATED          STATUS      NAMES
devwikirepo/tencounter  26 seconds ago   Created     tencounter
```

컨테이너의 리소스 사용량을 조회해보겠습니다. docker stats 명령을 사용하면 실행 중인 컨테이너의 리소스 사용량을 확인할 수 있습니다.

## docker stats --no-stream (컨테이너명/ID)
컨테이너의 리소스 사용량 조회

그림 3.14 docker stats 명령으로 컨테이너의 리소스 사용량 조회

컨테이너가 생성 단계이므로 CPU, 메모리 사용량이 0%인 것을 확인할 수 있습니다.[7]

```
$ docker stats --no-stream tencounter
NAME          CPU %         MEM %         PIDS
Tencounter    0.00%         0.00%         0
```

다음으로 docker start 명령으로 생성된 컨테이너를 실행하겠습니다. docker ps -a 명령으로 tencounter가 실행되는 것을 확인할 수 있습니다. tencounter는 10초 후 자동으로 종료되기 때문에 10초 뒤에 다시 조회하면 컨테이너가 종료(Exited) 상태로 바뀐 것을 볼 수 있습니다.

```
$ docker start tencounter
tencounter

$ docker ps -a
(10초 안에 조회 명령을 실행할 경우)
IMAGE                   CREATED          STATUS              NAMES
devwikirepo/tencounter  5 minutes ago    Up 1 second         tencounter

$ docker ps -a
(10초 뒤에 조회 명령을 실행할 경우)
IMAGE                   STATUS                      NAMES
devwikirepo/tencounter  Exited (0) About a minute ago    tencounter
```

---

[7] 버전에 따라 실행 중인 컨테이너가 아니라 조회할 수 없다는 에러가 출력될 수 있습니다. 두 결과 모두 리소스를 사용하지 않는다는 것을 의미하니 에러가 발생해도 넘어가면 됩니다.

docker start 명령에 -i 옵션을 추가하면 컨테이너를 실행하면서 동시에 컨테이너의 출력을 터미널에 연결할 수 있습니다. 따라서 docker start -i tencounter 명령을 실행하면 숫자 1부터 10까지 로그가 출력되고 프로세스가 종료되는 것을 확인할 수 있습니다.

```
$ docker start -i tencounter
1
2
...
9
10
```

다음으로, 컨테이너를 삭제합니다.

```
$ docker rm -f tencounter
tencounter
```

### 실습 정리

- docker create 명령으로 컨테이너를 Created 상태로 생성할 수 있습니다. 이 상태에서는 CPU나 메모리를 사용하지 않고 격리된 공간만 생성됩니다.
- docker ps -a 명령으로 컨테이너의 상태를 확인할 수 있으며, 생성된 컨테이너는 STATUS가 Created로 표시됩니다.
- docker stats 명령을 사용해 실행 중인 컨테이너의 리소스 사용량(CPU, 메모리 등)을 조회할 수 있으며, 생성된 상태의 컨테이너는 리소스 사용량이 0%입니다.
- docker start 명령으로 생성된 컨테이너를 실행할 수 있습니다. 실행 중인 컨테이너는 STATUS가 Up으로 표시되며, 실행 후 종료된 컨테이너는 STATUS가 Exited로 표시됩니다.
- docker start -i 명령을 사용하면 컨테이너를 실행하며 동시에 터미널에서 출력을 실시간으로 확인할 수 있습니다.

## 실습 3.7 컨테이너의 일시정지, 종료, 재시작

이번 실습에서 배울 명령어는 docker logs입니다. docker logs 뒤에 컨테이너 이름을 입력하면 실행 중인 컨테이너의 로그를 확인할 수 있습니다.

## docker logs (컨테이너명/ID)
컨테이너의 로그 조회

**그림 3.15** 실행 중인 컨테이너의 로그 조회

이번 실습은 명령어 입력을 위해 터미널을 두 개 열어 진행하겠습니다. 두 개의 터미널을 1번 터미널과 2번 터미널로 구분하겠습니다. 먼저 1번 터미널에서 hundredcounter 컨테이너를 실행합니다. 이미지가 다운로드된 후에 애플리케이션의 로그를 1부터 출력합니다.

[1번 터미널]
```
$ docker run --name hundredcounter devwikirepo/hundredcounter
Unable to find image 'devwikirepo/hundredcounter:latest' locally
latest: Pulling from devwikirepo/hundredcounter
c30352492317: Already exists
...
1
2
3
...
```

로그가 출력 중인 상태에서 2번 터미널에서 docker pause hundredcounter 명령을 사용해 hundredcounter 컨테이너를 일시정지합니다. 이로 인해 1번 터미널에서 로그의 출력이 일시정지되는 것을 확인할 수 있습니다. 이 상태에서는 CPU는 사용되지 않지만 상태 정보가 메모리에 저장되어 메모리는 여전히 사용됩니다.

[2번 터미널]
```
$ docker pause hundredcounter
hundredcounter
(1번 터미널의 hundredcounter 로그 출력 일시정지 확인)
```

docker stats 명령을 사용해 컨테이너의 리소스 사용량을 조회하면 메모리만 사용되고 있음을 알 수 있습니다.

```
[2번 터미널]
$ docker stats --no-stream hundredcounter
NAME              CPU %        MEM USAGE / LIMIT      MEM %
hundredcounter    0.00%        696KiB / 7.663GiB      0.01%
```

docker stop 명령을 사용해 hundredcounter 컨테이너를 종료합니다. 프로세스에 종료 명령을 전달하면 실행 중인 프로세스는 종료 신호를 받은 후 10초 후 종료됩니다. 10초 후 컨테이너 목록을 출력하면 컨테이너가 종료된 상태임을 확인할 수 있습니다. Exited의 종료 코드 137은 프로세스가 강제로 종료됐음을 의미합니다.

```
[2번 터미널]
$ docker stop hundredcounter
hundredcounter
(1번 터미널의 hundredcounter 로그 출력이 10초 뒤 종료)

$ docker ps -a
STATUS                     NAMES
Exited(137) 22 seconds ago hundredcounter
```

1번 터미널에서 컨테이너를 다시 실행하면 실행과 동시에 터미널에 연결되어 숫자 1부터 출력됩니다. 컨테이너를 종료하고 다시 시작했기 때문에 로그가 1부터 시작됩니다.

```
[1번 터미널]
$ docker start -i hundredcounter
1
2
3
4
5
6
...
```

2번 터미널에서 docker restart 명령을 실행하면 10초 후에 컨테이너가 재시작됩니다.

[2번 터미널]

```
$ docker restart hundredcounter
hundredcounter
```

재시작 후 기존에 연결돼 있던 1번 터미널은 출력이 종료됩니다. 1번 터미널에서 docker ps 명령으로 컨테이너 상태를 확인하면 Up 상태로 실행 중임을 확인할 수 있습니다. docker logs hundredcounter 명령을 사용하며, 재시작 전 로그를 포함한 로그가 출력됩니다.

[1번 터미널]

```
$ docker ps
IMAGE                          STATUS            NAMES
devwikirepo/hundredcounter     Up 8 seconds      hundredcounter

$ docker logs hundredcounter
...
41
42
43
44
1 (restart 명령을 실행한 후 10초가 되는 시점)
2
3
...
```

docker logs 명령은 한 번만 출력되고 종료되는 일회성 명령입니다. 지속적으로 로그를 출력하려면 docker logs -f hundredcounter 명령을 사용합니다. 로그를 확인한 후 Ctrl + C로 출력을 종료할 수 있으며, 컨테이너의 상태를 조회하면 컨테이너는 여전히 실행 중입니다. Ctrl + C는 터미널의 출력만 종료하고 컨테이너 실행 상태는 유지합니다.

[1번 터미널]

```
$ docker logs -f hundredcounter
...
3
4
5
```

```
6
7
...
(Ctrl + C로 종료)

$ docker ps
IMAGE                           STATUS              NAMES
devwikirepo/hundredcounter      Up 8 seconds        hundredcounter
```

이렇게 컨테이너의 로그를 확인하는 방식은 실무에서 많이 사용됩니다. `docker logs -f` 명령으로 특정 컨테이너의 로그를 실시간으로 확인한 후 Ctrl + C로 빠져나오는 순서로 진행합니다. 마지막으로 컨테이너를 삭제하고 실습을 마무리하겠습니다.

[1번 터미널]
```
$ docker rm -f hundredcounter
hundredcounter
```

실습 정리

- `docker logs` 명령으로 컨테이너의 로그를 확인할 수 있으며, 실시간 로그는 `docker logs -f` 명령으로 확인 후 Ctrl + C로 종료합니다. 이때 컨테이너는 실행 상태를 유지합니다.
- `docker pause` 명령으로 컨테이너를 일시정지할 수 있으며, CPU는 사용되지 않지만 메모리는 계속 사용됩니다.
- `docker stop` 명령으로 컨테이너를 종료할 수 있으며, 10초 후 프로세스가 중단되고 STATUS는 `Exited`로 표시됩니다. 종료 코드 137은 강제 종료를 의미합니다.
- `docker restart` 명령으로 컨테이너를 재시작할 수 있습니다.

이번 장에서는 이미지의 구성을 살펴보고, 이미지로 컨테이너를 실행하는 과정을 통해 이미지와 컨테이너의 관계를 학습했습니다. 또한 이미지가 압축 파일과 메타데이터로 구성돼 있으며, 컨테이너 실행 시 메타데이터를 수정할 수 있다는 점을 배웠습니다. 실습을 통해 메타데이터의 `Cmd`와 `Env` 필드를 변경하며 테스트해보고, 마지막으로 컨테이너의 다양한 상태와 생명주기를 정리했습니다. 다음 장에서는 이미지를 다운로드하고 공유할 수 있는 이미지 레지스트리에 대해 알아보겠습니다.

CHAPTER
# 04

# 이미지 레지스트리

이번 장에서는 이미지 레지스트리에 대해 알아보겠습니다. 이미지 레지스트리는 도커 이미지를 저장하는 저장소로, 개인이나 팀이 이미지를 공유하거나 필요한 이미지를 다운로드할 수 있습니다. 이전 실습에서 엔진엑스 컨테이너를 실행할 때도 이미지 레지스트리에서 엔진엑스 이미지를 다운로드해 사용했습니다. 이번 장에서는 대표적인 이미지 레지스트리인 도커 허브(Docker Hub)에 가입하고, 이미지를 업로드하고 다운로드하는 방법을 학습하겠습니다. 또한 이미지의 이름 규칙도 함께 알아보겠습니다.

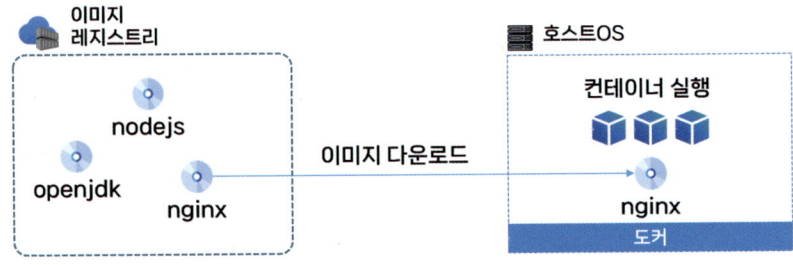

그림 4.1 이미지 레지스트리를 통한 이미지 업로드/다운로드

## 4.1 이미지 레지스트리

**이미지 레지스트리는 이미지를 저장하는 저장소**입니다. 개발 경험이 없더라도 깃허브(GitHub)를 들어 보셨을 것입니다. 깃허브는 소스코드를 저장하고 관리하는 플랫폼으로, 개발자들이 코드를 보관하고 다른 개발자와 공유할 수 있습니다. 이미지 레지스트리는 깃허브와 비슷하지만, 소스코드가 아닌 이미지를 저장하고 공유합니다. 깃허브가 소스코드의 저장소라면, 도커 허브는 소스코드로 만들어진 프로그램과 해당 프로그램을 실행하는 데 필요한 모든 환경을 포함한 이미지를 저장하는 플랫폼입니다. 현재 가장 대중적으로 사용되는 이미지 레지스트리는 도커 허브입니다.

그림 4.2 깃허브에는 소스코드를 저장하고 도커 허브에는 도커 이미지를 저장

### 4.1.1 이미지 레지스트리의 기능

이미지 레지스트리는 도커 이미지를 저장하고 관리하는 도구입니다. 여러 종류의 이미지 레지스트리가 있지만 기본 기능은 비슷합니다.

- **이미지 공유**: 이미지 레지스트리를 통해 이미지를 업로드하고 다운로드할 수 있습니다.
- **이미지 검색**: 필요한 이미지를 찾을 수 있는 검색 기능을 지원합니다.
- **버전 관리**: 하나의 이미지에 대해 다양한 버전을 저장할 수 있으며, 사용자는 특정 버전의 이미지를 선택해 다운로드할 수 있습니다.
- **보안**: 인증과 권한 관리 기능을 통해 이미지 접근을 제어하고, 업로드된 이미지의 보안성을 검토합니다.
- **파이프라인**: 데브옵스 파이프라인과 통합해 이미지 업로드 시 애플리케이션을 자동으로 배포할 수 있습니다.

## 4.1.2 이미지가 저장되는 공간

이미지를 저장하는 공간은 **로컬 스토리지, 프라이빗 레지스트리, 퍼블릭 레지스트리**로 나뉩니다. 로컬 스토리지는 도커가 설치된 호스트OS의 스토리지로, 사용자 PC의 특정 폴더에 이미지를 저장합니다. 프라이빗 레지스트리는 주로 기업 환경에서 사용되며, 퍼블릭 레지스트리는 누구나 접근할 수 있는 온라인 저장소입니다.

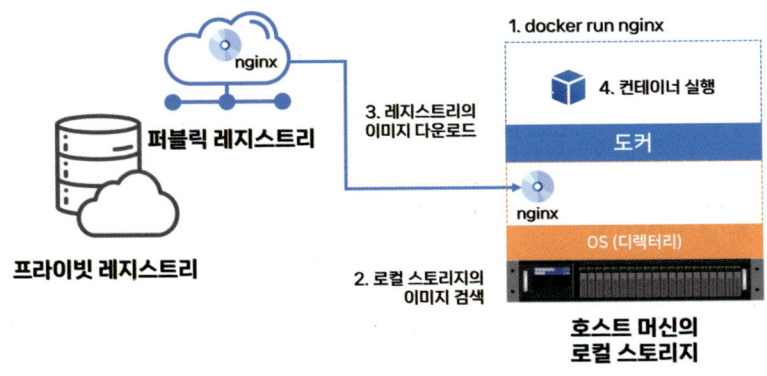

그림 4.3 로컬 스토리지, 프라이빗/퍼블릭 레지스트리에 저장되는 이미지

이미지를 다운로드하는 순서는 다음과 같습니다. 컨테이너를 실행할 때 `docker run` 명령과 이미지 이름을 입력하면 도커는 가장 먼저 로컬 스토리지에서 해당 이미지를 찾습니다. 이미지가 있으면 추가 다운로드 없이 바로 컨테이너를 실행합니다.

이미지가 없으면 도커는 온라인 레지스트리에서 이미지를 다운로드한 뒤 로컬 스토리지에 저장하고, 이후 컨테이너를 실행합니다. 한 번 로컬 스토리지에 다운로드한 이미지는 계속 사용할 수 있습니다. 따라서 같은 이미지로 컨테이너를 생성하면 로컬 스토리지의 이미지를 사용해서 바로 실행됩니다.

이미지 레지스트리는 프라이빗 레지스트리와 퍼블릭 레지스트리로 구분됩니다. 프라이빗 레지스트리는 특정 네트워크 내에서만 접근할 수 있어 주로 기업이나 조직의 내부망에서 사용됩니다. 이를 통해 보안을 유지하며 특정 사용자 그룹의 이미지 접근을 제한할 수 있습니다. 반면 퍼블릭 레지스트리는 인터넷을 통해 누구나 접근할 수 있는 공개 저장소로, 도커 허브와 같은 퍼블릭 레지스트리는 가입만 하면 누구나 이미지를 자유롭게 업로드하거나 다운로드할 수 있습니다.

### 4.1.3 프라이빗 레지스트리

프라이빗 레지스트리는 두 가지 방식으로 사용됩니다. 첫 번째는 서버에 직접 레지스트리 소프트웨어를 설치해 사용하는 방식으로, 하버(Harbor)나 도커 프라이빗 레지스트리(Docker Private Registry) 같은 소프트웨어를 이용합니다. 두 번째는 클라우드 서비스를 이용하는 방식으로, AWS의 ECR(Elastic Container Registry), Azure의 ACR(Azure Container Registry) 등을 사용할 수 있습니다. 설치형 레지스트리는 사용자가 직접 서버에 설치해야 하며, 퍼블릭 클라우드 레지스트리를 사용할 경우 사용량에 따라 요금을 지불합니다.

## 4.2 이미지 이름 규칙

컨테이너를 실행할 때 `docker run` 명령과 함께 이미지 이름을 nginx로 지정했습니다. nginx라는 간단한 이름만으로 이미지를 정확히 찾아 다운로드할 수 있는 이유는 이미지 이름에 규칙과 기본값이 있기 때문입니다. **이미지 이름은 레지스트리 주소, 프로젝트명, 이미지명, 이미지 태그의 네 가지 주요 요소로 구성**됩니다.

**레지스트리주소/프로젝트명/이미지명:이미지태그**

그림 4.4 4개의 구성 요소로 이뤄진 이미지의 이름

- **레지스트리 주소**: 이미지가 저장된 레지스트리를 지정하며, 이를 통해 이미지를 어디서 다운로드하고 업로드할지 결정합니다. 레지스트리 주소를 명시하지 않으면 도커는 기본적으로 도커 허브의 주소인 docker.io를 사용합니다. 예를 들어, 개인 레지스트리 주소가 devwiki.com일 경우, 이 레지스트리에서 이미지를 다운로드하려면 이미지 이름에 주소를 명시해야 합니다.
- **프로젝트명**: 이미지가 속한 프로젝트를 나타내며, 레지스트리에서 이미지를 관리하는 폴더와 같습니다. 레지스트리에 따라 프로젝트를 정의하는 방식은 다를 수 있습니다. 예를 들어, 도커 허브에서는 사용자의 계정명이 프로젝트명으로 사용됩니다.
- **이미지명**: 다운로드할 이미지의 이름입니다.
- **이미지 태그**: 이미지의 버전을 나타내며, 숫자와 문자를 모두 포함할 수 있습니다.

첫 번째 예시는 다음과 같습니다.

**devwiki.com/myproject/mynginx:2.1.0-alpine**

그림 4.5 첫 번째 예시: devwiki.com/myproject/mynginx:2.1.0-alpine

그림 4.5에서 이미지 이름을 읽어보면 devwiki.com 레지스트리의 myproject 프로젝트에 속한 mynginx 이미지의 2.1.0-alpine 버전을 나타냅니다.

**docker.io/devwikirepo/tencounter:latest**

그림 4.6 두 번째 예시: devwikirepo/tencounter

그림 4.6의 이미지 이름은 devwikirepo/tencounter입니다. 레지스트리 주소가 명시되지 않았기 때문에 기본적으로 도커 허브(docker.io)에서 이미지를 다운로드합니다. 프로젝트명은 실습용 계정인 devwikirepo이며, tencounter 이미지를 다운로드합니다. 이미지 태그를 생략하면 최신 버전인 latest가 기본값으로 사용됩니다.

**docker.io/library/nginx:latest**

그림 4.7 세 번째 예시: nginx

마지막 예시인 그림 4.7의 nginx 이미지는 프로젝트명도 생략돼 있습니다. 도커는 검증된 이미지를 공식 이미지로 제공하며, 이들은 library 프로젝트에서 관리합니다. 계정명을 생략하면 library가 기본값으로 적용되어 공식 nginx 이미지를 다운로드합니다. 따라서 이미지명에 nginx만 입력하면 실제로 docker.io/library/nginx:latest 이미지를 사용하게 됩니다.

실무에서는 다양한 레지스트리를 사용하며, 프로젝트와 버전별로 이미지를 관리하기 때문에 이미지의 이름 규칙을 잘 이해하는 것이 중요합니다.

## 4.3 도커 허브 가입 및 이미지 공유하기

다음으로 이미지를 직접 업로드하기 위해 도커 허브에 가입해 보겠습니다. 도커 허브는 퍼블릭 레지스트리로 계정만 만들면 누구나 이미지를 업로드하고 다운로드할 수 있습니다.

### 실습 4.1 도커 허브 가입하기

도커 허브(https://hub.docker.com)에 접속한 다음 화면 상단의 **[Sign up]** 버튼을 클릭해 새로운 사용자로 가입합니다. 이때 사용자 이름으로 입력한 값이 이미지의 프로젝트명으로 사용됩니다. 이 책에서는 easydocker123으로 설정했으며, 자신의 계정을 입력합니다. 사용할 이메일 주소와 비밀번호를 설정한 후 회원가입을 완료하고, 이메일을 통해 인증 절차를 마치면 도커 허브에 가입이 완료됩니다.

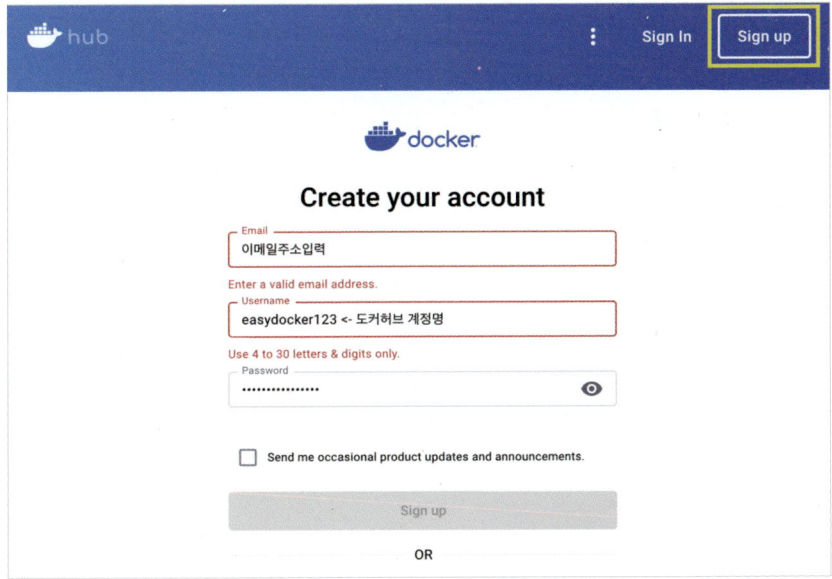

그림 4.8 상단의 [Sign up] 버튼을 클릭해 회원가입을 진행

도커 허브에 로그인한 후, 상단의 검색창에 `nginx`를 입력해서 검색합니다.

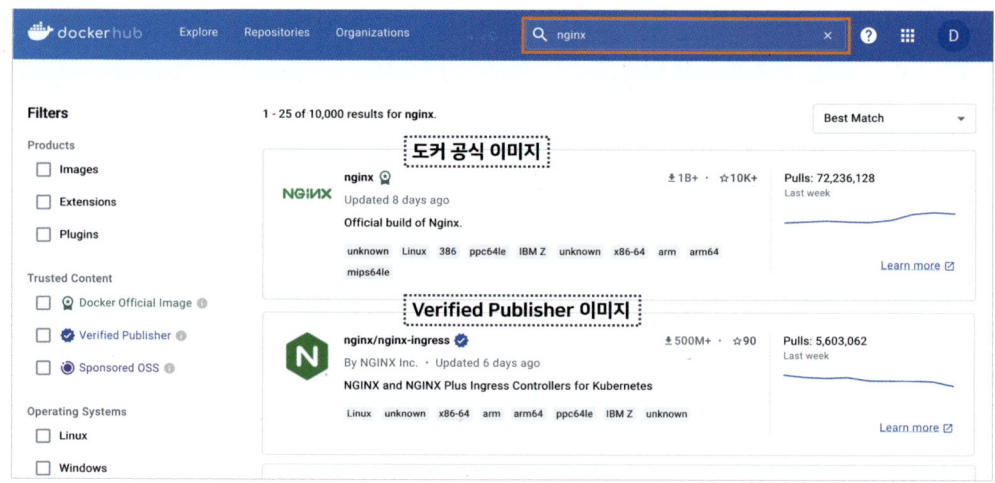

그림 4.9 nginx 이미지 검색

검색 결과에서 Docker Official 태그가 붙은 `nginx` 이미지를 확인할 수 있습니다. 이 이미지는 이전 실습에서 사용한 도커의 공식 엔진엑스 이미지입니다. 아래로 스크롤하면 Verified Publisher 태그가 있는 이미지도 확인할 수 있는데, 이는 도커에서 직접 관리하지 않지만 신뢰할 수 있는 규모의 회사에서 인증한 이미지입니다.

공식 `nginx` 이미지를 클릭하면 다운로드 수와 좋아요 수 등 다양한 정보를 확인할 수 있습니다.

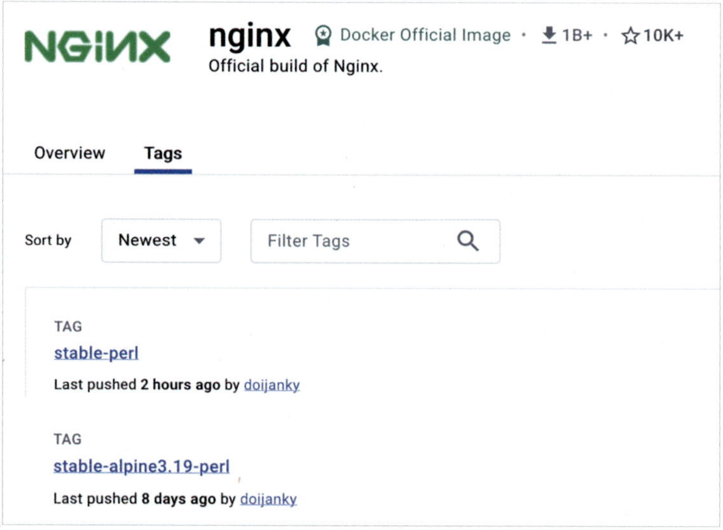

그림 4.10 nginx 이미지의 다양한 버전을 확인할 수 있는 Tags 탭

[Tags] 탭에서는 nginx 이미지의 버전 정보를 확인할 수 있습니다. 하나의 이미지에는 여러 버전이 존재합니다. 여기서 태그에 stable이 있으면 안정적인 버전을 뜻하고, alpine이 있으면 경량 버전의 OS를 사용한 버전이며, slim이 있으면 필수 요소를 포함해 이미지 크기를 줄인 버전으로, 전송 시간을 줄일 수 있지만 디버깅이 어려울 수 있습니다.

상단의 [Repositories] 탭을 클릭하면 사용자의 이미지 저장소를 확인할 수 있습니다. 현재는 업로드한 이미지가 없어 저장소가 비어 있습니다. 도커 허브는 기본적으로 무료로 제공되며, 대량의 다운로드/업로드에는 제한이 있습니다. 기업 환경에서 더 많은 사용량이 필요하다면 기업용 라이선스를 구매하거나 설치형 레지스트리를 사용하는 옵션도 있습니다.

> 실습 정리
> - 도커 허브에서 'nginx'를 검색하면 Docker Official 태그가 붙은 공식 이미지를 확인할 수 있습니다.
> - [Tags] 탭에서 이미지의 버전 정보를 확인할 수 있으며, stable, alpine, slim 등 다양한 태그를 사용할 수 있습니다.
> - [Repositories] 탭에서 사용자의 이미지 저장소를 확인할 수 있습니다.

## 실습 4.2 이미지 Pull, Push

온라인에서 이미지를 다운로드하고 자신의 도커 허브 계정으로 업로드하는 과정을 학습하겠습니다. 이미지를 다운로드하는 작업은 '풀(Pull)', 업로드하는 작업은 '푸시(Push)'라고 합니다. 특정 이미지를 다운로드하려면 `docker pull` 명령을 사용하며, 명령어 뒤에 다운로드할 이미지의 이름을 입력합니다.

다운로드한 이미지에 새 이름을 지정할 때는 `docker tag` 명령을 사용합니다. 이 명령어에 기존 이미지 이름과 새 이미지 이름을 입력하면 이미지의 새로운 이름이 생성됩니다.

마지막으로 `docker push` 명령을 사용해 자신의 도커 허브 계정에 이미지를 업로드할 수 있습니다.

**docker pull 이미지명**
로컬 스토리지로 이미지 다운로드

**docker tag 기존이미지명 추가할이미지명**
로컬 스토리지의 이미지명 추가

**docker push 이미지명**
이미지 레지스트리에 이미지 업로드

그림 4.11 docker pull로 이미지를 다운로드하고, tag로 이미지에 새 이름을 추가하고, push로 업로드

이번 실습에서는 devwikirepo 프로젝트의 simple-web 버전 1.0 이미지를 다운로드하고, 새로운 이미지명으로 태그한 뒤 자신의 도커 허브로 업로드해보겠습니다. 도커 허브는 사용자 계정명을 프로젝트 이름으로 사용하기 때문에 다른 프로젝트에서 다운로드한 이미지를 자신의 프로젝트에 푸시하려면 이미지의 프로젝트명을 수정해야 합니다.

그림 4.12는 실습 과정을 순서대로 표시한 그림입니다.

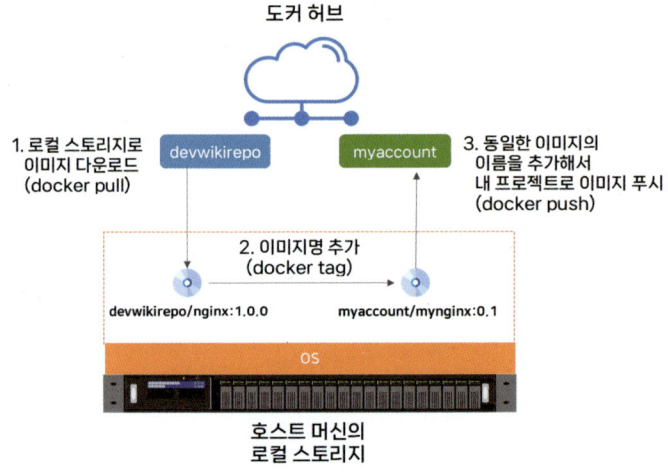

그림 4.12 다른 프로젝트에서 내려받은 이미지를 자신의 프로젝트에 푸시

실습 과정을 자세히 설명하면 다음과 같습니다.

1. docker pull 명령으로 도커 허브에서 로컬 스토리지로 이미지를 다운로드합니다. 다운로드한 이미지는 프로젝트명이 devwikirepo입니다.

2. docker tag 명령으로 다운로드한 이미지에 새로운 이름을 추가합니다. 이때 태그로 자신의 프로젝트명을 입력하고, 이미지명, 이미지 버전을 원하는 대로 수정합니다.

3. docker push 명령으로 자신의 프로젝트에 이미지를 푸시합니다.

위 과정을 통해 도커 허브의 다른 프로젝트에서 내려받은 이미지를 자신의 프로젝트로 업로드할 수 있습니다.

터미널을 열고 아래 명령어를 입력해 이미지를 다운로드합니다.

```
$ docker pull devwikirepo/simple-web:1.0
... (중략) ...
c66f0c272a7b: Pull complete
Digest: sha256:5d019edef44a0b53884d23eeaf3a8bf9bf3e76ae03c71a2f2e7f16fffacdc62b
Status: Downloaded newer image for devwikirepo/simple-web:1.0
docker.io/devwikirepo/simple-web:1.0
```

이미지를 다운로드한 후 docker tag 명령어로 새 이름을 지정합니다. 여기서 (레지스트리계정명)에는 자신의 도커 허브 계정명을 입력합니다. 이렇게 tag 명령을 사용해 이미지 파일에 여러 이름을 추가할 수 있습니다.

```
$ docker tag devwikirepo/simple-web:1.0 (레지스트리계정명)/my-simple-web:0.1
```

이미지명을 추가하는 이유는 파일은 같아도 이미지명에 따라 업로드 위치가 달라지기 때문입니다. 이렇게 같은 파일이라도 다른 이름을 지정해 원하는 도커 허브 계정으로 업로드할 수 있습니다. docker image ls 명령을 실행하면 새로운 이미지명이 정상적으로 생성된 것을 확인할 수 있으며, 이미지 ID가 같으므로 실제 파일이 하나만 존재하는 것을 알 수 있습니다.

```
$ docker image ls
REPOSITORY                        TAG        IMAGE ID
devwikirepo/simple-web            1.0        0081f967a3b0
(레지스트리계정명)/my-simple-web    0.1        0081f967a3b0
```

이렇게 원하는 위치에 이미지를 업로드하려면 규칙에 맞는 이름으로 이미지명을 변경해야 합니다. 이번 실습에서는 `devwikirepo`의 `simple-web:1.0` 버전을 다운로드해서 자신의 계정명이 포함된 `my-simple-web:0.1` 버전으로 업로드하는 과정을 통해 하나의 이미지 파일로 여러 버전의 이미지를 만들어 사용합니다.

다음으로 아래의 `docker push` 명령을 사용해 새롭게 지정한 이미지명을 사용해 이미지를 푸시합니다.

```
$ docker push (레지스트리계정명)/my-simple-web:0.1
... (중략) ...
9136a4eb6504: Layer already exists
errors:
denied: requested access to the resource is denied
unauthorized: authentication required
```

업로드가 시작되지만 인증 에러로 인해 푸시가 중단됩니다. 이는 현재 터미널에서 도커 허브에 로그인되지 않았기 때문입니다. 웹 페이지에서 로그인한 상태라도, 터미널에는 도커 허브 계정 정보를 따로 입력해야 합니다.

도커 허브는 이미지를 다운로드할 때는 인증을 요구하지 않지만 **이미지를 푸시하려면 해당 계정의 인증 정보를 요구**합니다. 따라서 이미지를 푸시하기 전에 도커 허브 계정에 로그인해야 합니다.

### 실습 정리
- `docker pull` 명령으로 도커 허브에서 이미지를 로컬로 다운로드합니다.
- `docker tag` 명령으로 다운로드한 이미지에 새 이름을 추가해 다른 프로젝트나 계정으로 업로드할 수 있습니다.
- `docker push` 명령으로 새롭게 태그한 이미지를 자신의 도커 허브 계정에 업로드합니다.
- 이미지를 푸시하기 전에 터미널에서 `docker login` 명령을 사용해 도커 허브 계정에 로그인해야 합니다.

### 실습 4.3 이미지 레지스트리 로그인

도커 허브에 로그인하는 명령어를 알아보겠습니다. `docker login` 명령을 실행해 로그인하면 로컬 스토리지에 인증 정보가 저장됩니다. 인증 정보는 `docker logout` 명령으로 로그아웃할 때 삭제됩니다. 로컬 스토리지에서 이미지를 삭제하려면 `docker image rm` 명령어와 이미지 이름을 사용합니다.

**docker login**
이미지 레지스트리에 대한 인증 정보 생성

**docker logout**
이미지 레지스트리에 대한 인증 정보 삭제

**docker image rm 이미지명**
로컬 스토리지의 이미지 삭제

그림 4.13 도커 허브 로그인/로그아웃 및 이미지 제거 명령

다음과 같이 `docker login` 명령을 입력해서 로그인합니다. 이전 실습에서 도커 허브에 가입할 때 사용했던 사용자명과 비밀번호를 사용합니다.

```
$ docker login
... (중략) ...
Username: easydocker123
Password:
Login Succeeded
```

로그인 후 인증 정보는 사용자의 홈 디렉터리 내 `.docker` 폴더의 `config.json` 파일에 저장됩니다. 이 파일의 위치는 운영체제에 따라 다를 수 있으며, 특히 윈도우에서 도커 데스크톱을 사용할 때는 파일 위치를 확인하기 어려울 수 있습니다. 중요한 것은 이 인증 정보가 파일로 저장된다는 점입니다.

```
$ cat ~/.docker/config.json
{
    "auths": {
        "https://index.docker.io/v1/": {}
```

```
    },
    "credsStore": "desktop",
    "currentContext": "desktop-linux"
}
```

이제 이전에 푸시가 실패했던 이미지를 다시 푸시합니다. 이번에는 인증 정보가 등록되어 이미지가 정상적으로 업로드됩니다.

```
$ docker push (레지스트리계정명)/my-simple-web:0.1
... (중략) ...
9136a4eb6504: Layer already exists
0.1: digest: sha256:5d019edef44a0b53884d23eeaf3a8bf9bf3e76ae03c71a2f2e7f16fffacdc62b
size: 1777
```

푸시한 이미지는 도커 허브의 [Repositories] 탭에서 확인할 수 있으며, 페이지를 새로고침하면 표시됩니다. 현재 다운로드 횟수는 0건이며, 모든 사용자가 다운로드할 수 있는 퍼블릭 상태로 설정됩니다.

다음으로, 컨테이너를 생성하기 전에 로컬 스토리지에 이미지가 이미 존재하는 경우 새 이미지를 온라인에서 다운로드하지 않으므로 실습을 위해 로컬 스토리지의 이미지를 삭제하겠습니다. 다음 명령으로 로컬 스토리지에 저장된 이미지를 삭제합니다. 첫 번째 명령으로 이미지를 삭제할 때 Untagged 상태로 표시되며, 두 번째 명령으로 이미지를 삭제할 때 Untagged와 Deleted 상태가 함께 표시됩니다.

```
$ docker image rm (레지스트리계정명)/my-simple-web:0.1
Untagged: easydocker123/my-simple-web:0.1
Untagged: easydocker123/my-simple-web@sha256:5d019ede...

$ docker image rm devwikirepo/simple-web:1.0
Untagged: devwikirepo/simple-web:1.0
Untagged: devwikirepo/simple-web@sha256:5d019ede...
Deleted: sha256:7aed3acca...
... (중략) ...
```

이는 하나의 이미지에 두 개의 이미지 이름이 존재하기 때문입니다. 첫 번째 `my-simple-web:0.1`을 삭제하면 `Untagged` 상태로 표시됩니다. `simple-web:1.0`이 여전히 이미지 파일을 참조하고 있기 때문입니다. 그러나 `simple-web:1.0`을 삭제할 때는 더 이상 참조하는 이미지 이름이 없어 이미지 파일이 시스템에서 완전히 삭제(`Deleted`)됩니다.

로컬 스토리지의 이미지를 삭제했으므로 다시 컨테이너를 실행하면 도커 허브에서 해당 이미지를 자동으로 다운로드합니다. 아래의 `docker run` 명령을 사용해 컨테이너를 백그라운드로 실행하고, 컨테이너명을 `my-simple-web`으로 지정합니다. 컨테이너 실행 후 `http://localhost`에 접속해 `hello nginx` 페이지를 확인합니다.

```
$ docker run -d -p 80:80 --name my-simple-web (레지스트리계정명)/my-simple-web:0.1
Unable to find image 'easydocker123/my-simple-web:0.1' locally
0.1: Pulling from easydocker123/my-simple-web
41f92d5a73b9: Downloading   3.41MB/30.06MB
... (중략) ...
Status: Downloaded newer image for easydocker123/my-simple-web:0.1
1861f14...
```

그리고 도커 허브의 [Repositories]의 탭에서 확인해 보면 다운로드 수가 1로 증가한 것을 볼 수 있습니다.

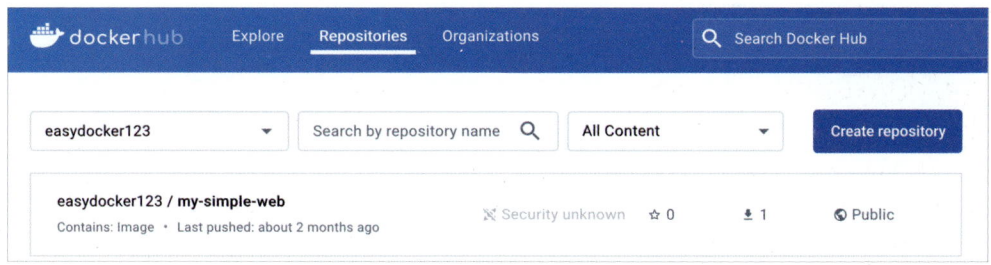

그림 4.14 다운로드 수가 증가한 것을 확인

실습에 사용한 컨테이너를 `docker rm` 명령으로 삭제하고 실습을 마칩니다.

```
$ docker rm -f my-simple-web
my-simple-web
```

### 실습 정리

- `docker login` 명령으로 도커 허브 계정에 로그인하면 인증 정보가 로컬의 `.docker/config.json` 파일에 저장됩니다.
- 로그인 후 `docker push` 명령을 사용해 이미지를 도커 허브에 업로드할 수 있습니다.
- `docker image rm` 명령으로 로컬 스토리지에 저장된 이미지를 삭제할 수 있습니다.
- 컨테이너를 실행하면 로컬에 이미지가 없는 경우 도커 허브에서 자동으로 이미지를 다운로드합니다.

이제 이 이미지 이름을 동료나 친구에게 전달하면 도커가 설치된 모든 서버에서 동일한 환경으로 소프트웨어를 실행할 수 있습니다. 컨테이너 이전에는 소스코드나 애플리케이션 파일을 공유할 때 파일을 실행하는 운영체제나 라이브러리의 차이로 인해 문제가 발생했습니다. 컨테이너는 이러한 환경 차이로 인한 문제를 해결할 수 있습니다. 또한 웹 서버에서 복잡한 애플리케이션 서버에 이르기까지 서버 운영 비용과 구성 시간을 줄일 수 있습니다.

CHAPTER
05

# 이미지 빌드

이번 장에서는 이미지의 레이어 구조와 이미지가 저장되는 원리를 알아보겠습니다. 또한 이미지를 만드는 두 가지 방법인 커밋과 빌드에 대해 살펴볼 것입니다. 이미지를 빌드하려면 도커파일(Dockerfile)이라는 명세서를 작성해야 합니다. 이를 위해 도커파일을 작성하는 데 필요한 문법을 배우고, 샘플 소스코드를 사용해 애플리케이션 이미지를 빌드할 것입니다. 마지막으로, 빌드 효율성을 높일 수 있는 멀티 스테이지 빌드에 대해서도 알아보겠습니다.

## 5.1 이미지와 레이어

이미지는 컨테이너를 실행하기 위한 재료로, **프로그램이 사용하는 파일과 폴더 구조를 저장한 압축 파일**입니다. 도커는 저장 공간을 효율적으로 활용하기 위해 레이어드 파일 시스템(Layered Filesystem)으로 이미지를 구성합니다. 즉, 여러 개의 레이어가 쌓여 하나의 이미지가 형성되며, 각 레이어는 계층 구조를 이루고 있습니다. 레이어는 여러 개의 옷을 겹쳐 입는 레이어드 티셔츠처럼 여러 레이어가 하나의 결과물로 합쳐지는 개념입니다.

이전 장에서 엔진엑스 컨테이너를 실행할 때 도커 허브에서 이미지를 다운로드했습니다. 그림 5.1의 로그를 보면 이미지 다운로드가 여러 단계로 진행된 것을 알 수 있으며, 로그의 각 단계는 하나의 레이어를 의미합니다. 이렇게 **여러 레이어가 모여 하나의 이미지를 구성**합니다.

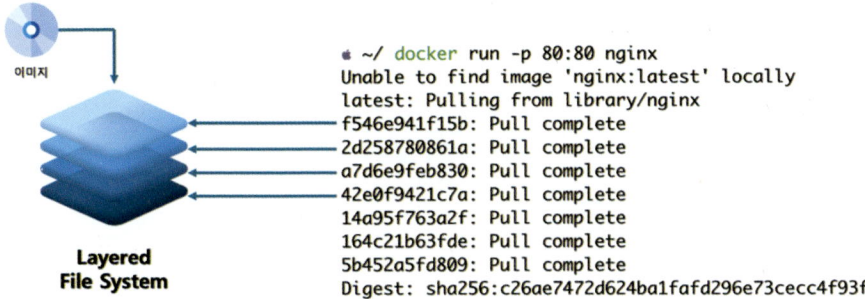

그림 5.1 레이어 단위로 다운로드되는 이미지

각 레이어는 이미지의 일부로, 여러 층으로 구성된 **레이어 구조는 데이터 재사용에 유리**합니다. 레이어 구조 덕분에 이미지를 저장할 때 필요한 공간이 줄어들고, 전송 시 스토리지와 네트워크 사용량이 절약됩니다.

## 5.1.1 레이어 구조의 장점

레이어 구조의 장점을 이해하기 위해 건축 도면을 예로 들겠습니다. 건축 도면은 구조, 가구 배치, 전기 배선 등 주제별로 투명한 용지에 각기 다른 요소를 그려서 쌓아 올립니다. 이 투명한 도면들을 겹치면 건물의 전체 설계도가 완성됩니다. 이 상태에서 전기 설계만 수정해야 할 경우 레이어 구조 덕분에 전기 레이어만 변경하면 됩니다. 만약 설계도가 한 장의 파일로 통합돼 있었다면 일부 수정이 전체에 영향을 미칠 것입니다.

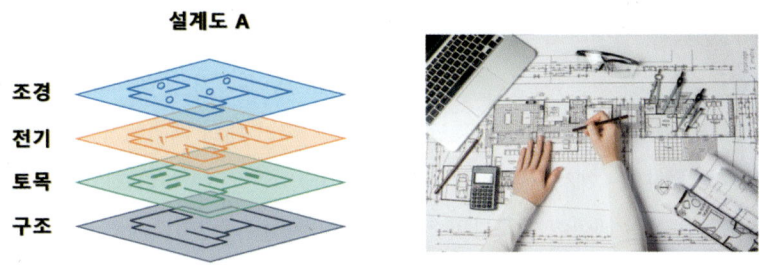

그림 5.2 건축 도면과 비슷한 이미지의 레이어 구조

또한 그림 5.3과 같이 설계도 A와 설계도 B가 구조, 토목, 조경은 같고, 전기 배선만 다르다고 가정할 경우 레이어 구조가 겹치는 부분은 재사용할 수 있습니다. 레이어 구조를 통해 **하나의 레이어를 수정해도 나머지 레이어에는 영향을 미치지 않으며, 동일한 레이어를 여러 설계도에서 재사용**할 수 있습니다.

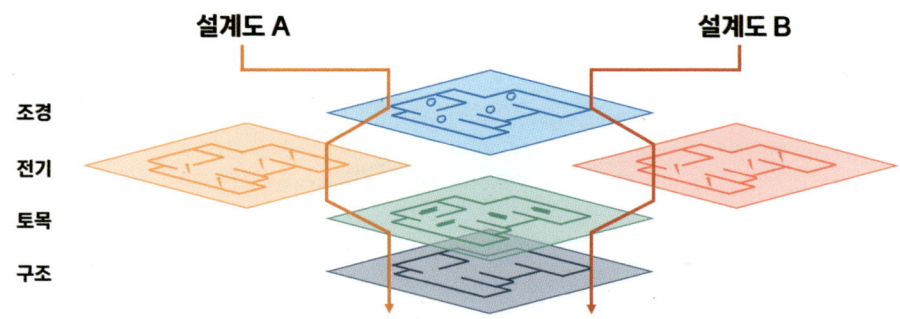

그림 5.3 용량 관리 및 데이터 전송에 유리한 레이어 구조

그림 5.3과 같이 레이어를 펼쳐 놓고 왼쪽 순서로 읽으면 설계도 A, 오른쪽 순서대로 읽으면 설계도 B가 됩니다. 설계도 A만 가진 사람에게 설계도 B를 전달하려면 동일한 나머지 레이어는 제외하고, 전기 레이어만 전달하면 충분합니다. 이처럼 레이어 구조는 **데이터 전송에서도 더 유리한 구조**입니다.

## 5.1.2 레이어의 구성 원리

이미지의 레이어는 건축 도면과 비슷하지만 실제 구성 방식에는 차이가 있습니다. 이미지의 레이어는 효율적인 관리와 변경 사항 추적을 위해 설계됐습니다. **이미지의 레이어는 이전 단계에서 변경된 내용만을 저장**합니다. 이러한 구조는 이미지의 크기를 줄이고, 업데이트 시 필요한 데이터만 반영할 수 있게 해줍니다. 레이어 구조의 원리를 이해하기 위해 엔진엑스를 설치한 이미지 생성 과정을 예로 들어보겠습니다. 실제 컴퓨터에 엔진엑스를 설치하는 과정은 다음과 같은 단계로 이뤄집니다.

1. **운영체제(OS) 설치**: 프로그램을 실행하기 위한 운영체제를 설치합니다.
2. **엔진엑스 설치**: 웹 서버 역할을 수행하는 엔진엑스를 설치합니다.
3. **설정 파일 작성**: 엔진엑스가 동작하도록 설정 파일을 작성합니다.
4. **index.html 파일 작성**: 웹 서버에서 제공할 기본 페이지를 작성합니다.

그림 5.4는 두 개의 엔진엑스 이미지를 구성하는 각 레이어의 순서를 나타냅니다.

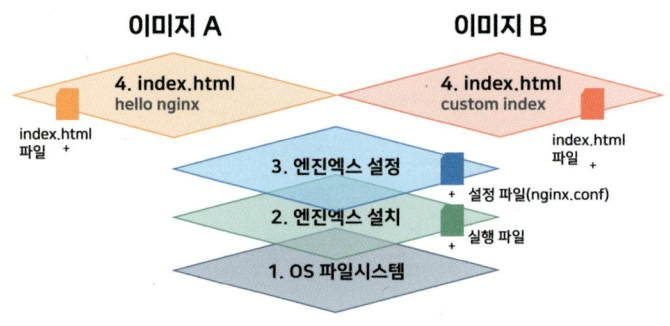

그림 5.4 엔진엑스 이미지의 레이어 구조

이미지 A

1. OS 레이어를 준비합니다.
2. 엔진엑스 소프트웨어를 설치합니다.
3. `nginx.conf` 파일을 작성해서 엔진엑스를 설정합니다.
4. `index.html` 파일의 내용을 'hello nginx'로 수정합니다.

이미지 B

1. OS 레이어를 준비합니다.
2. 엔진엑스 소프트웨어를 설치합니다.
3. `nginx.conf` 파일을 작성해서 엔진엑스를 설정합니다.
4. `index.html` 파일의 내용을 'custom index'로 수정합니다.

소프트웨어를 설치하거나 파일을 작성하는 각 단계에서는 특정 폴더에 파일이 추가됩니다. 이때 **기존 레이어를 수정하지 않고 새로운 레이어에 변경 사항을 저장**하는 것이 중요한 특징입니다. 결과적으로 각 레이어는 기존 레이어 위에 쌓이며, 이전 레이어에서 변경된 부분만 포함합니다.

이미지 A와 B는 3단계까지 동일한 레이어로 구성됩니다. 그림에서 볼 수 있듯이 3단계 엔진엑스 설정 레이어까지 이미지 A와 B는 동일한 레이어를 재사용하고, 마지막 index.html 파일을 다르게 작성한 레이어만 서로 별도로 사용합니다. 이는 두 이미지가 동일한 버전의 소프트웨어와 nginx.conf 설정을 적용했기 때문입니다. 만약 이미지 A와 이미지 B의 설정 파일을 다르게 작성했다면 2단계까지만 같은 레이어를 사용했을 것입니다. 그리고 다른 버전의 엔진엑스 소프트웨어를 설치했다면 1단계까지만 같은 레이어를 사용했을 것입니다.

### 5.1.3 이미지와 컨테이너의 레이어

이미지는 순차적으로 쌓인 레이어들로 구성되며, 각 레이어에는 이전 레이어에서 변경된 부분이 저장됩니다. 이미지의 레이어는 이미지 레이어와 컨테이너 레이어로 나뉩니다. **이미지 레이어는 한 번 생성되면 변경할 수 없는 읽기 전용**이며, **컨테이너 레이어는 컨테이너를 실행할 때 만들어지는 읽기/쓰기 레이어입니다.**

컨테이너를 실행하는 과정을 통해 두 레이어의 역할을 비교해보겠습니다. docker run 명령어로 컨테이너를 실행하면 이미지의 마지막 레이어 위에 새로운 컨테이너 레이어가 추가됩니다. 컨테이너 레이어는 실행 중 발생하는 변경 사항을 기록하는 데 사용됩니다. 따라서 애플리케이션의 로그나 업로드한 파일 등 실행 중 추가되거나 변경되는 내용은 모두 컨테이너 레이어에 저장됩니다.

그림 5.5는 같은 이미지로 여러 컨테이너를 실행할 때의 구조를 보여줍니다.

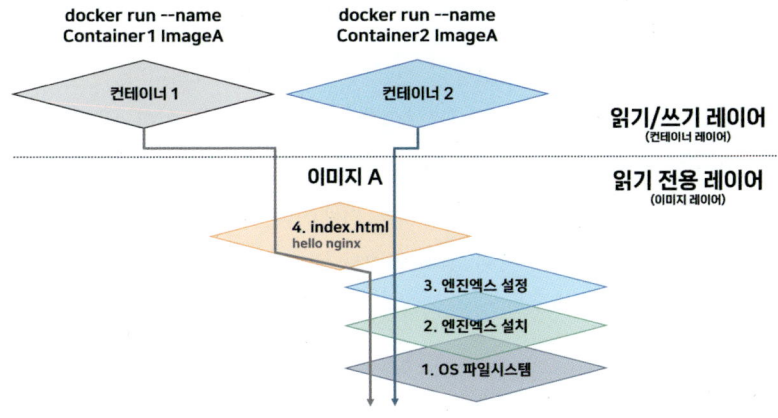

**그림 5.5** 이미지 레이어와 컨테이너 레이어의 관계

이 경우 **각 컨테이너는 독립적인 컨테이너 레이어를 갖지만 이미지 레이어는 공유**합니다. 로컬 스토리지에 이미지가 이미 저장된 상태에서 컨테이너를 실행할 경우 추가로 컨테이너 레이어 하나만 생성하면 되므로 레이어 구조는 컨테이너 생성 속도를 높이고 저장소 사용을 효율적으로 만듭니다.

그림 5.6은 이미지 B를 사용해 컨테이너 3을 실행한 상황을 보여줍니다.

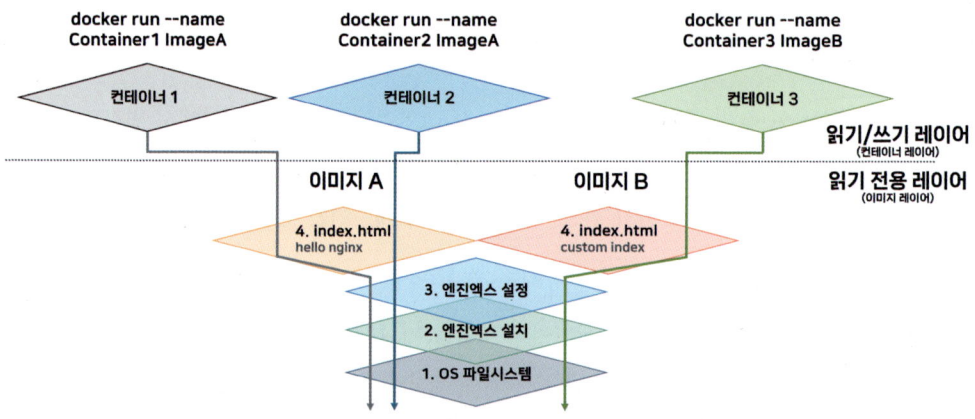

그림 5.6 어떤 이미지를 사용하느냐에 따라 다른 읽기 전용 레이어를 사용

이 경우 이미지 A와 이미지 B는 세 개의 동일한 레이어를 공유하며, `index.html` 파일을 수정한 별도의 네 번째 레이어가 추가된 구조입니다. 이에 따라 컨테이너 1과 2는 이미지 A의 네 번째 레이어인 'hello nginx'를 사용하고, 컨테이너 3은 이미지 B의 네 번째 레이어인 'custom index'를 사용해 서로 다른 내용을 브라우저에 표시합니다.

요약하면, 모든 컨테이너는 자신만의 고유한 컨테이너 레이어를 가집니다. 반면 이미지는 읽기 전용으로 여러 컨테이너 간에 공유될 수 있습니다. 이 구조 덕분에 동일한 이미지를 사용하는 여러 컨테이너가 있어도 이미지 레이어를 복사하지 않고 공유할 수 있어 저장 공간을 절약할 수 있습니다. 예를 들어, 동일한 소프트웨어를 사용하는 컨테이너 여러 개를 실행할 때 소프트웨어 파일은 이미지 레이어에서 공유되고, 실행 중 변경되는 데이터만 각 컨테이너의 컨테이너 레이어에 기록됩니다.

결과적으로 **컨테이너 실행에 필요한 저장 공간이 줄어들고 새로운 컨테이너를 실행하는 속도가 빨라집니다.** 이는 가상머신 가상화에 비해 컨테이너 가상화를 가볍고 빠르게 만들어줄 수 있는 핵심 구조입니다.

### 실습 5.1 이미지의 레이어 확인하기

이번 실습에서는 이미지의 레이어 구조를 비교하고 확인하겠습니다. `docker image history` 명령어 뒤에 이미지 이름을 입력하면 해당 이미지의 레이어 구성 이력을 확인할 수 있습니다.

**docker image history 이미지명**
이미지의 레이어 이력 조회

그림 5.7 레이어 구성 이력을 확인하는 history 명령

실습에 사용할 이미지는 세 개로, 모두 엔진엑스 이미지를 기반으로 만들어져 같은 웹 페이지를 브라우저에 응답합니다. `docker image pull` 명령어를 사용해 세 개의 이미지를 다운로드합니다.

```
$ docker image pull devwikirepo/hello-nginx
... (중략) ...
Digest: sha256:2a4b596c77e2d1221f5cbdb3ad93187e36f400c7bb0f25092eb4475ba300ab34
Status: Downloaded newer image for devwikirepo/hello-nginx:latest
docker.io/devwikirepo/hello-nginx:latest

$ docker image pull devwikirepo/config-nginx
... (중략) ...
Digest: sha256:b915fdb1bce493fe3ca99ce854b3c8a4af1522f0d7b4eb2374ed994087ec78ce
Status: Downloaded newer image for devwikirepo/config-nginx:latest
docker.io/devwikirepo/config-nginx:latest

$ docker image pull devwikirepo/pre-config-nginx
... (중략) ...
Digest: sha256:5ceec1eee681f84ab544028db218ed7f60c5679621244a0dc9743305b66c8325
Status: Downloaded newer image for devwikirepo/pre-config-nginx:latest
docker.io/devwikirepo/pre-config-nginx:latest
```

다음으로 각 이미지의 레이어 구성 이력을 확인합니다.

```
$ docker image history devwikirepo/hello-nginx
IMAGE              CREATED BY
c0e7968f448f       CMD ["nginx" "-g" "daemon off;"]
<missing>          COPY index.html /usr/share/nginx/html/index.html
<missing>          CMD ["nginx" "-g" "daemon off;"]
<missing>          STOPSIGNAL SIGQUIT
... (중략) ...
```

devwikirepo/hello-nginx 이미지는 공식 nginx 이미지를 기반으로 만들어졌으며, 두 개의 레이어를 추가한 커스텀 이미지입니다. 이처럼 이미지는 기존 이미지에 새로운 레이어를 쌓아가며 제작됩니다. 여러 레이어 중 CREATED BY 필드의 세 번째 줄에 있는 CMD ["nginx" "-g" "daemon off;"] 부분까지가 공식 nginx 이미지의 레이어입니다.

여기에 두 번째 줄의 COPY 지시어를 사용해 한 개의 레이어를 추가했습니다. 이 레이어는 제작자의 index.html 파일을 nginx 이미지의 /usr/share/nginx/html/index.html 경로에 덮어씌우는 작업을 수행합니다. 이를 통해 새로운 페이지를 제공하는 이미지를 완성할 수 있습니다. (COPY 지시어에 대한 자세한 내용은 이미지를 제작하면서 자세히 다루겠습니다.)

다음으로 두 번째 이미지인 devwikirepo/config-nginx를 확인해보겠습니다. 이 이미지는 첫 번째 이미지에 추가된 index.html 레이어 위에 nginx.conf 파일을 덮어씌워 설정을 수정한 레이어가 추가된 것을 확인할 수 있습니다.

```
$ docker image history devwikirepo/config-nginx
IMAGE              CREATED BY
0b826072e944       CMD ["nginx" "-g" "daemon off;"]
<missing>          COPY nginx.conf /etc/nginx/nginx.conf (설정 파일 수정)
<missing>          COPY index.html /usr/share/nginx/html/index.html (index.html 파일 수정)
<missing>          CMD ["nginx" "-g" "daemon off;"]
<missing>          STOPSIGNAL SIGQUIT
... (중략) ...
```

마지막으로 세 번째 이미지의 레이어는 두 번째 이미지와 비슷하지만 파일을 수정하는 순서가 다른 것을 알 수 있습니다. 두 번째 이미지는 `index.html` 파일을 먼저 수정한 후 `nginx.conf` 파일을 수정했지만, 세 번째 이미지는 이와 반대로 `nginx.conf` 파일을 먼저 수정한 후 `index.html` 파일을 수정하는 순서로 레이어가 구성돼 있습니다.

```
$ docker image history devwikirepo/pre-config-nginx
IMAGE              CREATED BY
b886f06b070a       CMD ["nginx" "-g" "daemon off;"]
<missing>          COPY index.html /usr/share/nginx/html/index.html (index.html 파일 수정)
<missing>          COPY nginx.conf /etc/nginx/nginx.conf (설정 파일 수정)
<missing>          CMD ["nginx" "-g" "daemon off;"]
<missing>          STOPSIGNAL SIGQUIT
... (중략) ...
```

이미지의 메타데이터를 확인합니다. 출력 결과의 메타데이터에서 RootFS 섹션에 각 레이어의 SHA256 알고리즘으로 생성한 해시 값이 포함돼 있음을 확인할 수 있습니다. 이 해시 값으로 각 레이어를 구분할 수 있습니다. 다른 이미지에서도 같은 명령어로 해시 값을 확인해보겠습니다.

```
$ docker image inspect devwikirepo/hello-nginx
... (중략) ...
"RootFS": {
        "Type": "layers",
        "Layers": [
            "sha256:2499505346125c89e4605d9edd7eccae454f...",
            "sha256:0ae4e2213e057c3677e6185df493f4f67d89...",
            "sha256:c5020195b799474af0d3dbb8ba158601764...",
            "sha256:76029953bc9a6306712a9489cefd3ddcb50...",
            "sha256:7ebd5f1f9e030324ee2fbf72c1314400a771...",
            "sha256:6375f8cdb10bb7e8d27bdf33a2e561ddecd...",
            "sha256:e388b89d2b4d6ae60035651a3bf604519ce..."
        ]
    },
    "Metadata": {
        "LastTagTime": "0001-01-01T00:00:00Z"
    }
}
```

```
]

$ docker image inspect devwikirepo/config-nginx
... (중략) ...

$ docker image inspect devwikirepo/pre-config-nginx
... (중략) ...
```

그림 5.8은 세 개의 이미지 레이어의 해시 값을 비교합니다. 환경에 따라 실습 결과의 해시 값은 그림과 다를 수 있습니다. 세 개의 이미지는 해시 값이 같은 부분과 다른 부분이 있습니다. 먼저 모든 이미지가 같은 `nginx` 이미지 기반이므로 상위 6개 레이어의 해시 값이 일치합니다.

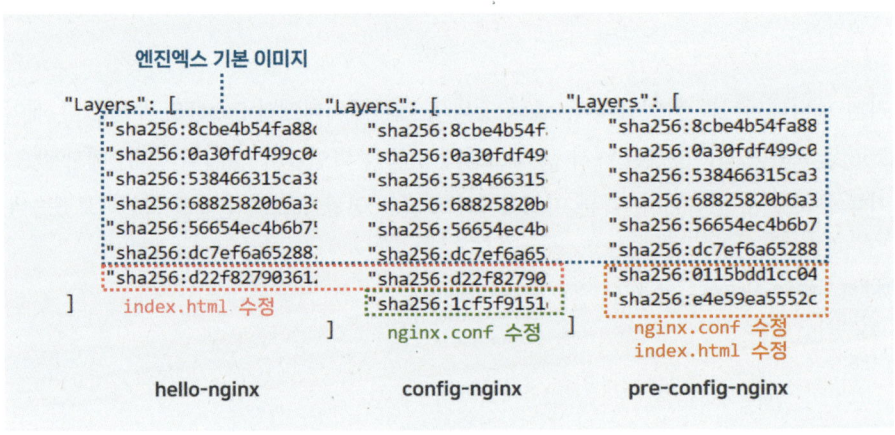

그림 5.8 이미지의 해시 값 비교를 통한 레이어 구조 파악

`hello-nginx`는 `index.html` 파일만 수정했습니다. `config-nginx`도 같은 내용으로 `index.html` 파일을 수정해 `hello-nginx`와 동일한 레이어가 추가됐습니다. 또한 `config-nginx`는 `nginx.conf` 파일을 수정해 레이어가 하나 더 추가됐습니다.

`pre-config-nginx`는 `config-nginx`와 결과는 같지만 파일을 수정한 순서가 다릅니다. `nginx.conf` 파일을 먼저 수정한 뒤 `index.html` 파일을 수정했기 때문에 `config-nginx` 이미지와는 완전히 다른 해시 값을 가진 레이어가 추가됐습니다. 여기서 중요한 점은 **수정 순서에 따라 레이어의 해시 값이 달라진다는 것입니다**. 같은 파일을 같은 내용으로 수정해도 해시 값이 같지 않으며, 이는 레이어가 이전 레이어를 기반으로 변경 사항을 포함하기 때문입니다.

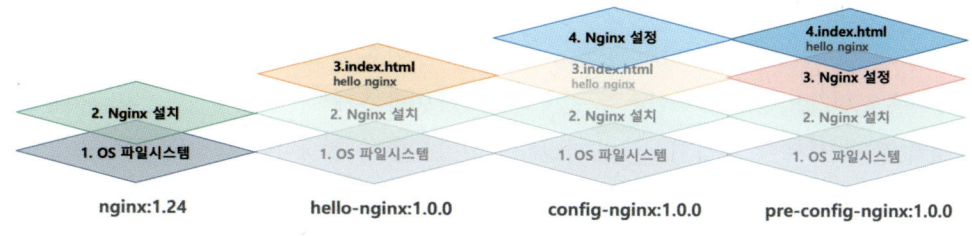

그림 5.9 중복된 레이어를 재사용하는 레이어 구조

이미지는 레이어 구조로 데이터 중복을 줄이고 빌드 속도를 높여 저장 공간을 효율적으로 관리합니다. 그림 5.9와 같이 세 개의 이미지는 `nginx:1.24` 이미지를 기반으로 만들어졌으므로 호스트OS에는 `nginx:1.24` 레이어가 물리적으로 하나만 저장됩니다. 이러한 구조는 이미지가 많아질수록 저장 공간을 절약하고, 동일한 레이어를 재사용해 배포 속도를 높입니다.

> **실습 정리**
> - `docker image history` 명령어로 이미지 레이어 이력을 확인할 수 있습니다.
> - `docker image pull` 명령어로 이미지를 다운로드합니다.
> - 레이어 수정 순서에 따라 해시 값이 달라집니다.
> - 동일한 레이어는 중복 저장되지 않고 재사용됩니다.

## 5.1.4 카피-온-라이트(Copy-On-Write; COW)

카피-온-라이트는 이미지 관리의 핵심 원칙 중 하나입니다. 이 전략은 이미지의 레이어를 쌓아가며 이전 레이어에 있는 파일을 수정하는 방식을 의미합니다.

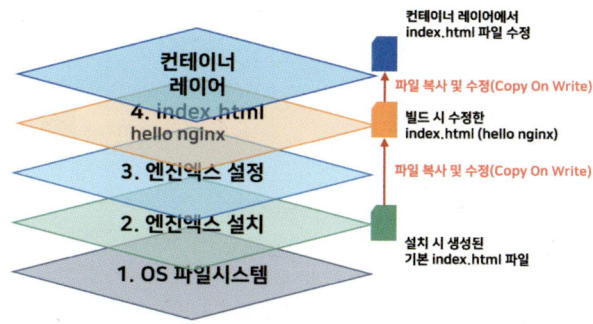

그림 5.10 이미지의 일관성을 유지하기 위한 카피-온-라이트 전략

그림 5.10은 엔진엑스 컨테이너에서 `index.html` 파일의 변화를 보여줍니다. 두 번째 단계에서 엔진엑스를 설치하면 `index.html` 파일이 생성됩니다. 이후 네 번째 단계에서 `index.html` 파일의 내용을 변경할 경우 이 파일은 두 번째 레이어에 이미 존재하는 파일입니다. 이미지 레이어는 읽기 전용이므로 두 번째 레이어의 파일을 직접 수정할 수 없습니다. 대신 **두 번째 레이어의 `index.html` 파일을 네 번째 레이어로 복사(COPY)한 다음 수정(WRITE)합니다.** 이 과정이 바로 카피-온-라이트 전략입니다.

다음으로 실행 중인 컨테이너에서 `index.html` 파일을 수정하면 카피-온-라이트 전략에 따라 컨테이너 레이어로 파일이 복사되어 수정됩니다. 이로 인해 `index.html` 파일을 포함한 레이어는 총 3개가 되며, 최종적으로 수정된 컨테이너 레이어의 `index.html` 파일이 표시됩니다.

카피-온-라이트 전략은 이미지 레이어가 **불변(immutable)**하기 때문에 필요합니다. **한 번 생성된 이미지의 각 레이어는 고유한 해시 값을 가지며 수정할 수 없습니다.** 특정 파일을 변경하려면 카피-온-라이트 방식으로 새로운 레이어를 추가해야 합니다. 이를 통해 이미지는 일관된 레이어 구조로 유지하며, 동일한 이미지를 사용하는 모든 컨테이너가 같은 파일 시스템을 공유하도록 보장합니다.

## 5.2 이미지 커밋

이미지를 제작하는 방식에는 커밋(commit)과 빌드(build)라는 두 가지 방식이 있습니다. 빌드가 더 일반적이지만 빌드는 커밋을 기반으로 하므로 커밋을 먼저 이해하는 것이 좋습니다.

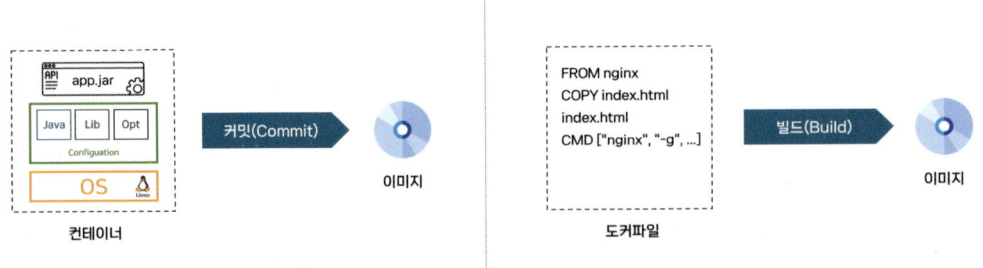

그림 5.11 이미지를 제작하는 커밋과 빌드 방식 비교

**커밋은 실행 중인 컨테이너의 현재 상태를 이미지로 저장하는 방식**입니다. 실습을 통해 엔진엑스 이미지로 컨테이너를 실행한 후, 이를 새로운 이미지로 커밋할 것입니다. 공식 엔진엑스 이미지에는 엔진엑스 소프트웨어와 기본 `index.html` 파일이 포함돼 있으며, 이 이미지로 컨테이너를 실행한 뒤 브라우저로 접속하면 기본 `index.html` 파일이 화면에 표시됩니다.

그림 5.12는 `nginx` 이미지에서 `index.html` 파일의 내용을 `'hello-my-nginx'`로 수정한 이미지를 만드는 과정입니다.

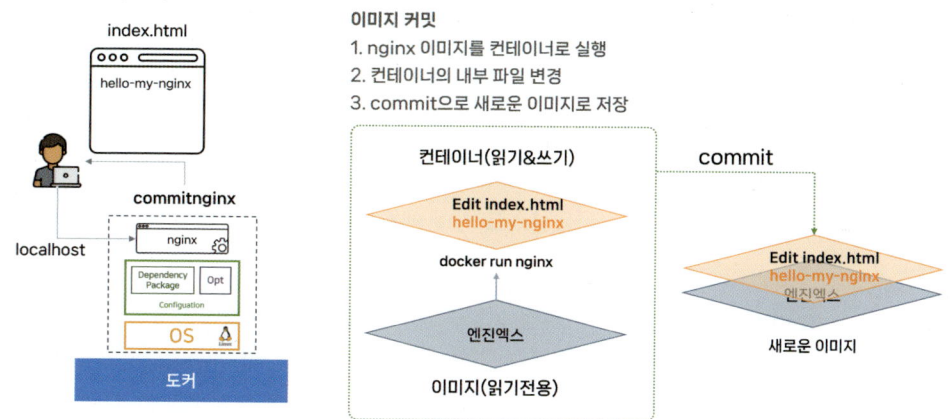

그림 5.12 이미지 커밋으로 새로운 이미지를 만드는 순서

먼저 `nginx` 이미지로 컨테이너를 실행하면 컨테이너 레이어가 이미지 위에 추가됩니다. 그다음 실행 중인 컨테이너 내부에서 `index.html` 파일을 수정합니다. 이 상태에서 컨테이너를 커밋하면 모든 레이어가 새로운 이미지로 저장됩니다. 결과적으로 기존 `nginx` 이미지에 `index.html` 파일을 수정한 새 레이어가 추가된 새로운 이미지가 만들어집니다. 마지막으로 만들어진 이미지를 컨테이너로 실행해 브라우저에서 접속하면 수정된 페이지 내용을 확인할 수 있습니다.

## 실습 5.2 이미지 커밋을 활용한 이미지 생성하기

이번 실습에서는 커밋을 사용해 이미지를 생성하겠습니다. 먼저 컨테이너 내부에서 명령어를 실행하는 방법을 알아보겠습니다. `docker exec -it` 명령을 사용하면 실행 중인 컨테이너에 명령어를 전달할 수 있습니다. 이 방법은 이미지의 내부 파일 시스템을 확인하거나 디버깅할 때 유용합니다.

### docker exec -it 컨테이너명 명령어
실행 중인 컨테이너에 명령어 실행

그림 5.13 docker exec 명령어로 컨테이너에 명령어를 실행

명령어로 리눅스 셸인 /bin/bash를 지정하면 터미널을 통해 컨테이너 내부에 접근할 수 있습니다.

### docker exec -it 컨테이너명 /bin/bash
실행 중인 컨테이너에 터미널 접근

그림 5.14 docker exec와 /bin/bash를 이용한 컨테이너 내부 접근

docker commit 명령으로 실행 중인 컨테이너를 새로운 이미지로 저장합니다. 이때 컨테이너와 생성될 이미지의 이름을 지정하고, -m 옵션으로 커밋 메시지를 추가할 수 있습니다.

### docker commit -m 커밋명 실행중인컨테이너명 생성할이미지명
실행 중인 컨테이너를 이미지로 커밋

그림 5.15 docker commit 명령어로 커밋

두 개의 터미널을 열고, 1번 터미널에서 nginx 이미지를 officialNginx 컨테이너로 실행합니다. 이후 컨테이너 내에서 /bin/bash 명령을 실행해 접근합니다.

```
[1번 터미널]
$ docker run -d --name officialNginx nginx
ed06805800f0.. (실행된 컨테이너의 ID)
$ docker exec -it officialNginx /bin/bash
root@ed06805800f0:/#
```

터미널의 명령어 입력 부분이 root@컨테이너ID로 바뀐 것을 확인할 수 있습니다. **이 컨테이너 ID는 컨테이너를 실행할 때 출력된 ID와 같습니다.** 이제 터미널에서 입력하는 명령어는 호스트 OS가 아닌 컨테이너 내부에서 실행됩니다. 2번 터미널에서 docker ps 명령으로 컨테이너가 잘 실행됐는지 확인합니다.

[2번 터미널]

```
$ docker ps
CONTAINER ID    IMAGE    PORTS     NAMES
85597de3e7ec    nginx    80/tcp    officialNginx
```

1번 터미널에서 확인한 컨테이너의 ID와 같은 것을 확인하고, 1번 터미널에서 컨테이너 내부의 index.html 파일을 수정하겠습니다. cat 명령을 사용해 index.html 파일의 초기 내용을 확인합니다.

[1번 터미널]

```
root@ed06805800f0:/# cat /usr/share/nginx/html/index.html
<!DOCTYPE html>
<html>
<head>
<title>Welcome to nginx!</title>
... (중략) ...
```

echo 명령으로 index.html 파일의 내용을 'hello-my-nginx'로 수정합니다. 그리고 다시 cat 명령으로 파일의 내용이 잘 수정됐는지 확인합니다.

[1번 터미널]

```
root@ed06805800f0:/# echo hello-my-nginx > /usr/share/nginx/html/index.html
root@ed06805800f0:/# cat /usr/share/nginx/html/index.html
hello-my-nginx
```

실행 중인 컨테이너 레이어에서 기본 nginx 이미지의 index.html 파일이 복사된 후 수정됐습니다.

이제 이 컨테이너의 상태를 새로운 이미지로 커밋합니다. -m 옵션으로 'edited index.html by devwiki' 메시지를 추가하고, -c 옵션으로 새로운 이미지로 컨테이너를 실행할 때 실행할 명령을 지정합니다. 여기서는 'CMD ["nginx", "-g", "daemon off;"]'를 지정해 엔진엑스 웹 서버를 실행하도록 설정합니다. 다음으로 현재 실행 중인 컨테이너의 이름인 officialNginx와 새로 생성할 이미지의 이름을 (레지스트리계정명)/commitnginx로 지정합니다.

참고로 앞으로 진행할 실습에서 레지스트리 계정명은 이전 장에서 가입한 도커 허브의 개인 레지스트리 이름을 사용합니다. 개인 레지스트리가 없다면 계정명을 생략하고 `commitnginx`와 같이 이미지 이름만 작성해도 무관합니다. 이 경우 이미지는 실습 PC에서만 사용할 수 있으며 `push`는 할 수 없습니다.

[2번 터미널]
```
$ docker commit -m "edited index.html by devwiki" -c "CMD ['nginx', '-g', 'daemon off;']" officialNginx (레지스트리계정명)/commitnginx
sha256:(생성된 이미지의 해시 값)
```

커밋으로 이미지가 정상적으로 생성됐습니다. 새로 생성된 이미지가 정상적으로 빌드됐는지 확인하기 위해 다음 명령어를 입력합니다.

[2번 터미널]
```
$ docker image ls (레지스트리계정명)/commitnginx
REPOSITORY      TAG      IMAGE ID       CREATED          SIZE
commitnginx     latest   429ac8812e5b   20 seconds ago   192MB
```

`docker image history` 명령으로 이미지의 커밋 기록을 확인합니다. 맨 위에 조회되는 항목이 `docker commit` 명령으로 저장된 내용이며, **CREATED BY** 필드에는 컨테이너 접근에 사용된 `bin/bash` 명령이 있고, **COMMENT**에는 앞에서 입력한 커밋 메시지가 표시됩니다.

[2번 터미널]
```
$ docker image history (레지스트리계정명)/commitnginx
IMAGE           CREATED BY     SIZE    COMMENT
429ac8812e5b    bin/bash       15B     edited index.html by devwiki
... (중략) ...
```

새로 생성한 이미지로 컨테이너를 실행합니다.

[2번 터미널]
```
$ docker run -d -p 80:80 --name my-nginx (레지스트리계정명)/commitnginx
(실행된 컨테이너의 ID 출력)
```

컨테이너가 실행되면 브라우저에서 http://localhost에 접속해 "hello-my-nginx"가 표시된 페이지를 확인합니다. index.html 파일을 수정했기 때문에 기본 페이지 대신 수정한 페이지가 응답한 것입니다. 컨테이너를 삭제하고 이미지를 푸시하며 실습을 마무리합니다.

```
$ docker rm -f officialNginx my-nginx
officialNginx
my-nginx

$ docker push (레지스트리계정명)/commitnginx
The push refers to repository [docker.io/(레지스트리계정명)/commitnginx]
... (중략) ...
```

이번 실습에서는 이미지 커밋으로 새로운 이미지를 만들어봤습니다. 엔진엑스 이미지로 컨테이너를 실행한 뒤 index.html 파일을 수정했습니다. 그다음 파일이 수정된 컨테이너 상태를 커밋해 새로운 이미지로 만들었고, 컨테이너로 실행해 변경 사항이 반영된 상태를 확인했습니다.

### 실습 정리

- docker exec -it 명령으로 컨테이너 내부에 접근해서 파일을 수정할 수 있습니다.
- docker commit 명령으로 실행 중인 컨테이너를 새로운 이미지로 저장합니다.
- -m 옵션으로 커밋 메시지를 추가하고, -c 옵션으로 실행 명령을 지정할 수 있습니다.

## 5.3 이미지 빌드

이제 이미지를 빌드하는 방법을 알아보겠습니다. 이미지 빌드를 설명하기 전에 IaC(Infrastructure as Code)라는 개념을 이해하는 것이 중요합니다. **IaC는 인프라를 코드로 관리**하는 방식으로, 엔터프라이즈 환경의 인프라 관리에 중요한 개념입니다.

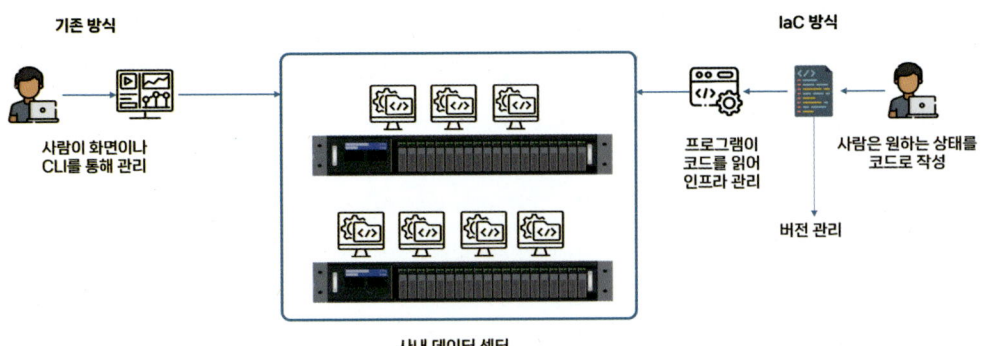

그림 5.16 인프라 상태를 코드로 관리하는 방법론인 IaC

기존 서버 관리자는 대시보드를 클릭하거나 명령어를 실행해 사내 인프라를 관리했었습니다. 하지만 사람이 직접 작업하면 실수하기 쉽고, 인프라 상태의 변경 기록을 체계적으로 관리하기 어렵습니다. IaC 방법론은 이러한 작업을 코드로 관리하는 방식입니다. **프로그램이 코드를 읽어 인프라를 관리하므로 사람이 직접 관리하는 것보다 더 빠르고 안전**합니다. 프로그램은 코드를 작업 지시서처럼 활용해 인프라 상태를 관리하고, 이 코드를 깃허브 같은 소스코드 저장소에 저장해 인프라의 상태를 버전 관리할 수 있습니다.

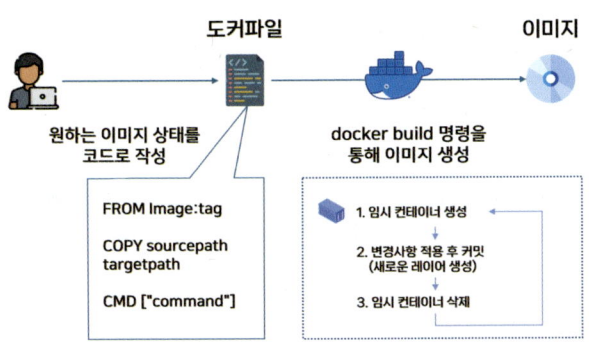

그림 5.17 도커는 도커파일을 사용해 코드로 이미지를 관리

도커는 IaC 방법론을 활용해 **도커파일(Dockerfile)**이라는 파일로 파일 시스템의 상태를 정의하고, 이를 기반으로 이미지를 만듭니다. 커밋 방식으로 이미지를 만들 때는 매번 컨테이너를 실행하고 명령어를 입력해야 하며, 커밋할 때마다 이미지에 하나의 레이어가 추가되므로 여러 레이어를 추가하려면 여러 번 커밋해야 하는 번거로움이 있습니다.

빌드 방식에서는 도커파일을 분석해 도커가 자동으로 컨테이너를 생성하고 커밋합니다. 도커파일에는 이미지를 만드는 작업이 코드로 기록돼 있습니다. 이미지 제작자가 도커파일을 작성하고 빌드를 실행하면 도커가 이를 해석해 임시 컨테이너를 실행하고, 정의된 작업을 수행한 후 이미지로 커밋합니다. 이전 실습에서 수동으로 커밋해서 이미지를 만든 과정을 도커가 자동으로 수행하는 것입니다. 이를 통해 여러 레이어를 쉽게 추가할 수 있으며, 도커는 임시 컨테이너를 생성하고 작업을 수행한 뒤 다시 커밋하는 과정을 자동으로 반복해서 이미지를 빌드합니다.

## 실습 5.3 이미지 빌드를 활용한 이미지 생성하기

이번 실습에서는 이미지를 직접 빌드해보겠습니다. 이미지 빌드는 도커의 핵심 기능 중 하나로, `docker build` 명령을 사용합니다. 이미지를 빌드하려면 -t 옵션 뒤에 빌드할 이미지의 이름을 지정하고, 도커파일이 저장된 경로를 입력해야 합니다.

**docker build -t 이미지명 도커파일경로**
도커파일을 통해 이미지 빌드

그림 5.18 docker build 명령으로 이미지를 빌드

이미지를 빌드하려면 도커파일을 문법에 맞게 작성해야 합니다. 도커파일은 지시어와 그에 따른 내용으로 구성됩니다. 따라서 각 지시어의 역할과 옵션의 사용법을 이해해야 합니다. 이번에는 도커파일의 기본적인 지시어인 FROM, COPY, CMD를 알아보겠습니다.

**FROM 이미지명**
베이스 이미지를 지정

**COPY 파일경로 복사할경로**
파일을 레이어에 복사

**CMD ["명령어"]**
컨테이너 실행 시 명령어 지정

그림 5.19 도커파일을 작성하기 위한 기본 지시어

이전 실습에서는 nginx 이미지로 컨테이너를 실행하고 파일을 수정한 후 커밋했습니다. 이미지 제작의 시작점이 되는 이미지를 베이스 이미지라고 하며, 이는 FROM 지시어로 지정합니다. FROM

지시어는 필수이며, 이미지 제작에 필요한 요소가 포함된 이미지를 선택하는 것이 좋습니다. 예를 들어, `nginx` 이미지는 엔진엑스 웹 서버가 이미 설치돼 있어 커스텀 웹 서버 이미지를 만드는 데 적합합니다.

`COPY` 지시어는 특정 파일을 이미지 레이어에 복사할 때 사용됩니다. 첫 번째 값으로 복사할 파일을, 두 번째 값으로 복사할 위치를 지정합니다.

`CMD` 지시어는 이미지가 컨테이너로 실행될 때 기본적으로 실행할 명령어를 지정합니다. `CMD` 지시어로 지정한 명령어는 메타데이터의 `CMD` 필드에 저장됩니다.

이제 터미널을 실행하고 `easydocker` 폴더로 이동한 후, `git clone` 명령으로 예제 코드를 내려받습니다. 다운로드가 완료되면 `ls` 명령으로 새로 생성된 `build` 디렉터리를 확인한 후, `cd` 명령으로 `build` 디렉터리로 이동합니다.

```
$ cd ~/easydocker
$ git clone https://github.com/daintree-henry/build.git
$ ls
build
$ cd build
```

실습에서는 도커파일을 직접 작성하거나 이미 만들어진 도커파일을 사용할 수 있습니다. 도커를 처음 접하는 경우 도커파일을 직접 작성하는 것을 권장합니다. 다음 명령어 중 하나를 선택해 소스코드의 버전을 변경합니다.

[도커파일을 직접 작성하고 싶을 경우]
```
$ git switch 00-init --force
branch '00-init' set up to track 'origin/00-init'
Switched to a new branch '00-init'
```

[완성된 버전으로 실습을 진행하고 싶을 경우]
```
$ git switch 01-dockerfile --force
branch '01-dockerfile' set up to track 'origin/01-dockerfile'
Switched to a new branch '01-dockerfile'
```

VS Code를 실행하고 [File(파일)] → [Open(열기)] 버튼을 클릭해 홈 디렉터리의 easydocker 폴더를 선택한 후 [열기]를 누릅니다. build/01.buildnginx 디렉터리 아래의 index.html 파일을 열어 내용을 수정합니다. Hello 뒤에 자신의 이름을 입력하고 Ctrl + S(macOS에서는 Command + S)를 눌러 저장합니다.

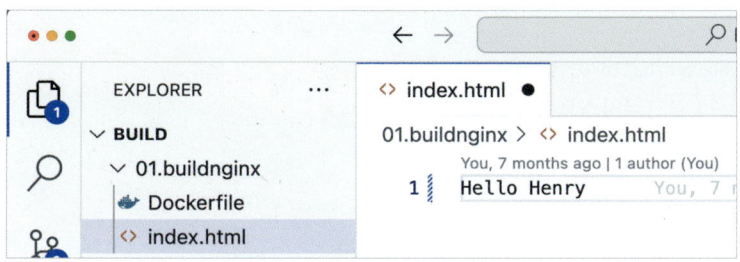

그림 5.20 index.html 파일을 수정

01.buildnginx 디렉터리에서 마우스 오른쪽 버튼을 클릭해 새 파일을 생성하고, 파일명을 Dockerfile로 지정합니다. 소스코드 버전을 01-dockerfile로 지정한 경우 이미 파일이 작성 돼 있습니다. 아래 내용을 참고해 파일 내용을 입력합니다.

```
~/easydocker/build/01.buildnginx/Dockerfile 파일 작성
FROM nginx:1.23
COPY index.html /usr/share/nginx/html/index.html
CMD ["nginx", "-g", "daemon off;"]
```

도커파일의 내용을 살펴보면 FROM 지시어로 베이스 이미지를 nginx:1.23으로 지정했습니다. 이 이미지에는 엔진엑스 소프트웨어와 기본 index.html 파일이 포함돼 있습니다.

그다음 COPY 지시어를 사용해 수정한 index.html 파일을 이미지 내부의 /usr/share/nginx/html/index.html 경로로 복사합니다. COPY 지시어 다음의 첫 번째 index.html은 직접 작성한 파일이고, 두 번째 /usr/share/nginx/html/index.html은 엔진엑스의 기본 index.html 파일 경로입니다.

마지막으로 CMD 지시어로 엔진엑스를 실행하도록 지정했습니다. CMD는 명령어를 배열 형태로 작성하며, ["nginx", "-g", "daemon off;"]로 작성하면 실제 실행되는 명령은 nginx -g daemon off;입니다.

다시 터미널로 돌아가 이미지를 빌드합니다. `docker build` 명령을 입력한 후 `-t` 옵션으로 빌드할 이미지의 이름을 지정합니다. 레지스트리명은 이전에 만든 도커 허브 계정명으로, 이미지명은 `buildnginx`로 입력합니다. 마지막으로 현재 폴더를 의미하는 '.'를 입력합니다. 도커파일이 있는 경로인 `01.buildnginx`에서 다음 명령을 실행합니다. 도커파일이 없는 다른 경로에서 이 명령을 실행하면 빌드가 정상적으로 실행되지 않습니다.

```
$ cd ~/easydocker/build/01.buildnginx
$ docker build -t (레지스트리계정명)/buildnginx .
... (중략) ...
=> => writing image sha256:24c9fa8647a...
=> => naming to docker.io/library/buildnginx                    0.0s
```

빌드가 완료되면 컨테이너를 실행합니다. `-d` 옵션과 `--name`으로 컨테이너 이름을 `build-nginx`로 설정하고, 포트 매핑을 `80:80`으로 지정합니다.

```
$ docker run -d -p 80:80 --name build-nginx (레지스트리계정명)/buildnginx
(실행된 컨테이너의 ID 출력)
```

컨테이너를 실행한 후 웹 브라우저에서 `http://localhost`에 접속해 수정된 `index.html` 파일의 내용을 확인합니다.

그림 5.21 수정한 index.html 파일을 페이지로 응답

도커 빌드를 사용하면 도커파일의 내용이 변경되지 않는 한 여러 번 빌드해도 동일한 이미지가 생성됩니다. 이를 통해 이미지 제작이 더 빠르고 편리해지며 수작업으로 인한 실수나 오류를 최소화할 수 있습니다.

마지막으로 실행한 컨테이너를 삭제하고 빌드된 이미지를 도커 허브에 푸시합니다.

```
$ docker rm -f build-nginx
build-nginx
$ docker push (레지스트리계정명)/buildnginx
(푸시된 이미지의 해시 값 출력)
```

### 실습 정리
- 도커파일을 기반으로 이미지를 빌드할 수 있습니다.
- FROM 지시어로 베이스 이미지를 설정합니다.
- COPY 지시어로 로컬 파일을 이미지의 특정 경로로 복사합니다.
- CMD 지시어로 컨테이너 실행 시 기본적으로 실행할 명령을 지정합니다.
- 이미지는 도커파일이 있는 경로에서 `docker build -t (이미지명) .` 명령으로 빌드합니다.

## 5.4 빌드 컨텍스트

빌드 컨텍스트는 도커 이미지를 빌드하는 데 필요한 모든 파일이 들어 있는 폴더입니다. 이 폴더에는 도커파일이 필수이며, 소스코드나 index.html 파일처럼 빌드에 사용되는 모든 파일이 포함돼야 합니다. 컨텍스트로 지정한 폴더는 이미지를 빌드할 때 도커 데몬에 전달되며, 도커 데몬은 이를 활용해 이미지를 빌드합니다.

그림 5.22는 이미지 빌드 시 빌드 컨텍스트가 활용되는 구조입니다.

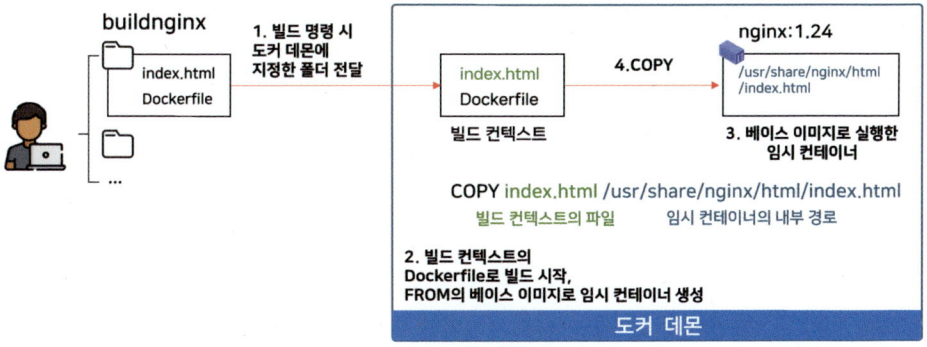

그림 5.22 이미지 빌드 시 도커 데몬으로 전달되는 빌드 컨텍스트

먼저 `docker build` 명령과 함께 **도커 데몬에 지정한 폴더가 빌드 컨텍스트로 전달**됩니다. `docker build` 명령어 끝의 마침표(.)는 명령어를 실행하는 현재 디렉터리를 빌드 컨텍스트로 지정한다는 의미입니다. 도커 데몬은 빌드 컨텍스트의 `Dockerfile` 이름을 가진 파일로 이미지를 빌드하기 시작합니다. 먼저 `FROM` 지시어의 베이스 이미지로 임시 컨테이너를 생성합니다. 그리고 이미지를 빌드하는 과정에서 `COPY` 지시어를 사용하면 빌드 컨텍스트의 파일을 빌드 중인 임시 컨테이너로 복사할 수 있습니다. 이때 도커 데몬은 **빌드 컨텍스트 내의 파일만 복사할 수 있습니다**.

### 5.4.1 .dockerignore 파일을 사용한 파일 제외

빌드에 필요하지 않은 파일은 .dockerignore 파일을 사용해 빌드 과정에서 제외할 수 있습니다. 예를 들어, 빌드 컨텍스트에 3GB 크기의 `largeJunk` 파일이 있지만 이미지 빌드에 필요하지 않다면 .dockerignore에 해당 파일을 명시해 도커 데몬에 전달되지 않도록 설정합니다.

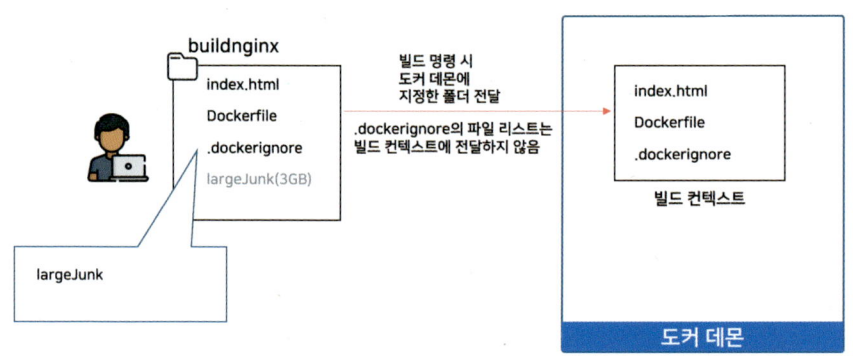

그림 5.23 .dockerignore 파일로 빌드 컨텍스트에서 파일을 제외

그림 5.23과 같이 이미지를 빌드할 때 `Dockerfile`이 위치한 `buildnginx` 디렉터리가 빌드 컨텍스트로 사용됩니다. 이 과정에서 .dockerignore 파일에 있는 `largeJunk` 파일은 제외되며, 나머지만 빌드 컨텍스트로 전달됩니다.

도커파일이 시스템 관련 폴더에 위치한 상태에서 빌드에 사용한다면 시스템 폴더 전체가 빌드 컨텍스트로 지정되어 빌드 컨텍스트의 크기가 비정상적으로 커질 수 있습니다. 이로 인해 빌드 시 전송 시간이 증가하고 여러 문제가 발생할 수 있습니다. **따라서 프로젝트를 관리할 때는 별도의 폴더를 만들고, 그 안에서 소스코드와 도커파일을 함께 관리하는 것이 바람직합니다**.

## 실습 5.4 .dockerignore 파일을 활용해 빌드 컨텍스트 관리하기

이번 실습에서는 빌드 컨텍스트를 직접 확인하겠습니다. VS Code에서 02.buildcontext 폴더를 열어 .dockerignore와 largeJunk.txt 파일을 확인합니다. 다음과 같이 새로운 파일을 만들고 이름을 Dockerfile로 지정합니다.

~/easydocker/build/02.buildcontext/Dockerfile 파일 작성
```
FROM nginx:1.23
COPY largeJunk.txt /usr/share/nginx/html/index.html
CMD ["nginx", "-g", "daemon off;"]
```

이전 도커파일과 동일하지만 이번 도커파일에서는 COPY 지시어로 index.html 대신 largeJunk.txt를 복사하도록 설정돼 있습니다. COPY 지시어는 이미지를 빌드할 때 빌드 컨텍스트에서 지정된 파일을 임시 컨테이너로 복사합니다. .dockerignore 파일의 아래 내용을 확인합니다.

```
largeJunk.txt
```

.dockerignore 파일에 largeJunk.txt 파일명이 적혀 있기 때문에 이 파일은 빌드 컨텍스트에서 제외됩니다. 그러나 도커 파일의 COPY 지시어는 largeJunk.txt 파일을 컨테이너 내부로 복사하도록 지정돼 있습니다. 따라서 도커파일로 빌드할 때 largeJunk.txt가 빌드 컨텍스트에 존재하지 않아 COPY 단계에서 에러가 발생하게 됩니다.

이제 cd 명령으로 02.buildcontext 디렉터리로 이동한 후 ls 명령을 사용해 .dockerignore 파일과 새로 작성한 도커파일을 확인한 뒤, docker build 명령으로 이미지를 빌드하겠습니다.

```
$ cd ~/easydocker/build/02.buildcontext
$ ls
Dockerfile     largeJunk.txt
$ docker build -t buildcontext:ignorejunk .
(빌드 실패 내역 출력)
```

빌드를 실행하면 COPY 레이어에서 largeJunk.txt 파일을 찾을 수 없다는 에러가 발생합니다. .dockerignore 파일을 삭제한 후 다시 빌드를 실행하면 정상적으로 빌드가 완료됩니다.

```
$ rm .dockerignore
$ docker build -t buildcontext:ignorejunk .
(빌드 성공 내역 출력)
```

이렇게 .dockerignore 파일을 사용하면 빌드 컨텍스트에 전달할 파일을 관리할 수 있습니다. 그래서 빌드 컨텍스트에는 **실제 이미지 빌드에 필요한 파일만 포함하는 것이 유리**합니다. 이를 통해 빌드 과정에서 리소스를 효율적으로 관리하고, 빌드 시간을 최소화할 수 있습니다.

### 실습 정리

- .dockerignore 파일은 빌드 컨텍스트에서 제외할 파일이나 디렉터리를 지정합니다.
- 빌드 시 .dockerignore에 지정된 파일은 컨텍스트에 포함되지 않습니다.
- 불필요한 파일을 제외해서 빌드 컨텍스트의 크기를 줄이고 빌드 시간을 단축할 수 있습니다.

## 5.5 도커파일 지시어

도커파일에서 사용되는 다양한 지시어의 사용법을 알아보겠습니다. 지시어는 이미지를 직접 빌드하면서 학습하는 것이 좋습니다. 이번 절에서는 실습 애플리케이션인 envColorApp을 이미지로 빌드하는 과정을 통해 다양한 지시어를 알아보겠습니다.

### 5.5.1 envColorApp

envColorApp은 사용자 요청에 따라 응답 페이지를 제공하는 간단한 웹 애플리케이션입니다. 이 애플리케이션은 웹 서버처럼 단순한 파일을 제공하는 것이 아니라 서버 설정과 사용자별로 다른 응답을 제공합니다. 첫 번째로 애플리케이션이 실행되는 OS 환경변수의 값에 따라 다른 색상의 페이지를 제공합니다. 예를 들어, OS 환경변수인 `COLOR`의 값이 `red`이면 화면에 글씨가 빨간색으로, `blue`면 파란색으로 출력됩니다. 또한, 웹 서버로 보내는 URL의 문구를 읽어 화면에 출력합니다. 그림 5.24와 같이 요청 문구가 없으면 '**사용자님, 환영합니다.**'라는 문구를 출력하고, URL 뒤에 '/henry'라는 문자를 입력하면 '**henry님, 환영합니다.**'라는 문구를 출력합니다.

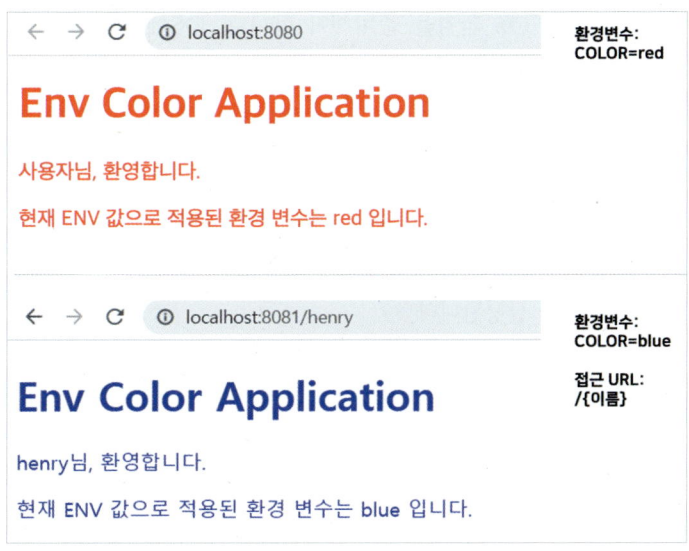

그림 5.24 환경변수와 URL에 따라 다른 결과를 응답하는 envColorApp

### 5.5.2 envColorApp 구성

envColorApp은 Node.js로 개발된 웹 애플리케이션입니다. 이미지를 빌드하기 전에 Node.js 웹 애플리케이션이 어떤 방식으로 구성되는지 이해해야 합니다. 그림 5.25는 Node.js 애플리케이션을 실행할 수 있는 환경을 구성하는 과정을 나타냅니다.

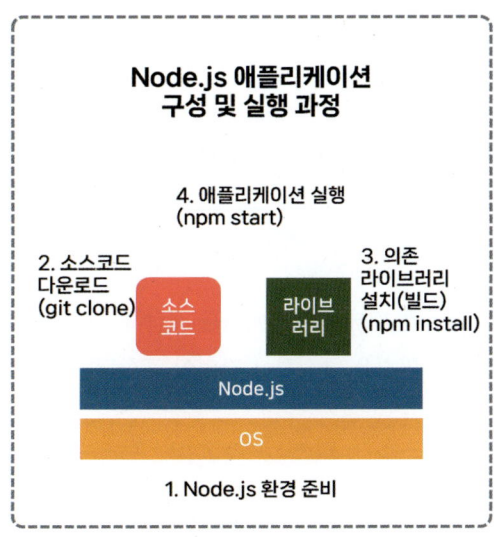

그림 5.25 Node.js 애플리케이션의 구성 단계

먼저 **(1) Node.js가 설치된 OS 환경을 준비**해야 합니다. OS에 Node.js가 설치돼 있어야 Node.js로 개발된 애플리케이션을 실행할 수 있습니다. 다음으로 **(2) Node.js로 개발한 소스코드가 필요**합니다. 소스코드는 `git clone` 명령으로 다운로드하거나 직접 복사합니다. 소스코드는 단순한 텍스트 파일이므로 실행할 수 없습니다. 따라서 **(3) 소스코드를 실행 가능한 애플리케이션으로 빌드**해야 합니다. 이 과정에서 실행에 필요한 라이브러리를 다운로드하는 과정이 포함됩니다. Node.js 코드는 `npm install` 명령을 통해 빌드합니다. 마지막으로 `npm start` 명령을 실행하면 **(4) 애플리케이션이 실행**됩니다.

### 5.5.3 애플리케이션 빌드와 이미지 빌드

애플리케이션 빌드와 이미지 빌드는 용어가 비슷하지만 각각 다른 작업을 의미하므로 차이를 명확히 알아보겠습니다. 애플리케이션 빌드는 소스코드를 실행 가능한 상태로 만드는 작업을 의미하며, 이 과정에서 만들어진 결과물을 **애플리케이션**, **프로그램** 또는 **아티팩트**라 합니다.

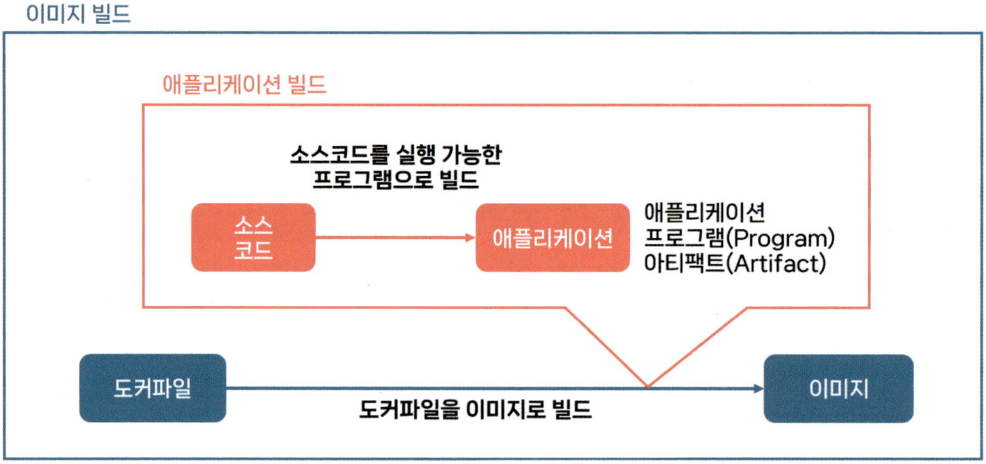

**그림 5.26** 이미지 빌드와 애플리케이션 빌드의 차이

이미지 빌드는 도커파일을 활용해 컨테이너 이미지를 제작하는 과정입니다. 이 과정에는 애플리케이션을 실행할 수 있는 모든 환경을 구성하는 작업이 포함되며, 여기에는 애플리케이션 준비 작업도 포함됩니다.

이미지는 실행할 소프트웨어와 그 실행 환경을 모두 포함합니다. 따라서 컨테이너에서 실행되는 소프트웨어는 사용자가 개발한 애플리케이션뿐만 아니라 데이터베이스 같은 일반적인 소프트웨어도 포함될 수 있습니다. 소프트웨어만 있는 경우 그대로 실행하면 되지만 소스코드를 컨테이너 이미지로 빌드할 경우 소스코드를 실행할 수 있는 아티팩트로 만드는 애플리케이션 빌드 과정이 필요합니다. 따라서 그림 5.26과 같이 **컨테이너 이미지를 빌드하는 과정에 애플리케이션 빌드 과정이 포함될 수 있습니다.**

### 5.5.4 envColorApp 소스코드

이제 envColorApp의 소스코드를 살펴보겠습니다. 코드는 웹 애플리케이션이나 Node.js 초보자도 쉽게 이해할 수 있도록 작성됐습니다. 웹 애플리케이션의 핵심 기능 중 하나는 브라우저 요청을 받아 웹 페이지를 제공하는 것입니다. 이러한 요청과 응답을 정의하는 부분을 '비즈니스 로직'이라고 부릅니다.

VS Code를 실행하고 `easydocker` 디렉터리가 열려 있는지 확인합니다. `build > 03.envcolorapp > src > app.js` 파일을 열어 애플리케이션의 핵심 비즈니스 로직을 확인합니다. 9번 줄의 `app.get`으로 작성된 부분이 사용자의 요청을 정의하는 부분입니다. 여기서 루트 경로인 `'/'`를 입력하고 `http://localhost:8080`으로 접속할 때 응답할 로직을 정의합니다. 그리고 `app.get` 안에 정의된 12번 줄의 `res.render` 부분에는 응답으로 제공할 HTML 파일명을 `index`로 지정합니다.

~/easydocker/build/03.envcolorapp/src/app.js
```
9     app.get('/', (req, res) => {
10      const color = process.env.COLOR || 'green';
11      const username = '사용자';
12      res.render('index', { color, username });
13    });
```

결론적으로 사용자가 브라우저에서 `'/'` 경로로 요청을 보내면 `index.ejs` 파일이 페이지로 제공됩니다. 이 파일은 `03.envcolorapp > src > views > index.ejs` 파일을 가리킵니다. `.ejs`라는 확장자를 가진 파일은 `.html` 파일을 만들기 위한 중간 단계의 템플릿 파일입니다. `.ejs` 파일은 특정 값을 전달받아 `.html` 파일로 만들어집니다. `app.js` 파일의 12번 줄에서 `color`

와 username 변수가 index.ejs 파일에 전달할 내용입니다. 10~11번 줄에서는 color와 username의 값을 정의했습니다. process.env.COLOR는 애플리케이션이 실행 중인 서버의 시스템 환경변수를 읽는 코드입니다. 시스템 환경변수가 정의돼 있지 않으면 기본값으로 'green'이 사용됩니다. 11번 줄에서는 username 변수에 '사용자'라는 문자를 직접 입력했습니다.

```
~/easydocker/build/03.envcolorapp/src/views/index.ejs
7       <style>
8           body {
9               color: <%= color %>;
10          }
11      </style>
12  </head>
13  <body>
14      <h1>Env Color Application</h1>
15      <p><%= username %>님, 환영합니다.</p>
```

index.ejs 파일은 app.js로부터 전달받은 color와 username 값을 전달받아서 .html 파일 형태로 브라우저에 표시합니다. index.ejs 파일의 9번 줄에서는 <%= color %>로 color 값을 가져오며, 이 값은 HTML 페이지의 색상을 정의합니다. 15번 줄의 <%= username %> 부분은 username의 값을 인사말로 표시해서 사용자에게 출력합니다.

다시 app.js 파일로 돌아와, 15번 줄에서 정의된 두 번째 요청 부분을 확인해보겠습니다.

```
~/easydocker/build/03.envcolorapp/src/app.js
15  app.get('/:name', (req, res) => {
16      const color = process.env.COLOR || 'green';
17      const username = req.params.name;
18      res.render('index', { color, username });
19  });
```

두 번째 요청은 요청 경로가 /:name으로 정의돼 있어 콜론 뒤에 오는 모든 문자열을 처리할 수 있습니다. 예를 들어, /apple, /banana, /coke 같은 모든 케이스가 해당됩니다. 슬래시(/) 뒤에 입력된 문자(앞선 예에서 apple, banana, coke)는 17번 줄의 req.params.name으로 가져옵니다. 따라서 첫 번째 요청에서는 username이 '사용자'라는 고정된 값이었지만 두 번째 요청에서는 클라이언트가 슬래시 뒤에 입력한 문자열이 **username** 변수에 저장되어 응답 페이지에 출력됩니다.

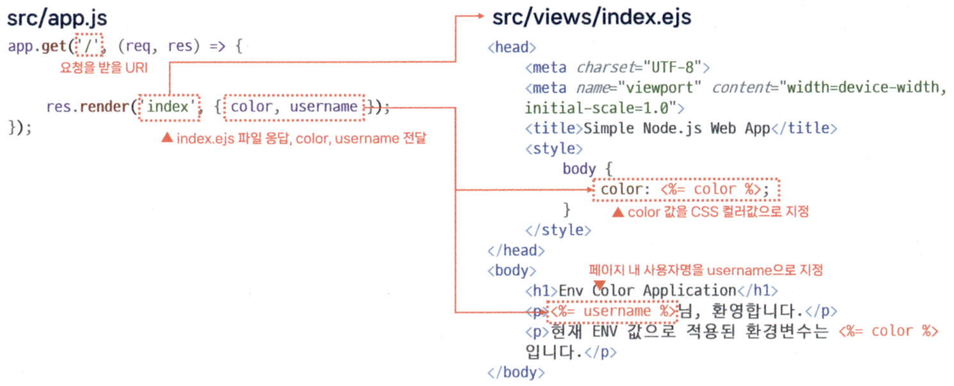

```
src/app.js
app.get('/', (req, res) => {
    요청을 받을 URI
    res.render('index', {color, username});
});
         ▲ index.ejs 파일 응답, color, username 전달
```

```
src/views/index.ejs
<head>
    <meta charset="UTF-8">
    <meta name="viewport" content="width=device-width,
    initial-scale=1.0">
    <title>Simple Node.js Web App</title>
    <style>
        body {
            color: <%= color %>;
        }            ▲ color 값을 CSS 컬러값으로 지정
    </style>
</head>
<body>           페이지 내 사용자명을 username으로 지정
    <h1>Env Color Application</h1>
    <p><%= username %>님, 환영합니다.</p>
    <p>현재 ENV 값으로 적용된 환경변수는 <%= color %>
    입니다.</p>
</body>
```

**그림 5.27** Node.js 애플리케이션의 변수 전달 구조

## 실습 5.5 기본 지시어를 활용해 이미지 빌드하기

envColorApp을 이미지로 빌드하면서 도커 지시어를 학습하겠습니다. 실습 5.3에서 배운 기본 지시어를 사용해 이미지를 빌드하겠습니다.

- FROM: 베이스 이미지를 지정합니다.
- COPY: 빌드 컨텍스트의 파일을 기존 레이어에 복사해 새로운 레이어를 생성합니다.
- RUN: 컨테이너 안에서 명령을 실행하고, 그 결과를 새 레이어로 저장합니다.
- CMD: 컨테이너가 실행될 때 내부에서 기본적으로 실행되는 기본 명령어를 지정합니다. CMD 지시어는 메타데이터만 수정하고 별도의 레이어는 추가하지 않습니다.

이처럼 각 지시어는 레이어 추가 여부가 다릅니다. 파일 시스템의 내용을 변경하는 지시어는 보통 새로운 레이어를 생성합니다. 따라서 지시어를 효과적으로 사용하면 이미지의 레이어 개수와 구조를 최적화할 수 있습니다.

**FROM 이미지명**
베이스 이미지를 지정

**COPY 빌드컨텍스트경로 레이어경로**
빌드 컨텍스트의 파일을 레이어에 복사 (cp) (새로운 레이어 추가)

**RUN 명령어**
명령어 실행
(새로운 레이어 추가)

**CMD ["명령어"]**
컨테이너 실행 시 명령어 지정

그림 5.28 기본 지시어

docker build 명령의 -f 옵션을 알아보겠습니다. 보통 도커파일의 이름은 Dockerfile로 저장합니다. 그래서 도커는 빌드 컨텍스트에서 Dockerfile이라는 이름의 파일을 찾아서 빌드를 실행합니다. 하지만 도커파일의 이름이 Dockerfile이 아닐 때는 -f 옵션을 사용해 빌드에 사용할 파일명을 지정할 수 있습니다.

**docker build -f 도커파일명 -t 이미지명 도커파일경로**
도커파일명이 Dockerfile이 아닌 경우 별도 지정

그림 5.29 도커파일의 경로와 이름을 직접 지정

VS Code를 열고 build > 03.envcolorapp 디렉터리에 도커파일을 작성하겠습니다. 디렉터리에 마우스 오른쪽 버튼을 클릭한 후 [New File]을 클릭해 새로운 파일을 생성하고, 파일의 이름을 Dockerfile-basic으로 지정합니다. 다음과 같은 내용을 작성하고 저장합니다.

~/easydocker/build/03.envcolorapp/Dockerfile-basic 파일 작성

```
FROM node:14
COPY ./ /
RUN npm install
CMD ["npm", "start"]
```

도커파일의 내용을 보면 베이스 이미지로 Node.js 14 버전이 설치된 node:14 이미지를 선택했습니다. 빌드 컨텍스트에 있는 모든 소스코드 파일을 복사한 후 npm install 명령을 실행하고, 컨테이너가 실행될 때 npm start 명령을 사용하도록 설정했습니다.

다음으로 터미널에서 `03.envcolorapp` 디렉터리로 이동한 후 이미지를 빌드합니다. 도커파일의 이름이 `Dockerfile`이 아니기 때문에 `-f` 옵션으로 도커파일의 이름을 직접 지정했습니다. 이미지명은 `buildapp:basic`으로 설정했으며, 마지막으로 빌드 컨텍스트를 `.`으로 추가했습니다.

```
$ cd ~/easydocker/build/03.envcolorapp
$ docker build -f Dockerfile-basic -t buildapp:basic .
(빌드 내역 출력)
```

이미지가 정상적으로 빌드되는 것을 확인합니다.

### 실습 정리

- `docker build`의 `-f` 옵션은 도커파일의 이름이 'Dockerfile'이 아닐 경우 파일명을 지정하는 데 사용합니다.
- 실습의 도커파일은 Node.js 14 이미지를 베이스로 설정하고, 소스 파일 복사 후 `npm install`을 실행해 애플리케이션으로 빌드했으며, CMD로 `npm start`를 설정했습니다.

## 실습 5.6 시스템 관련 지시어 WORKDIR, USER, EXPOSE

이번 실습에서는 시스템과 관련된 지시어를 사용해 이미지를 빌드하겠습니다.

- WORKDIR 지시어: 이후 지시어들을 실행할 작업 디렉터리를 지정합니다. 이 지시어는 리눅스나 윈도우의 cd 명령과 비슷한 역할을 합니다.
- USER 지시어: 명령어를 실행할 기본 사용자를 지정합니다. 컨테이너는 기본적으로 루트(root) 권한으로 명령어를 실행합니다. 이로 인해 실행된 프로세스가 많은 권한을 갖게 되어 보안상 취약할 수 있습니다. 이를 방지하기 위해 USER 지시어로 특정 사용자를 지정해 컨테이너의 권한을 제한할 수 있습니다.
- EXPOSE 지시어: 애플리케이션이 사용하는 네트워크 포트를 명시합니다. 이 지시어는 포트를 실제로 개방하는 것이 아니라 도커파일을 읽는 사람이 애플리케이션의 포트를 쉽게 확인할 수 있도록 기록하는 용도입니다. 기본적으로 컨테이너는 모든 포트를 사용할 수 있으며, EXPOSE 지시어는 단순히 사용하는 포트를 명시하는 목적을 가집니다.

**WORKDIR 폴더명**
작업 디렉터리를 지정(cd)
(새로운 레이어 추가)

**USER 유저명**
명령을 실행할 사용자를 변경(su)
(새로운 레이어 추가)

**EXPOSE 포트번호**
컨테이너가 사용할 포트를 명시

그림 5.30 시스템 관련 지시어

새로운 파일을 생성하고, 파일명은 Dockerfile-meta로 저장합니다.

```
~/easydocker/build/03.envcolorapp/Dockerfile-meta 파일 작성
FROM node:14
WORKDIR /app
COPY . .
RUN npm install
USER node
EXPOSE 3000
CMD ["npm", "start"]
```

FROM과 COPY 사이에 WORKDIR을 /app으로 지정하고, COPY 지시어의 대상도 '. .'으로 작성합니다. WORKDIR은 /app 경로가 없으면 자동으로 생성하며, 다음에 오는 지시어가 /app 경로에서 동작하도록 설정합니다. 따라서 COPY 지시어에 현재 경로를 지정하는 '.'을 사용하면 /app 경로로 파일이 복사됩니다. COPY 지시어의 첫 번째 '.'은 빌드 컨텍스트의 모든 파일을 의미하며, 두 번째 '.'은 WORKDIR로 현재 경로로 지정된 /app을 의미합니다. 이처럼 WORKDIR 지시어는 다음 지시어의 동작에 영향을 주므로 FROM 지시어 다음에 바로 작성하는 것이 일반적입니다. WORKDIR로 작업 디렉터리를 지정하면 별도의 폴더를 생성해 관리할 수 있기 때문에 node:14 이미지에 기존에 구성돼 있던 파일과 섞이지 않고 관리할 수 있습니다.

다음으로 RUN과 CMD 사이에 USER를 node로 지정합니다. 사용자를 지정하면 npm start 명령으로 실행한 프로세스는 node 사용자의 권한으로 실행됩니다. 그리고 EXPOSE 지시어로 애플리케이션이 사용하는 3000번 포트를 명시합니다. 이렇게 포트를 명시하면 소스코드를 확인하지 않고도 애플리케이션이 사용하는 포트를 확인할 수 있습니다.

이미지를 빌드하기 위해 docker build -f 옵션으로 Dockerfile-meta를 지정합니다. 이미지 명을 buildapp:meta로 설정한 후 이미지를 빌드합니다. 다음으로 빌드한 이미지로 컨테이너를 실행합니다. 컨테이너의 이름은 buildapp-meta로 지정합니다.

```
$ cd ~/easydocker/build/03.envcolorapp
$ docker build -f Dockerfile-meta -t buildapp:meta .
(빌드 내역 출력)
$ docker run -d -p 3000:3000 --name buildapp-meta buildapp:meta
(실행된 컨테이너의 ID 출력)
```

컨테이너를 실행한 후 http://localhost:3000에 접속해 페이지를 확인합니다. 아직 환경변수를 설정하지 않았으므로 기본 색상인 녹색으로 표시됩니다. 경로를 따로 지정하지 않은 경우 기본 경로인 '/'로 이동하며, 소스코드에 정의한 대로 '**사용자님, 환영합니다.**'라는 인사 문구가 표시됩니다.

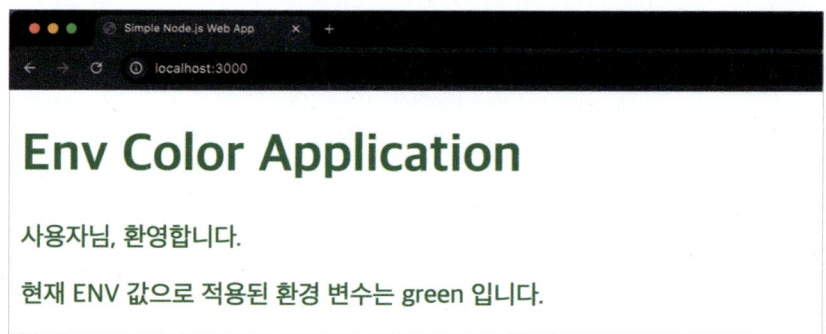

그림 5.31 경로를 지정하지 않은 기본 페이지

다음으로 http://localhost:3000/henry로 접속합니다. henry 대신 다른 단어를 입력해도 좋습니다. 결과 페이지에서 '**사용자**'라는 문구가 URL에 입력한 문구로 대체되는 것을 확인할 수 있습니다.

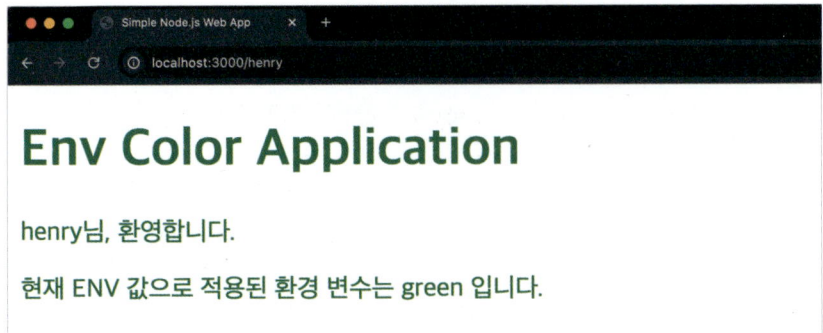

그림 5.32 URL을 읽어 화면에 표시한 페이지

애플리케이션이 정상적으로 실행되는 것을 확인했습니다. 참고로 이미지의 베이스 이미지를 Node.js 14 버전 이미지로 사용한 이유는 envColorApp이 Node.js 14 버전으로 개발됐기 때문입니다. 현재 실습 PC에는 Node.js가 설치돼 있지 않거나 설치된 버전이 14가 아닐 수 있습니다. 즉, 컨테이너 **가상화를 사용하면 Node.js가 없는 환경에서도 Node.js 애플리케이션을 빌드하고 실행할 수 있습니다.** 이미지에 Node.js 애플리케이션을 실행할 수 있는 환경이 구성돼 있기 때문에 도커만 설치돼 있으면 어떤 서버에서도 개발 환경과 같은 환경을 구성할 수 있습니다. 이처럼 컨테이너 가상화 기술을 통해 애플리케이션 환경을 빠르고 안정적으로 구성하고, 개발 PC를 깔끔하게 관리할 수 있습니다.

#### 실습 정리

- WORKDIR로 /app 디렉터리를 설정하고, COPY로 소스 파일을 /app에 복사합니다.
- USER를 node로 지정해 실행 프로세스의 권한을 제한했습니다.
- EXPOSE 지시어로 3000번 포트를 명시하고, CMD로 npm start를 설정해 애플리케이션을 실행합니다.
- 컨테이너 가상화 기술을 사용하면 Node.js 설치 여부와 상관없이 일관된 환경에서 애플리케이션을 실행할 수 있습니다.

### 실습 5.7 환경변수 관련 지시어 ARG, ENV

이번에는 환경변수와 관련된 지시어를 살펴보겠습니다. 도커에서 환경변수는 ARG 또는 ENV 지시어로 지정합니다. 환경변수는 다양한 용도로 활용됩니다. 예를 들어, envColorApp은 환경변수 값에 따라 다른 색상의 웹 페이지를 응답합니다. 또한 데이터베이스 접속 정보를 환경변수에 저장해 애플리케이션이 사용할 수 있게 설정하는 것도 일반적인 방식입니다.

ARG와 ENV의 차이는 컨테이너를 실행한 뒤 환경변수가 유지되는지 여부입니다. ARG로 지정한 환경변수는 이미지를 빌드할 때만 사용되며, ENV로 지정한 환경변수는 컨테이너를 실행한 뒤에도 계속 유지됩니다. 또한 ARG 지시어는 이미지를 빌드할 때 --build-arg 옵션으로 값을 덮어쓸 수 있고, ENV는 -e 옵션으로 덮어쓸 수 있습니다.

**ARG 변수명 변수값**
이미지 빌드 시점의 환경변수 설정
'docker build --build-arg 변수명=변수값'으로 덮어쓰기 가능

**ENV 변수명 변수값**
이미지 빌드 및 컨테이너 실행 시점의 환경변수 설정
(새로운 레이어 추가)
'docker run -e 변수명=변수값'으로 덮어쓰기 가능

그림 5.33 환경변수 관련 지시어

다음으로 VS Code에서 Dockerfile-arg 파일을 생성하고 작성합니다. RUN과 USER 지시어 사이에 ARG COLOR=red를 추가하고 저장합니다.

~/easydocker/build/03.envcolorapp/Dockerfile-arg 파일 작성

```
FROM node:14
WORKDIR /app
COPY ./ /app/
RUN npm install
ARG COLOR=red
USER node
EXPOSE 3000
CMD ["npm", "start"]
```

다음으로 Dockerfile-env 파일을 생성하고 작성합니다. 같은 위치에 ENV COLOR=red를 추가하고 저장합니다.

~/easydocker/build/03.envcolorapp/Dockerfile-env 파일 작성

```
FROM node:14
WORKDIR /app
COPY ./ /app/
RUN npm install
```

```
ENV COLOR=red
USER node
EXPOSE 3000
CMD ["npm", "start"]
```

작성한 두 개의 도커파일을 사용해 이미지를 빌드합니다.

```
$ cd ~/easydocker/build/03.envcolorapp
$ docker build -f Dockerfile-arg -t buildapp:arg .
(빌드 내역 출력)
$ docker build -f Dockerfile-env -t buildapp:env .
(빌드 내역 출력)
```

그런 다음, 두 개의 이미지로 컨테이너를 실행합니다. docker ps 명령으로 buildapp-env와 buildapp-arg가 실행 중인지 확인합니다.

```
$ docker run -d --name buildapp-arg -p 3001:3000 buildapp:arg
3db110cab7e6... (실행된 컨테이너의 ID 출력)
$ docker run -d --name buildapp-env -p 3002:3000 buildapp:env
ebb4c3a22ca1... (실행된 컨테이너의 ID 출력)
$ docker ps
CONTAINER ID    IMAGE           PORTS              NAMES
3db110cab7e6    buildapp:env    3002->3000/tcp     buildapp-env
ebb4c3a22ca1    buildapp:arg    3001->3000/tcp     buildapp-arg
```

브라우저에서 http://localhost:3001에 접속합니다. 여기서 3001 포트를 사용하는 컨테이너는 buildapp-arg입니다. ARG 지시어로 COLOR=red를 설정했지만 ARG로 설정한 값은 컨테이너 실행 시에는 적용되지 않습니다. 따라서 화면 색상은 애플리케이션의 기본값인 초록색으로 나타납니다.

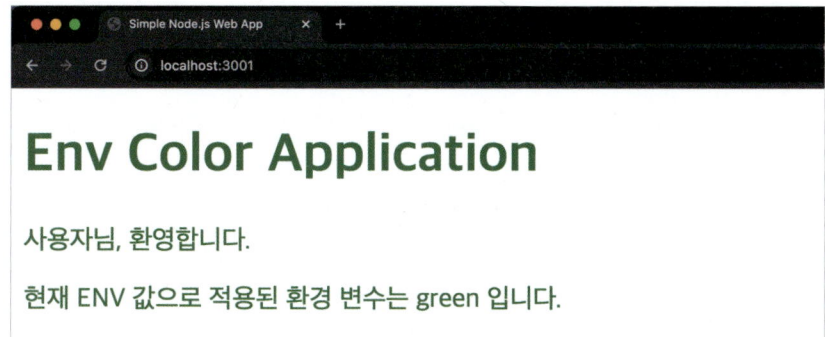

그림 5.34 ARG=red로 빌드한 애플리케이션의 페이지

이번에는 http://localhost:3002에 접속해 ENV로 지정한 COLOR=red 값이 정상적으로 적용된 것을 확인합니다. 이번에는 화면 색상이 빨간색으로 표시됩니다.

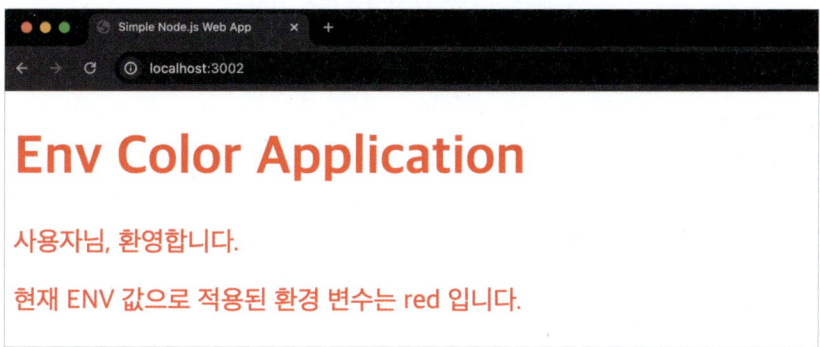

그림 5.35 ENV=red로 빌드한 애플리케이션의 페이지

정리하면 ARG는 빌드 과정에서만 사용할 환경변수를 지정할 때 사용하고, ENV는 빌드 과정뿐 아니라 컨테이너를 실행 시에도 환경변수로 설정합니다. 특별한 경우가 아니라면 대부분 ENV를 사용합니다.

실습 정리

- ARG와 ENV는 환경변수의 사용 범위와 지속 여부에서 차이가 있습니다.
- ARG는 빌드 과정에서만 환경변수를 적용하고, ENV는 빌드와 실행 과정 모두에서 환경변수를 유지합니다. 대부분의 경우 ENV를 사용합니다.

### 실습 5.8 실행 명령 관리를 위한 ENTRYPOINT, CMD

CMD는 이전 실습에서 자주 다뤘으므로 익숙할 것입니다. CMD는 띄어쓰기로 구분된 여러 명령어를 실행합니다. 그러나 CMD로 지정하는 명령어 중에는 반복적으로 사용되는 고정된 부분이 있을 수 있습니다. 예를 들어 Node.js 환경에서는 npm start, npm install처럼 npm 명령이 계속 사용됩니다. 이럴 때는 ENTRYPOINT 지시어로 고정된 명령어를 지정해 관리할 수 있습니다. ENTRYPOINT에 npm을 지정하면 CMD에 start만 입력해도 ENTRYPOINT의 값과 합쳐져 npm start 명령이 실행됩니다.

**ENTRYPOINT ["명령어"]**
고정된 명령어를 지정

**CMD ["명령어"]**
컨테이너 실행 시 실행 명령어 지정

그림 5.36 실행 명령 관련 지시어

하지만 ENTRYPOINT를 사용하면 CMD에서 실행할 수 있는 명령이 제한됩니다. 예를 들어 ENTRYPOINT에 npm을 설정하면 CMD에 입력하는 모든 값 앞에 npm이 추가되어 npm 관련 명령만 실행할 수 있습니다. 이러한 제한은 다소 불편할 수 있지만 CMD를 자유롭게 변경할 때 발생할 수 있는 문제를 예방해줍니다. 즉, 제작자가 의도하지 않은 명령 실행을 방지하고, 모든 사용자가 의도된 방식으로 이미지를 사용하도록 유도할 수 있습니다.

다음과 같이 Dockerfile-entrypoint 파일을 생성하고 작성합니다. 기존 CMD에서 npm을 제거하고, 대신 ENTRYPOINT ["npm"]을 추가했습니다.

```
~/easydocker/build/03.envcolorapp/Dockerfile-entrypoint 파일 작성
FROM node:14
WORKDIR /app
COPY ./ /app/
RUN npm install
USER node
EXPOSE 3000
ENTRYPOINT ["npm"]
CMD ["start"]
```

docker build -f로 Dockerfile-entrypoint를 지정해 이미지를 빌드합니다. 이미지명은 buildapp:entrypoint로 지정합니다.

```
$ cd ~/easydocker/build/03.envcolorapp
$ docker build -f Dockerfile-entrypoint -t buildapp:entrypoint .
(빌드 내역 출력)
```

빌드한 이미지로 컨테이너를 실행합니다. docker run 명령어로 방금 빌드한 buildapp:entrypoint를 지정하고, 마지막에 list를 추가합니다. 이 경우 ENTRYPOINT에 npm이 지정돼 있으므로 실제 실행되는 명령은 npm list가 됩니다. 이 명령을 실행하면 npm list가 실행되어 설치된 라이브러리 목록이 출력됩니다.

```
$ docker run --name buildapp-entrypoint-list buildapp:entrypoint list
buildapp@1.0.0 /app
+-- ejs@3.1.9
| `-- jake@10.8.5
|   +-- async@3.2.4
|   +-- chalk@4.1.2
... (중략) ...
```

다음으로 /bin/bash 명령을 덮어써서 실행해 보겠습니다. 이 경우 ENTRYPOINT에 npm이 설정돼 있기 때문에 실제로 실행되는 명령어는 npm /bin/bash가 됩니다.

```
$ docker run -it --name buildapp-entrypoint-bash buildapp:entrypoint /bin/bash
Usage: npm <command>

where <command> is one of:
    access, adduser, audit, bin, bugs, c, cache, ci, cit,
... (중략) ...
```

따라서 npm에서 잘못된 명령을 입력했다는 에러 메시지가 출력됩니다. 이처럼 ENTRYPOINT를 사용하면 의도하지 않은 명령어가 실행되지 않도록 초기 단계에서 방지할 수 있습니다. 다만, 컨테이너를 실행할 때 ENTRYPOINT도 덮어쓸 수 있으므로 완전히 안전하다고는 할 수 없지만 의도하지 않은 동작을 일차적으로 막는 데 유용합니다.

이제 이미지 빌드 실습에 사용된 모든 컨테이너를 삭제하고 실습을 마치겠습니다.

```
$ docker rm -f buildapp-meta buildapp-arg buildapp-env buildapp-entrypoint-list buildapp-
entrypoint-bash
```
(삭제된 컨테이너의 이름 출력)

> **실습 정리**
> - ENTRYPOINT는 고정된 명령어를 설정하며, CMD와 결합해 실행됩니다.
> - ENTRYPOINT를 사용해 의도하지 않은 명령어 실행을 방지할 수 있습니다.

## 5.6 멀티 스테이지 빌드

멀티 스테이지 빌드는 **도커파일의 빌드를 여러 단계로 나누어 이미지를 효율적으로 구성하는 방법**입니다. 이 방식의 핵심은 이미지 빌드 과정을 애플리케이션 빌드 단계와 실행 단계로 분리하는 데 있습니다.

애플리케이션 빌드 단계에서는 소스코드를 포함한 다양한 준비물이 필요합니다. 외부에서 다운로드하는 라이브러리나 빌드 도구를 사용해 소스코드를 실행 가능한 애플리케이션으로 만들 수 있습니다. 그러나 이들은 애플리케이션 빌드에만 사용될 뿐 실제 실행 시에는 필요하지 않습니다. 따라서 빌드 관련된 파일이 이미지에 남아있으면 이미지 크기가 불필요하게 커지게 됩니다.

멀티 스테이지 빌드를 활용하면 이러한 **불필요한 파일을 제거해 이미지의 크기를 줄일 수 있습니다**. 빌드 단계에서는 애플리케이션 빌드에 필요한 소스코드, 라이브러리, 빌드 도구 등 모든 자원이 포함됩니다. 실행 단계에서는 빌드 단계에서 생성된 애플리케이션 실행 파일만 실행용 이미지로 복사됩니다. 결과적으로 최종 실행 이미지는 실행에 필수적인 요소만 포함하므로 더 작고 안전한 이미지를 제공합니다.

### 5.6.1 JavaHelloApp

이번 실습에서는 JavaHelloApp을 빌드하겠습니다. JavaHelloApp은 자바 기반의 스프링 부트(Spring Boot) 프레임워크로 개발됐습니다. 자바로 개발된 소스코드를 빌드하려면 메이븐

(Maven)이나 그레이들(Gradle)과 같은 빌드 도구가 필요합니다. JavaHelloApp은 메이븐을 사용하며, 이를 통해 소스코드를 JAR 또는 WAR 형태의 실행 가능한 프로그램으로 빌드할 수 있습니다. 빌드된 파일을 실행하려면 OS에 자바 런타임이 설치돼 있어야 합니다.

일반적인 자바 애플리케이션 실행 이미지를 만드는 순서는 그림 5.37과 같습니다.

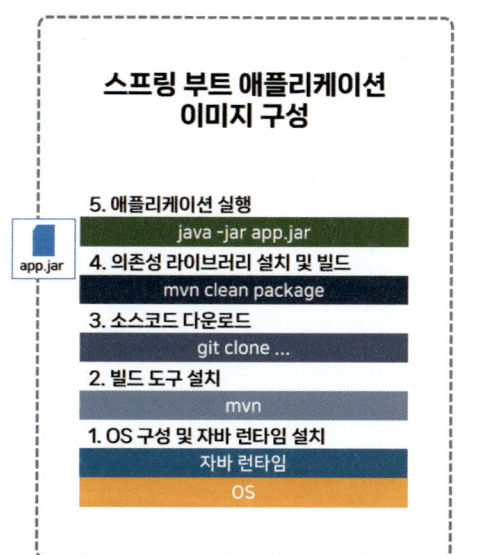
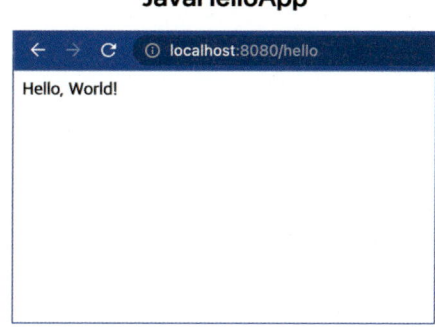

그림 5.37 백엔드 애플리케이션의 구성 순서

(1,2) OS 위에 자바 런타임과 메이븐을 설치합니다. FROM 지시어로 베이스 이미지를 선택할 때 OS, 자바 런타임, 메이븐이 모두 포함된 이미지를 선택하면 초기 단계를 편리하게 구성할 수 있습니다. 다음으로 (3) 소스코드를 다운로드합니다. 소스코드는 깃을 사용해 `git clone` 명령으로 내려받는다고 가정합니다. 다음으로 (4) 소스코드를 애플리케이션으로 빌드합니다. `mvn clean package` 명령을 사용해 다운로드한 소스코드를 빌드하면 실행 가능한 아티팩트 파일인 app.jar 파일이 만들어집니다. (5) 애플리케이션을 실행합니다. 애플리케이션 실행에는 `java -jar` 명령을 사용합니다. 마지막으로 브라우저에서 실행된 애플리케이션에 접속하면 Hello World!라는 문구를 확인할 수 있습니다.

## 5.6.2 JavaHelloApp 소스코드

VS Code에서 `04.javahelloapp` 폴더를 열고 `pom.xml` 파일을 확인합니다. 이 파일에는 애플리케이션에서 사용하는 외부 라이브러리와 의존성 정보가 정의돼 있습니다. `pom.xml` 파일을 통해 메이븐이 빌드 시 필요한 라이브러리들을 자동으로 다운로드하고 설정합니다.

**~/easydocker/build/04.javahelloapp/pom.xml**

```xml
... (중략) ...
    <dependencies>
        <dependency>
            <groupId>org.springframework.boot</groupId>
            <artifactId>spring-boot-starter-web</artifactId>
        </dependency>
    </dependencies>

    <build>
        <plugins>
            <plugin>
                <groupId>org.springframework.boot</groupId>
                <artifactId>spring-boot-maven-plugin</artifactId>
            </plugin>
        </plugins>
    </build>
```

`src` 디렉터리 맨 아래의 `DemoApplication.java` 파일에서 애플리케이션 소스를 확인합니다.

**~/easydocker/build/04.javahelloapp/src/main/java/com/example/demo/DemoApplication.java**

```java
... (중략) ...
@SpringBootApplication
public class DemoApplication {

    public static void main(String[] args) {
        SpringApplication.run(DemoApplication.class, args);
    }

    @RestController
    class HelloController {
```

```
        @GetMapping("/hello")
        public String hello() {
            return "Hello, World!";
        }
    }
}
```

이 코드는 간단한 웹 애플리케이션을 정의합니다. /hello 경로로 요청하면 "Hello, World!"라는 문자를 페이지에 응답하는 기능을 수행한다는 것을 어렵지 않게 파악할 수 있습니다.

## 실습 5.9 단일 스테이지 빌드로 이미지 빌드하기

지금까지 배운 지시어를 활용해 단일 스테이지 방식으로 자바 애플리케이션을 빌드해보겠습니다. 단일 스테이지 빌드는 멀티 스테이지 빌드를 사용하지 않는 빌드 방식을 의미합니다. VS Code에서 04.javahelloapp 디렉터리에 Dockerfile.singlestage 파일을 만들고 아래 내용을 입력합니다.

**~/easydocker/build/04.javahelloapp/Dockerfile.singlestage 파일 작성**

```
FROM maven:3.6-jdk-11
WORKDIR /app

COPY pom.xml .
COPY src ./src

RUN mvn clean package
RUN cp /app/target/demo-0.0.1-SNAPSHOT.jar ./app.jar
EXPOSE 8080
CMD ["java", "-jar", "app.jar"]
```

FROM 지시어로 베이스 이미지는 maven:3.6-jdk-11 이미지로 지정합니다. 이 이미지에는 기본 OS와 자바 런타임, 애플리케이션 빌드를 위한 메이븐이 모두 포함돼 있습니다. 다음으로 WORKDIR 지시어를 사용해 작업 디렉터리를 /app으로 지정합니다. 그리고 /app 디렉터리에 COPY 지시어를 사용해 pom.xml 파일과 소스가 포함된 src 디렉터리를 복사합니다. 모든 파일을 복사하는 '. .' 대신 복사할 파일을 명시하는 것이 더 명확합니다.

소스를 복사한 후 RUN 지시어로 `mvn clean package` 명령을 실행하면 소스코드와 `pom.xml` 파일을 분석해 필요한 라이브러리를 다운로드하고 애플리케이션을 빌드합니다. 빌드가 완료되면 `target` 디렉터리에 jar 파일이 생성되며, JavaHelloApp의 경우 이 파일 이름은 `demo-0.0.1-SNAPSHOT.jar`입니다. 따라서 RUN 지시어에서는 `cp` 명령을 사용해 빌드된 jar 파일을 /app 디렉터리의 `app.jar` 파일로 복사합니다. COPY 지시어 대신 cp를 사용하는 이유는 빌드 컨텍스트의 파일이 아닌, 내부적으로 생성된 애플리케이션 파일을 복사하는 것이기 때문입니다. 마지막으로 EXPOSE지시어로 애플리케이션이 사용하는 8080 포트를 명시하고, CMD 지시어를 사용해 컨테이너 실행 시 `java -jar app.jar` 명령이 실행되도록 지정합니다.

다음으로 이미지를 빌드합니다. `docker build` 명령과 -f 옵션을 사용해 Dockerfile.singlestage 파일을 지정합니다.

```
$ cd ~/easydocker/build/04.javahelloapp
$ docker build -f Dockerfile.singlestage -t javaappsingle .
(빌드 내역 출력)
```

정상적으로 이미지가 빌드됐는지 확인합니다.

### 실습 정리
- 단일 스테이지 빌드는 하나의 도커파일에서 모든 빌드 작업과 실행 환경 설정을 처리합니다.
- 단일 스테이지 빌드는 간단하지만 빌드 환경과 실행 환경을 분리하지 않아 이미지 크기가 커질 수 있습니다.

## 실습 5.10 멀티 스테이지 빌드를 활용해 JavaHelloApp 빌드하기

앞서 메이븐 이미지로 자바 애플리케이션 이미지를 빌드했습니다. 그런데 이 과정에서 이미지에는 실제 애플리케이션 실행에 필요하지 않은 파일들이 포함돼 있습니다. 메이븐과 다운로드된 라이브러리는 애플리케이션 빌드 시에만 필요하며, 실행 시에는 사용되지 않습니다. 애플리케이션 이미지 크기가 커지면 이미지 전송에 더 많은 시간이 걸리고, 결과적으로 애플리케이션 배포 시간도 길어집니다. 그래서 이번 실습에서는 멀티 스테이지 빌드를 활용해 불필요한 파일을 제거함으로써 이미지 크기를 줄여보겠습니다.

다음은 스프링 부트 애플리케이션 이미지를 빌드하는 과정을 두 단계로 구분한 그림입니다.

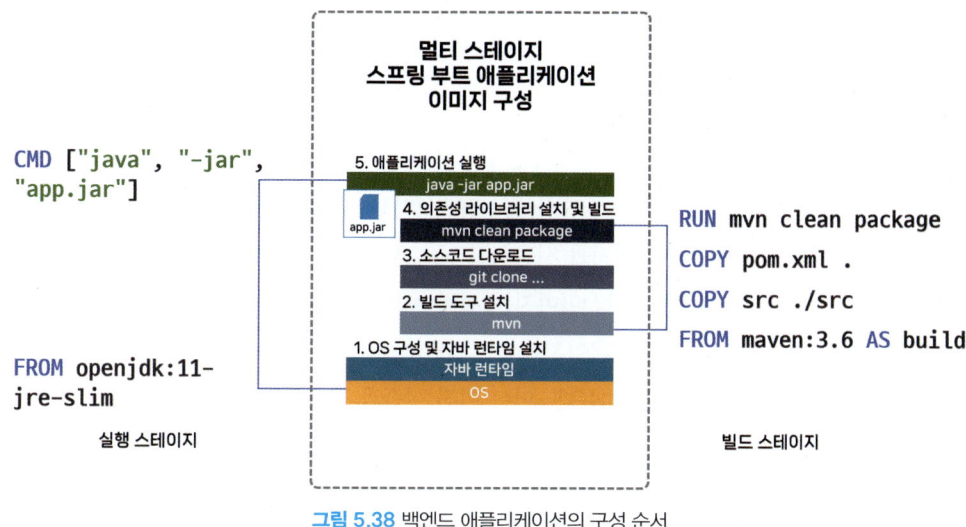

그림 5.38 백엔드 애플리케이션의 구성 순서

오른쪽 단계는 애플리케이션 빌드 과정으로, 메이븐과 소스코드가 필요합니다. 빌드 스테이지에서는 소스코드를 복사하고 `mvn clean package` 명령으로 JAR 파일을 생성합니다.

왼쪽 단계는 애플리케이션 실행 과정으로, 자바 런타임과 JAR 파일이 필요합니다. 실행 스테이지에서는 자바 런타임이 포함된 이미지에 빌드 스테이지에서 생성된 JAR 파일을 복사해서 애플리케이션을 실행합니다.

이제 멀티 스테이지 빌드를 위한 도커파일을 작성하겠습니다. VS Code에서 `04.javahelloapp` 디렉터리에 `Dockerfile.multistage` 파일을 만들고 아래 내용을 입력합니다.

~/easydocker/build/04.javahelloapp/Dockerfile.multistage 파일 작성

```
FROM maven:3.6 AS build
WORKDIR /app

COPY pom.xml .
COPY src ./src

RUN mvn clean package
```

```
FROM openjdk:11-jre-slim
WORKDIR /app

COPY --from=build /app/target/demo-0.0.1-SNAPSHOT.jar ./app.jar
EXPOSE 8080
CMD ["java", "-jar", "app.jar"]
```

지금까지 작성한 도커파일과 달리 이 파일에는 FROM 지시어가 두 개 사용됩니다. 첫 번째 빌드 스테이지에서는 maven:3.6 이미지를 사용하고, 두 번째 실행 스테이지에서는 openjdk:11-jre-slim 이미지를 사용합니다. 실행 이미지는 자바 애플리케이션을 실행하는 데 필요한 최소한의 런타임만 포함합니다. 빌드 스테이지에서는 COPY 지시어를 사용해 소스코드를 복사하고, RUN 지시어로 애플리케이션을 빌드하는데, 이는 이전 실습과 같습니다. mvn clean package 명령을 실행하면 maven 이미지 안에서 JAR 파일이 생성됩니다.

생성된 JAR 파일은 실행 스테이지인 openjdk 이미지에서 COPY 지시어로 가져옵니다. 여기서 실행 스테이지의 COPY 지시어에는 --from=build 옵션이 설정돼 있으며, 빌드 스테이지의 FROM 지시어에도 AS build가 추가돼 있습니다. 이렇게 COPY 지시어의 --from 옵션을 사용하면 다른 스테이지에서 생성된 파일을 복사할 수 있습니다. 이 경우 빌드 스테이지인 maven 이미지에서 만들어진 JAR 파일이 복사됩니다.

두 개의 FROM 지시어가 있기 때문에 도커는 이미지를 빌드할 때 두 개의 임시 컨테이너를 실행하고, 첫 번째 컨테이너(maven)에서 생성된 JAR 파일을 두 번째 컨테이너(openjdk)로 복사합니다. 최종적으로 만들어지는 이미지는 마지막 FROM 지시어로 빌드한 결과입니다.

이제 멀티 스테이지 빌드를 활용해 이미지를 빌드하겠습니다. docker build 명령어에 -f 옵션을 사용해 Dockerfile.multistage 파일을 지정합니다.

```
$ cd ~/easydocker/build/04.javahelloapp
$ docker build -f Dockerfile.multistage -t javaappmulti .
(빌드 내역 출력)
```

빌드 완료 후 docker image ls 명령으로 이미지가 잘 빌드됐는지 확인합니다.

```
$ docker image ls javaappsingle
REPOSITORY          TAG        IMAGE ID        SIZE
javaappsingle       latest     7d0017655582    731MB

$ docker image ls javaappmulti
REPOSITORY          TAG        IMAGE ID        SIZE
javaappmulti        latest     b31aaecdd35f    233MB
```

javaappsingle 이미지는 731MB인 반면, javaappmulti 이미지는 233MB로 크기가 크게 줄었습니다.

### 실습 정리

- 멀티 스테이지 빌드는 빌드 스테이지와 실행 스테이지를 분리하여 이미지 크기를 줄이는 방식입니다.
- 빌드 스테이지는 소스코드를 애플리케이션으로 복사하고, 실행 스테이지는 빌드 스테이지에서 빌드한 결과물인 아티팩트만 복사합니다.
- 최종적으로 실행에 불필요한 파일을 제거해 이미지 크기를 줄이고, 배포 속도를 개선합니다.

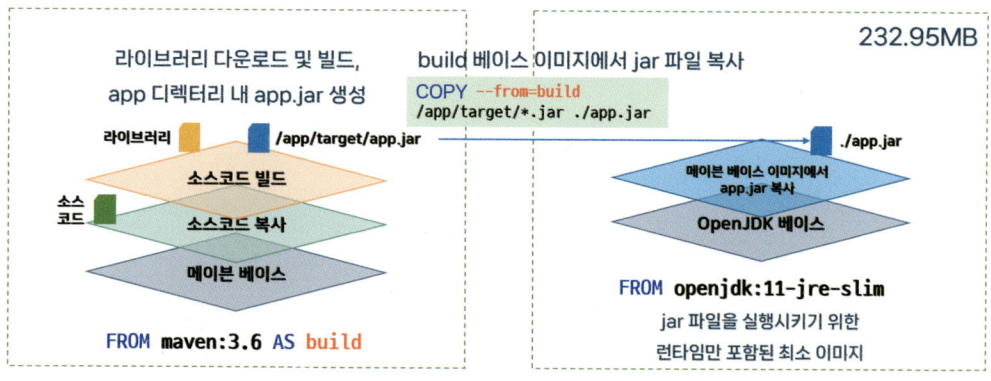

그림 5.39 멀티 스테이지 빌드 구성 순서

멀티 스테이지 빌드에서 배운 내용을 정리하겠습니다. 일반적인 빌드 방식에서는 이미지에 소스코드와 외부 라이브러리 파일이 포함되어 많은 저장 공간을 차지합니다. 반면, 멀티 스테이지 빌드는 첫 번째 빌드 스테이지에서 maven 이미지를 사용하고, 두 번째 실행 스테이지에서는 openjdk 이미지를 사용합니다. 빌드 스테이지에서는 소스코드로 애플리케이션을 빌드하고, 생성된 JAR 파일을 실행 스테이지로 복사합니다. 최종적으로 생성된 이미지에는 자바 런타임과 JAR 파일만 포함돼 있어 이미지 크기를 효과적으로 줄일 수 있습니다.

### 5.6.3 학습 내용 정리

이번 장에서는 이미지의 레이어 구조에 대해 학습했습니다. 레이어 구조를 덕분에 스토리지를 효율적으로 사용하고, 이미지를 통해 컨테이너를 빠르게 실행할 수 있었습니다. 또한 이미지를 만들기 위한 커밋과 빌드 방식에 대해서도 학습했습니다. 커밋 방식에서는 이미지를 임시 컨테이너로 실행한 후, 컨테이너 레이어에서 원하는 작업을 수행하고, 그 상태를 새로운 이미지로 커밋했습니다.

이어서 이미지 빌드에 사용되는 폴더인 빌드 컨텍스트에 대해 학습하고, 도커파일을 작성하기 위한 다양한 지시어를 학습했습니다. 마지막으로 이미지 크기를 줄이기 위한 멀티 스테이지 빌드에 대해 학습했습니다.

지금까지 도커의 기본 개념과 필수 기술을 모두 학습했습니다. 이제 실제 애플리케이션을 이미지로 활용하는 방법과 컨테이너가 상호작용하는 원리와 같이 실무와 관련된 내용을 다룰 것입니다. 다음 장에서는 데모 애플리케이션을 프런트엔드, 백엔드, 데이터베이스 서버로 나누어 컨테이너를 활용한 애플리케이션 환경을 구성해보겠습니다.

CHAPTER
06

# 컨테이너 애플리케이션

이번 장에서는 지금까지 배운 개념을 활용해 애플리케이션 이미지를 빌드하고 컨테이너로 실행하는 방법을 다루겠습니다. 먼저 클라우드의 개념을 학습하고, 클라우드 네이티브 애플리케이션과 마이크로서비스 아키텍처(Microservice Architecture)의 특징을 간단히 소개합니다. 다음으로 데모 애플리케이션을 컨테이너 이미지로 빌드하는 과정을 진행할 것입니다.

실습은 세 단계로 진행합니다. 첫째, 데이터를 저장하기 위한 PostgreSQL 데이터베이스를 서버 설정을 수정한 후 초기 데이터를 구성한 이미지로 빌드합니다. 둘째, 스프링 부트로 개발한 백엔드 애플리케이션을 빌드합니다. 셋째, Vue.js로 개발한 프런트엔드 소스를 엔진엑스 이미지로 빌드하고, 컨테이너로 실행해 애플리케이션 동작을 확인합니다.

## 6.1 클라우드

컨테이너 애플리케이션을 이해하려면 클라우드의 개념을 학습해야 합니다. 많은 분들이 네이버 클라우드나 구글 클라우드 같은 서비스를 이미 경험했을 것입니다. 클라우드 서비스는 파일을 서비스 제공자의 저장 장치에 보관하며, 사용량에 따라 비용을 청구합니다. 이를 통해 사용자는 USB를 휴대할 필요가 없으며, 필요에 따라 저장 용량을 빠르게 늘릴 수 있습니다. 하지만 사용자는 데이터가 실제로 어디에 저장되는지 알 수 없습니다. 클라우드를 사용한다는 것은 물리적 제약에서 자유로워지는 동시에 데이터에 대한 직접적인 제어권이 줄어든다는 것을 의미합니다.

### 6.1.1 클라우드 서버

클라우드의 개념은 저장 공간에서 서버 컴퓨터로 확장됐습니다. 클라우드 서비스 제공자(Cloud Service Provider; CSP)는 여러 지역에 대형 데이터 센터를 운영하며, 가상화 기술을 이용해 서버를 임대합니다. 이는 호텔이 고객에게 객실을 임대하는 방식과 비슷합니다. 고객이 비용을 지불하면 준비된 방을 바로 사용할 수 있듯이, 클라우드에서는 요청 즉시 서버가 **프로비저닝(provisioning)**됩니다. 프로비저닝이란 서버를 생성하는 과정을 의미합니다. 예를 들어, 2코어와 4GB 메모리를 탑재한 컴퓨터가 필요할 경우 클라우드에서 서버를 생성해 5분 내에 온라인으로 사용할 수 있습니다.

### 6.1.2 퍼블릭 클라우드와 프라이빗 클라우드

클라우드는 운영 주체에 따라 퍼블릭 클라우드와 프라이빗 클라우드로 나뉩니다. 퍼블릭 클라우드는 다른 회사의 서버를 빌려 운영하는 방식입니다. 대표적인 퍼블릭 클라우드 제공 업체로는 아마존 AWS, 마이크로소프트 Azure, 구글 GCP가 있습니다. 이러한 클라우드 제공 업체의 웹 사이트에서 계정을 만들면 손쉽게 서버를 빌릴 수 있습니다. 일반적으로 클라우드를 말할 때는 퍼블릭 클라우드를 의미합니다.

반면, 프라이빗 클라우드는 조직 내 IT 계열사나 부서에서 클라우드를 운영하는 방식입니다. 규모가 큰 회사의 경우 여러 조직이 서비스를 운영하기 위해 서버 자원을 필요로 합니다. 클라우드를 특정 계열사나 부서가 운영하면서 서버가 필요한 조직에게 유연하게 제공하는 방식을 프라이빗 클라우드라고 부릅니다. 프라이빗 클라우드는 회사가 서버를 직접 소유함으로써 보안이 뛰어나며, 초기 투자 비용이 높지만 장기적으로는 비용을 절감할 수 있다는 이점이 있습니다.

### 6.1.3 클라우드와 공유 경제

클라우드 서비스는 공유 경제와 밀접한 연관이 있습니다. 예를 들어, 자동차 렌트 서비스는 자동차를 소유하지 않고 시간당 요금으로 이용하듯이, 클라우드 서비스도 서버 컴퓨터를 소유하지 않고 컴퓨팅 자원을 시간당 요금으로 사용할 수 있습니다. 이렇게 **사용 시간에 따라 요금을 지불하므로 클라우드 서비스는 초기 비용이 적습니다.**

서버를 구매할지 클라우드를 사용할지 결정하는 것은 차량을 구매할지 렌트할지 고민하는 것과 비슷한 기회비용 문제입니다. 차량을 소유하면 주차비, 보험료, 세금 등의 추가 지출과 관리 비용이 발생하며, 출퇴근용 차량을 구매했는데 직장을 옮겨 불필요해지는 예상치 못한 상황이 생길 수도 있습니다. 마찬가지로, 서버를 직접 구매하면 초기 비용이 많이 들고, 운영을 위해 온도와 습도를 유지하며 관리 인력을 고용해야 합니다.

하지만 클라우드 방식이 항상 더 저렴한 선택은 아닙니다. 사용량이 증가할수록 클라우드의 비용은 급격히 증가할 수 있습니다. 이는 매일 차를 렌트하다가 결국 차를 구매하는 것이 더 경제적인 상황과 비슷합니다. 클라우드도 마찬가지로 자원 사용량이 일정 수준을 넘어서면 서버를 소유하는 편이 장기적으로 더 경제적일 수 있습니다.

## 6.1.4 클라우드 컴퓨팅의 핵심 요소: 확장성, 복원력, 비용 효율성

클라우드 컴퓨팅은 확장성, 복원력, 비용 효율성을 통해 현대 애플리케이션의 다양한 요구를 충족하며, 효율적이고 안정적인 서비스를 제공합니다.

### 확장성(scalability)

클라우드는 서버를 빠르게 확장하거나 축소할 수 있다는 장점이 있습니다. 현대 애플리케이션의 사용자 수요는 크게 변동합니다. 예를 들어, 온라인 커머스는 할인 기간에 사용자 요청이 급증하고, 회계 시스템은 특정 기간 외에 트래픽이 거의 없을 수 있습니다. 이러한 **트래픽 변동에 유연하게 대처하기 위한 확장성이 중요**합니다.

클라우드 서비스는 트래픽이 증가하면 빠르게 서버를 추가하고, 감소하면 서버를 줄여 비용을 절약합니다. 이렇게 필요할 때 필요한 만큼만 사용하는 방식을 **온디맨드(on-demand)**라고 합니다. 온디맨드는 트래픽을 예상해 서버를 구성하는 전통적 방식과는 대조적입니다. 전통적 방식에서는 서버 용량을 초과하는 트래픽이 발생하면 서버가 다운될 수 있지만 확장성이 뛰어난 클라우드는 신속한 서버 추가로 이를 예방할 수 있습니다. 그리고 사용하지 않을 때는 서버를 반납해서 비용을 줄일 수 있습니다. 이러한 이유로 초기 스타트업은 위험 비용을 줄이고, 트래픽 변화에 빠르게 대응하기 위해 대부분 클라우드를 선택하는 경향이 있습니다.

## 복원력(resilience)

장애 발생 시 신속하게 복구할 수 있는 복원력도 클라우드의 중요한 이점입니다. 예를 들어, 회사 내 서버실에서 모든 서비스를 운영하다 정전이 발생하면 서비스가 중단되고 데이터가 손실될 위험이 있습니다. 클라우드 사업자는 국내외 여러 데이터 센터를 운영해 한 지역에 문제가 발생해도 빠르게 다른 지역으로 트래픽을 전환할 수 있습니다. 예를 들어, 서울 데이터 센터에 문제가 생기면 부산이나 일본, 미국 등의 다른 지역의 서비스로 트래픽을 전환할 수 있습니다. 이를 재해복구(Disaster Recovery; DR)라고 합니다.

국내 업체가 해외에서 서버를 직접 운영하려면 많은 비용이 들지만 클라우드를 사용하면 해외 여러 지역에 서버를 저렴하게 운영할 수 있습니다. 이를 통해 해외 지역에서 서비스를 제공하거나 재해복구 서버로 활용할 수 있습니다.

## 비용 효율성(cost efficiency)

클라우드는 월 단위로 필요한 만큼의 서버 리소스만 사용할 수 있어 효율적으로 서버 비용을 관리할 수 있습니다. 하지만 장기적인 관점에서는 서버를 직접 구매하는 것이 더 저렴한 경우도 있습니다. 따라서 서버 용량을 적절히 구성하고 비용을 지속적으로 최적화해야 합니다.

사내 서버와 퍼블릭 클라우드를 동시에 운영하면 비용 효율성이 높아집니다. 서버를 직접 구매해서 운영하는 방식을 **온프레미스(on-premises)**라 합니다. 온프레미스는 기업이 서버, 네트워크, 스토리지 등의 IT 인프라를 직접 구성하고 운영하는 것을 의미합니다.[8] 온프레미스 방식은 초기 비용이 많이 들지만 장기적으로 적절한 선택일 수 있습니다. 일정 수준까지의 트래픽은 온프레미스 서버로 대응하고, 그 이상은 클라우드 서버를 추가해 대응하는 방식을 **하이브리드 클라우드**라고 합니다. 이러한 접근법은 비용 절감과 서비스 가용성 측면에서 큰 장점을 제공합니다.

---

8 앞서 설명한 프라이빗 클라우드는 온프레미스 방식의 한 형태로, 기업 내부 또는 특정 사용자를 대상으로 하는 전용 클라우드 환경을 말합니다.

## 6.2 클라우드 네이티브

클라우드 환경에 서버를 구성하는 것은 모든 과정의 시작에 불과합니다. 핵심은 클라우드가 아닌 애플리케이션입니다. 애플리케이션이 클라우드에 적합하지 않다면 클라우드를 사용하는 의미가 없을 수 있습니다. 이런 이유로 클라우드 네이티브(cloud native)라는 개념이 등장했습니다. **클라우드 네이티브는 클라우드 환경에 최적화된 애플리케이션 구조입니다.** 여기서는 클라우드 네이티브의 여러 요소 중 컨테이너와 관련된 부분을 중점적으로 알아보겠습니다.

### 6.2.1 컨테이너

클라우드는 여러 곳에 서버를 운영할 수 있으며, 이 특성을 잘 활용하려면 컨테이너가 필수입니다. 컨테이너 이미지는 소프트웨어 실행에 필요한 모든 환경을 포함해 어떤 환경에서도 동일하게 실행될 수 있도록 보장합니다. 만약 컨테이너를 사용하지 않는다면 각 서버에서 환경을 개별적으로 구성해야 하며, 이로 인해 환경 불일치 문제가 발생할 수 있습니다.

### 6.2.2 모놀리식과 MSA

모놀리식(monolithic) 방식은 애플리케이션의 모든 기능을 하나로 묶은 소프트웨어 구조입니다. 모놀리식 애플리케이션은 서버 실행 시간이 길어 급증하는 트래픽에 대처하기 어렵습니다. 또한 애플리케이션의 크기가 커서 확장성도 떨어집니다. 이로 인해 모놀리식 애플리케이션은 컨테이너의 가볍고 빠른 장점을 충분히 활용하기 어렵습니다.

MSA는 마이크로서비스 아키텍처(Microservice Architecture)의 약자로, 애플리케이션을 여러 개의 작은 애플리케이션로 나누는 방식입니다. 여기서 한 개의 애플리케이션은 모듈이라고 부르고, 각 모듈은 독립적으로 동작합니다. 그래서 모놀리식 방식은 서버가 한 대만 있어도 동작하지만 마이크로서비스 아키텍처에서는 한 개의 서비스가 여러 개의 서버로 구성됩니다. 그리고 특정 기능의 트래픽이 증가하면 해당 모듈만 확장할 수 있습니다. 예를 들어, 주문 기능의 트래픽이 증가할 경우 주문 모듈의 서버만 추가로 늘릴 수 있습니다.

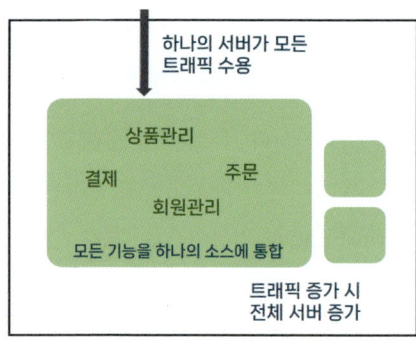 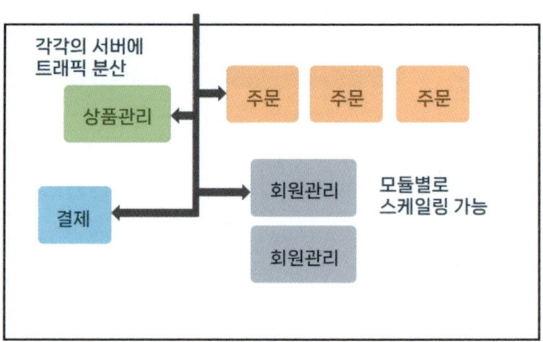

그림 6.1 모놀리식과 MSA 구조 비교

모듈의 크기가 작아지면 개발이 쉬워지고 서버를 스케일 아웃(scale out)하는 속도도 빨라집니다. 스케일 아웃은 서버의 수를 늘려 트래픽을 처리하는 방법을 의미하며, 반대로 스케일 인(scale in)은 서버의 수를 줄이는 것을 의미합니다.

이제 모놀리식 아키텍처와 MSA 아키텍처의 장단점을 비교해보겠습니다.

|  | 모놀리식 | MSA |
| --- | --- | --- |
| 서버 구성 | 애플리케이션을 하나의 단일 구조로 관리 | 애플리케이션을 여러 개의 독립적인 모듈로 관리 |
| 확장성 | 서버 수를 늘리는 것이 비효율적이므로 서버 한 대의 CPU와 메모리를 증가시키는 스케일 업 방식을 사용 | 트래픽이 증가하면 해당 기능을 담당하는 서버의 수를 늘리는 스케일 아웃 방식을 활용 |
| 개발 난이도 | 개발 난이도가 낮아 초기 개발 속도가 빠름 | 서버가 여러 개의 모듈로 분리되기 때문에 초기 구성이 복잡 |
| 장애 영향도 | 특정 기능에 오류가 발생하면 전체 애플리케이션에 영향을 줄 수 있음 | 특정 기능에 문제가 발생해도 관련된 일부 모듈만 영향을 받음 |
| 개발 및 유지보수 | 전체 코드가 유기적으로 연관돼 있어 새로운 개발자가 코드를 이해하는 데 시간이 오래 걸림 | 프로젝트가 작은 단위로 나눠져 있어 하나의 서비스를 빠르게 파악할 수 있음 |

MSA 아키텍처는 클라우드 네이티브 애플리케이션에 잘 맞으며, 컨테이너 활용이 필수적입니다. 이는 컨테이너가 각 마이크로서비스를 독립적으로 실행할 수 있는 격리된 환경을 제공하며, 가상환경을 빠르게 시작하고 종료할 수 있기 때문입니다.

이번 절에서는 클라우드 개념과 클라우드 네이티브 애플리케이션의 특성을 정리했습니다. 컨테이너 사용법을 익히는 것도 중요하지만 컨테이너 기술이 왜 사용되고 주목받는지, 그리고 이를 실제로 어떻게 적용할 수 있는지 이해하는 것이 중요합니다.

## 6.3 리피 애플리케이션

이 책에서 구축할 실습 애플리케이션인 '리피(LEAFY)'는 식물을 관리하기 위한 웹 애플리케이션으로, 식물을 키우면서 겪은 불편함을 해결하기 위해 만든 데모 프로그램입니다. 리피는 식물 정보를 관리하고, 키우는 식물 목록을 저장하며, 식물 상태를 기록하고 물 주는 시기를 표시하는 기능을 제공합니다.

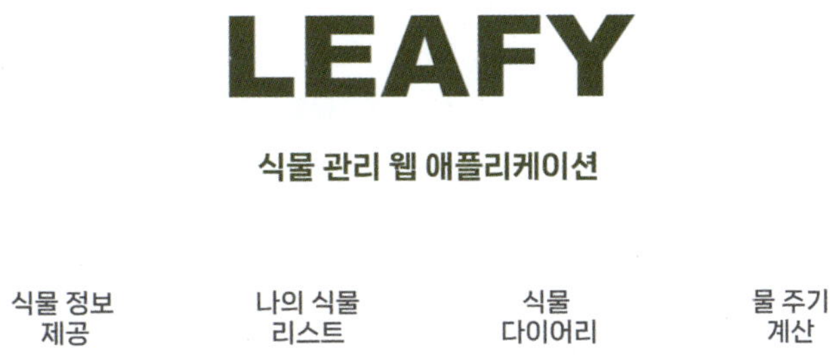

**LEAFY**

**식물 관리 웹 애플리케이션**

| 식물 정보 제공 | 나의 식물 리스트 | 식물 다이어리 | 물 주기 계산 |

그림 6.2 식물 관리 애플리케이션 리피

리피 애플리케이션은 세 개의 서버로 구성됩니다. 화면을 제공하는 프런트엔드는 Vue.js 프레임워크로 개발합니다. Vue.js로 개발한 애플리케이션을 빌드하면 HTML, CSS, 자바스크립트 파일을 생성합니다. 이 파일을 웹 서버에 배포하고 사용자가 웹 서버에 접속하면 웹 페이지를 제공합니다. 백엔드는 스프링 부트로 개발합니다. 스프링 부트 프레임워크로 개발한 애플리케이션은 톰캣 웹 애플리케이션 서버에서 실행됩니다. 백엔드 애플리케이션은 데이터를 조회하고 저장하는 API를 제공합니다. 마지막으로 데이터베이스로는 PostgreSQL을 사용해 데이터를 관리합니다.

이 세 가지 서버는 데이터베이스 서버, 백엔드 애플리케이션, 엔진엑스 서버 순으로 이미지를 빌드하고 컨테이너로 실행합니다. 이렇게 세 개의 컨테이너로 애플리케이션을 구성하는 것이 이 책의 목표입니다. 그림 6.3을 통해 세 가지 서버의 역할과 관계를 더 명확하게 이해할 수 있습니다.

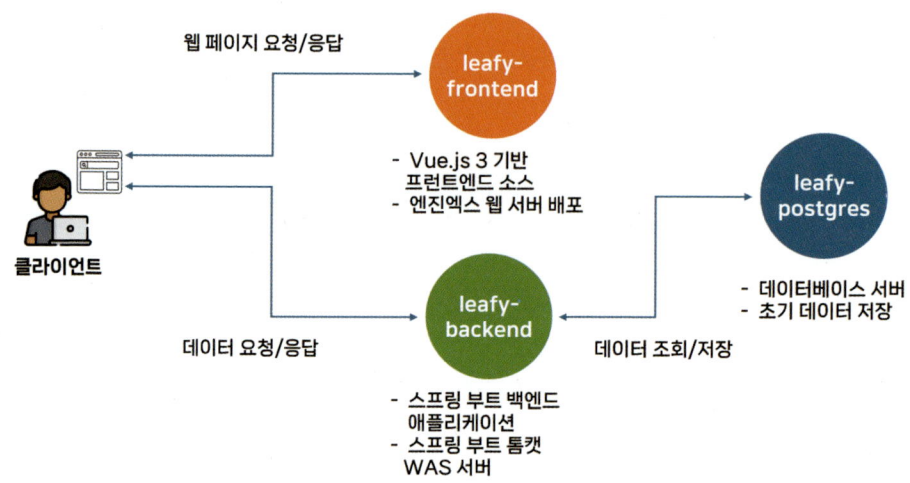

그림 6.3 리피 애플리케이션의 아키텍처

먼저 클라이언트가 웹 서버의 주소를 브라우저에 입력해 요청을 보냅니다. 웹 서버는 프런트엔드 코드로 개발된 웹 페이지를 응답으로 제공합니다. 이후 클라이언트가 웹 페이지를 읽는 과정에서 회원 정보나 식물 정보를 필요로 하면 브라우저가 백엔드 애플리케이션에 데이터 관련 요청을 보냅니다. 백엔드 애플리케이션은 요청 내용에 따라 데이터베이스에 접근해 데이터를 관리합니다.

### 실습 6.1 리피 애플리케이션 실행하기

이번 실습에서는 실습용 이미지를 사용해 리피 애플리케이션을 실행해보겠습니다. 먼저 컨테이너가 사용할 네트워크를 정의해야 합니다. 네트워크 관련 내용은 다음 장에서 자세히 다룰 예정이므로 지금은 네트워크를 생성만 하고 넘어가겠습니다.

```
$ docker network create leafy-network
(생성된 네트워크의 ID 출력)
```

다음으로 데이터베이스 컨테이너를 실행합니다.

```
$ docker run -d --name leafy-postgres --network leafy-network devwikirepo/leafy-postgres
:1.0.0
(실행된 컨테이너의 ID 출력)
```

컨테이너의 로그를 확인해 데이터베이스 시스템이 준비된 것을 확인한 후, 다음 단계로 넘어갑니다. 로그에 'database system is ready to accept connections' 메시지가 표시되면 정상적으로 준비된 것입니다. 로그 확인을 마치려면 Ctrl + C를 입력해 로그에서 빠져나옵니다.

```
$ docker logs -f leafy-postgres
... (중략) ...
LOG:  database system was shut down
LOG:  database system is ready to accept connections

(Ctrl + C로 종료)
```

다음으로 백엔드 컨테이너를 실행합니다. 실행 후 로그를 확인해 애플리케이션이 정상적으로 실행됐는지 확인합니다.

```
$ docker run -d -p 8080:8080 -e DB_URL=leafy-postgres --network leafy-network --name
leafy-backend devwikirepo/leafy-backend:1.0.0
(실행된 컨테이너의 ID 출력)

$ docker logs -f leafy-backend
... (중략) ...
INFO 1 --- [           main] o.s.b.w.embedded.tomcat.TomcatWebServer  : Tomcat started
on port(s): 8080 (http) with context path ''
INFO 1 --- [           main] com.devwiki.leafy.LeafyApplication       : Started
LeafyApplication in 2.121 seconds (process running for 2.418)

(Ctrl + C로 종료)
```

마지막으로 프런트엔드 서버를 실행하고, 세 개의 컨테이너가 모두 실행 중인지 확인합니다.

```
$ docker run -d -p 80:80 --network leafy-network --name leafy-frontend devwikirepo/
leafy-frontend:1.0.0
(실행된 컨테이너의 ID 출력)
IMAGE                              STATUS      PORTS              NAMES
devwikirepo/leafy-frontend:1.0.0   Up ..       .. 80->80/tcp      leafy-frontend
devwikirepo/leafy-backend:1.0.0    Up ..       .. 8080->8080/tcp  leafy-backend
devwikirepo/leafy-postgres:1.0.0   Up ..       5432/tcp           leafy-postgres
```

이후 `http://localhost`에 접속해 로그인 페이지가 정상적으로 표시되는지 확인합니다.

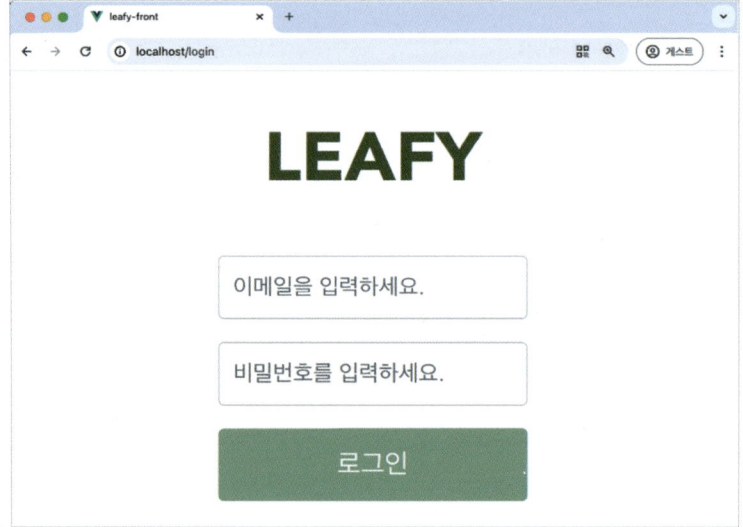

그림 6.4 리피 애플리케이션의 로그인 페이지

로그인 가능한 아이디는 john123@qmail.com(구글의 gmail이 아닌 q로 시작하는 qmail입니다), 비밀번호는 `password123`입니다. 애플리케이션에 로그인한 후 기능을 테스트합니다.

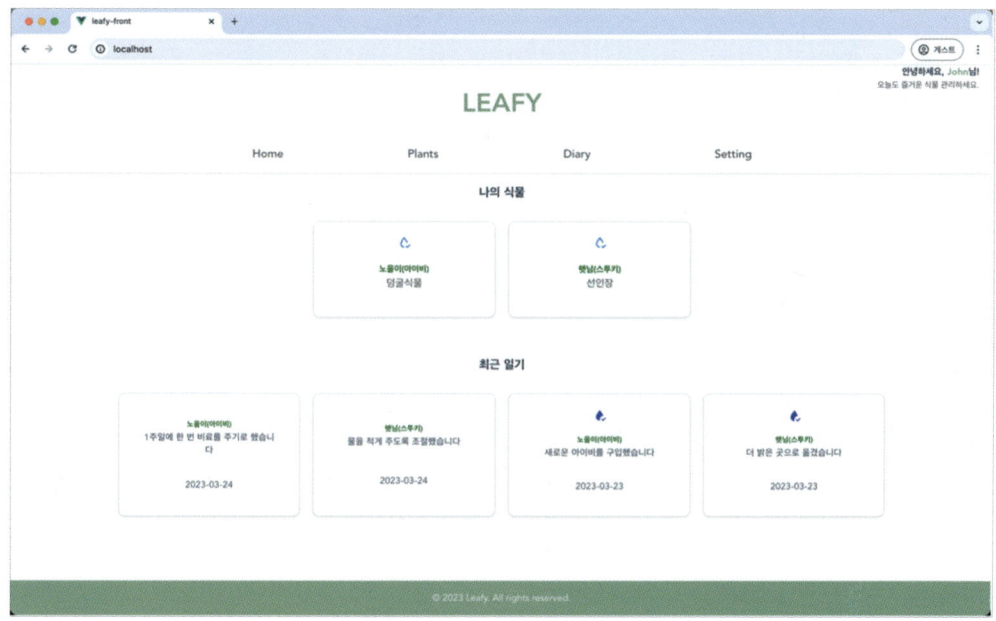

그림 6.5 리피 애플리케이션 페이지

이로써 세 가지 컨테이너를 실행해 애플리케이션이 정상적으로 동작하는 것을 확인했습니다. 애플리케이션을 구성하는 과정에서 PC에 Node.js나 자바, PostgreSQL을 직접 설치하지 않고도 애플리케이션을 빠르게 구성할 수 있었습니다. 이처럼 가상화 기술을 사용하면 소프트웨어 실행에 필요한 요소들을 PC에 설치하지 않아도 됩니다. 그리고 컨테이너를 삭제하면 실행 전 상태로 되돌아갈 수 있습니다.

이제 구성한 컨테이너와 네트워크를 모두 삭제하고 실습을 마치겠습니다.

```
$ docker rm -f leafy-frontend leafy-backend leafy-postgres
leafy-frontend
leafy-backend
leafy-postgres
$ docker network rm leafy-network
leafy-network
```

## 6.4 리피 애플리케이션 이미지 빌드하기

이전 실습에서는 미리 빌드된 이미지를 사용해 애플리케이션을 실행했습니다. 이번에는 애플리케이션 소스코드로 직접 이미지를 빌드해보겠습니다. 각 요소별로 소스코드 분석, 커밋 방식으로 컨테이너 구성, 이미지 빌드 순으로 실습을 진행하겠습니다.

### 6.4.1 소스코드 다운로드

실습을 위해 터미널에서 소스코드를 다운로드하고 해당 디렉터리로 이동하겠습니다.

```
$ cd ~/easydocker
$ git clone https://github.com/daintree-henry/leafy3.git
$ cd leafy3
```

도커파일을 직접 작성하고 싶을 때에는 `00-init`으로 버전을 변경하고, 작성된 도커파일로 실습을 진행하려면 `01-dockerfile` 버전으로 변경합니다.

[도커파일을 직접 작성하고 싶은 경우]

```
$ git switch 00-init --force
branch '00-init' set up to track 'origin/00-init'
Switched to a new branch '00-init'
```

[완성된 버전으로 실습을 진행하고 싶은 경우]

```
$ git switch 01-dockerfile --force
branch '01-dockerfile' set up to track 'origin/01-dockerfile'
Switched to a new branch '01-dockerfile'
```

소스코드를 다운로드한 다음 VS Code에서 `~/easydocker` 디렉터리를 열어 실습을 진행합니다.

## 6.4.2 PostgreSQL 이미지 빌드하기

PostgreSQL은 데이터를 관리하는 데이터베이스 서버입니다. 그림 6.6은 PostgreSQL 이미지로 데이터베이스 이미지를 빌드하는 과정을 보여줍니다.

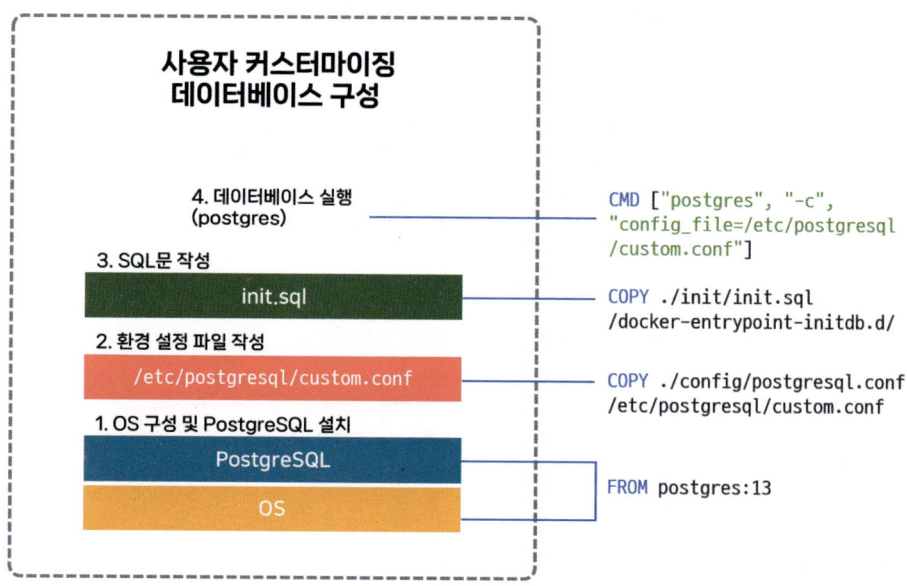

**그림 6.6** PostgreSQL 이미지 구성 순서

베이스 이미지는 `postgres:13` 이미지를 사용합니다. 이 이미지에는 엔진엑스 이미지와 비슷하게 PostgreSQL 소프트웨어가 설치돼 있습니다. 그래서 별도의 구성 없이 이미지를 실행하면 바로 데이터베이스 서버로 사용할 수 있습니다.

하지만 기본 이미지에는 데이터가 포함돼 있지 않으므로 원하는 **초기 데이터와 설정을 별도로 구성**해야 합니다. 이를 위해 `COPY` 지시어를 사용해 설정 파일과 SQL 파일을 이미지로 복사할 것입니다. 마지막으로 실행 명령어는 데이터베이스를 실행하며 복사한 설정 파일을 사용하도록 지정합니다.

정리하면, 원하는 설정과 데이터를 포함한 데이터베이스 이미지를 만드는 과정은 다음과 같습니다.

1. `postgres:13` 이미지를 준비합니다.
2. 환경 설정 파일을 작성하고 COPY 지시어로 복사합니다.
3. 초기 SQL문을 작성하고 COPY 지시어로 복사합니다.
4. CMD로 데이터베이스 서버 실행 명령을 지정합니다.

## postgresql.conf 설정 파일

`postgresql.conf` 파일로 데이터베이스 서버의 설정을 구성할 수 있습니다. 이 파일로 접근할 수 있는 IP를 제한하거나 암호화 방식을 설정할 수 있습니다. 이미지 빌드 시 설정 파일을 `/etc/postgresql/cusom.conf` 위치로 복사하고, 컨테이너 실행 시 해당 파일을 데이터베이스 서버의 설정 파일로 사용하도록 지정할 것입니다.

```
~/easydocker/leafy3/leafy-postgresql/config/postgresql.conf
# POSTGRESQL.CONF FILE
# ---------------------

# CONNECTIONS AND AUTHENTICATION
listen_addresses = '*'              # IP 주소, 호스트명 또는 '*'로 모든 IP에 대한 연결을 허용
max_connections = 100               # 동시 접속자 수 제한
authentication_timeout = 5m         # 인증 시간 초과 시간(5분)
password_encryption = md5           # 패스워드 암호화 방식
... (중략) ...
```

## init.sql 파일

`init.sql` 파일에는 데이터를 생성하기 위한 SQL 문이 포함돼 있습니다. 여기에는 리피 애플리케이션을 실행하기 위한 사용자, 식물, 다이어리 등의 테이블과 테스트 데이터가 포함돼 있습니다. `init.sql` 파일은 COPY 지시어를 사용해 `/docker-entrypoint-initdb.d/` 폴더에 저장합니다. 이 폴더에 저장된 SQL 파일은 컨테이너를 처음 실행할 때 자동으로 실행됩니다.

```
~/easydocker/leafy3/leafy-postgresql/init/init.sql
-- Users table creation
CREATE TABLE users (
    user_id SERIAL PRIMARY KEY,
    name VARCHAR(50) NOT NULL,
    email VARCHAR(255) UNIQUE NOT NULL,
    password VARCHAR(255) NOT NULL,
... (중략) ...
```

init.sql 파일에 SQL 문으로 정의된 테이블 구조는 다음과 같습니다.

그림 6.7 리피 테이블 구조

## 실습 6.2 leafy-postgres 이미지 커밋하기

이미지를 빌드하기 전에 베이스 이미지로 원하는 상태의 컨테이너를 직접 만들어보겠습니다. 도커파일로 이미지를 빌드하면 자동으로 이미지가 구성되어 실제 빌드 과정에서 어떤 일이 일어나는지 관찰하기 어렵습니다. 그래서 **컨테이너 내부에서 커밋하듯이 명령어를 직접 실행해보는 것은 빌드 방식을 이해하는 데 효과적입니다.**

먼저 터미널을 두 개 실행하고, 베이스 이미지인 `postgres:13`으로 컨테이너를 실행합니다. 그다음 `docker exec` 명령으로 실행 중인 컨테이너에 접근해서 컨테이너의 파일 시스템을 확인합니다.

[1번 터미널]

```
$ docker run -d --name postgres -e POSTGRES_PASSWORD=password postgres:13
42c868cc60e... (중략) ...
$ docker exec -it postgres /bin/bash
root@442c868cc60e:/# ls
bin   dev                         etc    lib    mnt   proc  run   srv   tmp   var
boot  docker-entrypoint-initdb.d  home   media  opt   root  sbin  sys   usr
```

다음으로 초기 설정 파일을 확인합니다. 그리고 SQL 파일을 저장하는 `/docker-entrypoint-initdb.d` 디렉터리를 확인합니다. 현재는 디렉터리가 비어 있는 것을 확인합니다.

[1번 터미널]

```
root@442c868cc60e:/# cat /var/lib/postgresql/data/postgresql.conf
# -----------------------------
# PostgreSQL configuration file
# -----------------------------
#
# This file consists of lines of the form:
#
#   name = value
#
... (중략) ...
root@442c868cc60e:/# ls -al /docker-entrypoint-initdb.d
total 8
drwxr-xr-x 2 root root 4096 .
drwxr-xr-x 1 root root 4096 ..
```

현재 터미널은 컨테이너에 접속된 상태이므로 새로운 터미널을 열어 컨테이너로 파일을 복사하겠습니다. docker cp 명령을 사용하면 실행 중인 컨테이너와 파일을 주고받을 수 있습니다. 그림 6.8과 같이 docker cp 명령은 두 개의 경로를 매개변수로 사용합니다. 첫 번째는 원본 위치, 두 번째는 복사할 위치입니다. 컨테이너의 파일을 PC로 복사하려면 원본 위치 앞에 컨테이너 이름을 지정합니다. PC에서 컨테이너로 파일을 복사하려면 복사할 위치 앞에 컨테이너 이름을 지정합니다.

**docker cp 원본위치 복사위치**
컨테이너와 호스트 머신 간 파일 복사

**docker cp 컨테이너명:원본위치 복사위치**
컨테이너 → 호스트 머신으로 파일 복사

**docker cp 원본위치 컨테이너명:복사위치**
호스트 머신 → 컨테이너로 파일 복사

그림 6.8 컨테이너와 파일을 주고받기 위한 docker cp 명령

소스코드가 있는 경로로 이동해 init.sql 파일과 postgresql.conf 파일을 컨테이너로 복사합니다. docker cp 명령을 사용해 파일 경로, 컨테이너의 이름인 postgres를 지정합니다. init.sql 파일은 /docker-entrypoint-initdb.d/ 경로에 복사하고, postgresql.conf 파일은 /etc/postgresql/postgresql.conf 경로로 복사합니다.

[2번 터미널]
```
$ cd ~/easydocker/leafy3/leafy-postgresql
$ docker cp ./init/init.sql postgres:/docker-entrypoint-initdb.d/
Successfully copied 18.9kB to postgres:docker-entrypoint-initdb.d/
$ docker cp ./config/postgresql.conf postgres:/etc/postgresql/cusom.conf
Successfully copied 3.07kB to postgres:etc/postgresql/custom.conf
```

1번 터미널로 돌아가 복사한 SQL 파일을 실행하겠습니다. psql 명령을 사용하면 데이터베이스에 접속하고 테이블을 조회하거나 SQL파일을 실행할 수 있습니다. 먼저 -c 옵션과 \d 명령을 실행해 현재 테이블 상태를 확인합니다. 초기 구성 단계이기 때문에 테이블이 없는 것을 확인할 수 있습니다. 다음으로 -f 옵션을 사용해 컨테이너로 복사한 init.sql 파일을 실행하고, 테이블이 잘 생성됐는지 확인합니다.

[1번 터미널]

```
root@442c868cc60e:/# psql -U postgres -c "\d"
Did not find any relations.
root@442c868cc60e:/# psql -U postgres -f /docker-entrypoint-initdb.d/init.sql
CREATE TABLE
CREATE TABLE
... (중략) ...
root@442c868cc60e:/# psql -U postgres -c "\d"
List of relations
 Schema |             Name              |   Type   |  Owner
--------+-------------------------------+----------+----------
 public | plant_logs                    | table    | postgres
 public | plant_logs_plant_log_id_seq   | sequence | postgres
 public | plants                        | table    | postgres
 public | plants_plant_id_seq           | sequence | postgres
 public | user_plants                   | table    | postgres
 public | user_plants_user_plant_id_seq | sequence | postgres
 public | users                         | table    | postgres
 public | users_user_id_seq             | sequence | postgres
(8 rows)
```

테이블이 생성된 것을 확인한 후, 실습에 사용한 컨테이너를 삭제합니다.

[2번 터미널]

```
$ docker rm -f postgres
postgres
```

## Dockerfile

이제 이미지를 빌드하기 위해 ~/easydocker/leafy3/leafy-postgresql 경로에 새로운 도커 파일을 작성합니다. 앞서 컨테이너에서 수행한 작업을 지시어로 포함합니다.

~/easydocker/leafy3/leafy-postgresql/Dockerfile

```
FROM postgres:13
COPY ./init/init.sql /docker-entrypoint-initdb.d/
COPY ./config/postgresql.conf /etc/postgresql/custom.conf
```

```
# 계정 정보 설정
ENV POSTGRES_USER=myuser
ENV POSTGRES_PASSWORD=mypassword
ENV POSTGRES_DB=mydb

EXPOSE 5432

CMD ["postgres", "-c", "config_file=/etc/postgresql/custom.conf"]
```

FROM으로 베이스 이미지를 postgres:13으로 지정합니다. 다음으로 COPY로 init.sql 파일과 postgresql.conf 파일을 복사합니다. 그리고 ENV로 데이터베이스 계정 정보를 설정합니다. ENV로 지정한 환경변수는 postgres:13 이미지의 기본값을 덮어써서 사용자가 원하는 계정과 DB 값을 설정할 수 있게 합니다. EXPOSE 지시어로 데이터베이스 서버의 5432 포트를 명시하고, CMD로 데이터베이스 서버를 실행합니다. 실행 명령어의 -c 옵션으로 COPY로 복사한 설정 파일을 지정합니다.

### 실습 6.3 leafy-postgres 이미지 빌드하기

leafy-network 네트워크를 생성하고, PostgreSQL 이미지를 빌드합니다. 레지스트리명은 도커 허브에 가입할 때 사용한 계정명을 입력합니다. 빌드가 완료되면 이미지를 레지스트리에 푸시합니다.

```
$ docker network create leafy-network
(생성된 네트워크의 ID 출력)
$ cd ~/easydocker/leafy3/leafy-postgresql
$ docker build -t (레지스트리계정명)/leafy-postgres:1.0.0 . --no-cache
(빌드 내역 출력)
$ docker push (레지스트리계정명)/leafy-postgres:1.0.0
(푸시 내역 출력)
```

빌드한 이미지로 컨테이너를 실행합니다.

```
$ docker run -d --name leafy-postgres --network leafy-network (레지스트리계정명)/leafy-postgres:1.0.0
(실행된 컨테이너의 ID 출력)

$ docker logs leafy-postgres
... (중략) ...
LOG:  database system is ready to accept connections
```

실행 중인 컨테이너에 쿼리를 실행해 데이터를 조회합니다. 조회 후 exit 명령어로 터미널을 종료합니다.

```
$ docker exec -it leafy-postgres su postgres bash -c "psql --username=myuser --dbname=mydb"
mydb=# SELECT * FROM users;
mydb=# SELECT * FROM plants;
mydb=# SELECT * FROM user_plants;
mydb=# SELECT * FROM plant_logs;
...(생략, 조회된 데이터)
mydb=# exit
```

마지막으로 이미지의 히스토리를 조회합니다.

```
$ docker image history (레지스트리계정명)/leafy-postgres:1.0.0
(이미지 히스토리 출력, 그림 6.9)
```

그림 6.9는 `leafy-postgres` 이미지의 레이어를 표시한 그림입니다. 이미지의 레이어가 총 33개인 것을 알 수 있습니다. 앞의 0부터 25까지 26개 레이어는 베이스 이미지인 `postgres:13` 이미지의 레이어와 동일합니다. 이는 `leafy-postgres`가 `postgres:13` 이미지를 기반으로 지시어를 통해 레이어를 추가했기 때문입니다. 총 7개의 레이어가 추가됐습니다.

| 이미지의 계층 구조 | | | |
|---|---|---|---|
| | ↳ FROM | debian:12-slim, 12.4-slim, bookworm-20240110-slim, b... | |
| | ↳ FROM | postgres:13, 13-bookworm, 13.13, 13.13-bookworm | |
| | ALL | devwikirepo/leafy-postgres:1.0.0 | |

| 이미지의 레이어 구조 | | | | |
|---|---|---|---|---|
| | ↳ 0 | ADD file:70e4f0c71f88c97c8db279b998... | 97.11 MB | [0~1] debian:12 OS 이미지 |
| | ↳ 1 | CMD ["bash"] | 0 B | |
| | 2 | RUN /bin/sh -c set -eux; groupadd -r pos... | 4.32 KB | [2~25] postgres:13 DB 이미지 |
| | | ... | | |
| | ↳ 24 | EXPOSE map[5432/tcp:{}] | 0 B | |
| | ↳ 25 | CMD ["postgres"] | 0 B | |
| | 26 | COPY ./init/init.sql /docker-entrypoint-in... | 17.11 KB | [26~32] 설정 파일, 초기 SQL 및 DB 접속 정보 설정 |
| | | ... | | |
| | ↳ 30 | ENV POSTGRES_DB=mydb | 0 B | |
| | ↳ 31 | EXPOSE map[5432/tcp:{}] | 0 B | |
| | ↳ 32 | CMD ["postgres" "-c" "config_file=/etc/po... | 0 B | |

그림 6.9 leafy-postgres 이미지의 레이어 구조

`postgres:13` 이미지도 제작 당시 리눅스 OS 파일 시스템이 포함된 `debian:12` 이미지를 베이스로 사용했습니다. 처음 0부터 1까지의 레이어가 `debian:12` 이미지의 레이어입니다. 이렇듯 이미지는 기존 베이스 이미지에 추가 레이어를 덧붙이는 계층 구조로 만들어집니다. 결론적으로 `leafy-postgres`는 OS로 `debian:12` 베이스 이미지를 사용한 `postgres:13`을 베이스 이미지로 만든 이미지입니다.

`ENV`, `EXPOSE`, `CMD` 등의 지시어는 실제로 물리적인 레이어를 추가하지 않기 때문에 크기가 0B로 표시됩니다. 따라서 `docker image history` 명령은 실제 파일로 저장되는 레이어와 메타데이터에 저장되는 지시어를 모두 레이어로 표시합니다.

### 6.4.3 백엔드 애플리케이션 이미지 빌드하기

다음으로 백엔드 애플리케이션 이미지를 빌드합니다. 먼저 자바와 그레이들이 설치된 환경을 준비하고, 소스코드를 다운로드해 애플리케이션으로 빌드한 후 실행하는 순서입니다.

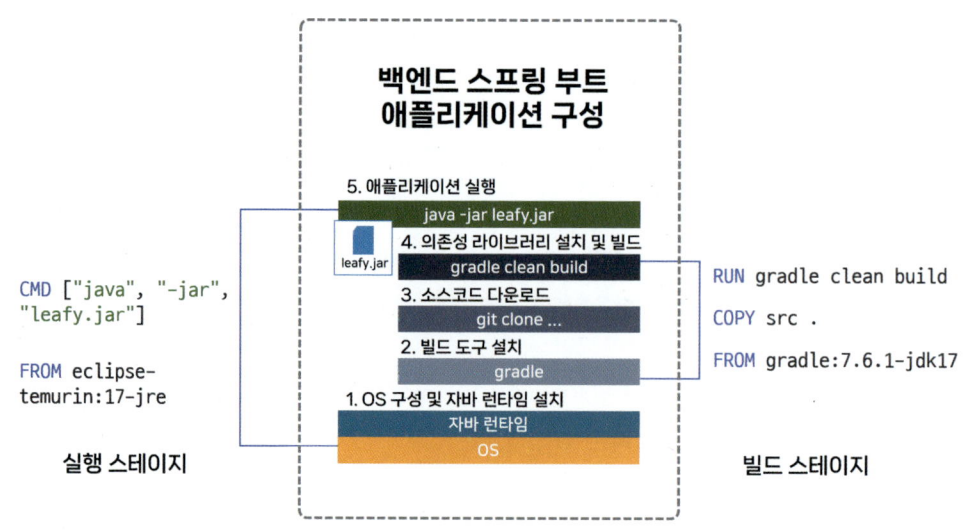

그림 6.10 스프링 부트 애플리케이션의 실행 환경 구성

이미지 빌드에는 멀티 스테이지 빌드를 적용해 빌드 스테이지와 실행 스테이지로 분리합니다. 빌드 스테이지는 자바와 그레이들이 모두 포함된 gradle:7.6.1-jdk17 이미지를 베이스로 사용합니다. 이 스테이지에서는 COPY 지시어로 소스코드를 복사한 후, RUN 지시어로 애플리케이션 빌드 명령을 실행합니다. 실행 스테이지는 eclipse-temurin:17-jre 이미지를 베이스로 사용하며, 빌드 스테이지에서 생성된 JAR 파일을 복사한 후 CMD 지시어로 애플리케이션 실행 명령을 지정합니다.

### 리피 백엔드 소스코드

소스코드의 기능을 간단히 정리하겠습니다. 스프링 부트 기술 자체는 책의 주제를 벗어나므로 애플리케이션과 관련 내용을 중심으로 정리하겠습니다. 그림 6.11은 코드의 구조를 나타냅니다.

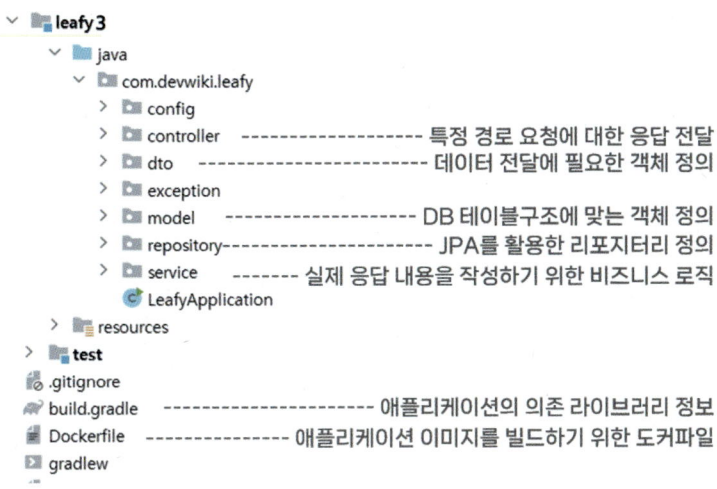

그림 6.11 백엔드 애플리케이션의 소스코드 구조

leafy3/src 폴더 아래에는 웹 애플리케이션을 구성하는 모든 소스코드가 위치합니다. 백엔드 애플리케이션은 스프링 부트에서 많이 사용되는 컨트롤러(Controller)-서비스(Service)-리포지터리(Repository) 구조로 개발되었습니다. controller 폴더 아래의 파일은 컨트롤러에 해당하는 코드로, 요청을 받는 경로와 응답 유형을 정의합니다. dto에 있는 소스는 데이터를 주고받기 위한 형태를 정의하고, model은 데이터베이스 테이블과 매핑되는 클래스를 정의합니다. repository 소스는 리포지터리에 해당하며 데이터베이스에서 데이터를 읽고 쓰기 위한 코드를 포함합니다. 마지막으로 service 폴더의 소스는 서비스 로직에 해당하며 실제로 응답에 어떤 내용을 전달할지 정의합니다. 애플리케이션 구성과 관련된 build.gradle, Dockerfile은 leafy3 폴더 바로 아래에 위치합니다. 리피 애플리케이션은 사용자, 식물, 식물일기 등의 데이터를 조회하거나 저장할 수 있는 다양한 컨트롤러, 서비스, 리포지터리 코드로 구성돼 있습니다. 소스 구조가 대부분 비슷하므로 식물 정보를 불러오는 코드만 설명하겠습니다.

### 컨트롤러(PlantController.java)

controller 폴더의 파일은 애플리케이션이 사용하는 경로와 응답을 설정합니다. PlantController.java 파일을 예로 살펴보겠습니다.

```
~/easydocker/leafy3/leafy-backend/src/main/java/com/devwiki/leafy/controller/plant/PlantController
.java
```
```
...
13      @RestController
14      @RequestMapping("/api/v1/plants")
15      @RequiredArgsConstructor
16      public class PlantController {
...
25          @GetMapping("")
26          public ResponseEntity<List<PlantDetailDto>> getAllPlants() {
27              List<PlantDetailDto> plantDetailDtoList = plantService.getAllPlants();
28              return new ResponseEntity<>(plantDetailDtoList, HttpStatus.OK);
29          }
... (중략) ...
```

14번 줄에서 웹 애플리케이션이 처리할 URL을 설정했습니다. 이 URL로 요청을 전달하면 코드에 정의된 대로 응답합니다. 예를 들어, `/api/v1/plants` 경로로 GET 요청을 보내면 25번 줄에 정의된 getAllPlants 메서드가 이 요청을 처리합니다. 이 메서드는 27번 줄에서 PlantService 클래스에 정의된 getAllPlants 메서드를 호출해 모든 식물 정보를 브라우저로 제공합니다. 컨트롤러는 사용자 요청 URL과 응답 형태를 정의하며, 실제 데이터베이스에서 모든 식물의 정보를 불러오는 로직은 서비스에 위치합니다.

### 서비스(PlantService.java)

service 폴더의 `PlantService` 클래스에서는 `PlantRepository`를 통해 데이터를 조회하고 정렬한 후 컨트롤러로 전달합니다. 실제 시스템을 개발할 때는 서비스 코드에 상세한 로직이 포함되지만 여기서는 간단히 데이터를 조회해 전달하도록 구성했습니다. 28번 줄의 `getAllPlants` 메서드는 `PlantRepository`의 `findAll` 메서드를 통해 데이터베이스에서 식물 데이터를 조회한 후 생성일 순으로 정렬한 결과를 제공합니다.

```
~/easydocker/leafy3/leafy-backend/src/main/java/com/devwiki/leafy/controller/plant/PlantController.
java
```
```
...
17      @Service
18      @RequiredArgsConstructor
```

```
19    public class PlantService {
20
21        private final PlantRepository plantRepository;
22
28        public List<PlantDetailDto> getAllPlants() {
29            return plantRepository.findAll()
30                    .stream()
31                        .map(PlantMapper::toDetailDto)
32                        .sorted(Comparator.comparing(PlantDetailDto::getCreatedAt).rev
ersed())
33                    .collect(Collectors.toList());
34        }
... (중략) ...
```

스프링 부트뿐만 아니라 대부분의 웹 애플리케이션은 이와 같은 구조와 원리로 구성됩니다. 언어마다 세부적인 구현은 다르지만 **어떤 요청을 받아서 어떻게 응답할 것인지를 정의하는 것이 핵심**입니다.

### application.properties

마지막으로 애플리케이션의 구성 정보를 저장하는 `application.properties` 파일을 확인합니다. 이 파일에는 애플리케이션 내에서 사용되는 다양한 설정 값이 포함돼 있으며, 각 항목은 키와 값 형태로 정의돼 있습니다.

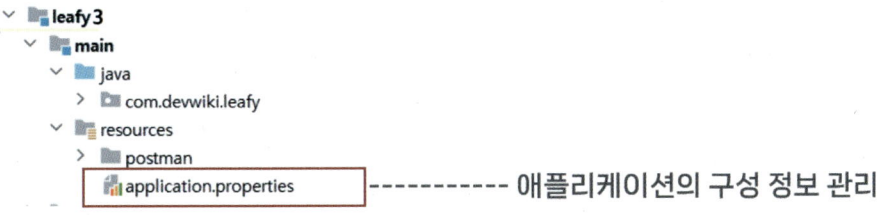

그림 6.12 application.properties 파일의 위치

```
~/easydocker/leafy3/leafy-backend/src/main/resource/application.properties
spring.datasource.driver-class-name=org.postgresql.Driver
spring.datasource.url=jdbc:postgresql://${DB_URL:localhost}:${DB_PORT:5432}/${DB_NAME:my
db}
```

```
spring.datasource.username=${DB_USERNAME:myuser}
spring.datasource.password=${DB_PASSWORD:mypassword}

# 하이버네이트
spring.jpa.show-sql=true
spring.jpa.hibernate.ddl-auto=none
```

대표적인 설정으로 데이터베이스 접속 정보가 있습니다. 애플리케이션이 데이터를 저장하거나 조회하려면 URL, DB명, 사용자명, 비밀번호 정보가 필요합니다. 이 값을 코드에 직접 문자열로 저장할 수도 있지만 이 경우 접속 정보가 코드에 노출되어 보안상 위험이 따릅니다.

따라서 일반적으로 **애플리케이션 실행 시 OS의 시스템 환경변수를 읽어와 접속 정보를 설정하도록 구성**합니다.

그림 6.13과 같이 소스코드에서 달러 문자와 중괄호(${ })를 사용해 애플리케이션을 실행할 때 OS에 정의된 환경변수를 읽어옵니다. 정의된 환경변수가 없을 때는 콜론(:) 문자 뒤에 지정한 기본값으로 설정됩니다.

### ${환경변수키:기본값}

${DB_URL:localhost}: 데이터베이스 URL
${DB_PORT:5432}: 데이터베이스 포트
${DB_NAME:mydb}: 데이터베이스 이름
${DB_USERNAME:myuser}: 사용자 계정
${DB_PASSWORD:mypassword}: 접속 비밀번호

**그림 6.13** 스프링 부트 애플리케이션의 환경변수 표현

예를 들어, OS의 `DB_URL` 환경변수의 값이 `postgresql`로 설정돼 있다면 `${DB_URL:localhost}`의 값은 `postgresql`이 되며, 설정된 환경변수 값이 없으면 기본값인 `localhost`로 설정됩니다. 이렇게 **애플리케이션과 환경변수 값을 분리하면 설정 값이 바뀔 때마다 코드를 수정하지 않아도 되며, 값을 안전하게 관리할 수 있습니다.**

### 실습 6.4 leafy-backend 이미지 커밋하기

데이터베이스와 마찬가지로 베이스 이미지로 원하는 상태의 컨테이너를 직접 만들겠습니다. 터미널을 2개 실행한 후, 1번 터미널에서 베이스 이미지로 컨테이너를 실행함과 동시에 `/bin/`

bash로 컨테이너에 접근합니다. 그런 다음 mkdir과 cd 명령어를 사용해 /app 디렉터리를 만들고 해당 디렉터리로 이동합니다.

[1번 터미널]

```
$ docker run -it --name gradle --network leafy-network gradle:7.6.1-jdk17 /bin/bash
root@e352a0639384:# mkdir /app && cd /app
root@e352a0639384:/app# ls
root@e352a0639384:/app#
```

2번 터미널에서 docker cp 명령을 사용해 소스코드를 컨테이너의 /app 경로로 복사합니다.

[2번 터미널]

```
$ cd ~/easydocker/leafy3/leafy-backend
$ docker cp . gradle:/app
Successfully copied 46MB to gradle:app
```

1번 터미널에서 컨테이너 내부로 코드가 잘 복사됐는지 확인합니다. 그런 다음 애플리케이션을 빌드해 JAR 파일이 생성됐는지 확인하고, 애플리케이션을 실행합니다.

[1번 터미널]

```
root@e352a0639384:/app# ls
build         gradle      script.sh    build.gradle    gradlew      settings.gradle
Dockerfile    gradlew.bat src
root@e352a0639384:/app# gradle clean build
... (중략) ...
BUILD SUCCESSFUL in 3s
7 actionable tasks: 7 executed
root@e352a0639384:/app# ls build/libs
Leafy.jar  Leafy-plain.jar
root@e352a0639384:/app# java -jar build/libs/Leafy.jar
org.postgresql.util.PSQLException: Connection to localhost:5432 refused. Check that the
hostname and port are correct and that the postmaster is accepting TCP/IP connections.
... (중략) ...
```

현재 컨테이너에서 `Leafy.jar`를 실행하면 오류가 발생합니다. 로그를 확인하면 `localhost:5432`로의 데이터베이스 연결이 실패한 것을 확인할 수 있습니다. 데이터베이스 주소는 `localhost`가 아닌 이전에 실행한 `leafy-postgres` 컨테이너로 접속해야 합니다. 스프링 부트 애플리케이션은 데이터베이스에 접속할 때 `application.properties` 파일에서 `DB_URL` 환경변수의 값을 참고합니다. 따라서 컨테이너 내부에서 `DB_URL` 환경변수의 값을 `leafy-postgres`로 지정한 후 애플리케이션을 실행하면 정상적으로 실행되는 것을 확인할 수 있습니다.

```
[1번 터미널]
root@e352a0639384:/app# export DB_URL=leafy-postgres
root@e352a0639384:/app# java -jar build/libs/Leafy.jar
... (중략) ...
2024-12-01T10:54:53.665Z  INFO 300 --- [           main] o.s.b.w.embedded.tomcat.TomcatW
ebServer   : Tomcat started on port(s): 8080 (http) with context path ''
2024-12-01T10:54:53.679Z  INFO 300 --- [           main] com.devwiki.leafy.LeafyApplicat
ion        : Started LeafyApplication in 2.398 seconds (process running for 2.615)
```

애플리케이션이 실행된 것을 확인한 후 실습에 사용한 컨테이너를 삭제합니다.

```
[2번 터미널]
$ docker rm -f gradle
gradle
```

## Dockerfile

다음으로 백엔드 애플리케이션을 위한 도커파일을 작성합니다. 이전에 컨테이너에서 수행한 작업을 지시어로 포함해서 작성합니다.

```
~/easydocker/leafy3/leafy-backend/Dockerfile
FROM gradle:7.6.1-jdk17 AS build
WORKDIR /app

COPY . /app
RUN gradle clean build
```

```
FROM eclipse-temurin:17-jre
WORKDIR /app

COPY --from=build /app/build/libs/Leafy.jar /app/leafy.jar

EXPOSE 8080
ENTRYPOINT ["java"]
CMD ["-jar", "leafy.jar"]
```

도커파일의 각 부분을 확인해보겠습니다. 먼저 gradle:7.6.1-jdk17 이미지를 빌드 스테이지의 베이스 이미지로 선택합니다. AS build로 빌드 스테이지의 이름을 명시한 후, 작업 디렉터리를 /app으로 지정합니다.

```
FROM gradle:7.6.1-jdk17 AS build
WORKDIR /app
```

그다음 소스코드를 /app 디렉터리로 복사하고, 애플리케이션 빌드 명령을 실행해 JAR 파일을 생성합니다.

```
COPY . /app
RUN gradle clean build
```

자바 런타임이 설치된 eclipse-temurin:17-jre 이미지를 실행 스테이지의 베이스 이미지로 지정하고, 실행 스테이지의 작업 디렉터리도 /app으로 설정합니다.

```
FROM eclipse-temurin:17-jre
WORKDIR /app
```

COPY 지시어를 사용해 build로 지정한 빌드 스테이지에서 생성된 Leafy.jar 파일을 실행 스테이지의 /app 디렉터리로 복사합니다.

```
COPY --from=build /app/build/libs/Leafy.jar /app/leafy.jar
```

마지막으로 컨테이너의 포트를 명시하고, 애플리케이션 실행 명령어를 지정합니다.

```
EXPOSE 8080
ENTRYPOINT ["java"]
CMD ["-jar", "leafy.jar"]
```

### 실습 6.5 leafy-backend 이미지 빌드하기

도커파일로 이미지를 빌드합니다.

```
$ cd ~/easydocker/leafy3/leafy-backend
$ docker build -t (레지스트리계정명)/leafy-backend:1.0.0 . --no-cache
(빌드 내역 출력)
$ docker push (레지스트리계정명)/leafy-backend:1.0.0
(푸시 내역 출력)
```

빌드한 이미지로 컨테이너를 실행합니다. `-e` 옵션을 사용해 `DB_URL` 환경변수를 `leafy-postgres`로 지정해서 `application.properties` 파일에서 이 값을 읽도록 설정합니다. 이렇게 하면 백엔드 애플리케이션이 이전 실습에서 실행한 데이터베이스 컨테이너에 연결할 수 있습니다.

```
$ docker run -d -p 8080:8080 -e DB_URL=leafy-postgres --name leafy-backend --network leafy-network (레지스트리계정명)/leafy-backend:1.0.0
(실행된 컨테이너의 ID 출력)
$ docker logs leafy-backend
... (중략) ...
INFO 1 --- [           main] com.devwiki.leafy.LeafyApplication       : Started LeafyApplication in 2.135 seconds (process running for 2.366)
```

### 6.4.4 프론트엔드 이미지 빌드하기

프론트엔드는 사용자에게 표시할 페이지를 개발하는 영역입니다. 이 페이지는 주로 모바일 애플리케이션이나 웹 브라우저에 표시됩니다. 그림 6.14는 소스코드를 웹 브라우저의 페이지로 빌드하는 과정을 보여줍니다.

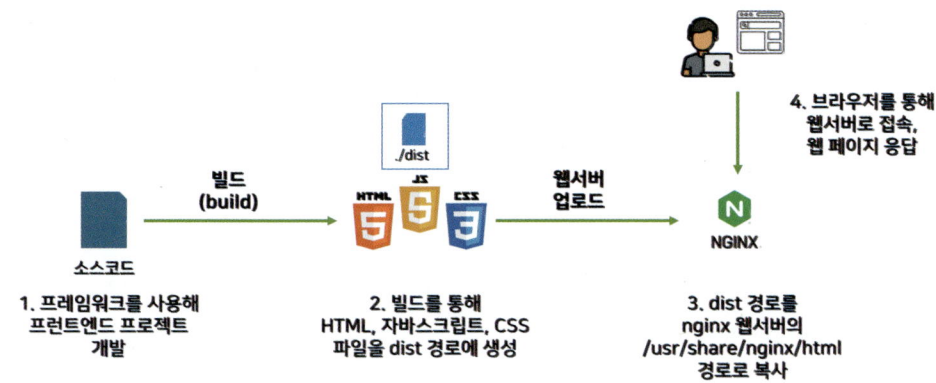

그림 6.14 프런트엔드 소스의 빌드 및 배포 과정

리피는 Vue.js 프레임워크로 개발한 프런트엔드 애플리케이션입니다. 프런트엔드 소스코드는 프레임워크에 관계없이 HTML, CSS, 자바스크립트 파일로 빌드합니다. HTML은 화면의 구조를, CSS는 디자인을 담당하며, 자바스크립트는 페이지 이동이나 로그인 등 다양한 동작을 처리합니다. 빌드된 파일은 루트 디렉터리의 `dist` 폴더에 만들어집니다. 이 파일을 엔진엑스 웹 서버의 특정 경로에 업로드하면 클라이언트가 브라우저로 접속할 때 개발한 웹 페이지를 제공합니다. 그림 6.15는 이러한 구성 과정을 이미지 빌드 과정으로 나타낸 것입니다.

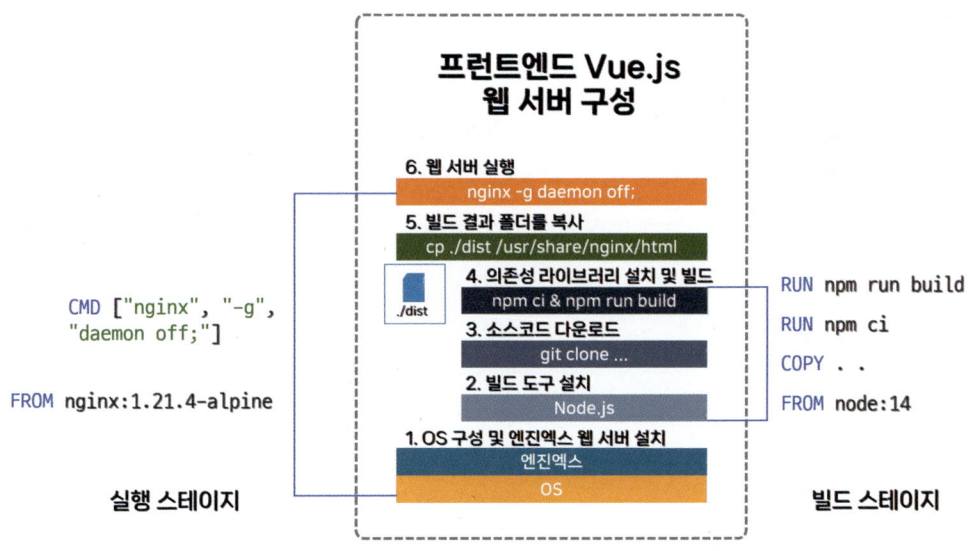

그림 6.15 프런트엔드 웹 서버 실행 환경 구성

먼저 OS에 엔진엑스 웹 서버를 설치하고, 소스코드를 빌드하기 위해 Node.js를 설치합니다. 그다음 소스코드를 다운로드하고, `npm ci` 명령어로 외부 라이브러리를 다운로드한 후 `npm run build` 명령으로 소스코드를 빌드합니다. 빌드 결과 파일은 `dist` 폴더에 생성되며, 이 파일들을 `/usr/share/nginx/html` 경로로 복사합니다. 마지막으로 엔진엑스 웹 서버를 실행해 사용자에게 페이지를 제공합니다.

프런트엔드 웹 서버는 백엔드와 마찬가지로 멀티 스테이지 빌드 기술을 사용합니다. 빌드 스테이지에서는 `node:14` 이미지를 사용해 소스코드를 빌드한 후, 결과 파일인 `dist` 디렉터리만 실행 스테이지의 `nginx:1.21.4-alpine` 이미지로 복사합니다. 이를 통해 불필요한 파일을 제거하고 이미지 크기를 최소화할 수 있습니다.

### 리피 프런트엔드 소스코드

VS Code를 열고 `leafy-frontend` 폴더로 이동합니다. `src` 폴더에는 실제 개발된 애플리케이션 소스가 있으며, `components`, `router`, `views` 폴더로 구성돼 있습니다. 각 폴더에는 사용자 요청을 받는 URL 경로와 응답할 파일이 포함돼 있습니다. 최상위 디렉터리에는 `Dockerfile`과 `package.json` 파일이 있습니다. `package.json`에는 소스코드를 빌드하는 데 필요한 라이브러리 정보가 포함돼 있습니다.

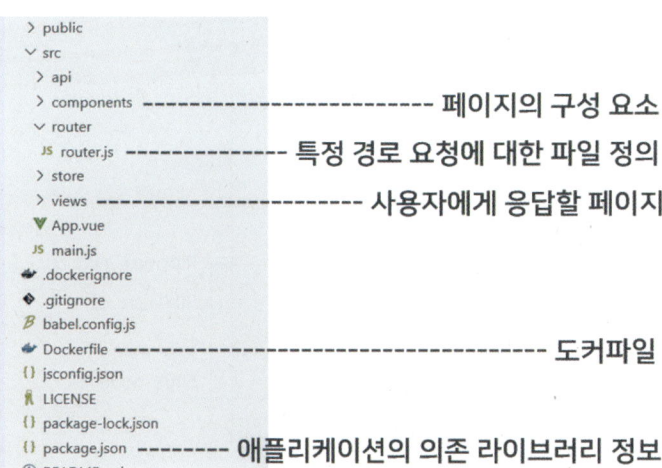

**그림 6.16** 프런트엔드의 소스코드 구조

## 라우터(router.js)

router.js 파일은 웹 서버의 특정 경로로 요청이 오면 제공할 파일을 정의합니다. 이렇게 요청 경로와 처리 방식을 정의하는 파일을 라우터라 합니다. 이는 앞서 배운 스프링 부트의 컨트롤러와 비슷한 역할을 합니다. 파일 내용을 보면 6번 줄에 요청을 처리하는 경로 /가 정의돼 있고 8번 줄에는 해당 경로에 접근할 때 전달할 파일인 HomePage.vue의 경로가 정의돼 있습니다. 이 파일은 views 또는 components 폴더에 위치합니다.

~/easydocker/leafy3/leafy-frontend/src/router/router.js

```
... (중략) ...
4      const routes = [
5        {
6          path: '/',
7          name: 'HomePage',
8          component: () => import('@/views/HomePage.vue'),
9          meta: { requiresAuth: true },
10       },
... (중략) ...
```

## 홈페이지(HomePage.vue)

HomePage.vue 파일을 확인하겠습니다. 가장 먼저 사이트에 접속하면 router.js의 / 경로에 접근하고, HomePage.vue 페이지가 사용자에게 제공됩니다. 이 페이지는 식물 목록과 최근 일기를 화면에 표시합니다. .vue 파일에는 HTML, CSS, 자바스크립트 내용이 한 파일에 모두 포함돼 있습니다.

~/easydocker/leafy3/leafy-frontend/src/views/HomePage.vue

```
... (중략) ...
17       <h3>최근 일기</h3>
18       <div class="log-container">
19         <v-card v-for="log in logs" :key="log.plantLogId" class="log-card" variant="outlined">
...
60       const fetchRecentLogs = async () => {
61         const userId = user.value.userId;
```

```
62          api.get(`/api/v1/plant-logs/recent/user/${userId}`)
63            .then(response => {
64              state.logs = response.data;
65            })
66            .catch(error => {
67              console.error(error);
68            });
69        };
... (중략) ...
```

17번 줄부터 33번 줄의 '**최근 일기**'라 표시된 부분에서는 최근 일기 5건을 화면에 표시합니다. 실제 최근 일기 데이터는 데이터베이스에 있으며, 19번 줄의 for 문을 사용해 logs에 있는 최근 일기를 화면에 출력합니다. logs는 60번 줄의 fetchRecentLogs 메서드에서 데이터를 불러옵니다. 이 메서드 내부의 62번 줄에서 백엔드 애플리케이션의 URL인 /api/v1/plant-logs/recent/user/${userId}를 정의합니다. 즉, 페이지에 접근할 때 백엔드 애플리케이션에 데이터 조회 요청을 보내고, API 응답을 화면에 출력합니다.

### 리피 애플리케이션의 라우터 구성

리피 애플리케이션에서 제공하는 라우터는 로그인 페이지, 메인 페이지, 전체 식물 페이지, 식물 추가 페이지, 일기 조회 페이지, 사용자 설정 페이지를 코드 내에 정의하고 있습니다.

| 페이지명 | URI | 페이지 설명 |
|---|---|---|
| 메인 페이지 | / | 나의 식물 리스트와 최근 다이어리 5건 조회 |
| 로그인 페이지 | /login | 아이디와 비밀번호를 입력받는 시작 페이지 |
| 전체 식물 조회 | /plants | 전체 식물 리스트 조회 |
| 식물 추가 | /plants/add | 새로운 식물 추가 |
| 나의 일기 조회 | /plantslogs | 로그인 사용자의 일기 조회 |
| 설정 변경 | /setting | 시스템 설정 페이지 |
| 사용자 정보 변경 | /edituser | 로그인한 사용자의 설정 변경 |

## 실습 6.6 leafy-frontend 이미지 커밋하기

베이스 이미지로 컨테이너를 직접 만들겠습니다. 실습을 위해 2개의 터미널을 실행합니다. 1번 터미널에서는 베이스 이미지로 컨테이너를 실행하면서 /bin/bash를 실행해 컨테이너에 접근합니다. 그런 다음 `mkdir`과 `cd` 명령을 사용해 /app 디렉터리를 만들고 이동합니다.

[1번 터미널]

```
$ docker run -it --name node node:14 /bin/bash
root@7a93eea26b55:/# mkdir /app && cd /app
root@7a93eea26b55:/app# ls
root@7a93eea26b55:/app#
```

2번 터미널에서 `docker cp` 명령을 사용해 호스트OS의 소스코드를 컨테이너의 /app 경로로 복사합니다.

[2번 터미널]

```
$ cd ~/easydocker/leafy3/leafy-frontend
$ docker cp . node:/app
Successfully copied 453kB to node:app
```

1번 터미널로 돌아가 복사된 소스코드를 확인합니다. 그다음 소스코드를 빌드해 dist 폴더가 생성된 것을 확인합니다.

[1번 터미널]

```
root@7a93eea26b55:/app# ls
Dockerfile              package-lock.json       LICENSE              package.json
README.md               public                  babel.config.js      script.sh
docker-entrypoint.sh    src                     jsconfig.json        vue.config.js
nginx.conf
root@7a93eea26b55:/app# npm ci
... (중략) ...
added 968 packages in 6.089s
root@7a93eea26b55:/app# npm run build
... (중략) ...
DONE  Build complete. The dist directory is ready to be deployed.
```

```
root@7a93eea26b55:/app# ls dist
... (중략) ...
css   favicon.ico   fonts   index.html   js
```

dist 폴더가 생성되고, CSS와 자바스크립트, index.html 파일이 있는 것을 확인합니다. 이제 이 파일을 실행용 컨테이너로 옮기기 위해 docker cp 명령을 사용해 /app/dist 폴더를 호스트 OS로 복사합니다.

[2번 터미널]
```
$ cd ~/easydocker/leafy3/leafy-frontend
$ docker cp node:/app/dist .
Successfully copied 7.2MB to .../leafy3/leafy-frontend/.
```

그다음 빌드에 사용한 node 컨테이너를 제거합니다.

[2번 터미널]
```
$ docker rm -f node
node
```

node 컨테이너가 삭제되면서 1번 터미널은 컨테이너가 아닌 호스트 머신으로 돌아옵니다. 다음으로 실행용 컨테이너인 nginx를 백그라운드에서 실행합니다.

[1번 터미널]
```
$ docker run -d -p 80:80 --network leafy-network --name nginx nginx
(실행된 컨테이너의 ID 출력)
```

node 컨테이너에서 복사한 디렉터리를 방금 실행한 nginx 컨테이너의 /usr/share/nginx/html 디렉터리로 복사합니다.

[2번 터미널]
```
$ cd ~/easydocker/leafy3/leafy-frontend/dist
$ docker cp . nginx:/usr/share/nginx/html
Successfully copied 7.2MB to nginx:/usr/share/nginx/html
```

브라우저를 열고 http://localhost로 접속해 로그인 페이지를 확인합니다. 이전과 동일하게 아이디는 john123@qmail.com, 비밀번호는 password123을 입력해 접속합니다.

마지막으로, 컨테이너를 삭제하고 실습을 마치겠습니다.

[2번 터미널]
```
$ docker rm -f nginx
nginx
```

## Dockerfile

아래 내용을 참고해 도커파일을 작성합니다. 이전에 컨테이너 내에서 수행한 작업이 지시어로 작성돼 있습니다.

~/easydocker/leafy3/leafy-frontend/Dockerfile
```
FROM node:14 AS build
WORKDIR /app

COPY . /app
RUN npm ci
RUN npm run build

FROM nginx:1.21.4-alpine

COPY --from=build /app/dist /usr/share/nginx/html

EXPOSE 80
ENTRYPOINT ["nginx"]
CMD ["-g", "daemon off;"]
```

빌드 스테이지의 이미지로 node:14를 지정합니다. AS build를 사용해 빌드 스테이지의 이름을 지정합니다. 그다음 작업 디렉터리를 /app으로 지정합니다.

```
FROM node:14 AS build
WORKDIR /app
```

다음으로 소스코드를 /app 디렉터리로 복사한 후, 빌드 명령을 실행합니다.

```
COPY . /app
RUN npm ci
RUN npm run build
```

다음으로 엔진엑스가 설치된 nginx:1.21.4-alpine 이미지를 실행 스테이지의 베이스 이미지로 지정합니다.

```
FROM nginx:1.21.4-alpine
```

COPY 지시어를 사용해 build 스테이지에서 생성된 dist 디렉터리를 실행 스테이지의 nginx 웹 서버 디렉터리로 복사합니다.

```
COPY --from=build /app/dist /usr/share/nginx/html
```

컨테이너 포트와 실행 명령을 지정합니다.

```
EXPOSE 80
ENTRYPOINT ["nginx"]
CMD ["-g", "daemon off;"]
```

## 실습 6.6 leafy-frontend 이미지 빌드하기

작성한 도커파일로 이미지를 빌드합니다.

```
$ cd ~/easydocker/leafy3/leafy-frontend
$ docker build -t (레지스트리계정명)/leafy-frontend:1.0.0 . --no-cache
(빌드 내역 출력)
$ docker push (레지스트리계정명)/leafy-frontend:1.0.0
(푸시 내역 출력)
```

빌드한 이미지로 컨테이너를 실행합니다.

```
$ docker run -d -p 80:80 --name leafy-frontend --network leafy-network (레지스트리계정명)
/leafy-frontend:1.0.0
(실행된 컨테이너의 ID 출력)
```

브라우저에서 `http://localhost`로 접속해 프런트엔드 컨테이너에 접속합니다. 아이디는 `john123@qmail.com`, 비밀번호는 `password123`입니다. 로그인 후 화면에서 최근 일기와 식물 리스트를 확인합니다. 이는 백엔드 애플리케이션과 데이터베이스 컨테이너가 정상적으로 동작하고 있음을 의미합니다. 다른 기능도 정상적으로 작동하며, 다이어리와 식물 추가 기능이 문제 없이 동작하는지 확인합니다.

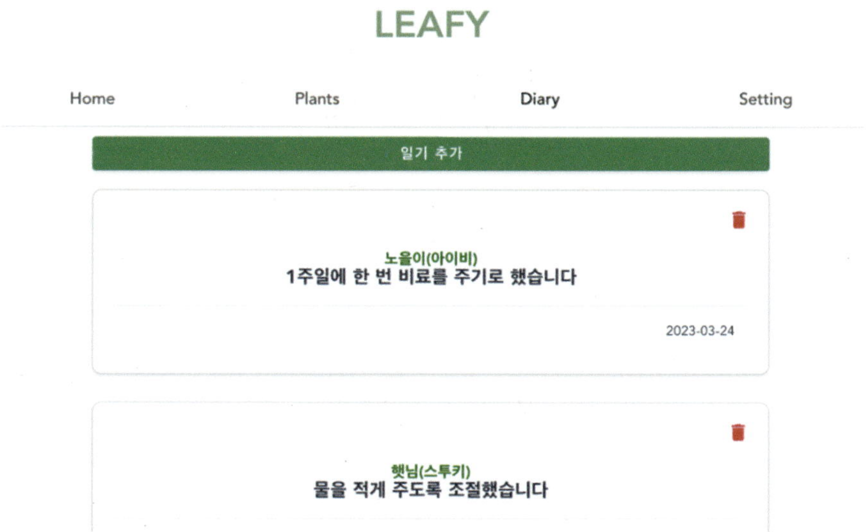

그림 6.17 로그인 후의 다이어리 관리 페이지

웹 서버의 로그에서 접속한 URL, 접속 시간, 접속 결과를 확인합니다.

```
$ docker logs leafy-frontend
... (중략) ...
"GET /api/v1/plants HTTP/1.1" 200 9307 "http://localhost/plants" ...
"GET /api/v1/plant-logs/user/1 HTTP/1.1" 200 2687 "http://localhost/plantlogs" ...
```

## 리피 애플리케이션의 아키텍처

리피 애플리케이션을 데이터베이스, 백엔드, 프런트엔드로 3개의 이미지로 빌드하고 실행했습니다. 브라우저로 애플리케이션에 접속하면 각 서버가 유기적으로 상호작용하며 사용자에게 서비스를 제공합니다. 다음은 로그인 후 메인 페이지에 접근할 때 각 서버 간 통신 흐름을 나타낸 그림입니다.

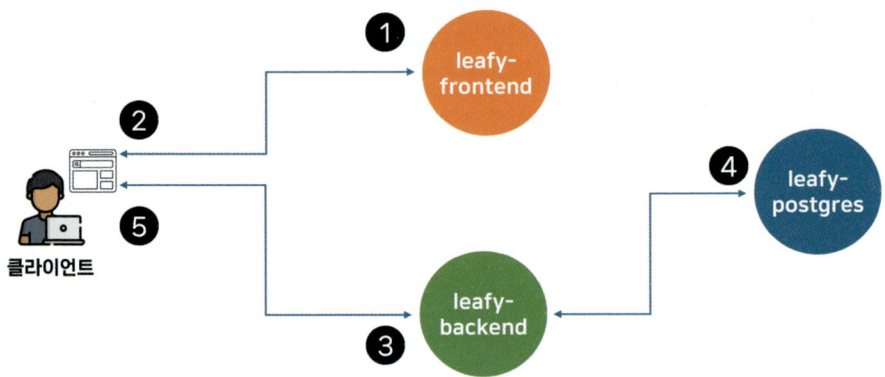

그림 6.18 리피 애플리케이션의 요청-응답 흐름

1. `http://localhost`에 접속합니다. `leafy-frontend`의 `router.js` 파일에는 `/` 경로로 접근할 때 `HomePage.vue` 페이지를 응답하도록 정의돼 있습니다.

2. `HomePage.vue` 페이지의 자바스크립트 코드에는 백엔드 애플리케이션에서 데이터를 받아오는 코드가 작성돼 있습니다. 코드에 작성된 URL에 따라 백엔드 애플리케이션에 두 개의 API 요청이 전달됩니다.

3. 브라우저는 최근 식물 다이어리 5건 조회(`/api/v1/plant-logs/recent/user/${userId}`)와 사용자가 키우는 식물 목록 조회(`/api/v1/user-plants/user/${userId}`) API를 백엔드 애플리케이션에 요청합니다.

4. 백엔드 애플리케이션은 비즈니스 로직을 통해 데이터베이스에서 데이터를 불러와 사용자에게 적절한 형태로 제공합니다. 여기서 중요한 점은 사용자가 데이터베이스로 직접 접근하는 것이 아니라 **백엔드 애플리케이션의 API를 통해서만 데이터에 접근**할 수 있다는 것입니다.

5. 리피 백엔드 애플리케이션은 최근 식물 다이어리 5건과 사용자의 식물 목록을 클라이언트 브라우저에 응답합니다. `HomePage.vue`는 백엔드로부터 전달받은 데이터를 포함한 페이지를 사용자에게 제공합니다.

이처럼 프런트엔드와 백엔드 애플리케이션, 데이터베이스 서버가 유기적으로 상호작용하면서 사용자에게 웹 애플리케이션을 제공하는 것을 알 수 있습니다.

마지막으로 아래 명령어로 모든 컨테이너와 네트워크를 삭제합니다.

```
$ docker rm -f leafy-frontend leafy-backend leafy-postgres
leafy-frontend
leafy-backend
leafy-postgres
$ docker network rm leafy-network
leafy-network
```

이번 장에서는 리피 애플리케이션을 컨테이너로 구성했습니다. 엔터프라이즈 애플리케이션은 주로 프런트엔드, 백엔드, 데이터베이스 서버로 구성됩니다. 기본적인 아키텍처와 빌드 프로세스는 대체로 비슷하므로 실습 내용을 실무에 빠르게 적용할 수 있을 것입니다.

다음 장에서는 컨테이너 환경의 네트워크 구성과 컨테이너 간 네트워크 통신에 대해 학습하겠습니다.

CHAPTER
07

# 네트워크

이번 장에서는 도커의 네트워크를 학습하겠습니다. 도커의 네트워크 개념을 이해하려면 기본적인 네트워크 지식이 필요합니다. IP 주소, 인터페이스, 포트와 같은 네트워크 기본 개념을 학습한 후, 도커의 가상 네트워크 기술을 살펴보겠습니다. 또한 리피 애플리케이션의 네트워크 구조도 살펴보겠습니다.

## 7.1 네트워크 기본

먼저 도커의 가상 네트워크를 이해하는 데 필요한 네트워크의 핵심 개념을 정리하겠습니다.

### 7.1.1 네트워크

네트워크는 여러 장치를 연결해 정보를 주고받는 시스템입니다. 일상적으로 인터넷에서 정보를 검색하거나 이메일을 주고받는 것도 네트워크를 통해 정보를 교환하는 예입니다. 네트워크는 물리적으로 기기와 기기를 연결하는 구조로 이뤄져 있습니다.

네트워크의 구조는 다음과 같습니다.

- 물리적 연결: 랜선을 사용해 기기를 직접 연결합니다.
- 데이터 전송: 연결된 케이블을 통해 전기 신호로 정보를 주고받습니다.
- 글로벌 연결: 전 세계의 네트워크가 서로 연결되어 인터넷을 형성합니다.

네트워크는 집과 도로의 관계에 비유할 수 있습니다. 집이 도로로 연결되듯이, 컴퓨터는 네트워크 선으로 연결됩니다. 자동차가 도로를 통해 이동하는 것처럼 정보는 네트워크 선을 타고 기기 사이를 이동합니다.

그림 7.1 집과 도로의 관계에 비유할 수 있는 네트워크

예를 들어, 대륙 간 정보 교환은 해저 케이블을 통해 이뤄집니다. 미국에 있는 서버의 정보를 아시아에서 받을 때, 태평양을 가로지르는 해저 케이블을 통해 데이터가 전송됩니다. 이처럼 전 세계의 전자기기는 물리적인 네트워크 선으로 연결돼 있으며, 이 선들이 그물망처럼 촘촘히 짜여 있어 네트워크라 부릅니다.

### 7.1.2 IP 주소

미국에 있는 친구의 컴퓨터로 데이터를 보낸다고 생각해 봅시다. 편지를 보낼 때 주소가 필요하듯, 네트워크에서도 정보를 보내려면 목적지 주소가 필요합니다. 네트워크는 IP 주소로 장치의 위치를 관리합니다. 집마다 고유한 주소가 있는 것처럼 컴퓨터도 인터넷에 연결될 때 IP 주소를 할당받습니다. 인터넷에 접근하는 기기는 IP 주소가 필수이며, 이를 통해 인터넷에서 컴퓨터나 기기들이 서로를 찾고 통신합니다.

## 192.168.0.1
\* 각 숫자는 8비트로 구성(최소 0, 최대 255)

그림 7.2 IP 주소의 구성

IP 주소는 8비트 숫자 4개로 구성됩니다. **IP 주소는 고유해야 하며 중복될 수 없습니다.** 예를 들어, PC의 IP 주소가 124.111.46.91이라면 이 주소는 전 세계에서 유일한 주소입니다. IP 주소는 집 주소와 달리 특정 위치에 고정되지 않고 바뀝니다. 또한 IP 주소는 통신사가 관리합니다. 가정용 인터넷은 주로 동적 IP를 사용해 일정 시간마다 IP 주소가 바뀝니다.

PC의 IP 주소를 확인하고 다른 서버로 인터넷 신호를 보내보겠습니다. 구글에서 '공인 아이피 확인'을 검색한 후 IP 주소 확인 사이트에 들어가면 실습 PC의 현재 IP 주소를 확인할 수 있습니다. 실습에서는 https://www.findip.kr 주소에 접속했습니다.

그림 7.3 실습 PC의 IP 주소 확인

터미널을 열고 `ping` 명령어로 IP 주소 8.8.8.8에 신호를 보냅니다.

```
$ ping 8.8.8.8
PING 8.8.8.8 (8.8.8.8): 56 data bytes
64 bytes from 8.8.8.8: icmp_seq=0 ttl=48 time=107.634 ms
64 bytes from 8.8.8.8: icmp_seq=1 ttl=48 time=92.270 ms
64 bytes from 8.8.8.8: icmp_seq=2 ttl=48 time=94.246 ms
...
(Ctrl + C로 종료)
```

`ping` 명령어는 상대방 서버의 존재를 확인하는 명령입니다. 상대방의 IP 주소로 신호를 보내고 응답을 받는 과정으로, 응답이 오면 연결에 성공한 것입니다.

8.8.8.8은 미국 캘리포니아에 있는 구글의 DNS 서버입니다. 서버로의 ping이 성공했다는 것은 국내 네트워크망과 해저 케이블을 통해 미국의 네트워크망에 도달했음을 의미합니다.

그림 7.4 ping 명령을 사용한 신호 전송

전 세계 네트워크 신호는 IP 주소 체계를 통해 목적지에 도달합니다. IP 주소는 8비트 숫자 4개로 구성되며, 이를 통해 총 약 43억 개의 고유한 주소를 만들 수 있습니다. 그러나 인터넷에 연결되는 기기의 수가 급증하면서 IP 주소 공간이 거의 고갈됐습니다.

### 7.1.3 공인 IP와 사설 IP

인터넷 서비스에 가입하면 통신사에서 하나의 고유한 IP 주소, 즉 공인 IP를 제공합니다. 공인 IP는 인터넷에서 각 사용자의 기기를 식별하는 역할을 합니다. 그런데 가정에서는 하나의 인터넷 회선으로 스마트폰, 노트북, TV 등 여러 기기를 동시에 사용합니다. 이때 각 기기가 인터넷에 접속하려면 각각의 IP 주소가 필요합니다. 그렇다면 어떻게 한 개의 공인 IP로 모든 기기가 인터넷에 접속할 수 있을까요?

**사설 IP는 여러 기기가 동시에 인터넷을 사용할 수 있게 하는 기술입니다.** 이 시스템의 핵심은 공유기[9]입니다. 공유기는 외부 인터넷과 내부 네트워크를 중개하며, 하나의 공인 IP를 여러 사설 IP로 변환합니다. 이 과정에서 공유기는 내부 네트워크에 연결된 각 기기에 고유한 사설 IP를 부여합니다. 이렇게 제한된 공인 IP를 효율적으로 활용하면서 각 기기는 독립적으로 인터넷에 접속할 수 있습니다.

공인 IP와 사설 IP의 관계는 집 주소와 집 안의 방 번호에 비유할 수 있습니다. 집 주소는 전 세계에서 유일하지만 방 번호는 그 집 안에서만 의미가 있습니다. 예를 들어, 서울의 123-1번지에서 인천 42-1번지 1번 방으로 편지를 보낼 때 목적지에 '1번 방'만 쓰면 편지가 제대로 도착하지 않습니다. '인천 42-1번지 1번 방'이라고 주소까지 명시해야 편지가 정확히 전달될 수 있습니다.

---

[9] 공유기는 일반적인 표현으로, 기술적으로는 라우터라는 표현이 더 적절합니다. 라우터는 NAT(Network Address Translation)를 통해 공인 IP를 사설 IP로 변환하는 역할을 수행합니다.

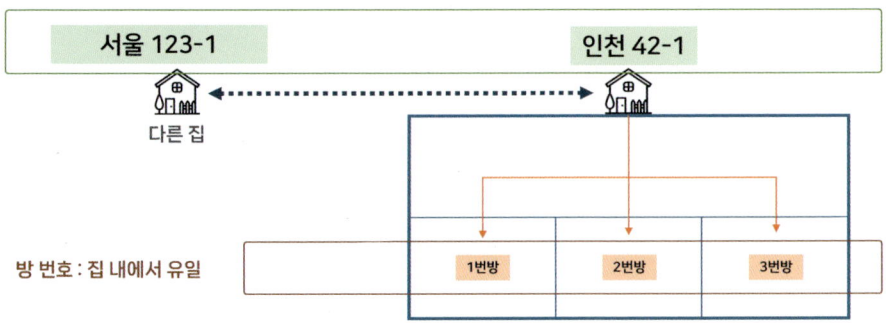

그림 7.5 집 주소와 방 번호의 관계

공인(public)과 사설(private)은 IT 업계에서 자주 사용하는 용어입니다. 공인은 '인천 42-1'처럼 전 세계에서 유일한 것을 의미하며, 사설은 특정 조직이나 장소 내에서만 유효한 개념입니다.

공인 IP는 인터넷에서 집 주소와 같은 역할을 하며, 이를 통해 전 세계 기기들이 데이터를 주고받습니다. 반면 사설 IP는 집 내부에서 방 번호를 나누듯이 특정 네트워크 내에서만 유효하게 정의합니다.

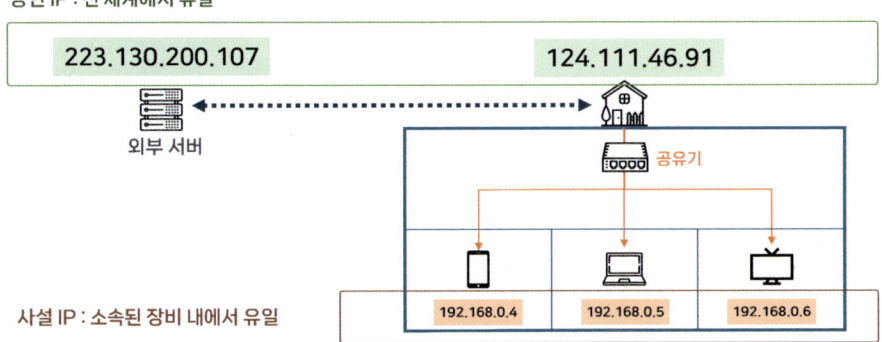

그림 7.6 공인 IP와 사설 IP의 관계

사설 IP를 사용하려면 네트워크 장비가 필요한데, 가정에서는 주로 공유기가 이를 담당합니다. 공유기에는 인터넷 선을 연결할 수 있는 여러 개의 포트가 있는데, 주로 WAN 포트 하나와 여러 개의 LAN 포트로 구성됩니다. WAN 포트는 외부 인터넷과 연결되고, LAN 포트는 각 기기에 사설 IP를 할당하는 역할을 합니다. Wi-Fi 기능이 있는 공유기는 무선으로도 사설 IP를 할당할 수 있습니다. 이렇게 연결된 기기는 각 사설 IP로 인터넷을 사용합니다.

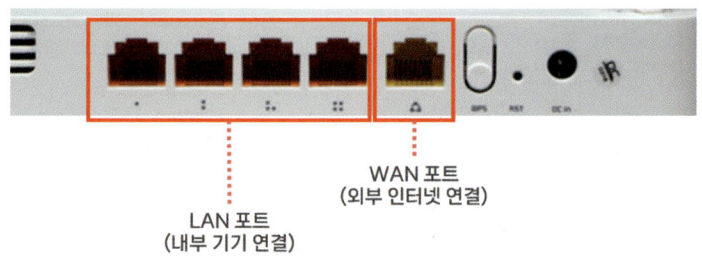

그림 7.7 공유기의 배선 구조

**사설 IP는 하나의 로컬 네트워크에서만 고유**합니다. 로컬 네트워크는 공유기 같은 네트워크 장비로 구성한 사설 IP 영역을 의미합니다. 여러 기기가 하나의 공유기에 연결되면 각 기기는 로컬 네트워크 내에서 고유한 사설 IP를 할당받습니다. 사설 IP 주소 대역은 다음과 같습니다.

### 사설 IP 주소 대역

- 10.0.0.0 – 10.255.255.255 (Class A)
- 172.16.0.0 – 172.31.255.255 (Class B)
- 192.168.0.0 – 192.168.255.255 (Class C)

이 범위의 IP 주소는 모두 사설 IP에 해당합니다. 주로 192.168 대역의 IP 주소가 가정용 네트워크에서 사설 IP로 많이 사용됩니다. 앞서 IP 주소 확인 사이트에서 조회한 IP는 공인 IP입니다. 대부분의 가정에서는 공유기를 통해 사설 IP를 사용합니다. 현재 컴퓨터에서 사용 중인 IP를 확인해보겠습니다.

[윈도우]
```
$ ipconfig
...
   IPv4 Address. . . . . . . . . . . : 192.168.0.1
```

[macOS]
```
$ ifconfig en0
...
inet 192.168.0.10 netmask 0xffffff00 broadcast 192.168.0.255
```

이 명령어로 확인한 IP가 앞서 언급한 사설 IP 주소 대역에 속한다면 해당 IP는 공유기 같은 네트워크 장비가 할당한 사설 IP입니다.

정리하면 **IP 주소는 네트워크에서 컴퓨터를 식별하는 핵심 역할을 합니다**. 컴퓨터는 공유기에 연결되어 사설 IP를 할당받으며, 이 IP를 통해 네트워크 상에서 데이터를 주고받을 수 있습니다. 이렇게 각 기기는 독립적으로 인터넷에 접속할 수 있게 됩니다.

### 7.1.4 네트워크 인터페이스와 포트

네트워크 인터페이스는 **컴퓨터를 네트워크에 연결하는 하드웨어 부품입니다**. 유선 인터페이스는 물리적 케이블을, 무선 인터페이스는 무선 신호를 사용해 IP 주소를 할당받고 데이터를 주고받습니다.

하나의 기기에 여러 네트워크 인터페이스를 장착할 수 있으며, 각 인터페이스는 고유한 IP 주소를 가집니다. 이는 하나의 방에 여러 개의 출입문이 있는 것과 비슷합니다.

서버에서는 여러 소프트웨어가 동시에 실행됩니다. **소프트웨어는 실행 시 네트워크 통신에 사용할 포트를 지정할 수 있으며, 이 포트 번호를 통해 특정 소프트웨어로 데이터를 전송할 수 있습니다**. 이는 하나의 주소 안에 편지를 받을 사람이 여러 명 있어서 번호로 받을 사람을 구분하는 것과 비슷합니다.

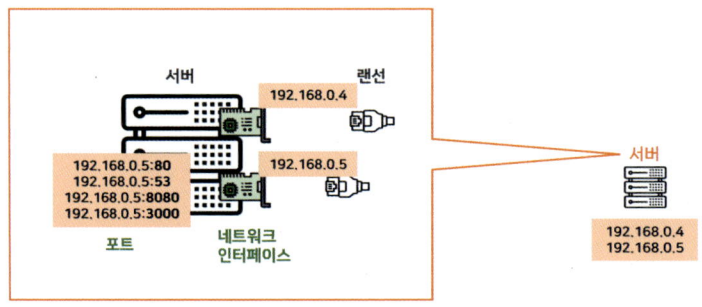

**그림 7.8** 네트워크 인터페이스와 포트

포트는 IP 주소 뒤에 콜론(:)과 포트 번호를 붙여서 특정 소프트웨어를 지정하는 방식으로 사용합니다. 그림 7.8과 같이 192.168.0.5:**80** 또는 192.168.0.5:**53**처럼 하나의 IP주소에서 여러 포트를 사용할 수 있습니다.

포트는 물리적으로 존재하는 것이 아니라 프로그램을 실행할 때 지정되는 논리적인 개념입니다. OS에서 이미 사용 중인 포트는 중복해서 사용할 수 없습니다. 서버에서 실행 중인 특정 프로그램과 통신하려면 해당 프로그램이 사용 중인 포트를 지정해야 합니다. 웹 서버와 통신할 때는 80번(HTTP) 또는 443번(HTTPS) 포트를 사용합니다. SSH 통신에는 22번 포트를, 파일 전송(FTP)에는 21번 포트를 사용합니다. 이처럼 미리 약속된 포트를 웰노운 포트(well-known port)라고 합니다.

개발자는 웰노운 포트를 사용하거나 필요에 따라 새로운 포트를 지정할 수 있습니다. 예를 들어, 리피 백엔드 애플리케이션은 8080 포트를 사용합니다.

### 7.1.5 공인망과 사설망

IT 기업의 인프라 환경에서 공인 IP를 사용하는 네트워크를 공인망이라고 하며, 기업 내부에서 사설 IP를 사용하는 네트워크를 사설망이라고 합니다. 기업의 네트워크는 가정용보다 복잡하지만 기본 구조는 같습니다. 그림 7.9는 공인망과 사설망의 구조를 보여줍니다.

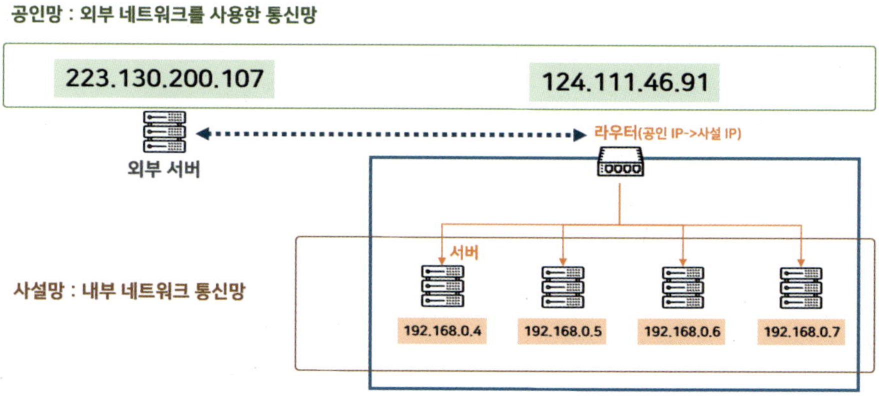

그림 7.9 공인망과 사설망

기업의 공인 IP가 124.111.46.91이라고 가정할 때, 이 IP를 각 사내 서버로 분배하는 라우터라는 장비가 있습니다. 라우터는 가정의 공유기와 비슷한 역할을 수행합니다. 외부 서버(223.130.200.107)에서 사내 서버에 접근하거나, 사내 서버에서 외부 서버로 요청을 보내기 위해서는 라우터를 통해서만 가능합니다.

실제 기업의 네트워크 환경은 더 복잡한 계층 구조로 이뤄져 있어 복잡하지만 핵심은 최종적으로 각 서버가 사설망의 사설 IP를 할당받는다는 점입니다. 앞으로 도커의 가상 네트워크 개념을 다루게 되면 네트워크 구조가 더 복잡하게 느껴질 수 있습니다. 지금은 IP 주소의 개념과 공인망 및 사설망의 차이만 이해하면 됩니다.

### 7.1.6 NAT와 포트 포워딩

네트워크 통신은 아웃바운드(outbound)와 인바운드(inbound)의 두 유형으로 구분됩니다. 아웃바운드는 서버에서 외부로 나가는 트래픽을, 인바운드는 외부에서 서버로 들어오는 트래픽을 뜻합니다. 여기서 트래픽이란 네트워크를 통해 전송되는 데이터의 흐름을 의미합니다.

공인 IP 주소를 사용하는 서버는 전 세계 어디서든 접근할 수 있지만, 사설 IP 주소를 사용하는 서버는 같은 사설 네트워크 내에서만 통신할 수 있습니다. 예를 들어, 사설망의 웹 서버에 외부 클라이언트가 공인망을 통해 접근하려 하면 추가 설정이 필요합니다. 사설 IP는 내부 네트워크에서만 유효하므로 외부 사용자가 이 주소로 접근하려 하면 공인 네트워크에서 해당 서버를 찾을 수 없기 때문입니다.

이런 문제를 해결하기 위해 **NAT(Network Address Translation)**와 **포트 포워딩(Port Forwarding)** 기술이 활용됩니다.

#### NAT

**NAT는 사설 네트워크와 공인 네트워크 간 데이터 전송을 가능하게 하는 핵심 기술입니다.** 먼저 네트워크의 데이터 전송 원리를 살펴보겠습니다. 편지를 보낼 때와 비슷하게 데이터를 전송할 때는 발신자와 수신자의 주소가 필요합니다.

내부 네트워크의 서버가 외부 서버로 데이터를 전송하는 상황을 가정해보겠습니다. 예를 들어, 내부 네트워크에 있는 서버의 사설 IP 주소가 192.168.0.4이고, 데이터를 받을 외부 서버의 공인 IP 주소가 223.130.200.107이면 외부로 데이터 전송은 가능하지만 응답 수신 시 문제가 생깁니다. 외부 네트워크에서는 출발지인 192.168.0.4로는 응답을 보낼 수 없기 때문입니다. 이 문제를 해결하기 위해 NAT 기술이 사용됩니다.

다음은 NAT의 작동 원리를 보여주는 그림입니다. 이는 서버1에서 외부 웹 서버로 요청을 보내고, 다시 응답을 받는 과정을 단계별로 설명합니다. 서버1에서 시작된 요청이 어떻게 외부 서버에 도달하고, 응답을 서버 1로 돌아오는지 순서대로 살펴보겠습니다.

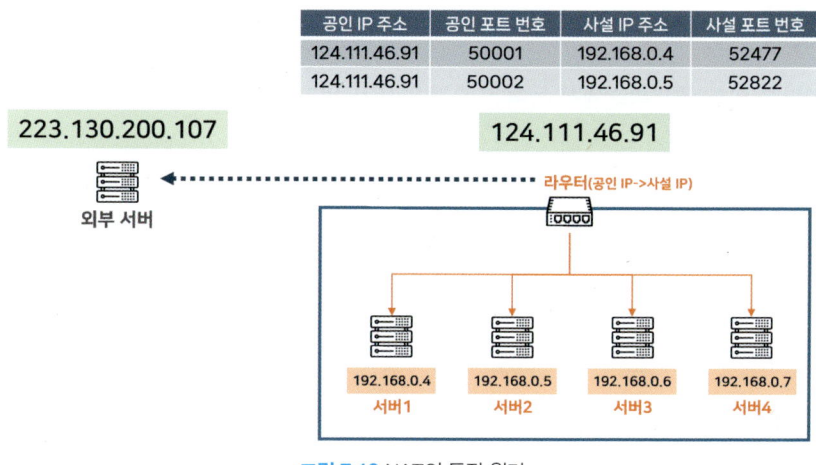

그림 7.10 NAT의 동작 원리

1. **[서버1]** IP 주소 223.130.200.17의 80번 포트로 네트워크 요청이 출발합니다. 출발지의 포트는 일반적으로 49152~65535 범위 내에서 랜덤하게 할당됩니다.

   출발지: 192.168.0.4:52477 (서버1의 사설 IP)

   도착지: 223.130.200.107:80 (외부 서버의 공인 IP)

2. **[라우터]** 외부 서버로 요청을 전달하기 전에 출발지 주소를 수정합니다. 그리고 실제 출발지와 변경된 출발지를 매핑 테이블에 기록합니다. 이때 공인 IP의 포트(50001)도 랜덤하게 할당됩니다.

   출발지: 192.168.0.4:52477 → 124.111.46.91:50001 (라우터의 공인 IP)

   도착지: 223.130.200.107:80 (외부 서버의 공인 IP)

3. **[외부 서버]** 요청을 수신한 후 출발지로 정보를 응답합니다.

   출발지: 223.130.200.107:80 (외부 서버의 공인 IP)

   도착지: 124.111.46.91:50001 (라우터의 공인 IP)

4. **[라우터]** 공인망을 통해 데이터를 수신한 후에 매핑 테이블을 확인합니다. 이전에 기록한 정보를 사용해 실제 출발지로 도착지를 변경합니다.

   출발지: 223.130.200.107:80 (외부 서버의 공인 IP)

   도착지: 124.111.46.91:50001 → 192.168.0.4:52477 (서버1의 사설 IP)

5. **[서버1]** 응답이 실제 요청을 보낸 서버1의 주소인 192.168.0.4에 도착합니다.

라우터의 NAT 기술은 사설 IP 주소를 공인 IP 주소로 변환해 사설망의 기기들이 외부 인터넷과 통신할 수 있게 합니다. 이 기술이 없다면 사설망의 많은 기기가 공인 IP를 통해 인터넷과 직접 통신할 수 없습니다.

### 포트 포워딩

포트 포워딩은 **외부 네트워크에서 들어온 요청을 내부 네트워크의 특정 서버로 전달하는 기술**입니다. 이를 통해 **외부에서 내부 네트워크의 특정 서버로 접근**할 수 있습니다.

공유기의 NAT 기술은 사설망에서 외부망으로 나가는 요청을 처리하는 데 사용되고, 포트 포워딩은 외부망에서 사설망으로 들어오는 요청을 처리할 때 사용됩니다. 예를 들어, 외부에서 회사 내부의 웹 서버에 접근하려고 할 때, 해당 서버의 사설 IP 주소와 포트만으로는 인터넷에서 직접 접근할 수 없습니다. 이때 포트 포워딩을 설정하면 공인 IP 주소의 특정 포트를 내부 웹 서버의 사설 IP와 포트에 매핑해서 외부 요청을 내부 서버로 전달할 수 있습니다.

그림 7.11은 포트 포워딩의 작동 과정을 나타낸 그림입니다. 외부 서버에서 서버1의 8000번 포트에 접근하는 과정은 다음과 같습니다.

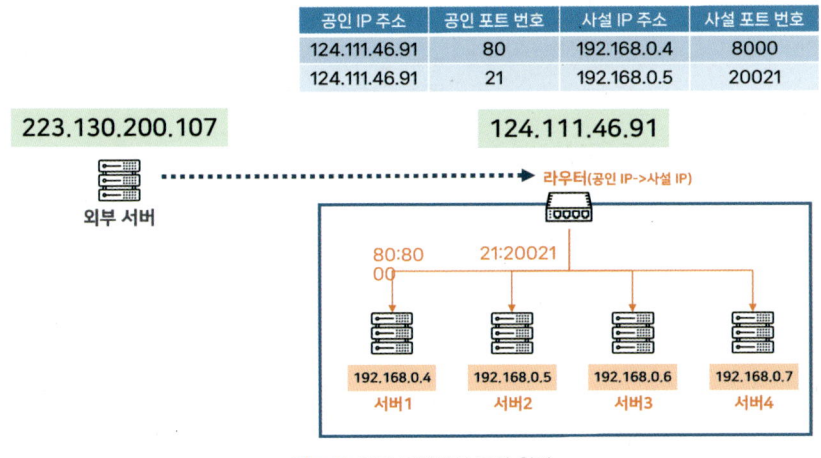

**그림 7.11** 포트 포워딩의 동작 원리

1. 라우터의 80번 포트로 접근했을 때 서버1(192.168.0.4)의 8000번 포트로 전달되도록 포트 포워딩을 구성합니다.
2. 외부 사용자가 124.111.46.91:80으로 요청을 보냅니다.

   출발지: 223.130.200.107 (외부 서버의 공인 IP)

   도착지: 124.111.46.91:80 (라우터의 공인 IP)
3. 포트 포워딩 구성에 따라 도착지 정보를 서버1로 변경합니다.

   출발지: 223.130.200.107 (외부 서버의 공인 IP)

   도착지: 192.168.0.4:8000 (서버1의 사설 IP)
4. 요청이 서버1의 실제 주소인 192.168.0.4:8000에 도착합니다.

포트 포워딩은 NAT의 한 방식입니다. NAT는 공유기가 자동으로 설정하며 주로 외부로 나가는 요청을 처리하는 데 초점을 맞추지만 **포트 포워딩은 사용자가 직접 설정하며 외부에서 들어오는 요청을 처리하는 데 중점을 둡니다.**

## 7.1.7 DNS

DNS(Domain Name System)는 **인터넷에서 도메인 이름을 IP 주소로 변환하는 체계**입니다. 사용자가 웹 브라우저에 'www.naver.com'이나 'www.google.com' 같은 도메인 이름을 입력하면 DNS 서버가 해당 도메인 주소에 연결된 IP 주소를 찾아 웹 서버에 접속할 수 있도록 돕습니다. 이 과정은 스마트폰 연락처에서 이름으로 전화번호를 찾는 것과 비슷하며, 사용자가 알아차리지 못하는 사이에 자동으로 수행됩니다.

도메인 이름은 기억하기 쉽고 의미 있는 문자로 구성되지만 IP 주소는 숫자로만 이뤄져 있어 기억하기 어렵습니다. DNS는 이러한 문제를 해결해 사용자의 인터넷 사용을 더욱 편리하게 만듭니다. DNS 서버는 사용자의 컴퓨터나 라우터 설정에서 직접 지정할 수 있습니다. 일반적으로 인터넷 서비스 제공업체(ISP)에서 기본으로 설정된 DNS 서버를 사용합니다.

### PC의 DNS 서버 주소 확인

DNS 서버 설정을 확인하려면 `nslookup` 명령과 검색할 도메인을 입력합니다. 현재 사용 중인 DNS 서버가 반환하는 IP 주소를 확인할 수 있습니다.

```
$ nslookup google.com
Server:		168.126.63.1
Address:	168.126.63.1#53

Non-authoritative answer:
Name:	google.com
Address: 172.217.174.110
```

이 명령으로 172.217.174.110 같은 IP 주소를 얻을 수 있습니다.[10] nslookup 명령 결과의 **Server 항목에 표시된 IP 주소가 현재 PC에서 사용하는 DNS 서버의 주소입니다.** 인터넷 서비스 제공업체(ISP)에 따라 기본으로 설정된 DNS 서버가 다를 수 있습니다. DNS 서버 주소는 네트워크 설정에서 변경할 수 있습니다.

구글 웹 서버의 IP 주소를 브라우저 주소창에 입력합니다. 예를 들어, nslookup 명령으로 얻은 IP 주소(예: 172.217.174.110)를 주소 창에 입력하면 구글 웹 서버의 응답으로 제공되는 페이지를 확인할 수 있습니다.

## 사내망 DNS

기업은 보통 사내망에서 DNS 서버를 직접 운영합니다. 이 DNS 서버의 기본 원리와 역할은 앞서 설명한 일반 DNS 서버와 같습니다. 다만 정보를 주고받는 대상이 사설망 내부 서버로 제한됩니다. 내부 DNS 서버는 사설 IP와 도메인 정보를 저장하며, **사내 서버가 도메인으로 통신할 수 있게 정보를 제공합니다.**

---

10  IP 주소는 실행하는 시점에 따라 달라질 수 있습니다.

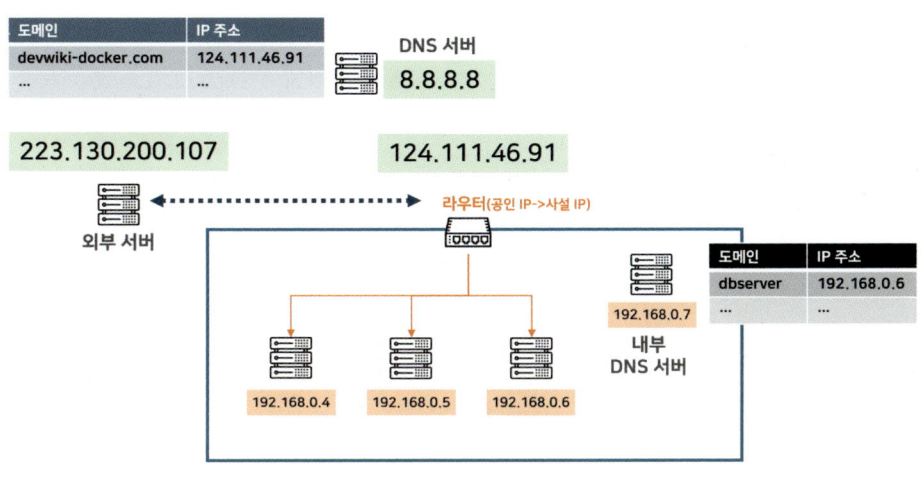

그림 7.12 공인망과 사설망의 DNS 구조

사내 서버는 DNS를 내부 DNS 서버(그림 7.12의 192.168.0.7)로 설정해야 합니다. 외부 DNS 서버는 온라인에서 모두 연동되고 동기화되므로 어떤 DNS 서버를 사용해도 동일한 정보를 얻을 수 있습니다. 반면, 내부 DNS 서버에서는 해당 서버에 등록된 정보만 얻을 수 있습니다. 그렇다면 사내 서버는 내부 DNS 서버에 등록되지 않은 도메인에는 접속할 수 없을까요?

내부 DNS 서버에 'google.com'과 같은 도메인 정보가 없을 때는 내부 DNS 서버 설정에 따라 동작이 달라집니다.

- 외부 DNS 서버 연동 설정이 적용된 경우: 내부 DNS 서버가 외부 DNS 서버에 'google.com'의 IP 주소를 요청해 정보를 가져오며, 사용자는 'google.com' 주소로 구글 서비스에 접속할 수 있습니다.
- 외부 DNS 서버 연동 설정이 적용돼 있지 않은 경우: 내부 DNS 서버는 'google.com'에 대한 정보를 찾을 수 없으므로 사내 사용자는 'google.com' 주소를 사용할 수 없습니다.

DNS는 인터넷 사용 편의성을 크게 높이는 시스템입니다. 도메인 이름과 IP 주소 간 변환을 통해 사용자는 복잡한 숫자 대신 기억하기 쉬운 이름으로 웹 사이트에 접속할 수 있습니다. 또한 사내망 DNS 서버를 통해 기업 내부 네트워크 환경에서 안전하게 내부 도메인을 활용한 통신이 가능합니다.

## 7.2 도커 네트워크

기본적인 네트워크 지식을 이해했으니, 이제 가상 네트워크에 대해 알아보겠습니다. 가상 네트워크는 실제 인터넷 케이블과 장비로 구성된 물리적 네트워크와 달리, **서버 내부에서 소프트웨어로 구성되는 네트워크**입니다. 각 컨테이너는 가상 네트워크에서 고유한 IP 주소를 할당받아 서로 통신할 수 있습니다. 가상 네트워크를 이해하려면 서버 내부의 작동 방식에 초점을 맞춰야 합니다. 다음 그림의 구조도에서 서버는 실습용 PC를 의미합니다.

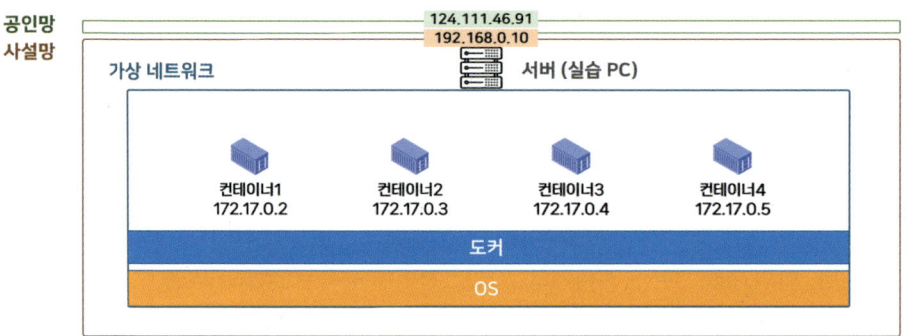

그림 7.13 도커의 가상 네트워크 구조

가상 네트워크 구조에서는 실제 물리 네트워크가 어떻게 구성돼 있는지는 중요하지 않습니다. 물리 서버는 공인망이나 사설망을 통해 공인 IP 또는 사설 IP를 할당받습니다. 이 상태에서 실습 PC에 여러 컨테이너를 실행하면 각 컨테이너는 어떻게 IP를 할당받게 될까요? 그리고 컨테이너 간 통신은 어떻게 이뤄질까요? 이러한 문제는 도커의 가상 네트워크 기술로 해결할 수 있습니다.

도커는 컨테이너의 가상 네트워크를 생성합니다. **가상 네트워크는 물리적인 인터넷 케이블이나 공유기 없이 서버 내에서 논리적으로 정의한 네트워크입니다.** 여기서 '가상'이라는 표현은 가상화 기술에서 사용된 의미와 같습니다. 즉, 가상 네트워크는 하드웨어가 아닌 소프트웨어를 통해 네트워크 환경을 구성합니다.

## 7.2.1 브리지 네트워크

도커를 설치하고 실행하면 브리지 네트워크(bridge network)라는 가상 네트워크가 자동으로 생성되며, docker0 브리지가 생성되어 가상 공유기 역할을 합니다. 브리지 네트워크는 보통 172.17.0.1 대역의 IP 주소를 사용합니다. 이 가상 공유기와 IP 주소는 서버나 PC 내에서 소프트웨어를 통해 논리적으로 정의됩니다.

**브리지 네트워크는 컨테이너 간 통신을 위해 각 컨테이너에 IP 주소를 할당합니다.** 도커는 컨테이너를 실행할 때마다 브리지 네트워크의 IP 주소 범위에서 하나의 IP 주소를 컨테이너에 할당합니다. 이는 공유기가 연결된 기기에 사설 IP 주소를 할당하는 방식과 비슷합니다. 다만 여기서는 물리적 연결 없이 소프트웨어로만 가상 네트워크를 구성합니다.

다음은 가상 네트워크에서 브리지 네트워크와 컨테이너 간의 관계를 나타낸 그림입니다.

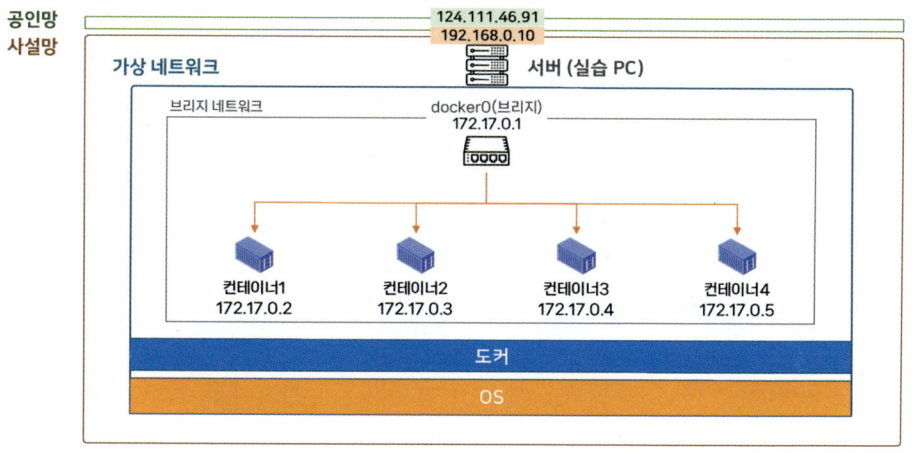

그림 7.14 도커의 브리지 네트워크의 구조

그림과 같이 4개의 컨테이너를 실행하면 각 컨테이너는 고유한 IP 주소를 할당받고 동일한 브리지 네트워크에 속하게 됩니다. 이때 컨테이너들은 docker0 브리지를 통해 서로 통신합니다. 예를 들어, IP가 172.17.0.2인 첫 번째 컨테이너가 IP가 172.17.0.5인 네 번째 컨테이너로 요청을 보내면 docker0 브리지를 통해 네트워크 데이터가 전달됩니다.

요약하면, 도커의 브리지 네트워크는 가상 네트워크를 구성하고, 각 컨테이너에 IP 주소를 할당해서 서로 통신할 수 있게 합니다. 이처럼 소프트웨어로 논리적인 네트워크 환경을 구성하는 기술을 SDN(Software Defined Network)이라고 합니다.

### 7.2.2 가상 네트워크와 인터페이스

가상 네트워크의 인터페이스 구조와 네트워크 신호 전달 원리를 알아보겠습니다. **가상 네트워크는 대체로 물리 네트워크와 비슷한 구조를 가집니다.** 따라서 앞서 배운 네트워크 개념을 적용하면 가상 네트워크 기술을 더 쉽게 이해할 수 있습니다.

다음은 실습 PC에 도커를 설치하고 컨테이너를 실행하는 과정을 인터페이스 관점에서 나타낸 그림입니다.

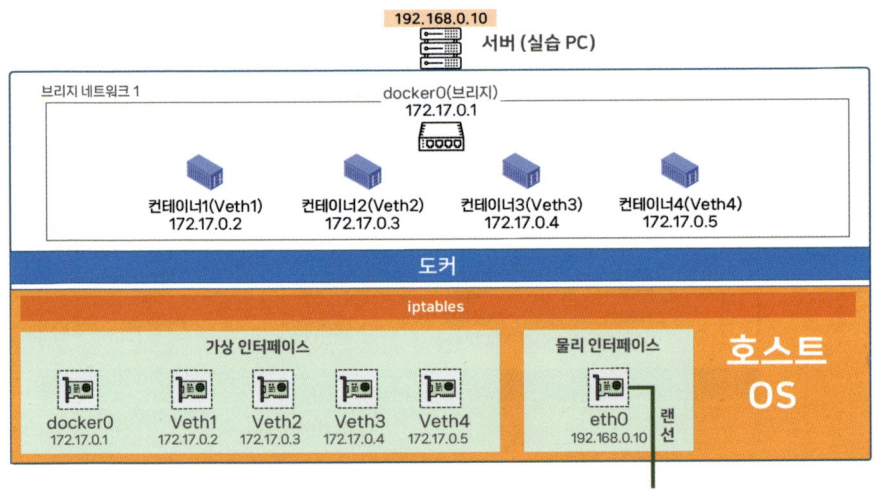

그림 7.15 가상 네트워크와 인터페이스

실습 PC에는 물리적으로 연결된 인터페이스가 있습니다. 물리 인터페이스에 인터넷 선을 연결하거나 무선 인터넷에 접속해 실제 IP(그림의 192.168.0.10)를 할당받습니다.

PC에 도커를 설치하고 실행하면 브리지 네트워크와 가상 인터페이스 docker0이 생성됩니다. **컨테이너를 실행할 때마다 해당 컨테이너의 가상 인터페이스가 Veth로 시작하는 이름으로 호스트OS에 생성됩니다.** 보통 무작위 숫자가 부여되지만 그림에서는 편의상 1, 2, 3, 4로 표시했습니다.

이 단계에서 PC의 네트워크 인터페이스는 총 6개가 됩니다. 실제 IP가 할당된 물리 인터페이스 1개, 브리지 네트워크의 가상 공유기 역할을 하는 docker0 인터페이스 1개, 컨테이너의 Veth 인터페이스 4개로 구성됩니다. **컨테이너는 가상 Veth 인터페이스로 통신**합니다. 이 인터페이스로 전달된 네트워크 신호는 해당 컨테이너로 전달됩니다.

1번 컨테이너에서 2번 컨테이너로 요청을 보낼 때의 흐름은 다음과 같습니다.

1. 1번 컨테이너가 2번 컨테이너 IP 172.17.0.3을 목적지로 요청을 보냅니다.
2. 요청은 컨테이너1의 Veth1 인터페이스에서 출발합니다.
3. 내부 규칙에 따라 네트워크 신호가 IP 172.17.0.3의 Veth2로 전달됩니다.
4. 네트워크 신호가 Veth2를 통해 컨테이너2로 전달됩니다.

3번 단계에서 네트워크 신호가 IP 주소에 해당하는 인터페이스로 전달되는 과정을 살펴보면 물리 네트워크는 공유기와 같은 네트워크 장비를 통해 데이터를 전달합니다. 하지만 가상 네트워크에는 실제 장비가 없어 소프트웨어로 트래픽을 전달합니다. 소프트웨어로 트래픽을 전달할 때는 iptables를 사용합니다.

## iptables

**가상 인터페이스 간 네트워크 패킷 전달 규칙은 호스트OS의 커널 소프트웨어인 iptables에 정의됩니다.** iptables는 리눅스 OS의 네트워크를 제어하는 시스템으로, iptables에 정의된 규칙에 따라 서버 내부에서 발생하는 네트워크 트래픽이 전달됩니다.

iptables에는 특정 IP 주소로 신호를 보낼 때 어떤 인터페이스로 전달할지에 대한 규칙이 정의돼 있습니다. 예를 들어 '172.17.0.3으로 향하는 요청은 Veth2 인터페이스로 전달해야 한다' 같은 규칙이 정의돼 있는 것입니다. **컨테이너를 생성하거나 삭제할 때마다 도커는 iptables 규칙을 업데이트합니다.**

iptables 관점에서 1번 컨테이너에서 2번 컨테이너로 요청을 보내는 흐름은 다음과 같습니다.

1. 도커는 컨테이너를 생성할 때 브리지 네트워크 IP를 할당하고 Veth 인터페이스를 만듭니다. 또한 컨테이너 IP로의 요청을 Veth 인터페이스로 보내는 iptables 규칙을 생성합니다.
2. 1번 컨테이너는 2번 컨테이너의 IP 172.17.0.3을 목적지로 하는 요청을 보냅니다.

3. 요청은 1번 컨테이너에 해당하는 Veth1 인터페이스에서 출발합니다.

4. iptables 규칙에 따라 네트워크 트래픽이 IP 172.17.0.3에 해당하는 Veth2로 전달됩니다.

5. Veth2에 해당하는 2번 컨테이너로 트래픽이 전달됩니다.

도커는 컨테이너 통신을 위해 브리지 네트워크를 정의하고 호스트OS의 가상 인터페이스를 생성합니다. 그리고 호스트OS의 iptables를 관리하며 컨테이너 간 통신 규칙을 만듭니다. 그래서 사용자가 별도로 설정하지 않아도 같은 브리지 네트워크에서 생성된 컨테이너는 서로 통신할 수 있습니다.

## 실습 7.1 브리지 네트워크

도커는 가상 네트워크 내에서 여러 브리지 네트워크를 관리합니다. **컨테이너는 같은 브리지 네트워크에 속한 컨테이너끼리만 통신**할 수 있습니다. 도커를 설치하면 기본 브리지 네트워크가 생성됩니다. 이번 실습에서는 새로운 브리지 네트워크를 만들고 컨테이너 간 통신을 테스트하겠습니다.

**docker network ls**
네트워크 리스트 조회

**docker network inspect 네트워크명**
네트워크 상세 정보 조회

**docker network create 네트워크명**
네트워크 생성

**docker network rm 네트워크명**
네트워크 삭제

그림 7.16 도커의 가상네트워크 관련 명령어

`docker network ls` 명령으로 도커가 관리하는 네트워크를 조회할 수 있습니다. `docker network inspect` 명령으로 상세 정보를 조회하고, `docker network create` 명령으로 네트워크를 생성할 수 있습니다. 그리고 `docker network rm` 명령으로 네트워크를 삭제할 수 있습니다.

실습을 위해 터미널을 세 개 실행합니다. 첫 번째 터미널에서 네트워크 목록을 확인합니다.

[1번 터미널]
```
$ docker network ls
NETWORK ID      NAME        DRIVER      SCOPE
48ce179089ae    bridge      bridge      local
f41ee23d888b    host        host        local
0ea9340feac3    none        null        local
```

도커를 설치하면 bridge, host, none이라는 세 가지 네트워크가 기본적으로 생성됩니다. DRIVER 필드에서 네트워크의 종류를 확인할 수 있습니다. 지금은 bridge만 확인하면 됩니다. 설치할 때 생성된 bridge 네트워크의 세부 정보를 확인합니다.

[1번 터미널]
```
$ docker network inspect bridge
[
    {
        "Name": "bridge",
        "Id": "...",
...
        "Config": [
            {
                "Subnet": "172.17.0.0/16",
                "Gateway": "172.17.0.1"
            }
        ]
    },
... (중략) ...
```

Subnet(서브넷)은 네트워크 내에서 생성되는 컨테이너에 할당되는 IP 주소의 범위입니다. /16으로 표기되는 부분은 IP 주소의 범위를 숫자로 나타내는 CIDR(Classless Inter-Domain Routing, 사이더) 표기법입니다. /16은 172.17.0.0부터 172.17.255.255까지의 범위를 의미합니다. Gateway에 표시된 172.17.0.1은 컨테이너가 통신할 때 거치는 브리지의 IP 주소입니다. 다음으로 새로운 브리지 네트워크를 생성합니다.

[1번 터미널]

```
$ docker network create --driver bridge --subnet 10.0.0.0/24 --gateway 10.0.0.1 second
-bridge
(생성된 네트워크의 ID 출력)
```

--driver 옵션의 값을 bridge로 지정해 브리지 네트워크임을 명시합니다. --subnet 옵션으로 네트워크가 사용할 IP 대역을 지정할 수 있습니다. 실습에서는 10.0.0.0/24로 지정했으며, 이는 10.0.0.0부터 10.0.0.255까지를 의미합니다. --gateway 옵션으로 게이트웨이 주소를 10.0.0.1로 지정했습니다. 서브넷의 크기에 따라 생성할 수 있는 IP의 개수가 제한되므로 주의해서 설정해야 합니다. 값을 별도로 지정하지 않으면 기본값으로 서브넷은 172.20.0.0/26, 게이트웨이는 172.20.0.1로 설정됩니다. 각 서브넷은 독립적인 사설 네트워크이므로 서브넷 간 IP 대역이 겹치더라도 문제가 되지 않습니다. 네트워크 이름은 second-bridge로 지정합니다.

새로 만든 네트워크를 확인합니다.

[1번 터미널]

```
$ docker network ls
NETWORK ID      NAME            DRIVER      SCOPE
48ce179089ae    bridge          bridge      local
f41ee23d888b    host            host        local
0ea9340feac3    none            null        local
c21435ed9b29    second-bridge   bridge      local

$ docker network inspect second-bridge
[
    {
        "Name": "second-bridge",
...
        "Driver": "bridge",
...
            "Config": [
                {
                    "Subnet": "10.0.0.0/24",
                    "Gateway": "10.0.0.1"
                }
```

```
        ]
... (중략) ...
```

second-bridge가 추가됐고, Subnet과 Gateway 필드도 지정한 대로 생성된 것을 확인합니다. docker network inspect 명령으로 second-bridge를 확인하면 서브넷과 게이트웨이가 정확히 지정된 것을 볼 수 있습니다.

네트워크 통신을 테스트할 컨테이너를 만들겠습니다. 2번 터미널에서 ubuntuA와 ubuntuB 컨테이너를 생성합니다.

[2번 터미널]
```
$ docker run -d --name ubuntuA devwikirepo/pingbuntu
(실행된 컨테이너의 ID 출력)

$ docker run -it --name ubuntuB devwikirepo/pingbuntu /bin/bash
root@12ba49101710:/#
```

네트워크를 지정하지 않았으므로 기본 bridge 네트워크에 속합니다. 3번 터미널에서 ubuntuC 컨테이너를 생성합니다. --network 옵션으로 second-bridge 네트워크를 지정합니다.

[3번 터미널]
```
$ docker run -it --network second-bridge --name ubuntuC devwikirepo/pingbuntu /bin/bash
root@ea7552ef9ede:/#
```

세 개의 컨테이너가 정상적으로 실행됐습니다. 2, 3번 터미널은 컨테이너에 접속된 상태이므로 1번 터미널에서 컨테이너의 상태를 확인합니다.

[1번 터미널]
```
$ docker ps
IMAGE                      COMMAND            NAMES
devwikirepo/pingbuntu      "bin/bash"         ubuntuC
devwikirepo/pingbuntu      "bin/bash"         ubuntuB
devwikirepo/pingbuntu      "sleep 100000"     ubuntuA
```

다음으로 컨테이너의 네트워크와 IP 정보를 확인합니다.

[1번 터미널]
```
$ docker container inspect ubuntuA
...
        "NetworkSettings": {
...
            "Networks": {
                "bridge": {
...
                    "Gateway": "172.17.0.1",
                    "IPAddress": "172.17.0.2",
... (중략) ...
```

ubuntuA 컨테이너는 bridge 네트워크의 172.17.0.2를 IP 주소로 할당받았습니다. 컨테이너의 상태에 따라 실습 PC에 다른 IP 주소가 할당될 수도 있습니다. 이 IP 주소를 메모한 후 ubuntuB 컨테이너를 확인합니다.

[1번 터미널]
```
$ docker container inspect ubuntuB
"NetworkSettings": {
...
                    "Gateway": "172.17.0.1",
                    "IPAddress": "172.17.0.3",
... (중략) ...
```

IP 주소로 172.17.0.3이 할당된 것을 확인합니다. ubuntuC 컨테이너의 정보도 확인합니다.

[1번 터미널]
```
$ docker container inspect ubuntuC
...
        "NetworkSettings": {
...
            "Networks": {
                "second-bridge": {
```

```
...
            "Gateway": "10.0.0.1",
            "IPAddress": "10.0.0.2",
... (중략) ...
```

ubuntuC 컨테이너의 브리지가 second-bridge인 것을 볼 수 있습니다. IP 주소도 second-bridge의 IP 주소 대역인 10.0.0.2를 할당받았습니다.

컨테이너의 IP 주소를 정리하고 컨테이너 간 통신을 확인하겠습니다.

- ubuntuA: bridge, 172.17.0.2
- ubuntuB: bridge, 172.17.0.3
- ubuntuC: second-bridge, 10.0.0.2

두 번째 터미널은 ubuntuB에 접속된 상태입니다. ping 명령을 사용해 ubuntuA의 IP 주소인 172.17.0.2로 통신을 확인하겠습니다. 이전에 확인한 IP가 다르면 실제 IP로 수정해야 합니다.

[2번 터미널]
```
root@12ba49101710:/# ping 172.17.0.2 (ubuntuA 컨테이너의IP)
64 bytes from 172.17.0.2: icmp_seq=1 ttl=64 time=0.182 ms
64 bytes from 172.17.0.2: icmp_seq=2 ttl=64 time=0.124 ms
64 bytes from 172.17.0.2: icmp_seq=3 ttl=64 time=0.082 ms
```

ubuntuB(172.17.0.3)에서 시작한 요청이 ubuntuA(172.17.0.2)에 도착한 후 정상적으로 응답이 돌아오는 것을 볼 수 있습니다. 다음으로 ubuntuC(10.0.0.2)의 IP 주소로 ping을 보냅니다.

[2번 터미널]
```
root@12ba49101710:/# ping 10.0.0.2 (ubuntuC 컨테이너의IP)
PING 10.0.0.2 (10.0.0.2) 56(84) bytes of data.
```

ping이 도달하지 않는 것을 확인할 수 있습니다. 3번 터미널에서 ubuntuC에서 ubuntuA로 ping을 보냅니다.

[3번 터미널]

```
root@ea7552ef9ede:/# ping 172.17.0.2 (ubuntuA 컨테이너의IP)
PING 192.17.0.2 (192.17.0.2) 56(84) bytes of data.
```

마찬가지로 ping이 도달하지 않습니다. 2, 3번 터미널은 종료하고 컨테이너를 모두 삭제합니다.

[1번 터미널]

```
$ docker rm -f ubuntuA ubuntuB ubuntuC
ubuntuA
ubuntuB
ubuntuC
```

컨테이너가 정상적으로 삭제됐습니다. 이어서 실습에 사용한 네트워크도 삭제합니다.

[1번 터미널]

```
$ docker network rm second-bridge
second-bridge
```

실습에서 이뤄진 통신을 그림으로 정리하겠습니다.

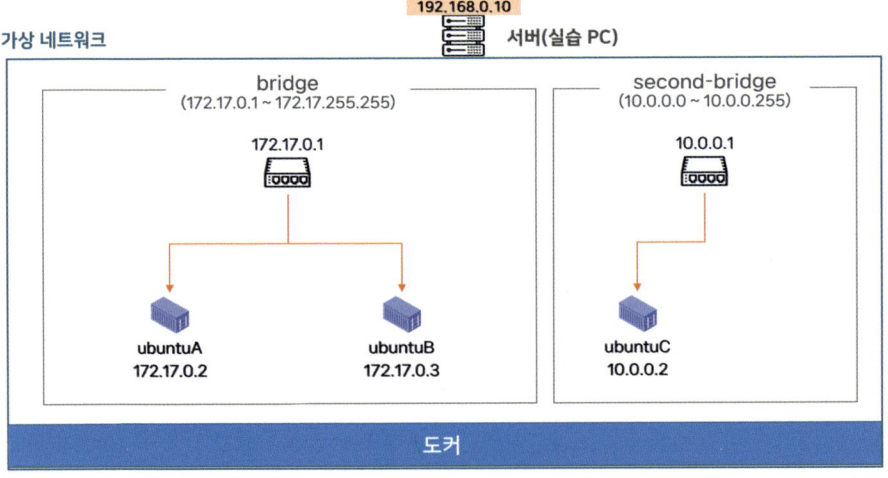

그림 7.17 브리지 네트워크 간 통신 구조

네트워크를 처음 학습할 때는 그림 7.17과 같이 네트워크 구성을 지도처럼 그려 시각적으로 이해하는 것이 좋습니다. 실습에서는 기본 bridge 네트워크 외에 새로운 second-bridge 네트워크를 만들었습니다. IP 대역은 10.0.0.0부터 10.0.0.255까지로, 게이트웨이는 10.0.0.1로 지정했습니다.

다음으로 bridge 네트워크에 ubuntuA와 ubuntuB를 만들고, second-bridge에 ubuntuC 컨테이너를 실행했습니다. 컨테이너 간 연결을 확인한 결과, ubuntuA와 ubuntuB는 서로 통신이 가능했지만 다른 네트워크에 속한 ubuntuC와는 통신이 되지 않았습니다.

이로써 실습을 통해 도커가 여러 가상 브리지 네트워크를 관리하고 컨테이너 간 연결 관계를 설정할 수 있음을 확인했습니다.

### 7.2.3 포트 포워딩 명령

기본적으로 같은 브리지 네트워크에서 실행한 컨테이너는 서로 통신할 수 있습니다. 하지만 사용자의 PC(호스트OS)나 가상 네트워크 외부의 서버에서 이 컨테이너에 접근하려면 포트 포워딩 기술이 필요합니다. 포트 포워딩은 docker run 명령으로 컨테이너를 실행할 때 -p 옵션을 사용해 설정할 수 있습니다.

**docker run -p 호스트OS의포트:컨테이너의포트**
호스트 OS로의 네트워크 접근을 컨테이너로 포트 포워딩

그림 7.18 컨테이너 실행 시 포트 지정

-p 옵션은 콜론(:)을 기준으로 두 개의 포트를 지정합니다. 왼쪽은 실습 PC(호스트OS)의 포트를, 오른쪽은 컨테이너가 사용하는 포트를 지정합니다. 이렇게 하면 호스트의 포트를 통해 컨테이너에 접근할 수 있습니다.

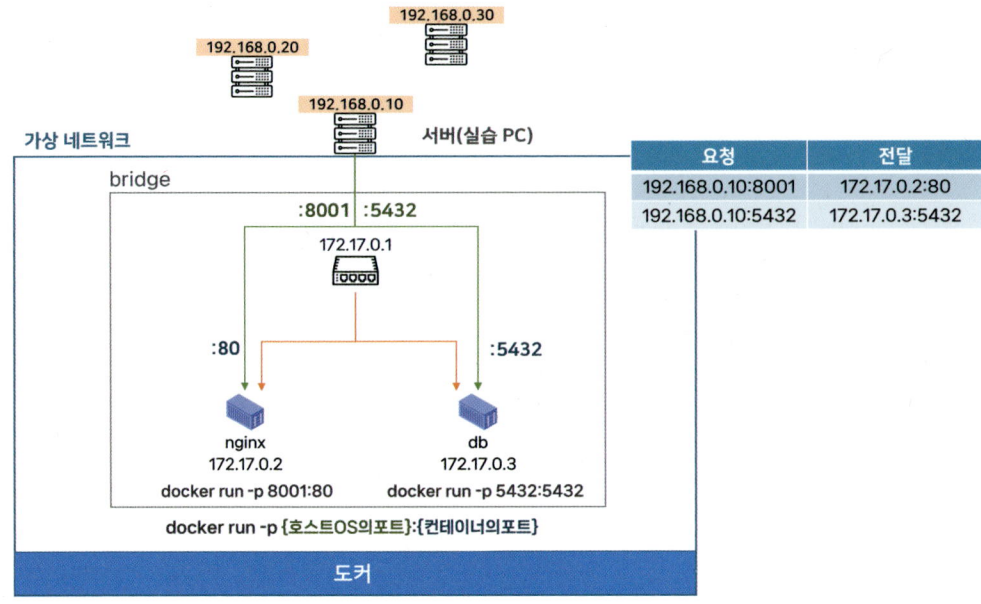

그림 7.19 포트 포워딩의 통신 구조

그림 7.19에서는 nginx와 db 컨테이너가 실행 중이고 172.17.0.2와 172.17.0.3을 IP 주소로 할당받은 상태입니다. 실제 물리 네트워크에서 실습 PC의 IP는 192.168.0.10입니다. 외부 서버에서 컨테이너에 접근하려면 도커를 실행 중인 실습 PC의 IP로 접근해야 합니다.

포트 포워딩으로 실습 PC의 특정 포트에 접근하면 지정한 컨테이너로 요청을 전달할 수 있습니다. 예를 들어, 호스트OS의 IP 192.168.0.10의 8001번 포트로 요청을 보내면 nginx 컨테이너의 80번 포트로 요청이 전달되고, 5432번 포트로 요청을 보내면 db 컨테이너로 전달됩니다. 포트 포워딩 시 호스트OS의 포트는 임의로 지정할 수 있습니다. 주의할 점은 한 번 설정한 포트는 다른 컨테이너에 중복해서 매핑할 수 없다는 것입니다.

### 실습 7.2 컨테이너 포트 포워딩 구성

컨테이너의 포트 포워딩을 구성하며 개념을 이해해보겠습니다. 먼저 포트 포워딩 없이 웹 서버를 실행하고 IP 주소를 확인합니다.

```
$ docker run -d --name nginx nginx
(실행된 컨테이너의 ID 출력)
```

```
$ docker inspect nginx
...
                "Gateway": "172.17.0.1",
                "IPAddress": "172.17.0.2",
... (중략) ...
```

컨테이너의 IP는 172.17.0.2로, 실습 PC의 브라우저에서 이 IP로는 접근할 수 없습니다. 172.17.0.2가 가상 네트워크망의 IP 대역이기 때문에 실제 물리 네트워크에서 접근할 수 없기 때문입니다.

이 문제를 해결하기 위해 포트 포워딩을 사용해 `nginx2`를 실행합니다.

```
$ docker run -d -p 8001:80 --name nginx2 nginx
(실행된 컨테이너의 ID 출력)
```

브라우저에서 `http://localhost:8001`로 접근하면 `nginx2` 컨테이너의 80번 포트로 전달되어 웹 서버에 접속할 수 있습니다.

다음으로 envColorApp으로 다양한 포트 포워딩 상황을 실습하겠습니다. 먼저 8002번 포트를 사용해 `redColorApp`을 실행합니다. -p 옵션으로 호스트OS의 8002번 포트와 컨테이너의 3000번 포트를 매핑합니다.

```
$ docker run -d -p 8002:3000 --name redColorApp --env COLOR=red devwikirepo/envnodecolor
app
(실행된 컨테이너의 ID 출력)
```

브라우저에서 `http://127.0.0.1:8002`로 접속해 페이지를 확인합니다. 127.0.0.1은 `localhost`의 IP 주소로, 자기 자신을 가리킵니다. 다음으로 8003번 포트를 사용해 `blueColorApp`을 실행하겠습니다.

```
$ docker run -d -p 8003:3000 --name blueColorApp --env COLOR=blue devwikirepo/envnodecol
orapp
(실행된 컨테이너의 ID 출력)
```

이번에는 `localhost`나 127.0.0.1이 아닌 PC의 실제 IP 주소로 접속하겠습니다. 먼저 PC의 IP 주소를 확인합니다.

```
[윈도우]
$ ipconfig
...
   IPv4 Address. . . . . . . . . . . : 192.168.0.10
```

```
[macOS]
$ ifconfig en0
...
inet 192.168.0.10 netmask 0xffffff00 broadcast 192.168.0.255
```

브라우저에 IP 주소를 직접 입력해 화면을 확인하겠습니다. 이전 명령에서 확인한 PC의 IP 주소의 8003번 포트로 접속합니다. 예를 들어, `http://192.168.0.10:8003`과 같이 접근할 수 있을 것입니다. 만약 공유기를 통해 IP를 할당받은 사설망일 경우, 동일한 공유기에 연결된 다른 기기에서 서버에 접근할 수 있습니다. 실습 PC와 같은 공유기에 연결된 스마트폰이나 PC에서 실습 PC의 IP로 요청을 보내면 실습 PC는 포트 포워딩을 통해 `blueColorApp` 컨테이너로 요청을 전달하고 응답을 받습니다.

다음으로 중복된 포트를 할당해보겠습니다. `yellowColorApp`을 생성할 때 `blueColorApp`에 이미 할당한 8003번 포트를 지정합니다.

```
$ docker run -d -p 8003:3000 --name yellowColorApp --env COLOR=yellow devwikirepo/envno
decolorapp
(실행된 컨테이너의 ID 출력)
docker: Error response from daemon: driver failed programming external connectivity on
endpoint yellowColorApp: Bind for 0.0.0.0:8003 failed: port is already allocated.
```

8003번 포트가 이미 할당돼 있어 포트 포워딩에 실패했다는 오류가 발생합니다. 포트 포워딩 중복 오류가 발생하면 컨테이너는 포트 포워딩 없이 실행됩니다.

이번에는 컨테이너가 사용하지 않는 포트로 포트 포워딩을 설정하겠습니다. `envColorApp`은 3000번 포트를 사용하므로 3030번 포트로 포트 포워딩을 설정하면 정상적으로 접근할 수 없습니다.

```
$ docker run -d -p 8004:3030 --name greenColorApp --env COLOR=green devwikirepo/envnod
ecolorapp
(실행된 컨테이너의 ID 출력)
```

컨테이너는 정상적으로 실행됐지만 브라우저에서 http://localhost:8004에 접속해도 페이지가 표시되지 않습니다. 포트 포워딩의 대상 포트를 지정할 때는 애플리케이션이 실제로 사용하는 포트를 지정해야 합니다.

실습에 사용한 컨테이너를 모두 삭제합니다.

```
$ docker rm -f nginx nginx2 redColorApp blueColorApp yellowColorApp greenColorApp
(삭제된 컨테이너의 이름 출력)
```

실습 컨테이너의 네트워크 구성을 정리하겠습니다.

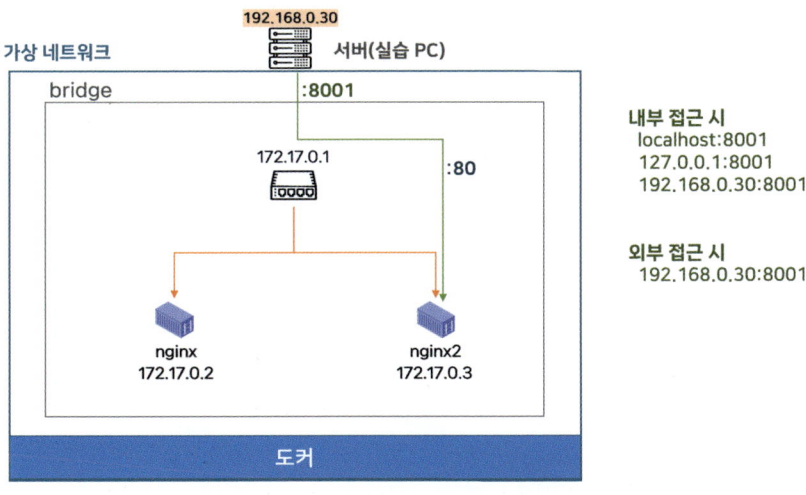

그림 7.20 nginx, nginx2 컨테이너의 네트워크 구조

- nginx 컨테이너: 포트 포워딩 설정이 없어 다른 서버에서 접근할 수 없었습니다.
- nginx2 컨테이너: 포트 포워딩을 8001:80으로 지정했습니다. http://localhost:8001로 웹 서버의 응답을 받을 수 있었습니다.

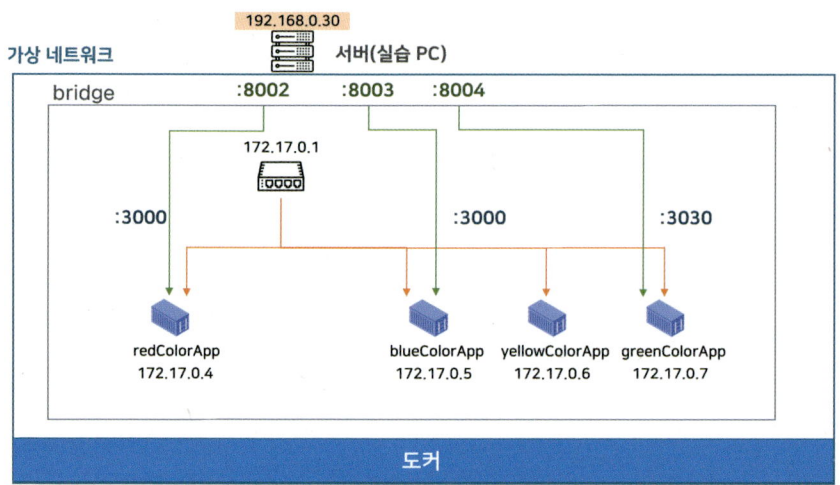

그림 7.21 envColorApp의 네트워크 구조

- redColorApp: 8002:3000으로 포트를 지정해 http://127.0.0.1:8002로 접속했습니다.
- blueColorApp: 8003:3000으로 포트를 지정했습니다. 호스트 PC의 IP 주소인 http://192.168.0.30:8003으로 접속했고, 같은 공유기에 연결된 다른 기기에서도 접속이 가능했습니다.
- yellowColorApp: 이미 사용 중인 8003번 포트를 지정해 포트 포워딩이 정상적으로 설정되지 않았습니다.
- greenColorApp: 애플리케이션이 사용하지 않는 3030번 포트를 지정했습니다. 호스트OS의 8004번 포트로 접근하면 요청이 컨테이너까지 전달되지만 컨테이너 내에서 3030번 포트를 사용하는 소프트웨어가 없어 정상 응답을 받을 수 없습니다.

## 7.2.4 도커의 DNS

도커는 컨테이너가 사용할 수 있는 내부 DNS 서버를 기본적으로 제공합니다. 이 DNS 서버에는 컨테이너의 이름과 IP 주소가 자동으로 저장됩니다. 따라서 **컨테이너는 IP 주소가 아닌 이름으로 서로 통신할 수 있습니다.** 이 DNS 서버는 외부 DNS 서버와도 연동돼 있어 컨테이너에서 google.com과 같은 외부 도메인도 사용할 수 있습니다. 기본으로 생성되는 bridge 네트워크는 컨테이너 이름을 사용한 통신 기능이 제공되지 않습니다. 사용자가 직접 만든 브리지 네트워크에서만 컨테이너 이름을 통한 통신이 가능합니다.

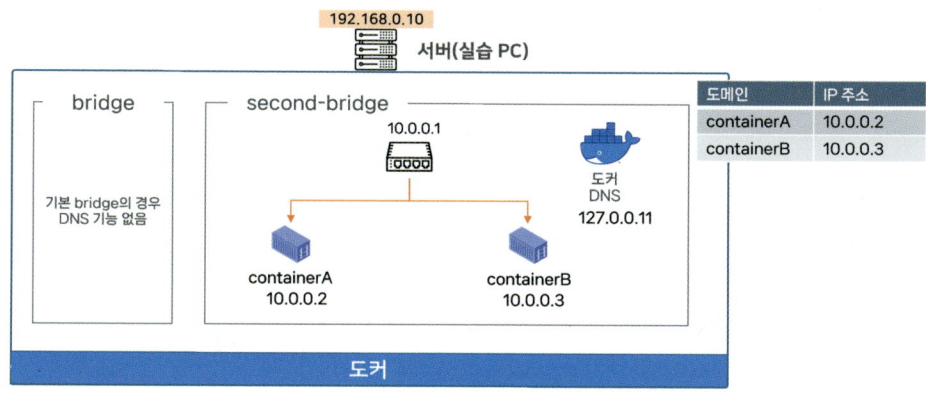

그림 7.22 도커의 DNS 구조

예를 들어, 사용자 정의 브리지 네트워크에 containerA와 containerB를 연결했다고 가정해보겠습니다. 이 경우 containerA에서 요청을 보낼 때 도메인 이름을 containerB로 지정하면 도커 DNS를 통해 containerB의 IP 주소(예: `10.0.0.3`)를 받아옵니다. 그다음 이 IP 주소로 요청을 보냅니다. containerB의 IP 주소가 `10.0.0.4`로 변경되더라도 DNS 서버에 즉시 업데이트되기 때문에 containerA는 여전히 containerB라는 도메인 이름으로 요청을 보낼 수 있습니다. 이처럼 도메인 이름을 사용하면 IP 주소가 변경되는 환경에서도 다른 서버가 영향을 받지 않고 연결이 일관되게 유지됩니다.

### 실습 7.3 도커의 DNS

실습을 통해 도커 DNS를 테스트하겠습니다. 터미널을 두 개 열고, 두 터미널에서 모두 easydocker 디렉터리로 이동합니다.

[1번 터미널]
```
$ cd ~/easydocker
```

[2번 터미널]
```
$ cd ~/easydocker
```

첫 번째 터미널에서 새로운 네트워크를 만들고, `docker network ls` 명령으로 second-bridge 네트워크가 생성된 것을 확인합니다.

[1번 터미널]

```
$ docker network create --driver bridge --subnet 10.0.0.0/24 second-bridge
2f7aa4886931...(생성된 네트워크의 ID 출력)
$ docker network ls
NETWORK ID        NAME              DRIVER        SCOPE
... (중략) ...
2f7aa4886931      second-bridge     bridge        local
```

다음으로 컨테이너를 생성하겠습니다. --network 옵션으로 네트워크를 방금 생성한 second-bridge로 지정합니다. 컨테이너 이름을 containerA로 지정하고, 이미지는 devwikirepo/pingbuntu를 사용합니다. 컨테이너의 터미널에 접근하기 위해 실행 명령으로 /bin/bash를 지정합니다.

[1번 터미널]

```
$ docker run -it --network second-bridge --name containerA devwikirepo/pingbuntu /bin/bash
root@2c7f913a7145:/#
```

컨테이너 내부에 지정된 DNS 서버 정보를 확인하겠습니다. cat 명령으로 /etc/resolv.conf 파일을 확인하면 네임서버의 주소가 127.0.0.11로 설정된 것을 볼 수 있습니다. 이는 도커가 제공하는 DNS 서버의 주소로, 이 DNS 서버에는 같은 네트워크에 속한 컨테이너의 이름과 IP가 저장돼 있어 컨테이너명으로 통신할 수 있습니다.

[1번 터미널]

```
root@2c7f913a7145:/# cat /etc/resolv.conf
nameserver 127.0.0.11
options ndots:0
```

ping 명령으로 containerB를 지정하면 도메인이 없다는 에러 메시지가 출력됩니다. 이는 containerB가 아직 실행되지 않아 DNS 서버에 등록된 주소가 없기 때문입니다.

[1번 터미널]

```
root@2c7f913a7145:/# ping containerB
ping: containerB: Name or service not known
```

두 번째 터미널에서 containerB를 실행합니다. containerA와 같은 네트워크와 이미지를 사용합니다. 컨테이너가 실행되면 `docker inspect` 명령으로 containerB를 확인합니다. 네트워크 필드가 second-bridge로 지정돼 있고, IP 주소는 **10.0.0.3**을 할당받은 것을 확인합니다.

```
[2번 터미널]
$ docker run -d --network second-bridge --name containerB devwikirepo/pingbuntu
(실행된 컨테이너의 ID 출력)
$ docker inspect containerB
            "Networks": {
                "second-bridge": {
...
                    "Gateway": "10.0.0.1",
                    "IPAddress": "10.0.0.3",
... (중략) ...
```

다시 1번 터미널로 이동하겠습니다. 이전에 실행했던 `ping` 명령을 다시 실행하면 정상 응답과 함께 실제 주소가 **10.0.0.3**인 것을 볼 수 있습니다.

```
[1번 터미널]
root@2c7f913a7145:/# ping containerB
64 bytes from containerB.second-bridge (10.0.0.3): icmp_seq=1 ttl=64 time=0.167 ms
64 bytes from containerB.second-bridge (10.0.0.3): icmp_seq=2 ttl=64 time=0.314 ms
64 bytes from containerB.second-bridge (10.0.0.3): icmp_seq=3 ttl=64 time=0.181 ms
```

2번 터미널에서 containerB를 삭제하면 1번 터미널에서 containerB로 향하던 `ping`이 멈추는 것을 확인할 수 있습니다.

```
[2번 터미널]
$ docker rm -f containerB
containerB
```

Ctrl + C로 `ping`을 중단한 다음, 다시 한 번 `ping containerB`를 실행하면 이전과 마찬가지로 containerB라는 도메인이 없다는 에러를 확인할 수 있습니다. 이는 containerB를 삭제해 DNS 서버에서 정보가 삭제됐기 때문입니다.

[1번 터미널]

```
(Ctrl + C로 기존 ping 종료 후 다시 실행)
root@2c7f913a7145:/# ping containerB
ping: containerB: Name or service not known
```

containerA와 second-bridge 네트워크를 삭제하고 실습을 마치겠습니다.

[2번 터미널]

```
$ docker rm -f containerA
containerA
$ docker network rm second-bridge
second-bridge
```

실습 정리

- 도커는 DNS 서버를 제공하며 서버 주소는 127.0.0.11입니다. 컨테이너 내부의 /etc/resolv.conf에 기본 네임서버 주소가 127.0.0.11로 설정됩니다.
- 같은 네트워크에 있는 컨테이너의 이름으로 통신할 수 있으며, 컨테이너가 실행될 때 DNS 서버에 이름과 IP가 등록됩니다.

## 7.2.5 도커의 네트워크 종류

지금까지는 도커가 지원하는 여러 종류의 네트워크 중 bridge 네트워크를 사용했습니다. 도커는 bridge 네트워크 외에도 host 네트워크, overlay 네트워크, macvlan 네트워크를 지원합니다. 대부분의 컨테이너 환경은 bridge 네트워크를 사용하므로 네트워크 드라이버가 크게 중요한 개념은 아닙니다. 하지만 다양한 네트워크 종류가 있다는 것을 알아두는 것이 좋습니다.

Bridge 네트워크

- 도커 브리지를 활용하는 방식
- 컨테이너 간 기본적으로 통신 가능
- 외부 서버에서 접근 시 포트 포워딩 필요
- 컨테이너에서 NAT를 통해 외부로 요청 가능

Host 네트워크
- 호스트OS의 네트워크를 공유
- 컨테이너가 호스트OS의 IP 주소를 그대로 사용
- 호스트OS가 사용하는 포트와 중복 불가

Overlay 네트워크
- 여러 호스트 머신이 하나의 네트워크처럼 동작
- 쿠버네티스에서 주로 사용하는 네트워크 드라이버

Macvlan 네트워크
- 컨테이너의 물리 네트워크 인터페이스를 직접 연결

## 7.3 리피 네트워크

앞에서 배운 네트워크 개념을 활용해 리피 애플리케이션의 네트워크 구조를 정리하겠습니다. 이번 주제는 실습은 필요하지 않고, 리피를 실행할 때 사용했던 명령어를 통해 네트워크 개념을 복습하겠습니다.

먼저 브리지 네트워크인 `leafy-network`를 만들었습니다. 새로운 네트워크를 만든 이유는 기본 네트워크가 DNS 기능을 제공하지 않기 때문입니다.

```
docker network create leafy-network
```

다음으로 `leafy-postgres` 컨테이너를 실행했습니다. 네트워크는 새로 만든 `leafy-network`를 지정했습니다.

```
docker run -d --name leafy-postgres --network leafy-network devwikirepo/leafy-postgres:1.0.0
```

그다음 스프링 부트 애플리케이션 컨테이너를 실행했습니다. 백엔드 애플리케이션은 사용자의 브라우저에서 데이터가 필요할 때마다 API 요청을 받아야 하므로 포트 포워딩을 통해 실습 PC의 8080번 포트로 접근했을 때 컨테이너의 8080번 포트로 연결되도록 설정했습니다.

애플리케이션이 데이터베이스의 URL로 사용하는 환경변수 값을 데이터베이스 컨테이너의 이름인 `leafy-postgres`로 지정했습니다. 네트워크는 `leafy-network`로 설정했으며, 같은 네트워크에 속해 있기 때문에 `leafy-postgres`로 요청을 보내면 데이터베이스 컨테이너로 전달됩니다.

```
docker run -d -p 8080:8080 -e DB_URL=leafy-postgres --network leafy-network --name leafy devwikirepo/leafy-backend:1.0.0
```

마지막으로 프런트엔드 애플리케이션을 실행할 때는 PC의 80번 포트를 컨테이너의 80번 포트로 지정했습니다. 따라서 `http://localhost:80`으로 접속하면 페이지를 확인할 수 있습니다. 80번 포트는 생략이 가능하므로 `http://localhost`로도 접속할 수 있습니다. 네트워크는 `leafy-network`로 지정했습니다.

```
docker run -d -p 80:80 --network leafy-network --name leafy-frontend devwikirepo/leafy-frontend:1.0.0
```

리피 애플리케이션의 네트워크 구성도를 보면 총 세 개의 컨테이너를 실행하고 `leafy`와 `leafy-frontend`만 포트 포워딩을 설정했습니다. 포트 포워딩이 설정되지 않은 데이터베이스 컨테이너는 외부에서 직접 접근할 수 없습니다. 포트 포워딩이 설정된 `leafy`와 `leafy-frontend`는 실습 PC의 IP 주소의 80번 포트와 8080번 포트로 접근할 수 있습니다.

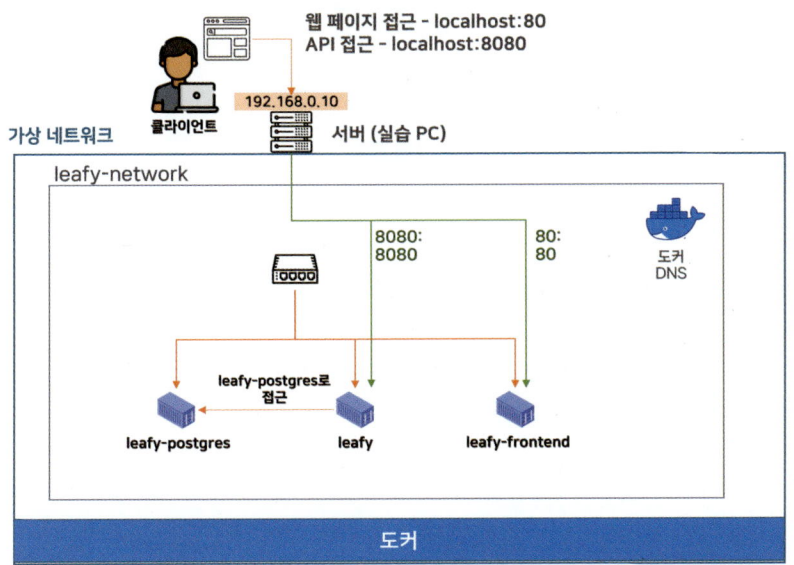

그림 7.23 리피 네트워크의 구조도

이처럼 외부 접근이 필요한 컨테이너는 포트 포워딩을 통해 호스트 PC의 IP 주소를 컨테이너와 연결할 수 있습니다. 데이터베이스처럼 직접 연결할 필요가 없는 컨테이너는 포트 포워딩 설정을 하지 않았기 때문에 외부에서 접근할 수 없습니다.

이번 장에서는 IP, 공인망과 사설망, NAT, 포트 포워딩, DNS와 같은 네트워크의 전반적인 개념과 도커의 가상 네트워크에 대해 알아봤습니다. 도커의 브릿지 네트워크를 통해 컨테이너간 통신이 이뤄지는 구조에 대해 학습하고, 학습한 내용을 바탕으로 리피 애플리케이션에 적용된 네트워크 개념을 정리했습니다. 처음 명령어를 실행했을 때보다 더 많은 내용을 이해했을 것입니다. 다음 장에서는 컨테이너의 볼륨 개념을 알아보고 컨테이너의 상태를 관리하는 방법을 살펴보겠습니다.

# CHAPTER 08

# 볼륨

도커의 볼륨은 컨테이너에 상태를 부여하는 핵심 기능입니다. 여기서 상태는 컨테이너가 실행되는 동안 생성되거나 변경된 데이터를 의미합니다. 예를 들어, 데이터베이스에 저장된 정보, 사용자가 업로드한 파일, 로그 기록 등이 상태에 해당합니다.

## 8.1 컨테이너의 상태와 스테이트리스 특성

컨테이너는 기본적으로 스테이트리스(stateless)합니다. 이는 상태가 없다는 의미로, 컨테이너 내부에서 발생한 변경사항이 영구적으로 저장되지 않는다는 뜻입니다. **컨테이너가 종료되면 컨테이너 내에서 발생한 모든 변경사항이 사라집니다.** 이러한 특성은 기존 서버 관리 방식에 큰 변화를 가져왔습니다.

### 8.1.1 컨테이너의 스테이트리스 특성

컨테이너는 읽기 전용 레이어인 이미지를 기반으로 생성됩니다. 컨테이너를 실행하면 이 이미지 위에 읽기-쓰기가 가능한 컨테이너 레이어가 추가됩니다. 컨테이너 실행 중 발생하는 모든 변경사항은 이 컨테이너 레이어에 기록되며, 컨테이너가 종료되면 이 레이어도 함께 사라져 컨테이너 내부에서 발생한 모든 변경사항, 즉 상태가 없어집니다.

상태를 갖지 않는 속성을 **스테이트리스**라고 하며, 이는 컨테이너의 중요한 특성입니다. 상태를 갖지 않기 때문에 컨테이너는 빠르고 쉽게 생성하고 삭제할 수 있으며, 동일한 환경을 쉽게 복제할 수 있습니다.

## 8.1.2 서버 관리 패러다임의 변화: Pet vs Cattle

컨테이너의 스테이트리스 특성은 서버 관리 패러다임에 큰 변화를 가져왔습니다. 이 변화를 설명하는 개념으로 'Pet vs Cattle'이 있습니다. 여기서 Pet은 애완동물, Cattle은 가축을 의미합니다.

Pet 방식은 전통적인 서버 관리 방식입니다. 이 방식에서는 각 서버를 애완동물처럼 소중하게 다룹니다. 애완동물에게 코코, 보리 같은 이름을 붙이듯이 서버에도 'primary-database'나 'main-webserver' 같은 의미 있는 이름을 붙입니다. 서버에 문제가 발생하면 관리자가 직접 문제를 해결하고 복구합니다.

Cattle 방식은 컨테이너 기반의 새로운 서버 관리 방식입니다. 이 방식은 서버를 가축처럼 취급합니다. 대규모 목장에서 가축을 번호로 관리하듯 서버에 'webserver-85bf26f8'나 'database-37abe44d' 같은 식별자를 붙입니다. 가축이 병들면 무리에서 분리하고 새로운 가축으로 대체하듯, 문제가 생긴 서버는 즉시 제거하고 새로운 서버로 교체합니다.

Cattle 방식의 장점은 다음과 같습니다.

- 일관성: 같은 역할을 하는 서버가 동일한 설정과 환경을 가집니다.
- 확장성: 필요에 따라 서버를 쉽게 추가할 수 있습니다.
- 복구 용이성: 문제가 있는 서버를 신속하게 새 서버로 교체할 수 있습니다.

Cattle 방식은 클라우드 네이티브 환경과 마이크로서비스 아키텍처에 특히 적합합니다. 이 방식을 통해 대규모 서버를 효율적으로 관리하고 장애에 더 빠르게 대응할 수 있습니다. 또한 서비스의 확장성과 유연성이 크게 향상되어 현대 애플리케이션 개발 및 운영에 더 적합한 환경을 제공합니다.

표 8.1 Pet 방식과 Cattle 방식의 비교

| 항목 | Pet 방식 | Cattle 방식 |
| --- | --- | --- |
| 운영 환경 | 전통적, 가상머신 | 컨테이너 |
| 식별 방식 | 고유한 이름을 가짐 | 의미 없는 식별자 사용 |
| 문제 해결 방법 | 문제 해결 또는 복구 시도 | 삭제 후 새로 생성 |
| 상태 관리 | 상태 유지 및 관리 | 상태 최소화 및 외부 저장 |
| 교체 용이성 | 교체가 어려움 | 쉽게 교체 |
| 아키텍처 | 모놀리식, 온프레미스 | MSA, 클라우드 |

### 실습 8.1 컨테이너의 스테이트리스 특성 이해하기

이번 실습에서는 컨테이너의 스테이트리스 특성을 살펴보겠습니다. `easydocker` 디렉터리 내에 `index` 폴더를 만들고, 그 안에 "Hello Volume"이라는 내용의 `index.html` 파일을 생성합니다.

```
$ cd ~/easydocker
$ mkdir index
$ cd index
$ echo "Hello Volume" > index.html
$ cat index.html
"Hello Volume"
$ ls
index.html
```

다음으로 nginx 이미지로 my-nginx 컨테이너를 실행합니다.

```
$ docker run -d -p 80:80 --name my-nginx nginx
(실행된 컨테이너의 ID 출력)
```

방금 만든 `index.html` 파일을 엔진엑스의 웹 루트 디렉터리인 `/usr/share/nginx/html/`로 복사합니다.

```
$ docker cp index.html my-nginx:/usr/share/nginx/html/index.html
Successfully copied 2.05kB to my-nginx:/usr/share/nginx/html/index.html
```

80번 포트로 포트 포워딩이 적용돼 있어 실습 PC에서 http://localhost에 접속하면 "Hello Volume" 페이지를 확인할 수 있습니다. 현재 실행 중인 컨테이너를 삭제하고 같은 이미지를 새 컨테이너로 실행합니다.

```
$ docker rm -f my-nginx
my-nginx
$ docker run -d -p 80:80 --name my-nginx nginx
(실행된 컨테이너의 ID 출력)
```

다시 http://localhost에 접속하면 엔진엑스의 기본 페이지가 표시됩니다. 이는 컨테이너를 삭제할 때 이전의 모든 변경사항도 함께 제거되기 때문입니다. 다음으로 새 컨테이너의 /usr/share/nginx/html/index.html 파일을 실습 PC로 복사한 뒤 내용을 확인합니다.

```
$ docker cp my-nginx:/usr/share/nginx/html/index.html index-from-container.html
Successfully copied 2.56kB to /Users/devwiki/easydocker/index/index-from-container.html
$ cat index-from-container.html
<!DOCTYPE html>
<html>
<head>
<title>Welcome to nginx!</title>
... (중략) ...
```

엔진엑스의 기본 페이지를 확인할 수 있습니다. 이 현상은 컨테이너의 스테이트리스 특성을 잘 보여줍니다. 컨테이너가 삭제되면 그동안의 모든 변경사항이 사라지며, 새로운 컨테이너는 항상 원본 이미지의 초기 상태로 시작합니다. 마지막으로 실습에 사용한 컨테이너와 디렉터리를 삭제하고 실습을 마치겠습니다.

```
$ docker rm -f my-nginx
my-nginx
$ cd ~/easydocker
$ rm index.html
```

```
$ rm index-from-container.html
$ rm -r index
```

## 8.2 애플리케이션 현대화

애플리케이션 현대화는 기존 레거시 시스템을 최신 기술과 아키텍처로 전환하는 과정입니다. 컨테이너와 클라우드의 등장으로 애플리케이션의 설계와 관리 방법론이 근본적으로 바뀌었습니다. 그중 중요한 것이 컨테이너의 스테이트리스 특성이 가져온 변화입니다. 스테이트리스 설계로 애플리케이션은 환경이나 부하 상태와 관계없이 일관된 성능을 제공할 수 있습니다. 이 접근 방식은 불변성, 격리성, 이식성, 확장성, 복원력 같은 현대적 애플리케이션의 주요 특성을 가능하게 합니다.

하지만 이런 특성을 효과적으로 활용하려면 기존 개발 방식에서 벗어난 새로운 접근이 필요합니다. 특히 데이터 저장 방식, 세션 관리, 설정 주입 등에서 기존 애플리케이션 아키텍처를 변경해야 합니다. 이러한 변화를 애플리케이션 현대화(modernization)라고 합니다.

### 8.2.1 컨테이너 기반 애플리케이션의 특징

컨테이너에서 실행되는 애플리케이션은 다음과 같은 특징을 가집니다. 각 특징은 앞서 설명한 컨테이너의 특징을 애플리케이션 상태 관점에서 표현한 것으로, 완전히 새로운 개념이 아닙니다.

#### 불변성(Immutability)

컨테이너 이미지는 읽기 전용으로 생성되어 변경할 수 없습니다. 새로운 기능이나 수정이 필요하면 새 이미지를 만들어야 합니다. 이러한 특성을 불변성이라 하며, 이 덕분에 컨테이너를 항상 동일한 초기 상태로 신속히 생성할 수 있습니다. 이미지는 컨테이너의 초기 상태를 저장하고 있어 필요할 때마다 일관된 상태로 컨테이너를 시작할 수 있습니다.

## 격리성(Isolation)

격리성은 각 컨테이너가 독립된 환경에서 실행되는 특성입니다. 컨테이너는 자체 파일 시스템, 네트워크, 프로세스 공간을 가지며, 이들은 다른 컨테이너나 호스트 시스템과 분리돼 있습니다. 이러한 격리 덕분에 한 컨테이너에서 발생한 문제가 다른 컨테이너나 전체 시스템에 영향을 주지 않습니다.

## 이식성(Portability)

이식성은 컨테이너가 다양한 환경에서 동일하게 실행되는 특성입니다. 컨테이너는 애플리케이션과 그 종속성을 모두 포함하므로 개발 서버, QA 서버, 운영 서버 등 어떤 환경에서도 일관되게 작동합니다. 이런 특성 덕분에 이미지는 한 번 제작하면 어디서든 동일하게 실행할 수 있습니다.

## 확장성(Scalability)

확장성은 시스템 부하가 증가할 때 시스템을 유연하게 확장하는 특성입니다. 컨테이너는 레이어 구조를 띠고 있어 가볍고 커널의 가상화 기능을 활용해 빠르게 시작하고 중지할 수 있습니다. 이런 특성 덕분에 트래픽이 증가할 때 동일한 역할을 수행하는 컨테이너를 추가로 실행해 부하를 분산할 수 있습니다. 이를 통해 시스템의 성능과 가용성을 효율적으로 유지하고, 필요에 따라 신속하게 확장하거나 축소할 수 있습니다.

## 복원력(Resilience)

복원력은 시스템이 장애에 대응하고 빠르게 복구되는 능력입니다. 컨테이너화된 애플리케이션은 특정 컨테이너에 문제가 발생해도 전체 시스템에 미치는 영향을 최소화할 수 있습니다. 문제가 발생한 컨테이너를 신속하게 제거하고 새로운 컨테이너로 대체해 서비스 중단 시간을 크게 줄일 수 있습니다.

## 8.2.2 스테이트리스 애플리케이션 개발 시 고려사항

상태가 없는 애플리케이션을 개발할 때는 데이터 관리, 세션 처리, 일관성 유지, 설정 유연성을 고려해야 합니다. 이러한 요소를 잘 설계하면 안정적이고 확장성 있는 애플리케이션을 만들 수 있습니다.

### 외부 데이터 저장소 활용

데이터를 영구 저장하려면 외부 저장소를 사용해야 합니다. 예를 들어, 사용자 요청 내용을 파일로 저장해야 한다면 컨테이너 외부 스토리지에 보관해야 합니다. 이는 컨테이너가 중단되거나 재생성되면 컨테이너 레이어가 초기화되어 파일이 손실되기 때문입니다.

### 세션과 캐시 정보의 외부 관리

세션과 캐시 정보도 외부에서 관리해야 합니다. 로그인 정보나 장바구니 상품 리스트 같은 세션 정보와 캐시 데이터는 컨테이너 외부에서 관리해야 합니다. 이러한 정보는 외부 캐시 서버나 사용자 브라우저의 쿠키에 저장해둘 수 있습니다. 컨테이너 내부의 파일 시스템이나 메모리에 이 같은 데이터를 저장하지 않아야 합니다.

### 일관된 응답 보장

일관된 응답은 스테이트리스 애플리케이션의 핵심 원칙입니다. 애플리케이션은 같은 요청에 항상 같은 결과를 제공해야 합니다. 서버마다 다른 응답을 제공하면 사용자 경험이 일관되지 않고 애플리케이션이 어떻게 동작할지 예측하기 어렵습니다. 특히 트래픽 증가에 따라 컨테이너를 여러 대로 확장할 때 이 원칙은 더욱 중요합니다. 모든 컨테이너가 일관된 응답을 제공하면 사용자는 어떤 컨테이너에 접근해도 같은 결과를 받을 수 있습니다.

### 설정의 외부 주입

설정 정보는 환경변수로 외부에서 주입해야 합니다. 설정 정보를 애플리케이션 실행 시 지정하면 같은 이미지를 다양한 환경에 맞게 구성할 수 있습니다. 예를 들어, 데이터베이스 연결 정보(URL, 포트, 계정명, 패스워드 등)는 환경에 따라 달라질 수 있습니다. 이런 정보를 환경변수로 설정하고 컨테이너 실행 시 주입할 수 있습니다. 설정을 외부에서 주입하면 하나의 이미지를 다양한 환경에서 유연하게 활용할 수 있습니다. 또한 설정 값이 변경되더라도 애플리케이션을 재배포할 필요가 없어 운영 효율성이 높아집니다.

## 8.3 도커 볼륨

도커 볼륨은 컨테이너에 데이터 영속성을 부여하기 위한 기능입니다. 영속성은 데이터가 지속적으로 유지되는 특성을 의미합니다.

### 8.3.1 도커 볼륨의 필요성

도커 볼륨은 주로 두 가지 상황에서 필요합니다. 데이터의 영속성이 요구될 때와 서버 이중화로 데이터 일관성이 필요할 경우입니다.

#### 데이터 영속성 확보

컨테이너는 기본적으로 상태를 유지하지 않습니다. 컨테이너를 삭제하거나 재시작하면 모든 데이터가 초기 이미지 상태로 돌아갑니다. 그러나 실제 서버 운영 환경에서는 데이터의 영속성이 필요한 경우가 많습니다.

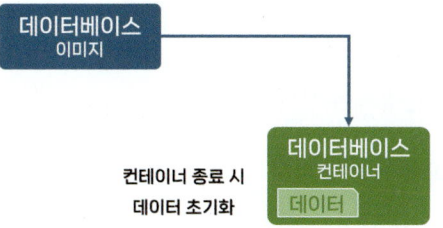

그림 8.1 영속성이 필요한 데이터베이스 서버

데이터베이스 서버처럼 지속적으로 데이터를 저장해야 하는 경우 데이터 영속성이 더욱 중요합니다. 컨테이너를 실행할 때마다 데이터베이스 정보가 초기화되면 서비스를 정상적으로 운영하기 어렵습니다. 따라서 컨테이너의 생명주기와 관계없이 데이터를 보존할 수 있어야 합니다.

## 서버 이중화와 데이터 일관성

서비스 운영 환경에서는 서버 이중화가 일반적입니다. 서버 이중화는 두 대 이상의 서버를 운영해 한 대에 문제가 생기면 다른 서버가 요청을 처리하는 방식입니다. 이 구조에서는 로드 밸런싱으로 클라이언트의 요청을 여러 서버에 분산합니다. 로드 밸런싱은 여러 서버에 요청을 고르게 배분하는 역할을 합니다.

그림 8.2는 동일한 데이터베이스 이미지로 실행한 세 개의 컨테이너를 보여줍니다. 세 컨테이너는 같은 이미지로 실행되어 같은 기능을 제공하며, 클라이언트의 요청은 로드 밸런싱을 통해 무작위로 세 컨테이너 중 하나에 전달됩니다.

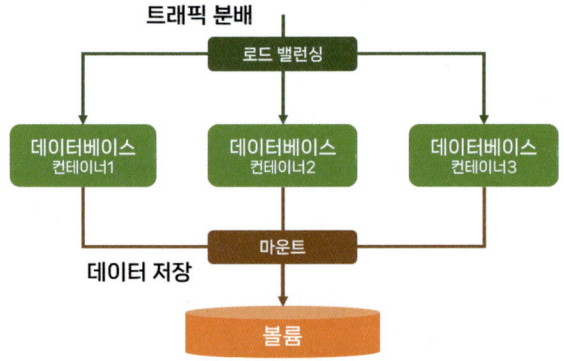

그림 8.2 다수 컨테이너로 요청을 분산하는 로드밸런싱 구조

이때 중요한 점은 모든 서버가 동일한 데이터를 공유하고 있어야 한다는 것입니다. 예를 들어, 1번 서버의 상품 가격이 1만 원인데, 2번 서버에서는 4만 원이라면 큰 문제가 됩니다. 따라서 **모든 서버가 일관된 데이터를 공유해야 합니다.**

요약하면, 도커 볼륨이 필요한 이유는 다음과 같습니다.

- 컨테이너가 삭제되거나 재시작돼도 데이터를 안전하게 유지합니다.
- 여러 컨테이너가 같은 데이터를 공유할 수 있습니다.
- 서비스의 안정성과 데이터의 일관성을 유지합니다.

## 8.3.2 도커 볼륨의 작동 원리

도커 볼륨은 컨테이너 외부에 독립적인 저장 공간을 제공합니다. 이는 컴퓨터에 외장 저장소를 연결하는 것과 비슷합니다. 볼륨으로 컨테이너의 생명주기와 관계없이 데이터를 안전하게 보관하고 관리할 수 있습니다.

### 마운트

마운트(mount)는 컴퓨터 시스템에서 외부 저장 장치나 파일 시스템을 특정 디렉터리에 연결하는 것을 의미합니다. 도커에서 마운트는 컨테이너의 특정 디렉터리를 외부 저장소 역할을 하는 도커 볼륨에 연결하는 과정입니다. 이를 통해 컨테이너는 볼륨의 데이터를 마치 자신의 로컬 디렉터리처럼 접근하고 사용할 수 있습니다.

마운트는 USB 드라이브를 컴퓨터에 연결하는 것과 비슷합니다. USB 드라이브를 연결하면 컴퓨터에 새로운 드라이브가 생겨 USB 드라이브의 데이터에 접근할 수 있습니다. 마찬가지로 도커 볼륨을 컨테이너에 마운트하면 컨테이너 내부의 특정 경로가 볼륨과 연결되어 데이터를 읽고 쓸 수 있습니다.

네트워크 파일 시스템(Network File System; NFS)도 마운트의 좋은 예입니다. NFS를 사용하면 여러 컴퓨터가 네트워크로 같은 저장소를 동시에 사용할 수 있습니다. 마치 원격의 저장소가 로컬 디렉터리인 것처럼 사용할 수 있는 것입니다. 도커 볼륨도 이와 비슷하게 작동해 **여러 컨테이너가 같은 볼륨을 마운트하고 공유**할 수 있습니다.

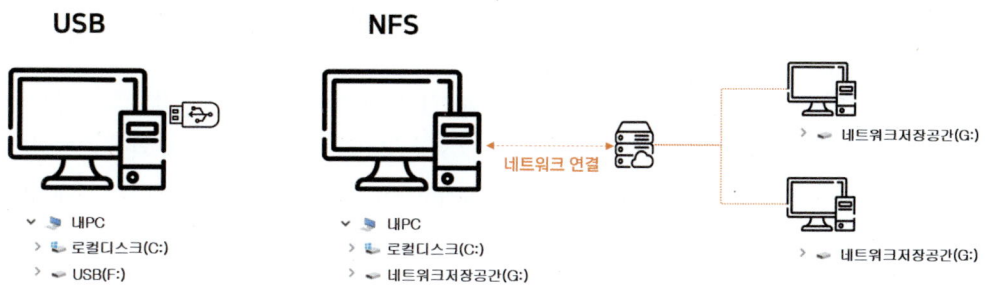

그림 8.3 USB 드라이브와 NFS의 마운트 구조

핵심은 특정 디렉터리를 외부 저장소로 대체하는 것입니다. 예를 들어, 데이터베이스 컨테이너의 /var/lib/postgresql/data 디렉터리를 도커 볼륨에 마운트하면 이 경로에 저장되는 모든 데이터가 실제로는 볼륨에 저장됩니다. 컨테이너 환경에서는 여전히 /var/lib/postgresql/data에 데이터를 쓰고 있지만 실제로는 이 경로가 볼륨으로 대체되어 데이터가 볼륨에 저장됩니다.

### 볼륨 마운트 방법

docker run 명령으로 컨테이너 실행할 때 -v 옵션을 사용하면 도커 볼륨을 컨테이너의 특정 디렉터리에 마운트할 수 있습니다. 마운트 형식은 -v [볼륨 이름]:[컨테이너 내부 경로]입니다. 예를 들어, PostgreSQL 컨테이너를 실행할 때 -v volume1:/var/lib/postgresql/data 옵션을 입력하면 volume1이라는 도커 볼륨을 컨테이너의 /var/lib/postgresql/data 경로에 마운트합니다.

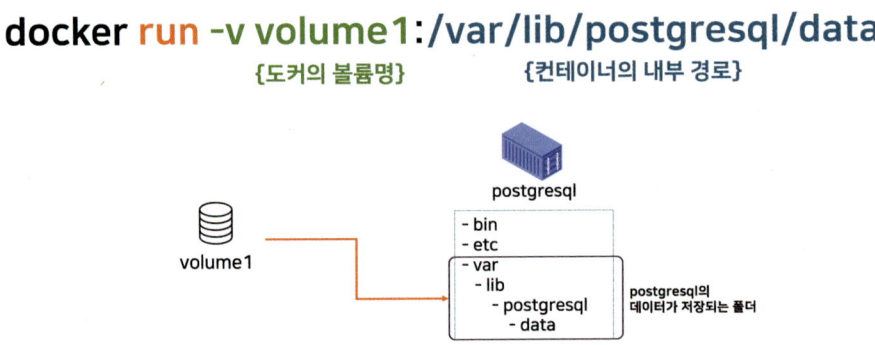

그림 8.4 도커 볼륨의 마운트 명령어

그림 8.4와 같이 볼륨을 마운트하면 컨테이너가 /var/lib/postgresql/data 경로에 저장하는 모든 데이터는 실제로 volume1이라는 외부 공간에 저장됩니다. 컨테이너가 종료되면 컨테이너 레이어는 모두 삭제되지만 **볼륨은 도커가 별도로 관리하므로 그대로 유지됩니다**. 이는 컨테이너가 업그레이드되거나 다른 컨테이너로 교체돼도 데이터를 지속적으로 유지할 수 있게 합니다.

### 8.3.3 도커 볼륨 활용

하나의 컨테이너는 여러 개의 볼륨을 마운트할 수 있고, 여러 컨테이너가 하나의 볼륨을 공유할 수도 있습니다.

#### 단일 컨테이너에서의 다중 볼륨 사용

하나의 컨테이너에 여러 볼륨을 마운트할 수 있습니다. 예를 들어, PostgreSQL의 설정 파일과 데이터를 별도 볼륨으로 관리하려면 다음 명령어를 사용할 수 있습니다.

```
docker run -v volume1:/etc/postgresql -v volume2:/var/lib/postgresql/data
```

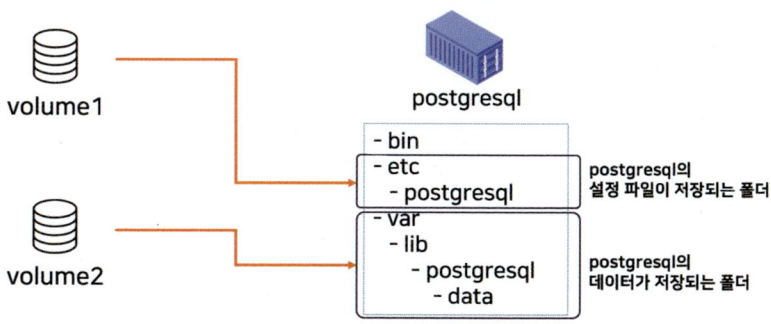

그림 8.5 두 개의 볼륨을 사용하는 컨테이너 구조

그림 8.5와 같이 volume1에는 데이터베이스 설정 파일을, volume2에는 실제 데이터를 저장하게 됩니다.

#### 다중 컨테이너에서의 볼륨 공유

볼륨의 또 다른 장점은 여러 컨테이너가 같은 볼륨을 공유할 수 있다는 것입니다. 예를 들어, 여러 데이터베이스 컨테이너가 같은 데이터 볼륨을 공유하도록 설정하면 어느 컨테이너로 요청을 보내도 동일한 데이터에 접근할 수 있습니다.

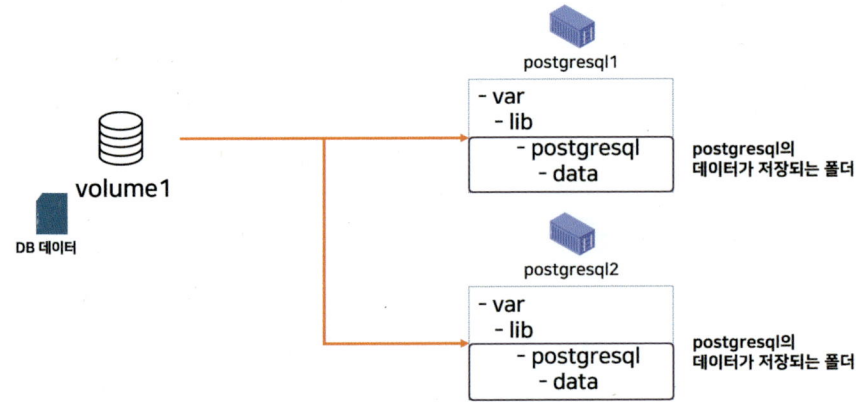

그림 8.6 두 개의 컨테이너가 한 개의 볼륨을 공유

아래 명령어와 같이 두 개의 컨테이너를 실행하면서 같은 볼륨을 지정할 수 있습니다.

```
docker run -v volume1:/var/lib/postgresql/data --name postgresql1
docker run -v volume1:/var/lib/postgresql/data --name postgresql2
```

도커 볼륨은 컨테이너의 외부 데이터를 저장하는 저장소입니다. 하나의 컨테이너에 여러 볼륨을 마운트할 수 있고, 반대로 하나의 볼륨을 여러 컨테이너에 마운트할 수도 있습니다. 이를 통해 데이터의 영속성을 보장하고, 컨테이너 간 데이터 공유를 쉽게 하며, 컨테이너 업그레이드하거나 교체할 때도 데이터를 안전하게 보존할 수 있습니다. 볼륨의 특성을 활용하면 컨테이너 기반 애플리케이션의 데이터를 더 유연하고 안정적으로 관리할 수 있습니다.

### 8.3.4 도커 볼륨 관리 명령어

도커는 docker volume 명령어로 볼륨을 관리합니다. ls로 볼륨 목록을 조회하고, inspect는 상세 정보를 확인하며, create로 볼륨을 생성합니다.

**docker volume ls**
볼륨 리스트 조회

**docker volume inspect 볼륨명**
볼륨 상세 정보 조회

**docker volume create 볼륨명**
볼륨 생성

**docker volume rm 볼륨명**
볼륨 삭제

그림 8.7 볼륨을 관리하는 도커 명령어

docker volume rm 명령으로 볼륨을 삭제할 수 있습니다. 현재 컨테이너에 마운트된 볼륨은 삭제할 수 없습니다. 볼륨을 삭제하려면 해당 볼륨을 사용하는 모든 컨테이너가 삭제된 상태여야 합니다.

### 8.3.5 도커 볼륨의 마운트 종류

도커는 데이터의 영속성을 위해 볼륨 마운트와 바인드 마운트라는 두 가지 마운트 방식을 제공합니다.

#### 볼륨 마운트(Volume Mount)

도커는 여러 볼륨을 생성하고 관리합니다. 볼륨 마운트는 도커가 호스트OS의 특정 디렉터리(/var/lib/docker/volumes/)에 데이터를 저장하고 관리하는 가장 기본적인 마운트 방식입니다.

그림 8.8은 볼륨 마운트의 구조를 보여줍니다. 엔진엑스 컨테이너를 실행할 때 -v volume1:/usr/share/nginx/html 옵션을 사용하면 volume1 볼륨이 컨테이너의 /usr/share/nginx/html 경로에 마운트됩니다. 이렇게 마운트된 경로에 저장되는 데이터는 실제로 호스트OS의 /var/lib/docker/volumes/volume1 경로에 저장됩니다.

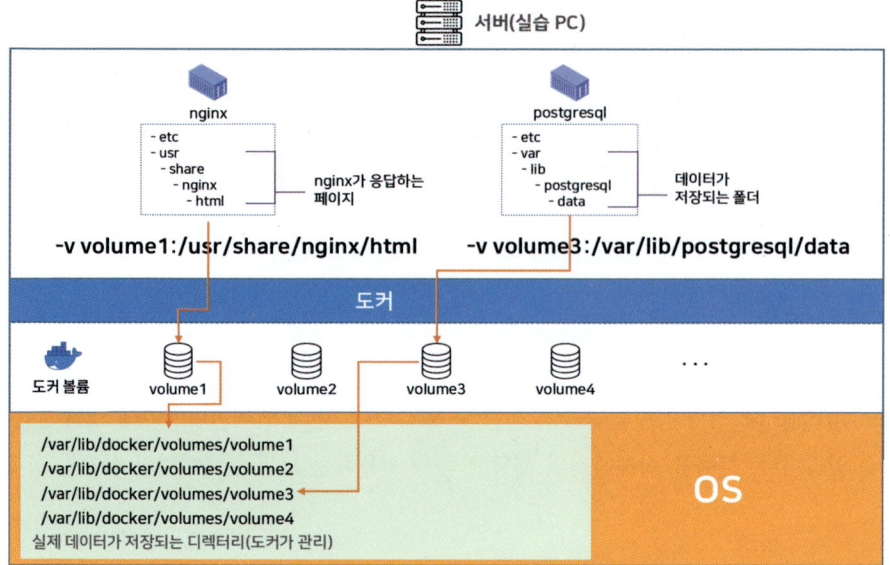

그림 8.8 볼륨의 마운트 구조와 작동 원리

또한 PostgreSQL 컨테이너는 `volume3`을 컨테이너 내부의 `/var/lib/postgresql/data` 경로에 마운트할 수 있습니다. 이 경로는 PostgreSQL의 데이터를 저장하는 경로로, 컨테이너가 저장하는 모든 데이터는 `volume3`의 고유 공간인 호스트OS의 `/var/lib/docker/volumes/volume3` 디렉터리에 저장됩니다.

볼륨의 핵심 특징은 데이터의 영속성입니다. PostgreSQL 컨테이너를 삭제하고 새 컨테이너를 실행해도 호스트OS의 볼륨 디렉터리에 데이터가 그대로 남아 있습니다. 따라서 새로운 컨테이너에 같은 볼륨을 마운트하면 이전 데이터를 그대로 사용할 수 있습니다. 이러한 특성은 데이터의 안정성과 연속성을 보장하며, 컨테이너 기반 애플리케이션의 유연성을 크게 높입니다.

### 실습 8.2 볼륨 마운트

이번 실습에서는 도커 볼륨을 생성 및 사용하는 방법과 데이터 영속성에 관해 알아보겠습니다. 먼저 `mydata`라는 이름의 볼륨을 생성합니다.

```
$ docker volume create mydata
mydata
```

```
$ docker volume ls
DRIVER              VOLUME NAME
local               mydata
$ docker volume inspect mydata
[
    {
        "CreatedAt": "...",
        "Driver": "local",
        "Labels": null,
        "Mountpoint": "/var/lib/docker/volumes/mydata/_data",
        "Name": "mydata",
        "Options": null,
        "Scope": "local"
    }
]
```

docker volume inspect 명령은 볼륨의 상세 정보를 제공합니다. 여기서 local 드라이버는 데이터가 호스트OS에 저장된다는 것을 의미이며, 실제 저장 위치는 /var/lib/docker/volumes/mydata/_data입니다.

리눅스 환경에서는 이 경로를 직접 관찰할 수 있지만 리눅스가 아닌 환경에서는 도커가 가상 머신 형태로 실행되므로 실제 데이터를 직접 관찰하기 어렵습니다.

이제 PostgreSQL 데이터베이스 컨테이너를 생성하고, mydata 볼륨을 마운트합니다.

```
$ docker run -d --name my-postgres -e POSTGRES_PASSWORD=password -v mydata:/var/lib/postgresql/data postgres:13
(실행된 컨테이너의 ID 출력)
```

docker container inspect 명령 결과에서 볼륨의 마운트 정보를 확인할 수 있습니다. Source 는 호스트의 볼륨 위치를, Destination은 컨테이너 내부의 마운트 위치를 나타냅니다.

```
$ docker container inspect my-postgres
...
        "Mounts": [
            {
```

```
            "Type": "volume",
            "Name": "mydata",
            "Source": "/var/lib/docker/volumes/mydata/_data",
            "Destination": "/var/lib/postgresql/data",
            "Driver": "local",
            "Mode": "z",
            "RW": true,
            "Propagation": ""
        }
    ],
... (중략) ...
```

컨테이너 내에서 새로운 데이터베이스를 생성하고 확인합니다. docker exec 명령으로 컨테이너 내부에 CREATE DATABASE mydb; 명령을 전달해 mydb 데이터베이스를 생성합니다.

```
$ docker exec -it my-postgres psql -U postgres -c "CREATE DATABASE mydb;"
CREATE DATABASE
$ docker exec -it my-postgres psql -U postgres -c "\list"
List of databases
Name          |
mydb          |
postgres      |
template0     |
template1     |
(4 rows)
```

컨테이너를 삭제한 후에도 볼륨이 그대로 남아 있는지 확인합니다.

```
$ docker rm -f my-postgres
my-postgres
$ docker volume ls
DRIVER        VOLUME NAME
local         mydata
```

이제 새로운 my-postgres-2 컨테이너를 실행합니다. mydata 볼륨을 동일한 디렉터리인 /var/lib/postgresql/data로 마운트합니다.

```
$ docker run -d --name my-postgres-2 -v mydata:/var/lib/postgresql/data -e POSTGRES_PASSWORD=password postgres:13
(실행된 컨테이너의 ID 출력)
```

볼륨을 마운트하지 않으면 비어 있는 데이터베이스 서버가 실행됩니다. 하지만 이전에 mydb를 생성한 볼륨을 마운트했기 때문에 데이터베이스가 유지됩니다. \list 명령을 데이터베이스 서버로 보내 현재 서버의 데이터베이스를 조회합니다.

```
$ docker exec -it my-postgres-2 psql -U postgres -c "\list"
List of databases
Name       |
mydb       |
postgres   |
template0  |
template1  |
(4 rows)
```

mydb가 여전히 존재하는 것을 확인했습니다. 실습에 사용된 컨테이너와 볼륨을 삭제합니다.

```
$ docker rm -f my-postgres-2
my-postgres-2
$ docker volume rm mydata
mydata
```

실습한 내용을 그림으로 정리하면 다음과 같습니다.

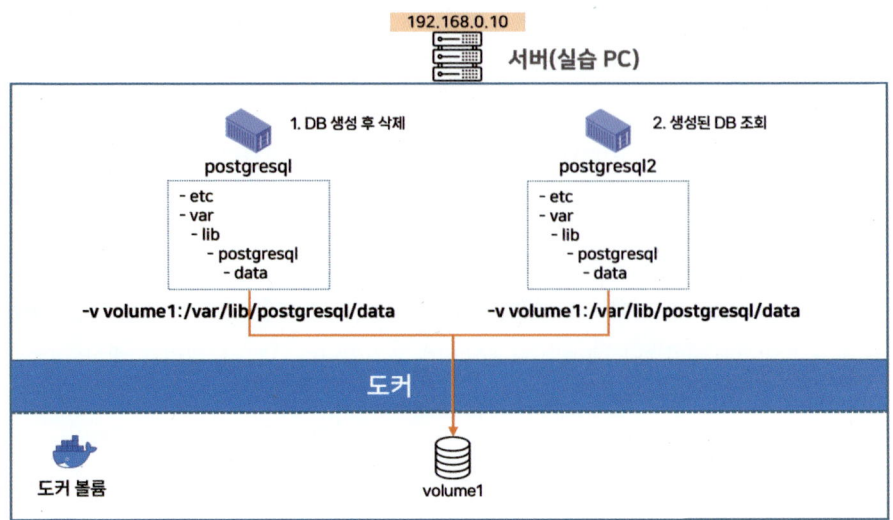

그림 8.9 실습 볼륨의 마운트 구조

먼저 postgresql 컨테이너를 생성하면서 volume1을 생성했고, 데이터베이스를 생성한 후 컨테이너만 삭제했습니다. postgresql2 컨테이너를 생성하면서 volume1을 같은 경로에 마운트했습니다. 그리고 postgresql에서 생성한 데이터베이스가 그대로 남아 있는 것을 확인했습니다.

이처럼 도커 볼륨을 사용하면 컨테이너의 라이프 사이클에 영향을 받지 않고 데이터의 영속성을 유지할 수 있다는 것을 확인했습니다.

### 바인드 마운트

도커의 바인드 마운트(bind mount)는 호스트OS의 특정 경로를 직접 컨테이너에 연결합니다. 볼륨 마운트와 바인드 마운트는 모두 호스트OS의 특정 경로를 사용합니다. 그러나 볼륨 마운트는 도커가 지정하고 관리하는 경로를 사용하며, 일반적으로 사용자가 직접 해당 경로에 접근하기 어렵습니다. 반면, 바인드 마운트는 사용자가 지정한 호스트OS 경로를 직접 마운트해서 직접 접근할 수 있습니다.

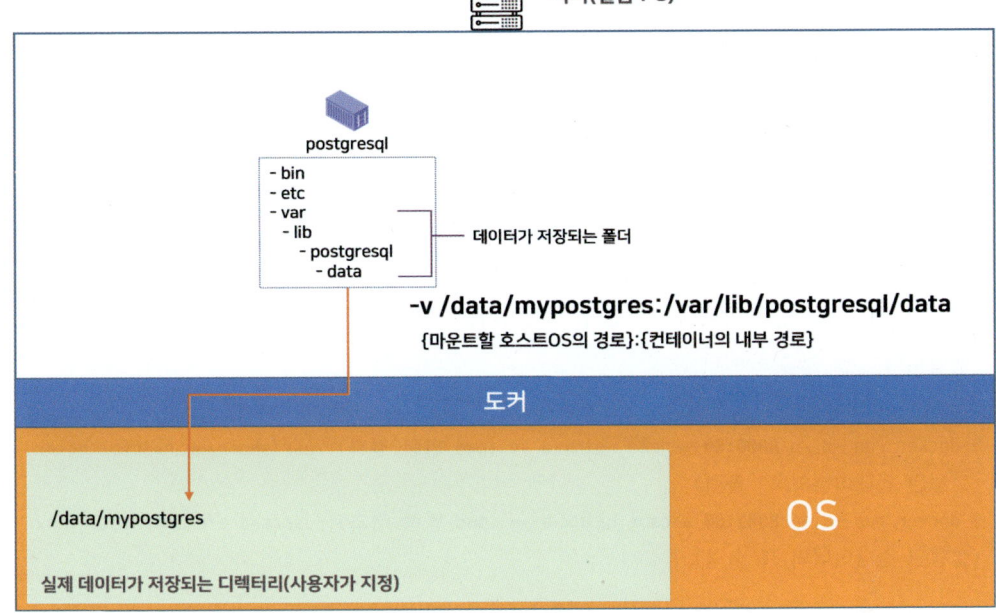

그림 8.10 바인드 마운트의 구조와 작동 원리

바인드 마운트의 장점은 호스트OS에서 데이터에 쉽게 접근할 수 있다는 점입니다. 컨테이너 실행 시 마운트한 디렉터리인 `/var/lib/postgresql/data` 경로의 변경 사항은 호스트OS의 `/data/mypostgres` 경로에서도 즉시 확인할 수 있습니다. 이 기능은 개발이나 디버깅 과정에서 데이터를 직접 관찰하고 수정할 때 매우 유용합니다.

하지만 바인드 마운트를 사용하면 도커 볼륨이 생성되지 않습니다. 이는 바인드 마운트가 호스트 시스템의 디렉터리를 직접 사용하기 때문입니다. 바인드 마운트는 주로 개발 환경이나 특별한 디버깅 상황에서 유용하며, 일반적인 환경에서는 도커 볼륨을 사용하는 것이 더 안전하고 관리하기 쉽습니다.

### 실습 8.3 도커 바인드 마운트

이번 실습에서는 바인드 마운트를 활용해보겠습니다. 터미널을 열고 `easydocker` 경로에 `index` 디렉터리를 만들고 해당 디렉터리로 이동합니다. `pwd` 명령으로 `index` 디렉터리의 절대 경로를 확인한 뒤 복사해둡니다. 이 경로를 바인드 마운트에 활용할 것입니다.

```
$ cd ~/easydocker
$ mkdir index
$ cd index
$ pwd
/Users/devwiki/easydocker/index
```

첫 번째 엔진엑스 컨테이너는 8000:80으로 포트 포워딩하고 이름을 nginx-a로 지정합니다. -v 옵션으로 pwd 명령으로 확인한 index 디렉터리의 절대 경로를 엔진엑스의 /usr/share/nginx/html 디렉터리에 마운트합니다. 두 번째 컨테이너는 포트를 8001:80과 nginx-b라는 이름으로 실행합니다.

```
$ docker run -d -p 8000:80 --name nginx-a -v (pwd 명령 결과):/usr/share/nginx/html nginx
(실행된 컨테이너의 ID 출력)
$ docker run -d -p 8001:80 --name nginx-b -v (pwd 명령 결과):/usr/share/nginx/html nginx
(실행된 컨테이너의 ID 출력)
```

두 컨테이너를 동일한 경로의 바인드 마운트했습니다. 컨테이너가 실행됐는지 확인하고 볼륨을 조회합니다. 바인드 마운트를 사용했기 때문에 실제 볼륨은 생성되지 않았습니다. ls 명령으로 index 디렉터리가 비어 있는 것을 확인합니다.

```
$ docker ps
CONTAINER ID    IMAGE    PORTS                    NAMES
832d51e4b6a7    nginx    0.0.0.0:8001->80/tcp     nginx-b
761f509130bd    nginx    0.0.0.0:8000->80/tcp     nginx-a
$ docker volume ls
$ ls
```

브라우저에서 http://localhost:8000과 http://localhost:8001에 접속하면 403 Forbidden 페이지가 나타납니다. 이는 컨테이너에 index.html 파일이 없기 때문입니다. 마운트한 index 디렉터리에 파일이 없다는 것은 컨테이너의 /usr/share/nginx/html 디렉터리도 비어 있다는 것을 의미합니다. 볼륨을 마운트한 컨테이너의 디렉터리는 기본적으로 초기화되어 원래 있던 엔진엑스의 기본 페이지도 삭제됩니다. 그래서 지금까지의 실습에서 응답으로 나오던 엔진엑스의 기본 페이지가 나오지 않는 것입니다.

이제 새로운 index.html 파일을 작성하겠습니다. 터미널에서 echo 명령으로 index.html 파일을 생성한 후 cat 명령으로 파일 내용을 확인합니다.

```
$ echo "Hello Volume" > index.html
$ cat index.html
Hello Volume
```

이제 마운트한 경로에 index.html 파일이 생겼으므로 브라우저에서 http://localhost:8000 과 http://localhost:8001에 접속해서 "Hello Volume"이라는 응답이 나오는지 확인합니다.

다음으로 컨테이너 내부에서 index.html 파일을 확인하겠습니다. docker exec 명령으로 컨테이너에 접속한 후, 마운트된 경로에서 index.html 파일을 확인합니다. cat 명령으로 파일 내용을 확인하면 이 파일은 방금 index 디렉터리에서 생성한 파일입니다.

```
$ docker exec -it nginx-a /bin/bash
root@761f509130bd:/# ls /usr/share/nginx/html
index.html
root@761f509130bd:/# cat /usr/share/nginx/html/index.html
Hello Volume
```

컨테이너 안에서 파일 내용을 수정합니다. echo 명령으로 index.html 파일 내용을 "Bye Volume"으로 변경합니다.

```
root@761f509130bd:/# echo "Bye Volume" > /usr/share/nginx/html/index.html
root@761f509130bd:/# cat /usr/share/nginx/html/index.html
Bye Volume
```

exit 명령으로 컨테이너에서 나온 후 호스트OS의 index.html 파일 내용을 확인합니다.

```
root@761f509130bd:/# exit
$ cat index.html
Bye Volume
```

브라우저에서 http://localhost:8000과 http://localhost:8001에 접속하면 모두 "Bye Volume" 페이지가 표시됩니다.

실습 컨테이너를 삭제한 후 디렉터리를 삭제합니다.

```
$ docker rm -f nginx-a nginx-b
$ cd ~/easydocker
$ rm index/index.html
$ rm -r index
```

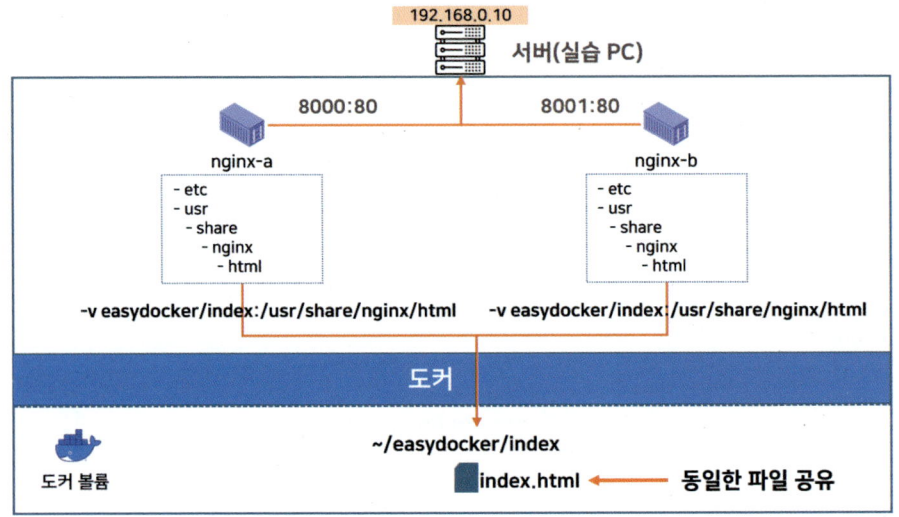

그림 8.11 실습한 바인드 마운트의 구조

이렇게 호스트OS와 바인드 마운트를 사용해 컨테이너가 데이터를 저장하고, 여러 컨테이너가 하나의 파일을 공유하는 것을 확인했습니다. 볼륨을 사용하면 컨테이너의 특정 데이터를 저장하고, 같은 역할을 하는 컨테이너가 하나의 경로를 공유할 수 있습니다.

이번 장에서는 도커 볼륨에 대해 학습했습니다. 먼저 컨테이너의 스테이트리스 속성과 서버 관리 방식인 Pet 방식과 Cattle 방식을 비교했습니다. 그리고 컨테이너의 영속성을 위해 도커 볼륨을 활용하는 방법과 볼륨 마운트와 바인드 마운트의 차이점을 학습했습니다.

CHAPTER
09

# 도커 실무

이번 장에서는 도커를 실무에서 활용하는 데 필요한 다양한 주제를 학습합니다. 주요 내용은 아래와 같습니다.

1. **이미지 관리**
   - 레이어 개수 최적화
   - 이미지 크기를 줄이는 방법

2. **캐시를 활용한 빌드**
   - 레이어 캐시를 활용한 빌드 속도 향상

3. **3티어 아키텍처 구성**
   - 리피 애플리케이션의 3티어 아키텍처 구성
   - 엔진엑스 설정 파일 수정

4. **환경변수를 활용한 동적 서버 설정**

5. **이중화 DB 구성**

6. **컨테이너 리소스 최적화**
   - 컨테이너의 리소스 사용량 조절
   - JVM 힙 메모리 설정 등의 애플리케이션 최적화

7. 컨테이너 기반 개발 환경 구성
   - VS Code의 원격 개발 환경 구성
   - 인텔리제이 IDEA에서의 도커 환경 구성 및 원격 JVM 디버깅

이어서 각 주제에 관해 상세하게 알아보겠습니다.

## 9.1 이미지 관리

먼저 이미지의 레이어를 효과적으로 관리하고 이미지 크기를 줄이는 방법을 알아보겠습니다.

도커파일로 이미지를 빌드할 때, 보통 지시어 하나당 새로운 레이어 하나가 추가됩니다.

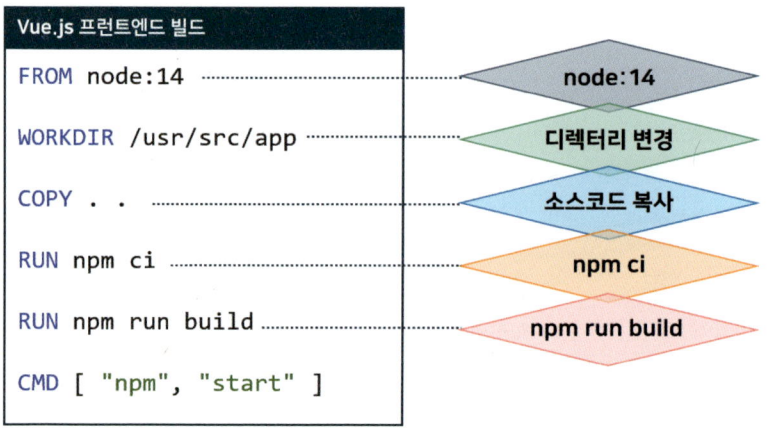

**그림 9.1** 프런트엔드 애플리케이션의 도커파일 예시

그림 9.1의 도커파일은 node:14 이미지를 베이스로 하고, 5개의 지시어를 추가했습니다. 여기서 **CMD** 지시어는 레이어를 추가하지 않으므로 node:14 베이스 이미지의 14개 레이어에 4개의 레이어가 추가되어 최종 이미지는 총 18개가 됩니다. 레이어가 많아지면 이미지 크기가 커지고, 빌드 속도가 느려지며, 이미지 관리가 복잡해지는 등의 문제가 발생할 수 있습니다.

## 9.1.1 RUN 지시어를 활용한 레이어 최적화

이미지를 빌드할 때는 **레이어 수를 최소화하는 것이 중요한 최적화 전략**입니다. 레이어 수를 줄이는 대표적인 방법은 RUN 지시어를 효과적으로 사용하는 것입니다. RUN 지시어는 컨테이너 레이어에서 특정 명령을 실행하며, RUN 지시어를 사용할 때마다 새로운 레이어가 생성됩니다.

그림 9.2의 왼쪽 예시처럼 5개의 개별 RUN 명령을 사용하면 기존 이미지에 5개의 레이어가 추가됩니다. 하지만 리눅스의 && 연산자를 사용해 여러 명령을 하나의 명령어로 결합하면 오른쪽 예시처럼 하나의 RUN 지시어에서 모든 명령을 실행할 수 있어 레이어 추가를 1개로 줄일 수 있습니다.

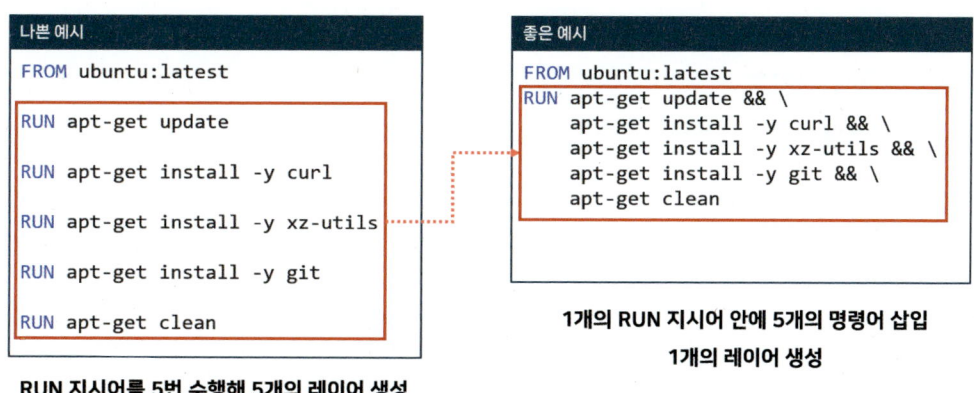

그림 9.2 RUN 지시어에 && 연산자 활용

다음은 그림 9.2의 각 방식을 적용한 레이어 구조를 보여줍니다. 왼쪽의 개별 RUN 지시어를 사용하면 5개의 레이어가 추가되지만 오른쪽처럼 모든 명령을 하나의 RUN 지시어로 통합하면 하나의 레이어만 추가됩니다. 이처럼 **이미지에 많은 명령을 실행해야 할 때 && 연산자를 활용하면 레이어 수를 효과적으로 줄일 수 있습니다.**

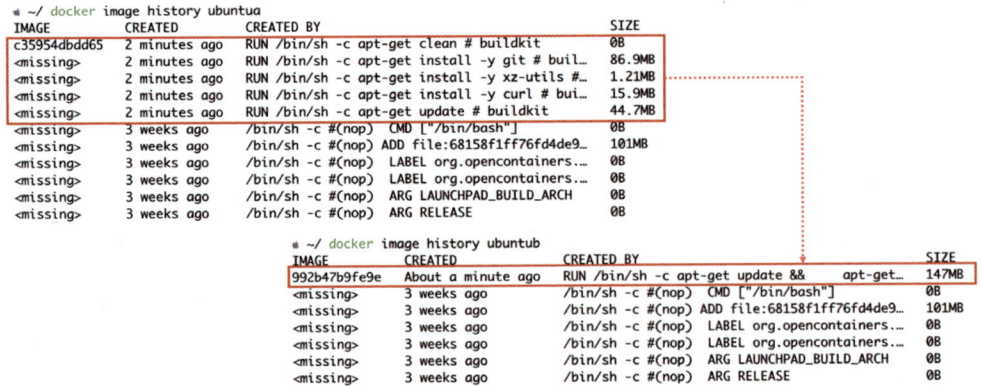

그림 9.3 && 연산자를 활용한 이미지의 레이어 히스토리

## 이미지 크기 최적화

이미지 크기 최적화는 효율적인 컨테이너 운영의 중요한 요소입니다. 이미지 빌드, 푸시, 배포는 서로 다른 시스템에서 이뤄지며, 이 과정에서 이미지는 네트워크를 통해 전송됩니다. 따라서 이미지 크기를 줄이면 네트워크 사용량이 줄어 배포 속도가 빨라지고 전반적인 시스템 효율성이 높아집니다.

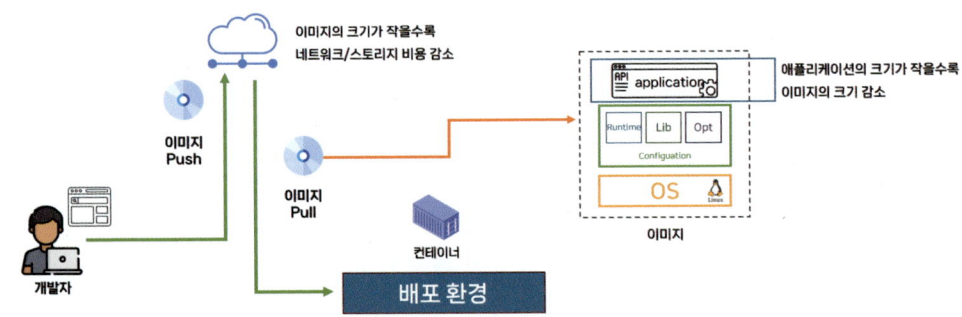

그림 9.4 이미지 크기 최적화의 중요성

이미지 크기를 줄이려면 애플리케이션의 크기를 줄이거나 더 작은 베이스 이미지를 선택할 수 있습니다. 예를 들어, 애플리케이션에서 불필요한 기능을 제거하거나 큰 모듈을 여러 작은 모듈로 분리하는 MSA(마이크로서비스 아키텍처)를 도입해 애플리케이션을 포함하는 이미지의 크기를 줄일 수 있습니다.

베이스 이미지로는 알파인(Alpine) OS 기반 이미지가 널리 사용됩니다. 알파인 이미지는 우분투 같은 일반적인 리눅스 배포판보다 훨씬 작습니다. 우분투 이미지는 약 70MB인 반면 알파인 이미지는 약 8MB입니다.

그림 9.5는 같은 패키지를 설치한 두 이미지의 크기를 비교합니다.

```
Ubuntu 이미지
FROM ubuntu:latest
RUN apt-get update && \
    apt-get install -y curl && \
    apt-get install -y xz-utils && \
    apt-get install -y git && \
    apt-get clean
```

```
Alpine 이미지
FROM alpine:latest
RUN apk update && \
    apk add --no-cache curl && \
    apk add --no-cache xz && \
    apk add --no-cache git
```

```
 ~/ docker image ls ubuntua
REPOSITORY   TAG      IMAGE ID       CREATED          SIZE
ubuntua      latest   c35954dbdd65   9 minutes ago    249MB
ubuntub      latest   992b47b9fe9e   7 minutes ago    247MB
alpine       latest   ffaf5ae76012   3 minutes ago    24.3MB
```

그림 9.5 알파인 이미지를 사용한 이미지 크기 최적화

우분투 기반 이미지는 185MB인 반면 알파인 기반 이미지는 21.8MB로 차이가 크게 납니다. 따라서 특별한 요구사항이 없다면 `alpine` 이미지를 베이스 이미지로 사용하는 것이 좋습니다. 도커 허브에서 이미지를 선택할 때도 태그에 `alpine`이 붙은 버전을 선택하는 것이 좋습니다. 이는 해당 이미지가 알파인 OS를 기반으로 생성되었음을 의미합니다.

더 극단적인 크기 최적화가 필요한 경우 `scratch` 이미지를 사용할 수 있습니다. `scratch` 이미지는 이미지 빌드에 필요한 최소한의 파일만 포함하고 있어 보안성이 뛰어나고 이미지 크기를 최소화할 수 있습니다.

마지막으로 `.dockerignore` 파일로 불필요한 파일이 이미지에 포함되지 않도록 관리해야 합니다. 특히 전체 디렉터리를 복사할 때 `.dockerignore`를 통해 빌드 컨텍스트로 이동할 파일을 제어할 수 있습니다.

### 실습 9.1 scratch 이미지를 사용한 이미지 경량화

이번 실습에서는 `scratch` 이미지를 사용해 작은 크기의 이미지를 만들어 보겠습니다. 실습 폴더에서 변경 사항을 초기화하고 `02-practice` 브랜치로 이동합니다. `05.go-scratch` 폴더에 실

습 관련 소스코드가 위치해 있습니다. 앞서 build 폴더를 다운로드하지 않았다면 easydocker 폴더에서 아래 git clone 명령어로 소스를 다운로드할 수 있습니다.

[소스코드가 없을 경우]
```
$ cd ~/easydocker
$ git clone https://github.com/daintree-henry/build.git
$ ls
build
$ cd build
```

```
$ cd ~/easydocker/build
$ git reset --hard HEAD
HEAD is now at ...
$ git clean -fd
$ git switch 02-practice --force
branch '02-practice' set up to track 'origin/02-practice'
Switched to a new branch '02-practice'
$ cd 05.go-scratch
$ ls
Dockerfile main.go    script.sh
```

Go 프로그래밍 언어로 작성된 웹 애플리케이션과 도커파일을 확인할 수 있습니다. Go는 구글에서 개발한 프로그래밍 언어입니다. main.go 파일은 루트 경로로 접근했을 때 'Go, Scratch World!'라는 응답을 제공하는 간단한 웹 애플리케이션입니다. 포트는 8080번을 사용합니다.

```
$ cat main.go
package main

import (
    "fmt"
    "net/http"
)

func main() {
    http.HandleFunc("/", func(w http.ResponseWriter, r *http.Request) {
        fmt.Fprintf(w, "Go, Scratch World!")
```

```
    })

    fmt.Println("Server is running on port 8080")
    http.ListenAndServe(":8080", nil)
}
```

도커파일을 확인하고, 멀티 스테이지 빌드를 사용해 웹 애플리케이션을 빌드합니다.

```
$ cat Dockerfile
# 빌드 스테이지
FROM golang:alpine AS builder
WORKDIR /app
COPY main.go .
RUN CGO_ENABLED=0 GOOS=linux go build -a -installsuffix cgo -o helloworld main.go

# 운영 스테이지
FROM scratch
COPY --from=builder /app/helloworld .
EXPOSE 8080
ENTRYPOINT ["./helloworld"]
```

빌드 스테이지는 `golang:alpine` 이미지를 사용해 `main.go` 파일을 바로 실행할 수 있는 `helloworld`라는 프로그램으로 빌드합니다. 실행 스테이지는 아무것도 포함하지 않은 빈 이미지인 `scratch`를 베이스 이미지로 사용합니다. 빌드 스테이지에서 생성된 `helloworld` 파일을 복사하고 `ENTRYPOINT`에서 컨테이너를 실행할 때 `helloworld` 파일을 실행합니다. 정적 바이너리 파일은 실행 파일에 라이브러리를 모두 포함해서 어디서든 실행 가능한 파일입니다. Go는 프로그램을 정적 바이너리 파일로 빌드할 수 있기 때문에 비어 있는 `scratch` 이미지에서도 프로그램을 실행할 수 있습니다.

다음으로 `helloworld` 이미지를 빌드합니다.

```
$ docker build -t helloworld .
...
 => [builder 1/4] FROM docker.io/li...      11.2s
 => [builder 2/4] WORKDIR /app               0.3s
 => [builder 3/4] COPY main.go .             0.0s
```

```
=> [builder 4/4] RUN CGO_ENABLED=0 ...    3.2s
... (중략) ...
```

golang 이미지 다운로드에 약 11초가 걸렸으며, 바이너리 파일 생성에는 약 3초가 소요됐습니다. 이미지의 크기가 6.73MB로 매우 작다는 것을 확인할 수 있습니다.

```
$ docker image ls helloworld
REPOSITORY      TAG       IMAGE ID         CREATED           SIZE
helloworld      latest    91275653d62d     3 minutes ago     6.73MB
```

이제 이미지를 컨테이너로 실행합니다.

```
$ docker run -d -p 8080:8080 --name go-helloworld helloworld
```

브라우저에서 http://localhost:8080으로 접속해 메인 페이지를 확인한 후 실습 컨테이너를 삭제합니다.

```
$ docker rm -f go-helloworld
go-helloworld
```

실습을 통해 scratch 이미지와 Go 언어로 빌드한 정적 바이너리 파일을 사용해 작은 웹 애플리케이션 이미지를 만들었습니다. 다른 프로그래밍 언어를 사용할 때도 필수적인 의존성만 포함해 이미지 크기를 최소화하는 전략을 활용할 수 있습니다.

## 9.2 캐시를 활용한 빌드

두 번째 주제는 캐시를 활용해 빌드 속도를 높이는 기술입니다.

수학 문제집의 맨 뒤에는 보통 답안지가 있습니다. 한 번 답안지를 만들어 두면 다시 문제를 풀지 않아도 바로 답을 알 수 있습니다. 캐시도 이와 비슷한 개념입니다. 캐시는 시간이 걸리는 작업의 결과물을 미리 저장해 두고, 같은 작업 시 다시 계산하지 않고 결과를 빠르게 제공하는 기술입니다. **도커는 이미지 빌드 시 각 레이어의 결과를 캐시로 저장하고 동일한 작업은 캐시를 활용합니다.**

## 9.2.1 레이어의 캐시 생성 원리

다음 그림은 Node.js 애플리케이션의 도커파일입니다. 지시어를 순서대로 확인해보면 베이스 이미지로 node:14를 사용합니다. 그리고 WORKDIR로 /usr/src/app 폴더를 지정하고 COPY로 빌드 컨텍스트의 파일을 복사합니다. RUN의 npm ci 명령은 애플리케이션 빌드에 필요한 외부 라이브러리를 설치합니다. npm run build 명령은 소스코드를 빌드합니다. 결과적으로 CMD를 제외한 각 지시어가 레이어로 추가되어 총 4개의 이미지 레이어가 추가됩니다.

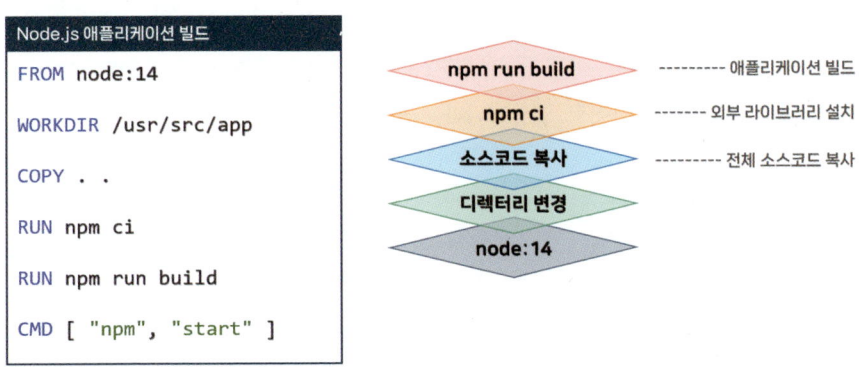

그림 9.6 캐시를 테스트하기 위한 예시 도커파일

도커는 빌드 과정에서 각 레이어를 캐시에 저장합니다. 두 번째 빌드에서 같은 지시어를 사용하면 새 레이어를 만들지 않고 캐시에 저장된 레이어를 그대로 사용합니다. 따라서 빌드 시간이 크게 단축됩니다.

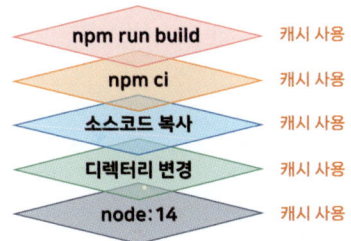

그림 9.7 동일한 빌드 시 캐시를 사용하는 구조

도커는 지시어의 대상이 되는 파일이 변경됐을 때 캐시를 사용하지 않고 새로운 레이어를 생성합니다. 대표적으로 COPY 지시어의 복사 대상이 되는 소스코드가 변경되면 캐시를 사용하지 않습니다.

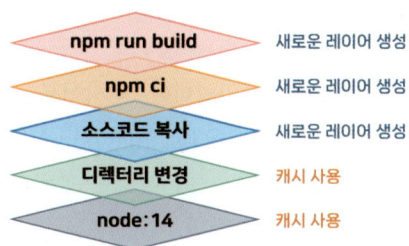

**그림 9.8** 내용 변경 또는 이전 레이어 변경 시 새로운 레이어를 생성

레이어는 이전 레이어를 기반으로 새로운 레이어가 쌓이므로 이전 레이어가 바뀌면 다음 레이어도 새로운 레이어로 생성됩니다. 예를 들어, COPY 레이어가 변경되면 이후의 RUN npm ci와 RUN npm run build도 새로운 레이어로 생성됩니다.

### 9.2.2 캐시를 활용한 빌드 최적화

도커 이미지 빌드 과정에서 레이어의 순차적 구성 특성을 이해하고 활용하면 빌드 효율성을 크게 높일 수 있습니다. 레이어는 순차적으로 쌓이며, 이전 레이어가 변경되면 다음 레이어도 캐시를 사용하지 않습니다. 이 특성을 고려해 **잘 바뀌지 않는 레이어를 초기 단계에 배치하면 캐시를 활용하는 빈도를 높일 수 있습니다.**

애플리케이션 이미지를 빌드할 때는 라이브러리 설치를 캐시로 활용할 수 있습니다. 애플리케이션을 빌드할 때 외부 라이브러리를 설치하는 데는 많은 시간이 걸립니다. 그리고 라이브러리 정보는 자주 바뀌지 않습니다. 따라서 라이브러리 설치 과정을 별도의 초기 레이어로 분리하면 캐시로 자주 활용할 수 있습니다. 그림 9.9는 Node.js 애플리케이션 빌드에 이러한 캐시 활용 전략을 적용한 구조입니다.

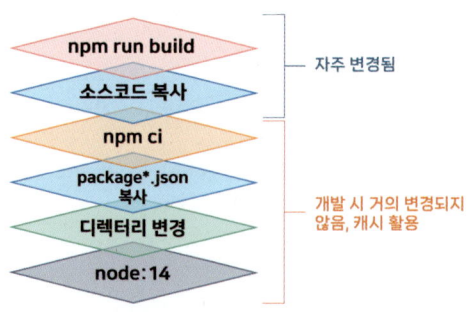

**그림 9.9** 캐시를 활용하는 도커파일

Node.js 애플리케이션은 `package.json` 파일에 다운로드할 라이브러리 정보를 저장합니다. `npm ci` 명령을 실행하면 `package.json` 파일의 내용을 참고해 라이브러리를 설치합니다. 그래서 `COPY`로 `package.json` 파일만 따로 복사하고 `npm ci` 명령을 실행하면 라이브러리만 설치할 수 있습니다. 그리고 `npm run build` 명령을 실행하면 소스코드와 라이브러리를 사용해 애플리케이션을 빌드합니다. 결과적으로 소스코드가 수정돼도 `package.json` 파일이 수정되지 않으면 `npm ci`까지의 레이어를 캐시로 활용할 수 있습니다. 이는 소스를 수정하고 빌드할 때마다 라이브러리 설치에 걸리는 시간을 단축할 수 있다는 것을 의미합니다.

### 실습 9.2 leafy-frontend의 캐시 활용

기존 리피의 도커파일은 이미지 빌드 시 빌드 컨텍스트의 전체 파일을 복사했습니다. 앞에서 배운 개념을 활용해 라이브러리 설치 단계를 분리해보겠습니다. 터미널에서 `leafy3` 디렉터리로 이동한 후 변경 사항을 초기화하고 `01-dockerfile` 브랜치로 이동합니다.

```
$ cd ~/easydocker/leafy3
$ git reset --hard HEAD
HEAD is now at ...
$ git clean -fd
$ git switch 01-dockerfile --force
branch '01-dockerfile' set up to track 'origin/01-dockerfile'
Switched to a new branch '01-dockerfile'
```

이미지를 빌드하면서 캐싱 동작을 관찰해보겠습니다. `--no-cache` 옵션은 캐시를 사용하지 않도록 강제하는 의미입니다. 기존의 캐시가 있을 수도 있기 때문에 첫 번째 빌드는 이렇게 옵션을 사용해 강제로 캐시를 사용하지 않도록 하겠습니다.

```
$ cd leafy-frontend
$ docker build -t leafy-frontend:2.0.0 . --no-cache
 => [build 1/5] FROM docker.io/library/node:14      0.0s
 => [build 2/5] WORKDIR /app                         0.0s
 => [build 3/5] COPY . /app                          0.0s
 => [build 4/5] RUN npm ci                           7.6s
 => [build 5/5] RUN npm run build                    8.1s
... (중략) ...
```

캐시를 사용하지 않은 초기 빌드에 약 16초가 걸렸습니다(실습 환경에 따라 정확한 시간은 달라질 수 있습니다). `npm ci`로 외부 라이브러리를 다운로드하는 데 7.6초가 걸렸고, 소스코드를 애플리케이션으로 빌드하는 데 8.1초가 걸렸습니다. 0.0s로 표시된 부분은 실제로 시간이 전혀 걸리지 않은 것이 아니라 0.05초 미만의 매우 짧은 시간에 완료된 것입니다. 이제 `--no-cache` 옵션을 제거하고 이미지의 버전을 2.0.1로 수정한 후 다시 빌드하겠습니다.

```
$ docker build -t leafy-frontend:2.0.1 .
 => [build 1/5] FROM docker.io/library/node:14         0.0s
 => CACHED [build 2/5] WORKDIR /app                    0.0s
 => CACHED [build 3/5] COPY . /app                     0.0s
 => CACHED [build 4/5] RUN npm ci                      0.0s
 => CACHED [build 5/5] RUN npm run build               0.0s
... (중략) ...
```

모든 단계가 CACHED로 캐시를 사용했습니다. FROM은 이미지가 다운로드돼 있으면 CACHED가 표시되지 않습니다.

다음으로 소스코드가 변경되는 경우를 확인하겠습니다. VS Code를 열고 `leafy-frontend` 폴더에서 `src/App.vue` 파일을 엽니다. 소스코드에서 "오늘도 즐거운 식물 관리하세요" 문구를 "내일도 즐겁게 식물 관리하세요"로 수정하고 저장합니다.

```
~/easydocker/leafy3/leafy-frontend/src/App.vue
<template>
  <div id="app">
    <div class="welcome-message" v-if="isLoggedIn">
      <p class="welcome-text">안녕하세요, <span class="user-name">{{ user.name }}</span>님!</p>
      <p class="description">내일도 즐거운 식물 관리하세요.</p>
    </div>
... (중략) ...
(수정한 후 Ctrl + S 또는 Command + S로 변경 사항을 저장)
```

터미널에서 빌드를 다시 실행합니다. 버전은 2.0.2로 지정합니다.

```
$ docker build -t leafy-frontend:2.0.2 .
 => [build 1/5] FROM docker.io/library/node:14        0.0s
 => CACHED [build 2/5] WORKDIR /app                   0.0s
 => [build 3/5] COPY . /app                           0.0s
 => [build 4/5] RUN npm ci                            6.0s
 => [build 5/5] RUN npm run build                     8.1s
... (중략) ...
```

3단계 COPY 지시어부터 캐시를 사용하지 않고 다시 생성됩니다. 라이브러리를 수정하지 않고 소스만 변경했는데도 npm ci 명령부터 캐시를 사용하지 않습니다. 소스가 변경될 때마다 라이브러리를 다시 설치하며 불필요한 6초가 낭비되는 것입니다. 이제 도커파일을 개선해 라이브러리 설치 과정을 분리하겠습니다.

VS Code에서 도커파일을 직접 수정합니다. 아래 git switch 02-cache --force 명령으로 버전을 변경하면 파일 내용을 직접 수정하지 않아도 됩니다.

[파일을 직접 수정하지 않을 경우]
```
$ cd ~/easydocker/leafy3/leafy-frontend
$ git reset --hard HEAD
HEAD is now at ...
$ git clean -fd
$ git switch 02-cache --force
branch '02-cache' set up to track 'origin/02-cache'
Switched to a new branch '02-cache'
```

[VS Code에서 파일을 직접 수정할 경우] ~/easydocker/leafy3/leafy-frontend/Dockerfile
```
FROM node:14 AS build
WORKDIR /app
COPY package.json .
COPY package-lock.json .
RUN npm ci
COPY . /app
RUN npm run build

FROM nginx:1.21.4-alpine
COPY --from=build /app/dist /usr/share/nginx/html
```

```
EXPOSE 80
ENTRYPOINT ["nginx"]
CMD ["-g", "daemon off;"]
(수정한 후 Ctrl + S 또는 Command + S로 변경 사항을 저장)
```

도커파일을 살펴보면 `npm ci` 명령 전에 `COPY package.json`과 `COPY package-lock.json` 명령을 추가했습니다. 그리고 라이브러리를 설치한 뒤 전체 소스코드를 복사하도록 `COPY . /app`을 추가했습니다. 이렇게 `COPY` 지시어를 여러 번 나눠서 라이브러리 설치와 애플리케이션 빌드 과정을 분리했습니다. 첫 번째 단계에서 라이브러리 설치에 필요한 `package.json` 파일을 복사하고 외부 라이브러리를 설치했습니다. 그리고 전체 소스를 복사하고 애플리케이션으로 빌드했습니다.

도커파일을 저장한 후 이미지를 다시 빌드합니다. 수정 후 첫 빌드이기 때문에 `--no-cache` 옵션을 사용하고 버전을 2.0.3으로 지정합니다.

```
$ docker build -t leafy-frontend:2.0.3 . --no-cache
 => [build 1/7] FROM docker.io/library/node:14       0.0s
 => [build 2/7] WORKDIR /app                         0.0s
 => [build 3/7] COPY package.json .                  0.0s
 => [build 4/7] COPY package-lock.json .             0.0s
 => [build 5/7] RUN npm ci                           7.1s
 => [build 6/7] COPY . /app                          0.0s
 => [build 7/7] RUN npm run                          8.2s
... (중략) ...
```

의존성 설치가 진행되고 레이어도 더 늘어난 것을 확인할 수 있습니다. 다음으로 `App.vue` 파일의 수정 내용을 다시 되돌리고 파일을 저장합니다.

```
~/easydocker/leafy3/leafy-frontend/src/App.vue
<template>
  <div id="app">
    <div class="welcome-message" v-if="isLoggedIn">
      <p class="welcome-text">안녕하세요, <span class="user-name">{{ user.name }}</span>님!</p>
      <p class="description">오늘도 즐거운 식물 관리하세요.</p>
```

```
    </div>
... (중략) ...
(수정한 후 Ctrl + S 또는 Command + S로 변경 사항을 저장)
```

이미지를 다시 빌드합니다. --no-cache 옵션 없이 버전을 2.0.4로 지정합니다.

```
$ docker build -t leafy-frontend:2.0.4 .
 => [build 1/7] FROM docker.io/library/node:14        0.0s
 => CACHED [build 2/7] WORKDIR /app                   0.0s
 => CACHED [build 3/7] COPY package.json .            0.0s
 => CACHED [build 4/7] COPY package-lock.json .       0.0s
 => CACHED [build 5/7] RUN npm ci                     0.0s
 => [build 6/7] COPY . /app                           0.0s
 => [build 7/7] RUN npm run build                     7.7s
... (중략) ...
```

package.json 파일이 수정되지 않았기 때문에 5단계 의존성 설치까지는 캐시를 활용합니다. App.vue 파일이 수정되어 6단계 애플리케이션 빌드 단계부터 새로운 레이어가 추가됩니다. 이전 빌드에서는 App.vue 파일 수정 시 의존 라이브러리 설치에 약 7초, 애플리케이션 빌드에 약 8초로 총 15초 정도 걸렸습니다. 라이브러리 레이어를 캐시로 활용하면 애플리케이션을 빌드하는 시간만 필요하므로 전체 빌드 시간이 약 8초로 줄었습니다.

### 실습 9.3 leafy-backend의 캐시 활용

리피 백엔드 애플리케이션도 같은 방식으로 VS Code에서 도커파일을 수정합니다. 이전 실습에서 `git switch 02-cache --force`로 버전을 변경한 경우 이미 수정돼 있기 때문에 건너뜁니다.

```
~/easydocker/leafy3/leafy-backend/Dockerfile
FROM gradle:7.6.1-jdk17 AS build
WORKDIR /app
COPY build.gradle settings.gradle ./
RUN gradle dependencies
COPY . /app
RUN gradle clean build
```

```
FROM eclipse-temurin:17-jre
WORKDIR /app
COPY --from=build /app/build/libs/Leafy-0.0.1-SNAPSHOT.jar /app/leafy.jar
EXPOSE 8080
ENTRYPOINT ["java"]
CMD ["-jar", "leafy.jar"]
(수정한 후 Ctrl + S 또는 Command + S로 변경 사항을 저장)
```

빌드 스테이지에 라이브러리를 설치하는 부분이 추가됐습니다. 스프링 부트로 개발된 애플리케이션에는 `build.gradle` 파일과 `settings.gradle` 파일에 라이브러리 설치에 필요한 정보가 들어 있습니다. 먼저 `gradle dependencies` 명령으로 라이브러리를 설치합니다. 그리고 전체 소스코드를 복사한 후 `gradle clean build` 명령으로 애플리케이션을 빌드합니다.

새로운 도커파일로 이미지를 빌드합니다.

```
$ cd ~/easydocker/leafy3/leafy-backend
$ docker build -t leafy-backend:2.0.0 .
 => [build 1/6] FROM docker.io/library/gradle:7.6.1-jdk17      0.0s
 => CACHED [build 2/6] WORKDIR /app                            0.0s
 => [build 3/6] COPY build.gradle settings.gradle ./           0.0s
 => [build 4/6] RUN gradle dependencies                        32.0s
 => [build 5/6] COPY . /app                                    0.0s
 => [build 6/6] RUN gradle clean build                         7.7s
 => [stage-1 1/3] FROM docker.io/library/eclipse-temurin:...   0.0s
 => [stage-1 2/3] WORKDIR /app                                 0.2s
 => [stage-1 3/3] COPY --from=build /app/build...              0.1s
... (중략) ...
```

라이브러리 다운로드에 약 32초, 애플리케이션 빌드에 약 8초로 총 40초 정도 걸렸습니다. 다음으로 소스코드의 내용을 수정하겠습니다. VS Code로 `src/main/java/com/devwiki/leafy/controller/plant/PlantController.java` 파일을 열고, 50번 줄의 `addPlant` 메서드를 찾아 `@Valid`를 삭제합니다. `@Valid`는 애플리케이션 실행에 큰 영향을 주지 않는 코드입니다.

```
~/easydocker/leafy3/leafy-backend/src/main/java/com/devwiki/leafy/controller/plant/PlantController.java
```

```
49      @PostMapping("")
50      public ResponseEntity<PlantDetailDto> addPlant(@Valid @RequestBody PlantDetailDto plantDetailDto) {
51          PlantDetailDto addedPlantDetailDto = plantService.addPlant(plantDetailDto);
52          return new ResponseEntity<>(addedPlantDetailDto, HttpStatus.CREATED);
        }
(수정한 후 Ctrl + S 또는 Command + S로 변경 사항을 저장)
```

파일을 저장한 후 터미널에서 다시 빌드하겠습니다. 태그를 2.0.1로 지정하고 빌드합니다.

```
$ docker build -t leafy-backend:2.0.1 .
 => [build 1/6] FROM docker.io/library/gradle:7.6.1-jdk17          0.0s
 => CACHED [build 2/6] WORKDIR /app                                0.0s
 => CACHED [build 3/6] COPY build.gradle settings.gradle ./        0.0s
 => CACHED [build 4/6] RUN gradle dependencies                     0.0s
 => [build 5/6] COPY . /app                                        0.0s
 => [build 6/6] RUN gradle clean build                             9.2s
 => [stage-1 1/3] FROM docker.io/library/eclipse-temurin:17-jre    0.0s
 => CACHED [stage-1 2/3] WORKDIR /app                              0.0s
 => [stage-1 3/3] COPY --from=build /app/build/libs/Leafy...       0.1s
... (중략) ...
```

3, 4단계의 라이브러리 설치 부분에서 캐시를 활용한 것을 확인할 수 있습니다. 결과적으로 애플리케이션 빌드만 다시 실행되어 10초 이내로 빌드가 완료된 것을 확인할 수 있습니다.

실습을 통해 리피 애플리케이션의 프런트엔드와 백엔드 도커파일에서 캐시를 활용했습니다. 라이브러리 설치 부분을 분리해 캐시를 활용하면 소스코드 수정 후 빌드 시 시간을 절약할 수 있습니다. 실습용 애플리케이션은 크기가 작고 의존하는 라이브러리도 적어 효과가 크지 않지만 애플리케이션이 커질수록 캐시는 더 강력한 효과를 얻을 수 있습니다.

## 9.3 3티어 아키텍처 구성

3티어 아키텍처(3-tier architecture)는 애플리케이션을 세 개의 주요 계층으로 나누는 소프트웨어 설계 패턴입니다. 이 구조는 프런트엔드 소스를 제공하는 웹 서버, 비즈니스 로직을 수행하는 웹 애플리케이션 서버, 데이터를 저장하는 데이터베이스 서버로 구성됩니다. 티어(tier)는 계층을 의미하며, 이 세 계층이 유기적으로 상호작용해 완전한 서비스를 구성합니다.

대부분의 현대 엔터프라이즈 웹 애플리케이션은 3티어 아키텍처를 기반으로 구성됩니다. 웹 서버는 클라이언트에게 정적 파일을 제공합니다. 여기서 '정적'이란 모든 사용자에게 같은 내용을 전달한다는 뜻입니다. 클라이언트는 사용자의 데이터가 필요할 때 프런트엔드의 정적 파일의 내용을 참고해 백엔드 애플리케이션에 새로운 요청을 보냅니다. 백엔드는 요청을 처리하고 필요할 때 데이터베이스에 접근해 정보를 조회하거나 저장합니다.

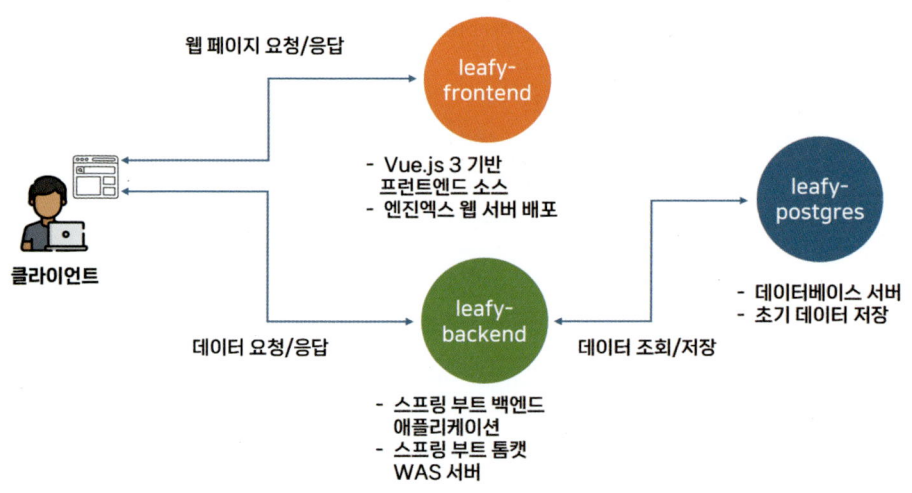

그림 9.10 리피 애플리케이션의 3티어 아키텍처

그림 9.10의 리피 애플리케이션 구조를 보면 클라이언트가 백엔드 서버에 직접 데이터를 요청합니다. 프런트엔드의 자바스크립트 코드에는 백엔드 서버 주소와 경로가 있습니다. 클라이언트 브라우저는 이 소스를 해석해 데이터가 필요할 때 백엔드 서버에 직접 요청합니다.

하지만 이 구조는 보안에 취약합니다. 현재 구조는 웹 애플리케이션 서버가 클라이언트에 직접 노출됩니다. 보통 백엔드 애플리케이션에 대한 사용자의 직접 접근을 제한하는 것이 안전합니다. 이렇게 하면 예상치 못한 API 노출로 인한 시스템 위험을 방지할 수 있습니다.

엔진엑스의 프락시 기능으로 이 문제를 해결할 수 있습니다. 프락시(proxy)는 요청을 전달하는 기술입니다. **프락시를 설정하면 클라이언트의 모든 요청이 웹 서버를 거쳐 백엔드 애플리케이션에 도달합니다.**

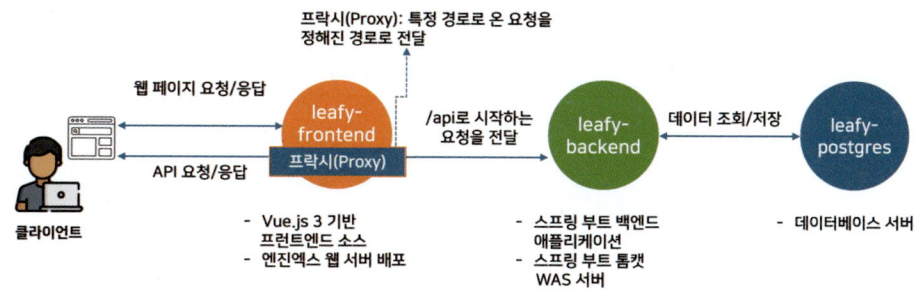

그림 9.11 프락시 기능을 활용한 3티어 아키텍처

그림 9.11은 프락시를 설정한 3티어 아키텍처입니다. 웹 서버의 프락시를 활성화하면 특정 URL 패턴의 요청을 지정한 곳으로 전달할 수 있습니다. 예를 들어, /api로 시작하는 모든 요청을 엔진엑스가 직접 처리하지 않고 백엔드 애플리케이션으로 전달하도록 설정할 수 있습니다.

프락시 기능은 다음과 같이 엔진엑스 설정으로 활성화합니다.

```
location /api/ {
    proxy_pass http://leafy:8080;
}
```

이 설정은 /api로 시작하는 모든 요청을 http://leafy:8080으로 보내는 것입니다. 예를 들어, 클라이언트가 http://localhost/api로 요청을 보내면 요청은 웹 서버로 전달됩니다. 그리고 프락시 설정에 의해 요청을 백엔드 애플리케이션의 주소인 http://leafy:8080으로 전달하고, 응답을 다시 클라이언트에게 전달합니다. 클라이언트가 http://localhost/index.html로 접근하면 웹 서버가 직접 정적 파일을 제공합니다.

## 실습 9.4 프락시 설정을 통한 3티어 아키텍처 구성

리피 애플리케이션에 프락시를 직접 설정하겠습니다. `leafy-frontend` 디렉터리로 이동한 후 변경사항을 초기화하고 버전을 이동합니다.

```
$ cd ~/easydocker/leafy3/leafy-frontend
$ git reset --hard HEAD
HEAD is now at ...
$ git clean -fd
$ git switch 02-cache --force
branch '02-cache' set up to track 'origin/02-cache'
Switched to a new branch '02-cache'
```

`leafy-frontend`에서 API 요청 부분을 수정합니다. VS Code를 열고 아래 내용을 참고해 `api.js` 코드를 수정하고 파일을 저장합니다. `api.js` 파일에는 백엔드 애플리케이션으로 요청할 때 사용하는 주소가 설정돼 있습니다.

소스코드를 직접 수정하지 않으려면 다음 명령으로 `03-proxy` 버전으로 이동합니다.

[파일을 직접 수정하지 않을 경우]
```
$ git switch 03-proxy --force
branch '03-proxy' set up to track 'origin/03-proxy'
Switched to a new branch '03-proxy'
```

[파일을 직접 수정할 경우] ~/easydocker/leafy3/leafy-frontend/src/api/api.js
```
import axios from 'axios';

const api = axios.create({
    baseURL: process.env.VUE_APP_API_BASE_URL || 'http://localhost:8080'
});

export default api;
```

기존 코드에서 `baseURL`이 `http://localhost:8080`으로 설정돼 있던 부분을 제거했습니다. 기존에는 이 설정으로 브라우저가 웹 파일을 받은 후 데이터가 필요할 때 `http://localhost:8080` 주소로 백엔드 서버에 직접 요청을 보냈습니다. 해당 설정을 제거하면 기본값으로 웹 서버 주소인 http://localhost:80으로 요청을 보냅니다. 이렇게 수정하면 브라우저는 모든 요청을 웹 서버로 보내고, 데이터 관련 요청은 프락시 설정을 통해 웹 서버가 대신 백엔드 서버로 전달합니다.

다음으로 웹 서버 설정 파일인 nginx.conf 파일을 작성합니다.

~/easydocker/leafy3/leafy-frontend/nginx.conf
```
server {
    listen       80;
    server_name  _;

    location / {
        root   /usr/share/nginx/html;
        index  index.html index.htm;
    }

    location /api/ {
        proxy_pass http://leafy:8080;
    }

    error_page   500 502 503 504  /50x.html;
    location = /50x.html {
        root   /usr/share/nginx/html;
    }
}
```

엔진엑스 설정 파일은 요청 경로에 따른 동작을 정의합니다. location / 부분은 루트(/) 경로 요청 시 /usr/share/nginx/html 폴더의 파일을 제공합니다. /api 경로로 요청이 올 때는 http://leafy:8080으로 요청을 프락시합니다.

새로 작성한 nginx.conf 파일을 덮어쓰는 과정을 도커파일에 추가하고 저장합니다.

~/easydocker/leafy3/leafy-frontend/Dockerfile
```
... (중략) ...
FROM nginx:1.21.4-alpine
```

```
COPY nginx.conf /etc/nginx/conf.d/default.conf

COPY --from=build /app/dist /usr/share/nginx/html
EXPOSE 80
ENTRYPOINT ["nginx"]
CMD ["-g", "daemon off;"]
```

FROM nginx:1.21.4-alpine 다음에 COPY를 추가했습니다. 복사할 파일은 방금 작성한 nginx. conf이고, 복사할 경로는 /etc/nginx/conf.d/default.conf입니다. 이미지를 빌드하면 엔진 엑스 서버가 실행될 때 새로 덮어쓴 설정 파일을 읽어 실행됩니다.

3.0.0-proxy 태그로 프런트엔드 이미지를 빌드합니다.

```
$ docker build -t leafy-frontend:3.0.0-proxy .
(빌드 내역 출력)
```

그리고 리피 애플리케이션을 실행합니다. 이전 실습과 달라진 부분은 백엔드 서버의 포트 포워 딩을 제거하고 컨테이너 이름을 leafy-backend가 아닌 leafy로 지정한 것입니다. 프런트엔드 이미지는 방금 빌드한 3.0.0-proxy를 지정합니다.

```
$ docker network create leafy-network
(생성된 네트워크의 ID 출력)
$ docker run -d --name leafy-postgres -v mydata:/var/lib/postgresql/data --network leafy
-network devwikirepo/leafy-postgres:1.0.0
(실행된 컨테이너의 ID 출력)
$ docker run -d -e DB_URL=leafy-postgres --name leafy --network leafy-network devwikirepo
/leafy-backend:1.0.0
(실행된 컨테이너의 ID 출력)
$ docker run -d -p 80:80 --name leafy-frontend --network leafy-network leafy-frontend:3.
0.0-proxy
(실행된 컨테이너의 ID 출력)
$ docker ps
IMAGE                             STATUS          NAMES
leafy-frontend:3.0.0-proxy        Up 4 seconds    leafy-frontend
devwikirepo/leafy-backend:1.0.0   Up 2 minutes    leafy
devwikirepo/leafy-postgres:1.0.0  Up 2 minutes    leafy-postgres
```

세 개의 컨테이너가 정상 실행된 것을 확인합니다. 웹 서버에만 포트 포워딩이 설정돼 있어 실습 PC에서는 웹 서버만 직접 접근할 수 있습니다. 브라우저에서 http://localhost/api/v1/users로 접속하면 사용자 데이터가 출력됩니다. 이 데이터는 엔진엑스 웹 서버를 통해 백엔드 애플리케이션에서 받아온 응답입니다. http://localhost에 접속해 프런트엔드의 정적 페이지를 확인합니다.

실습 환경을 정리하겠습니다.

```
$ docker rm -f leafy-postgres leafy leafy-frontend
leafy-postgres
leafy
leafy-frontend
$ docker volume rm mydata
mydata
$ docker network rm leafy-network
leafy-network
```

이번 실습에서는 웹 서버의 프락시 기능을 활용해 웹 애플리케이션에 클라이언트가 직접 접근하는 것을 막았습니다. 클라이언트는 오직 웹 서버로만 요청을 수행합니다.

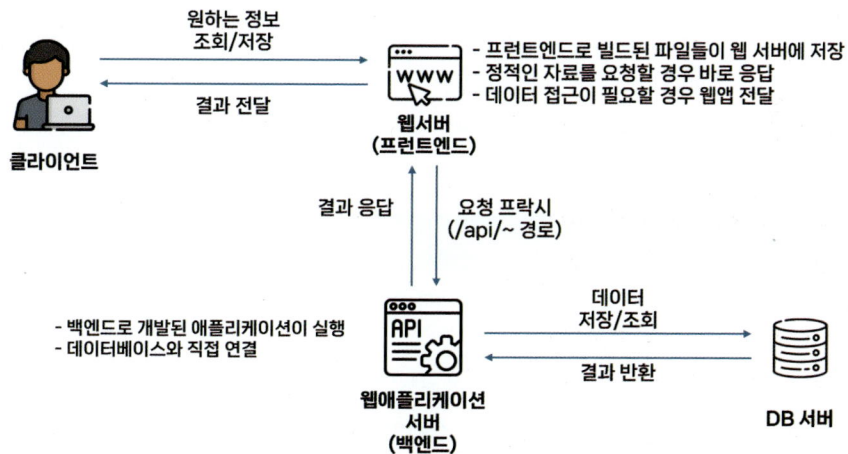

그림 9.12 프락시 기능을 활용할 때 각 계층의 역할

웹 서버는 정적 파일 요청에는 바로 응답하고, 데이터 관련 요청은 웹 애플리케이션으로 프락시합니다.

엔진엑스 웹 서버 설정에서 /api로 시작하는 모든 경로를 전달하도록 지정했습니다. 백엔드 애플리케이션은 기존과 동일하게 요청을 받아 데이터베이스 서버와 상호작용한 후 결과를 웹 서버로 전달합니다. 웹 서버는 이 결과를 사용자 브라우저인 클라이언트로 전달합니다.

그림 9.13의 네트워크 구성도를 통해 백엔드 컨테이너의 포트 포워딩이 삭제됐다는 것을 알 수 있습니다.

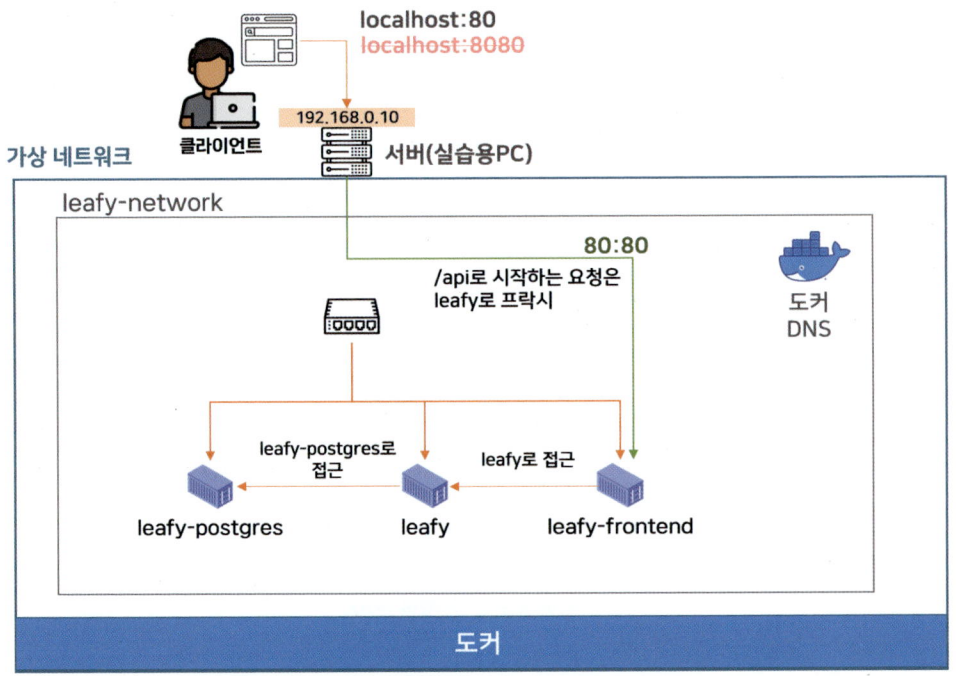

그림 9.13 프락시를 적용한 리피 애플리케이션의 네트워크 구성

백엔드 컨테이너는 원래 8080 포트로 포트 포워딩이 적용돼 있었습니다. 이에 따라 클라이언트는 http://localhost:8080 주소로 백엔드 컨테이너와 상호작용했습니다. 실습을 통해 leafy 컨테이너의 포트 포워딩을 제거하고 엔진엑스 웹 서버에서만 leafy 컨테이너에 접근하도록 프락시를 구성했습니다. 프런트엔드 컨테이너는 http://localhost로 접근하고, 백엔드 컨테이너는 http://localhost/api로 접근하면 엔진엑스 서버에서 프락시되어 접근할 수 있습니다. 엔

진엑스가 요청을 프락시할 때 백엔드 컨테이너로 직접 접근해야 하므로 nginx.conf의 접근 주소를 컨테이너 이름인 http://leafy:8080으로 설정했습니다.

데이터베이스 컨테이너는 기존과 동일하게 포트 포워딩이 없어 여전히 외부에서 접근할 수 없는 구조입니다.

프락시 기능은 단순한 요청 전달 외에도 여러 이점이 있습니다. 먼저 /api 경로 외의 백엔드 접근을 물리적으로 차단해 보안을 강화할 수 있습니다. 또한 API 응답 캐싱으로 성능을 높이고, 부하를 분산해 시스템 안정성을 개선하며, 상세한 접근 로그를 관리하는 등 다양한 고급 기능을 사용할 수 있습니다.

## 9.4 환경변수를 활용한 동적 서버 설정

컨테이너 환경에서 서버 설정의 유연성과 확장성을 높이려면 환경변수를 활용하는 것이 좋습니다. 리피 백엔드 서버를 실행할 때 -e DB_URL=leafy-postgres 옵션으로 데이터베이스 URL을 지정한 것이 좋은 예입니다. 환경에 따라 바뀔 수 있는 값을 동적으로 설정한 것입니다.

반면 엔진엑스의 설정 파일에는 아직 http://leafy:8080처럼 하드코딩한 정보가 남아 있습니다. 이 주소는 개발 환경에서는 leafy-dev, 운영 환경에서는 leafy-prod로 지정하는 등 상황에 따라 변경해야 할 수 있습니다. 이렇게 환경별로 달라질 수 있는 정보는 컨테이너 실행 시 환경변수를 사용해 동적으로 주입하는 것이 좋습니다.

그림 9.14 설정 정보를 하드코딩했을 때 발생하는 문제점

## 실습 9.5 엔진엑스 프락시 동적 설정하기

설정 정보를 환경변수로 관리하도록 변경해보겠습니다. 엔진엑스 서버는 설정 파일에서 백엔드 애플리케이션의 도메인과 포트를 변수로 처리해야 합니다. 예를 들어, 설정 파일에 직접 입력한 `http://leafy:8080` 대신 `${BACKEND_HOST}:${BACKEND_PORT}` 변수를 사용하면 주소를 동적으로 설정할 수 있습니다.

그림 9.15 설정 파일의 값을 환경변수로 처리

스프링 부트 애플리케이션도 `$DB_HOST`, `$DB_URL` 환경변수로 데이터베이스 접속 정보를 동적으로 관리했습니다. 스프링 부트는 자동으로 이 값을 `ENV`로 지정한 환경변수 값으로 변경해 주었습니다. 하지만 스프링 부트 같은 프레임워크와 달리 엔진엑스는 기본적으로 환경변수를 자동으로 처리하지 않습니다. 따라서 엔진엑스에서 환경변수를 활용하려면 `${}` 안의 값을 실제 환경변수 값으로 바꾸는 단계를 거쳐야 합니다.

즉, 이 프락시를 설정한 `nginx.conf` 파일에서 변수로 지정한 부분을 찾아 환경변수 값으로 변경하는 작업을 추가로 수행해야 합니다. `leafy-frontend` 디렉터리로 이동한 후 변경사항을 초기화하고 버전을 이동합니다.

```
$ cd ~/easydocker/leafy3/leafy-frontend
$ git reset --hard HEAD
HEAD is now at ...
$ git clean -fd
$ git switch 03-proxy --force
```

```
branch '03-proxy' set up to track 'origin/03-proxy'
Switched to a new branch '03-proxy'
```

VS Code를 열고 아래 내용을 참고해 `nginx.conf`를 수정하고 파일을 저장합니다. 소스코드를 직접 작성하지 않으려면 아래 명령으로 `04-dynamicconfig` 버전으로 이동합니다.

[파일을 직접 수정하지 않을 경우]

```
$ git switch 04-dynamicconfig --force
branch '04-dynamicconfig' set up to track 'origin/04-dynamicconfig'
Switched to a new branch '04-dynamicconfig'
```

[파일을 직접 수정할 경우] ~/easydocker/leafy3/leafy-frontend/nginx.conf

```
server {
    listen       80;
    server_name  localhost;

    location / {
        root   /usr/share/nginx/html;
        index  index.html index.htm;
    }

    location /api/ {
        proxy_pass http://${BACKEND_HOST}:${BACKEND_PORT};
    }

    error_page   500 502 503 504  /50x.html;
    location = /50x.html {
        root   /usr/share/nginx/html;
    }
}
```

/api로 향하는 요청의 `proxy_pass` 설정에서 고정 값인 `leafy:8080`을 `${BACKEND_HOST}`와 `${BACKEND_PORT}`로 변경했습니다.

하지만 환경변수를 포함한 `nginx.conf` 파일을 그대로 사용하면 엔진엑스가 시작될 때 문법 오류가 발생해서 웹 서버가 제대로 작동하지 않습니다. 이 문제를 해결하려면 컨테이너 실행 시 CMD가 웹 서버를 직접 실행하기 전에 중간 단계를 추가해야 합니다.

구체적으로 컨테이너가 시작 시 실행할 스크립트를 작성해 다음 작업을 수행합니다.

1. nginx.conf 파일의 내용을 읽습니다.
2. 파일 내의 ${} 값을 찾아 실제 환경변수 값으로 대체합니다.
3. 수정된 설정으로 웹 서버를 실행합니다.

이 방식으로 엔진엑스 웹 서버의 설정을 동적으로 관리하면서 다양한 환경에서 유연하게 배포할 수 있습니다.

VS Code에서 도커파일을 수정합니다. 빌드 스테이지는 수정된 부분이 없으므로 실행 스테이지만 표시했습니다.

```
~/easydocker/leafy3/leafy-frontend/Dockerfile
... (빌드 스테이지는 수정 사항이 없으므로 생략) ...
FROM nginx:1.21.4-alpine
COPY nginx.conf /etc/nginx/conf.d/default.conf.template
ENV BACKEND_HOST leafy
ENV BACKEND_PORT 8080


COPY --from=build /app/dist /usr/share/nginx/html


COPY docker-entrypoint.sh /usr/local/bin/
RUN chmod +x /usr/local/bin/docker-entrypoint.sh


EXPOSE 80
ENTRYPOINT ["docker-entrypoint.sh"]
CMD ["nginx", "-g", "daemon off;"]
```

도커파일의 내용을 보면 FROM 다음에 nginx.conf 파일을 /etc/nginx/conf.d/default.conf.template 파일로 복사합니다. 이 파일은 환경변수 값을 적용한 후 설정 파일로 저장하기 위한 템플릿 역할을 합니다.

ENV는 BACKEND_HOST와 BACKEND_PORT를 leafy와 8080으로 지정합니다. 이 값은 컨테이너 실행 시 -e 옵션으로 지정할 수 있지만 옵션을 주지 않았을 때 사용되는 기본값입니다.

다음으로 docker-entrypoint.sh 파일을 /usr/local/bin으로 복사하고 실행 권한을 부여합니다. ENTRYPOINT에 docker-entrypoint.sh를 지정하면 실제로 실행되는 명령은 docker-entrypoint.sh이고, CMD에 지정한 nginx -g daemon off; 명령은 옵션 값으로 제공됩니다. 따라서 이 이미지를 컨테이너로 실행했을 때 최종적으로 실행되는 명령어는 docker-entrypoint.sh nginx -g daemon off;가 됩니다.

새 파일을 만들어 다음 내용을 작성하고 docker-entrypoint.sh로 저장합니다.

~/easydocker/leafy3/leafy-frontend/docker-entrypoint.sh
```sh
#!/bin/sh
set -e

envsubst '${BACKEND_HOST} ${BACKEND_PORT}' < /etc/nginx/conf.d/default.conf.template > /etc/nginx/conf.d/default.conf

exec "$@"
```

1. #!/bin/sh는 셸 스크립트임을 나타냅니다.
2. set -e 명령은 스크립트 실행 중 오류가 발생하면 즉시 중단하도록 설정합니다.
3. envsubst 명령은 환경변수를 치환합니다. 여기서는 /etc/nginx/conf.d/default.conf.template 파일의 ${BACKEND_HOST}와 ${BACKEND_PORT}를 실제 환경변수 값으로 바꾸고, 결과를 실제 설정 파일의 위치인 /etc/nginx/conf.d/default.conf에 저장합니다.
4. exec "$@"는 엔진엑스를 실행하는 명령입니다. 여기서 $@는 스크립트에 전달된 인자를 나타냅니다. 도커파일의 CMD로 지정한 nginx -g daemon off; 명령이 docker-entrypoint.sh 스크립트의 인자로 제공되어 스크립트 마지막 단계에서 엔진엑스를 실행하도록 지정했습니다.

결과적으로 컨테이너를 실행할 때 스크립트를 통해 nginx.conf 파일이 환경변수에 맞게 동적으로 수정되고 이 설정을 사용해 웹 서버를 실행합니다.

수정한 도커파일로 이미지를 빌드하겠습니다. 태그는 4.0.0-env로 지정합니다.

```
$ docker build -t leafy-frontend:4.0.0-env .
(빌드 내역 출력)
```

네트워크를 생성하고, 컨테이너를 순서대로 실행합니다.

```
$ docker network create leafy-network
(생성된 네트워크의 ID 출력)
$ docker run -d --name leafy-postgres -v mydata:/var/lib/postgresql/data --network leafy
-network devwikirepo/leafy-postgres:1.0.0
(실행된 컨테이너의 ID 출력)
$ docker run -d -e DB_URL=leafy-postgres --name leafy-dev --network leafy-network devwik
irepo/leafy-backend:1.0.0
(실행된 컨테이너의 ID 출력)
$ docker run -d -e BACKEND_HOST=leafy-dev -p 80:80 --name leafy-frontend --network leafy
-network leafy-frontend:4.0.0-env
(실행된 컨테이너의 ID 출력)
```

이전과 달라진 부분은 백엔드 컨테이너의 이름이 leafy에서 leafy-dev로 변경됐고, 프런트엔드 컨테이너의 태그는 방금 빌드한 4.0.0-env로 지정했습니다. 또한 -e 옵션으로 BACKEND_HOST 환경변수의 값을 백엔드 컨테이너의 이름인 leafy-dev로 지정했습니다.

실제 적용된 nginx.conf 파일의 내용을 확인하기 위해 docker exec 명령을 실행합니다. 일회성 명령어를 전송할 때는 -it 옵션을 제거할 수 있습니다. cat 명령을 통해 파일 내용을 확인합니다.

```
$ docker exec leafy-frontend cat /etc/nginx/conf.d/default.conf
server {
    listen       80;
    server_name  _;

    location / {
        root   /usr/share/nginx/html;
        index  index.html index.htm;
    }

    location /api/ {
        proxy_pass http://leafy-dev:8080;
    }
... (중략) ...
```

환경변수로 처리된 부분이 -e 옵션으로 제공한 leafy-dev로 올바르게 변경된 것을 확인했습니다. ENV에 지정된 원래 값인 leafy가 -e 옵션에 의해 leafy-dev로 덮어써진 것입니다. BACKEND_PORT는 별도의 값을 제공하지 않았기 때문에 ENV에 지정한 8080 포트가 그대로 사용됐습니다.

이러한 환경변수 처리가 없었다면 프락시 설정을 변경할 때마다 소스코드에서 설정 파일을 직접 수정하고 새로운 이미지를 빌드해야 했을 것입니다.

마지막으로 시크릿 탭을 열고 http://localhost에 접속해 leafy 화면을 확인합니다. john123@gmail.com/password123으로 로그인해서 로그인 기능도 정상적으로 동작하는 것을 확인할 수 있을 것입니다.

마지막으로 실습 환경을 정리합니다.

```
$ docker rm -f leafy-postgres leafy-dev leafy-frontend
leafy-postgres
leafy-dev
leafy-frontend
$ docker volume rm mydata
mydata
$ docker network rm leafy-network
leafy-network
```

이번 절에서는 실습을 통해 엔진엑스 설정 파일을 환경변수로 동적으로 관리하는 방법을 학습했습니다. 고정된 값 대신 ${BACKEND_HOST}와 ${BACKEND_PORT}와 같은 변수를 설정 파일에 사용하고, envsubst 명령을 통해 이 변수들을 실제 환경변수 값으로 치환했습니다. 또한 도커파일에서 환경변수 템플릿 파일과 치환 작업을 수행하는 스크립트를 설정하고, ENTRYPOINT를 활용해 스크립트를 실행하도록 구성했습니다. 이를 통해 컨테이너 실행 시 환경변수에 따라 설정 파일이 동적으로 생성되고 웹 서버가 실행되도록 처리할 수 있습니다. 이러한 동적 설정 방식은 **소스코드 수정 없이도 환경별로 유연하게 배포할 수 있다는 장점을 제공합니다.**

## 9.5 이중화 DB 구성

서버 이중화는 IT 인프라에서 중요한 역할을 하는 기술로, 서비스의 안정성과 가용성을 크게 높입니다. 이번에는 데이터베이스 이중화의 개념과 필요성, 구성 방법을 알아보겠습니다.

가장 먼저 이중화의 기본 개념을 이해해야 합니다. **이중화는 리던던시(redundancy)라고도 불리며, 같은 기능의 서버를 2대 이상 운영하는 것을 의미**합니다. 이는 단일 서버 운영 시 발생할 수 있는 위험을 분산하는 전략입니다. 그림 9.16과 같이 단일 서버에 문제가 발생하면 전체 서비스가 중단될 수 있습니다.

**그림 9.16** 서버 이중화의 원리

오른쪽과 같이 동일한 역할을 하는 서버가 2대 이상이면 한 대에 문제가 발생해도 다른 서버가 요청을 처리할 수 있습니다. 이중화의 핵심 목적은 고가용성(High Availability)을 확보하는 것입니다. 고가용성이란 서비스 중단 시간을 최소화하고 **지속적인 서비스 제공**을 가능하게 하는 것을 의미합니다.

서버 이중화 구현 방식은 다양하지만 모든 방식은 공통된 목표가 있습니다. 주 서버에 문제가 발생했을 때 보조 서버가 즉시 그 역할을 대신하는 것입니다.

웹 서버나 웹 애플리케이션 서버(WAS)는 스테이트리스 특성 때문에 이중화 구성이 상대적으로 간단합니다. 그러나 데이터베이스 이중화는 데이터의 일관성과 무결성을 유지해야 하므로 더 복잡한 구성이 필요합니다.

## 데이터베이스 서버 이중화

데이터베이스 서버의 이중화를 구성하는 방법은 크게 두 가지입니다. 첫째는 여러 컨테이너가 하나의 볼륨을 공유하는 것이고, 둘째는 각 컨테이너가 독립적인 볼륨을 사용하는 것입니다.

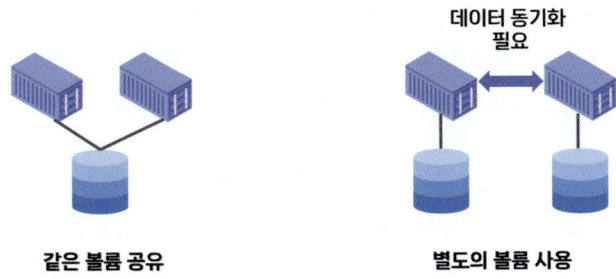

그림 9.17 데이터베이스 이중화를 구성하는 두 가지 구조

여러 컨테이너가 같은 볼륨을 사용하는 방식은 구성이 비교적 간단합니다. 컨테이너의 데이터 저장 경로를 하나의 볼륨에 마운트해 여러 컨테이너가 같은 곳에 데이터를 저장하도록 설정합니다. 이 방법은 볼륨을 학습할 때 실습으로 구현했으며, 데이터 일관성을 유지하기 쉽다는 장점이 있습니다. 하지만 단일 볼륨에 문제가 생기면 전체 시스템에 장애가 발생할 수 있습니다. 또한 하나의 볼륨에 동시에 읽기/쓰기 작업을 수행하므로 성능이 저하될 위험이 있습니다.

반면 볼륨을 별도로 사용하는 방식은 더 안정적인 구조를 제공합니다. 하지만 각 컨테이너가 완전히 독립적인 환경이므로 데이터를 별도로 동기화해야 합니다. 예를 들어, 한 컨테이너에서 입력한 데이터를 다른 컨테이너에서도 즉시 조회할 수 있어야 합니다. 이런 동기화 작업은 시스템을 복잡하게 만들지만 개별 볼륨의 장애가 전체 시스템에 미치는 영향을 최소화할 수 있습니다.

## 데이터베이스 볼륨 동기화

별도의 볼륨을 사용할 경우 각 볼륨을 동기화해야 합니다. 데이터베이스 서버는 데이터를 동기화하는 두 가지 방법을 제공합니다. 바로 프라이머리-스탠바이(primary-standby) 구조와 프라이머리-프라이머리(primary-primary) 구조입니다.

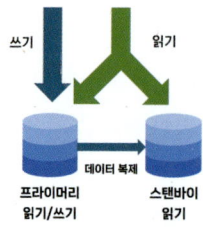
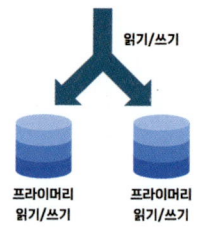

프라이머리-스탠바이 구조　　　　　프라이머리-프라이머리 구조

그림 9.18 데이터베이스 이중화를 구성하는 두 가지 구조

프라이머리-스탠바이 구조는 하나의 프라이머리 서버가 중심이 되어 여러 스탠바이 서버와 연결됩니다. 이 구조의 핵심은 새로운 데이터를 추가하는 쓰기 작업이 오직 프라이머리 서버에서만 가능하다는 점입니다. 프라이머리 서버에서 쓰기 작업을 수행하면 새로 생성된 데이터를 즉시 모든 스탠바이 서버의 볼륨으로 복제합니다. 반면 스탠바이 서버는 데이터를 읽을 수만 있어 전체적으로 데이터베이스 서버 요청을 효과적으로 분산할 수 있습니다.

프라이머리-프라이머리 구조는 모든 데이터베이스 서버가 동등한 권한을 가지며 각 서버에서 읽기와 쓰기 작업을 모두 할 수 있습니다. 이 구조는 여러 서버에서 동시에 쓰기 작업이 발생할 수 있어 데이터 동기화 과정이 프라이머리-스탠바이 구조보다 더 복잡합니다. 이러한 복잡성에도 불구하고 프라이머리-프라이머리 구조는 모든 서버에서 읽기와 쓰기가 가능해 부하 분산에 더 유리할 수 있습니다.

### 실습 9.6 프라이머리-스탠바이 이중화 구성하기

이번 실습에서는 PostgreSQL 서버를 프라이머리-스탠바이 방식의 이중화 구조로 구성해보겠습니다. `leafy-postgresql` 디렉터리로 이동해 변경사항을 초기화하고 버전을 이동합니다.

```
$ cd ~/easydocker/leafy3/leafy-postgresql
$ git reset --hard HEAD
HEAD is now at ...
$ git clean -fd
$ git switch 05-redundancy --force
branch '05-redundancy' set up to track 'origin/05-redundancy'.
Switched to a new branch '05-redundancy'
```

이번 주제는 명령어가 길기 때문에 Redundancy.sh 파일에서 실습 명령어를 복사해 활용해도 좋습니다.

```
$ cat Redundancy.sh
(실습 명령어 출력)
```

실습용 네트워크를 생성하고 프라이머리 노드를 실행합니다. 노드는 서버와 같은 개념으로 이중화 구조에서 서버 한 대를 노드라고 부릅니다.

```
$ docker network create postgres
(생성된 네트워크의 ID 출력)

(아래 명령어는 가독성을 위해 줄바꿈을 적용했으나 실제로 실행할 때는 줄바꿈을 적용하지
않고 한 줄에 이어서 입력합니다.)
$ docker run -d
  --name postgres-primary-0
  --network postgres
  -v postgres_primary_data:/bitnami/postgresql
  -e POSTGRESQL_POSTGRES_PASSWORD=adminpassword
  -e POSTGRESQL_USERNAME=myuser
  -e POSTGRESQL_PASSWORD=mypassword
  -e POSTGRESQL_DATABASE=mydb
  -e REPMGR_PASSWORD=repmgrpassword
  -e REPMGR_PRIMARY_HOST=postgres-primary-0
  -e REPMGR_PRIMARY_PORT=5432
  -e REPMGR_PARTNER_NODES=postgres-primary-0,postgres-standby-1:5432
  -e REPMGR_NODE_NAME=postgres-primary-0
  -e REPMGR_NODE_NETWORK_NAME=postgres-primary-0
  -e REPMGR_PORT_NUMBER=5432
  bitnami/postgresql-repmgr:15
(실행된 컨테이너의 ID 출력)
```

다음으로 스탠바이 노드를 실행하고 두 대의 컨테이너가 모두 실행됐는지 확인합니다. 각 컨테이너는 -v 옵션으로 postgres_primary_data, postgres_standby_data 볼륨을 독립적으로 사용하도록 설정했습니다.

(아래 명령어는 가독성을 위해 줄바꿈을 적용했으나 실제로 실행할 때는 줄바꿈을 적용하지 않고 한 줄에 이어서 입력합니다.)
```
$ docker run -d
  --name postgres-standby-1
  --network postgres
  -v postgres_standby_data:/bitnami/postgresql
  -e POSTGRESQL_POSTGRES_PASSWORD=adminpassword
  -e POSTGRESQL_USERNAME=myuser
  -e POSTGRESQL_PASSWORD=mypassword
  -e POSTGRESQL_DATABASE=mydb
  -e REPMGR_PASSWORD=repmgrpassword
  -e REPMGR_PRIMARY_HOST=postgres-primary-0
  -e REPMGR_PRIMARY_PORT=5432
  -e REPMGR_PARTNER_NODES=postgres-primary-0,postgres-standby-1:5432
  -e REPMGR_NODE_NAME=postgres-standby-1
  -e REPMGR_NODE_NETWORK_NAME=postgres-standby-1
  -e REPMGR_PORT_NUMBER=5432
  bitnami/postgresql-repmgr:15
(실행된 컨테이너의 ID 출력)

$ docker ps
IMAGE                 STATUS      PORTS        NAMES
bitnami/postgresql... Up...       5432/tcp     postgres-standby-1
bitnami/postgresql... Up...       5432/tcp     postgres-primary-0
```

bitnami/postgresql-repmgr:15 이미지를 사용할 때 -e 옵션으로 지정하는 환경변수는 다음과 같습니다. 어떤 이미지를 사용하는지에 따라 환경변수 값은 달라질 수 있습니다.

### 데이터베이스 접속 정보 설정

- POSTGRESQL_POSTGRES_PASSWORD: PostgreSQL 관리자 비밀번호
- POSTGRESQL_USERNAME: 생성할 사용자명
- POSTGRESQL_PASSWORD: 생성할 사용자의 비밀번호
- POSTGRESQL_DATABASE: 생성할 데이터베이스명

### 프라이머리-스탠바이 정보 설정

- **REPMGR_PASSWORD**: repmgr 사용자의 비밀번호
- **REPMGR_PRIMARY_HOST**: 프라이머리 노드의 호스트명
- **REPMGR_PRIMARY_PORT**: 프라이머리 노드의 포트 번호
- **REPMGR_PARTNER_NODES**: 클러스터의 모든 노드 목록
- **REPMGR_NODE_NAME**: 현재 노드의 이름
- **REPMGR_NODE_NETWORK_NAME**: 현재 노드의 네트워크명
- **REPMGR_PORT_NUMBER**: repmgr가 사용할 포트 번호

repmgr(Replication Manager)는 데이터를 동기화하는 소프트웨어로, `bitnami/postgresql-repmgr:15` 이미지에 데이터베이스와 함께 설치돼 있습니다. REPMGR로 시작하는 환경변수는 repmgr가 데이터를 동기화할 때 사용하는 정보입니다.

프라이머리 컨테이너의 로그를 확인하면 서버가 정상적으로 실행됐고, 스탠바이 서버인 `postgres-standby-1`이 정상적으로 연결된 것을 확인할 수 있습니다.

```
$ docker logs -f postgres-primary-0
... (중략) ...
[NOTICE] new standby "postgres-standby-1" (ID: 1001) has connected
LOG:   checkpoint starting: time
LOG:   checkpoint complete: ...

(Ctrl + C로 종료)
$ docker logs -f postgres-standby-1
[NOTICE] starting monitoring of node "postgres-standby-1" (ID: 1001)
LOG:   restartpoint starting: time
LOG:   restartpoint complete: ...
LOG:   recovery restart point at 0/6020BC0
DETAIL:  Last completed transaction was at log time...

(Ctrl + C로 종료)
```

두 컨테이너는 프라이머리-스탠바이 관계로 연결되어 프라이머리 서버에 새로 생성되는 데이터가 자동으로 스탠바이 서버의 볼륨에 동기화됩니다.

프라이머리 노드에 SQL을 전달해 데이터를 삽입합니다. SQL 문으로 'CREATE TABLE sample'을 전달해 테이블을 만들고, 'INSERT INTO sample'로 데이터를 삽입합니다.

```
$ docker exec -it -e PGPASSWORD=mypassword postgres-primary-0 psql -U myuser -d mydb -c
"CREATE TABLE sample (id SERIAL PRIMARY KEY, name VARCHAR(255));"
CREATE TABLE
$ docker exec -it -e PGPASSWORD=mypassword postgres-primary-0 psql -U myuser -d mydb -c
"INSERT INTO sample (name) VALUES ('John'), ('Jane'), ('Alice');"
INSERT 0 3
```

스탠바이 컨테이너에 입력한 데이터가 존재하는지 확인합니다.

```
$ docker exec -it -e PGPASSWORD=mypassword postgres-standby-1 psql -U myuser -d mydb -c
"SELECT * FROM sample;"
 id | name
----+-------
  1 | John
  2 | Jane
  3 | Alice
(3 rows)
```

데이터가 성공적으로 조회됩니다. 이는 프라이머리 서버에서 삽입한 데이터가 성공적으로 스탠바이 서버로 동기화된 것을 의미합니다.

마지막으로 실습에 사용한 컨테이너와 볼륨, 네트워크를 삭제하고 실습을 마치겠습니다.

```
$ docker rm -f postgres-primary-0 postgres-standby-1
postgres-primary-0
postgres-standby-1
$ docker volume rm postgres_primary_data postgres_standby_data
postgres_primary_data
postgres_standby_data
$ docker network rm postgres
postgres
```

이번 실습을 통해 데이터베이스 시스템의 고가용성을 확보하기 위한 이중화 구조를 구성해봤습니다. 프라이머리-스탠바이 구조는 데이터 손실 방지와 시스템 안정성을 보장하며, 장애가 발생했을 때 빠르게 복구할 수 있는 기반을 제공합니다. 이를 구현하기 위해 Replication Manager(repmgr) 같은 동기화 도구가 포함된 데이터베이스 이미지를 활용하며, 데이터가 실시간으로 복제되고 동기화되는 과정을 확인할 수 있습니다.

## 9.6 컨테이너 애플리케이션 최적화

컨테이너 기술의 장점 중 하나는 애플리케이션 리소스 사용을 효율적으로 관리할 수 있다는 것입니다. 일반적인 프로세스는 하드웨어의 리소스를 제한 없이 사용할 수 있지만 컨테이너 환경은 리소스 사용량을 세밀하게 제어할 수 있습니다.

### 9.6.1 리소스 최적화

도커는 각 컨테이너가 사용할 수 있는 CPU와 메모리 양을 제한할 수 있습니다. 이러한 리소스 제한은 컨테이너를 실행할 때 옵션으로 설정합니다.

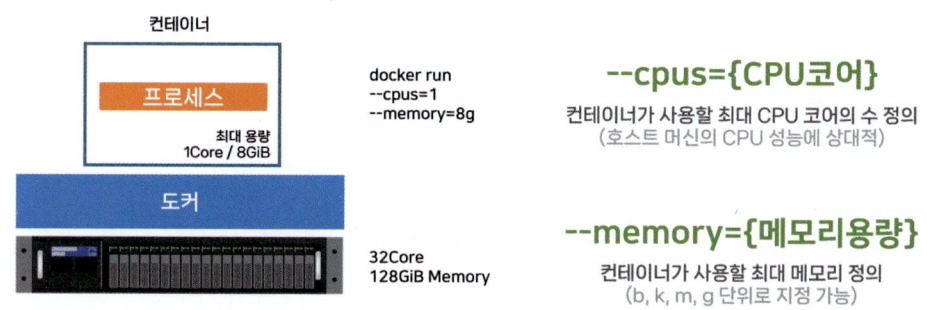

그림 9.19 컨테이너의 CPU와 메모리 사용량 제한

--cpus 옵션으로 CPU 사용량을 제한할 수 있습니다. 옵션의 값은 컨테이너가 사용할 수 있는 CPU 코어의 수입니다. 예를 들어, 32코어의 호스트 서버에서 컨테이너에 --cpus 1을 설정하면 1개의 코어에 해당하는 처리 능력을 사용할 수 있습니다. 코어는 소수점 값(예: 0.5)도 사용할

수 있어 더욱 세밀하게 제어할 수 있습니다. 코어 1개의 실제 성능은 호스트 서버의 하드웨어 성능에 따라 결정됩니다.

--memory 옵션은 메모리 사용량을 제한합니다. 메모리는 바이트(b), 킬로바이트(k), 메가바이트(m), 기가바이트(g) 단위로 지정할 수 있습니다. 예를 들어 --memory 8g는 컨테이너가 최대 8GB의 메모리를 사용할 수 있다는 뜻입니다.

주의할 점은 이러한 제한이 실제 리소스 사용량이 아닌 최댓값이라는 것입니다. 컨테이너가 항상 지정한 만큼의 리소스를 점유하는 것은 아닙니다. 이로 인해 여러 컨테이너의 총 할당량이 실제 하드웨어 용량을 초과할 수 있습니다. 따라서 시스템 관리자는 전체 시스템 성능을 고려해 각 컨테이너의 리소스 제한을 신중하게 설정해야 합니다.

## 실습 9.7 컨테이너의 리소스 사용량 지정하기

실습을 진행하기 전에 컨테이너의 리소스 사용량을 조회하는 docker stats 명령과 이벤트 로그를 조회하는 docker events 명령을 확인해보겠습니다.

**docker stats (컨테이너명/ID)**
컨테이너의 리소스 사용량 조회

**docker events**
호스트OS에서 발생하는 이벤트 로그 조회

그림 9.20 docker stats와 docker events 명령의 사용법

docker stats 명령으로 실행 중인 컨테이너의 리소스 사용량을 조회할 수 있습니다. CPU, 메모리, 네트워크, 디스크 사용량을 확인할 수 있으며, 컨테이너의 이름이나 ID를 지정하면 특정 컨테이너의 리소스 사용량만 볼 수 있습니다.

컨테이너의 생성이나 종료 로그를 조회하려면 docker events 명령을 사용할 수 있습니다. docker events로 호스트OS에서 발생하는 컨테이너 관련 이벤트 로그를 실시간으로 확인할 수 있습니다.

no-limit이라는 이름의 엔진엑스 컨테이너를 리소스 제한 없이 실행합니다. 기본적으로 옵션을 주지 않으면 리소스 제한이 없는 상태로 실행됩니다.

```
$ docker run -d --name no-limit nginx
(실행된 컨테이너의 ID 출력)
```

docker inspect로 컨테이너의 CPU와 메모리 할당량을 확인합니다.

```
$ docker inspect no-limit
... (중략) ...
            "Memory": 0,
            "NanoCpus": 0,
            "CpusetCpus": "",
            "CpusetMems": "",
            "MemoryReservation": 0,
            "MemorySwap": 0,
            "MemorySwappiness": null,
```

출력 결과 중에서 메모리와 CPU만 검색되어 표시된 것을 확인할 수 있습니다. 아무 옵션도 지정하지 않았을 때는 0으로 표시됩니다. 0은 제한이 없다는 의미입니다.

다음으로 with-limit 컨테이너는 리소스 사용량을 제한하겠습니다. 컨테이너를 실행한 후 마찬가지로 CPU와 메모리 사용량을 확인합니다.

```
$ docker run -d --name with-limit --cpus=0.5 --memory=256M nginx
(실행된 컨테이너의 ID 출력)
$ docker inspect with-limit
... (중략) ...
            "Memory": 268435456,
            "NanoCpus": 500000000,
            "CpusetCpus": "",
            "CpusetMems": "",
            "MemoryReservation": 0,
            "MemorySwap": 536870912,
            "MemorySwappiness": null,
```

리소스 사용량이 정상적으로 설정된 것을 확인하고 실습 컨테이너를 삭제합니다.

```
$ docker rm -f no-limit with-limit
no-limit
with-limit
```

컨테이너에서 실행 중인 애플리케이션이 할당된 리소스 한계를 초과하면 다음과 같은 문제가 발생합니다. CPU 사용량이 제한을 넘어서면 CPU 스로틀링(throttling)이 작동합니다. 이는 시스템이 애플리케이션의 CPU 사용을 강제로 제한하는 메커니즘으로, 애플리케이션의 처리 속도를 감소시킵니다.

메모리 사용량이 할당된 한계를 초과하면 OOM(Out of Memory) Killer 프로세스가 활성화됩니다. OOM Killer는 시스템 안정성을 위해 메모리를 과도하게 사용하는 프로세스를 강제 종료합니다. 메모리 과다 사용은 서버가 갑자기 종료되어 장애를 유발하는 주요 원인이므로 애플리케이션의 메모리를 제한할 때는 특별한 주의를 기울여야 합니다.

### 실습 9.8 메모리 사용량 초과 시 컨테이너의 상태 관찰하기

이번 실습에서는 메모리 사용량이 초과됐을 때 컨테이너의 상태를 확인하겠습니다. 터미널을 실행한 후 1번 터미널에서 `docker events` 명령을 실행합니다. 처음에는 아무것도 출력되지 않지만 실습 명령어를 입력하면 관련된 내용이 터미널로 출력됩니다.

```
[1번 터미널]
$ docker events
```

이제 1번 터미널에서 컨테이너 관련 이벤트가 실시간으로 출력됩니다. 다음으로 2번 터미널에서 `memoryuse` 컨테이너를 실행합니다. `devwikirepo/memoryuse` 이미지로 실행한 컨테이너는 실행 후 20초 뒤에 메모리를 100MB 이상 사용합니다. 컨테이너를 실행한 뒤 바로 `docker stats` 명령을 실행해 메모리가 사용되는 것을 직접 관찰합니다.

```
[2번 터미널]
$ docker run -d --name memoryuse devwikirepo/memoryuse
$ docker stats
```

```
(실행 후 20초가 지나기 전 상태)
NAME            CPU %       MEM USAGE / LIMIT
memoryuse       0.00%       7.086MiB / 7.663GiB      ...

(실행 후 20초가 지난 뒤 상태)
NAME            CPU %       MEM USAGE / LIMIT
memoryuse       0.00%       107.3MiB / 7.663GiB      ...

(Ctrl + C로 종료)
```

memoryuse 컨테이너가 20초 후 약 100MB의 메모리를 사용하는 것을 확인했습니다. 총 메모리 사용량은 PC의 사양에 따라 약간의 차이가 있을 수 있습니다.

다음으로 --memory 옵션으로 최대 메모리를 10M로 제한한 컨테이너를 실행합니다. docker stats 명령으로 관찰 시 20초가 지나면 컨테이너가 목록에서 제거되고, 컨테이너가 Exited 상태인 것을 확인할 수 있습니다.

[2번 터미널]
```
$ docker run -d --name memoryuse-withlimit --memory=10M devwikirepo/memoryuse
$ docker stats
(실행 후 20초가 지나기 전 상태)
NAME                    CPU %       MEM USAGE / LIMIT
memoryuse-withlimit     0.00%       4.746 MiB / 7.663GiB     ...

(실행 후 20초가 지난 뒤 상태)
NAME                    CPU %       MEM USAGE / LIMIT
                                                             ...

(Ctrl + C로 종료)

$ docker ps -a
IMAGE                       STATUS              NAMES
devwikirepo/memoryuse       Exited (137) ...    memoryuse-withlimit
... (중략) ...
```

1번 터미널의 로그로 memoryuse-withlimit 컨테이너가 강제 종료된 것을 확인합니다. 에러 코드 137은 OOM이 발생했을 때 출력되는 코드입니다.

[1번 터미널]

```
container die 4a44d3e... (execDuration=20, exitCode=137, image=devwikirepo/memoryuse, name=memoryuse-withlimit)
```

마지막으로 실습에 사용한 컨테이너를 모두 삭제합니다.

[2번 터미널]

```
$ docker rm -f memoryuse memoryuse-withlimit
(삭제된 컨테이너명 출력)
```

### 리피 애플리케이션의 리소스 사용량 제한하기

리피 애플리케이션을 구성할 때도 아래와 같이 각 컨테이너가 사용할 수 있는 리소스 사용량을 제한할 수 있습니다.

```
docker run -d --cpus=1 --memory=256m --name leafy-postgres -v mydata:/var/lib/postgresql/data --network leafy-network devwikirepo/leafy-postgres:1.0.0

docker run -d --cpus=1.5 --memory=512m -e DB_URL=leafy-postgres --name leafy --network leafy-network devwikirepo/leafy-backend:1.0.0

docker run -d --cpus=0.5 --memory=64m -e BACKEND_HOST=leafy -p 80:80 --name leafy-frontend --network leafy-network leafy-frontend:4.0.0-env
```

적절한 리소스 사용량은 애플리케이션과 배포 환경마다 다릅니다. 따라서 실제 서비스 운영 경험과 다양한 테스트를 통해 결정하는 것이 가장 좋습니다.

### 9.6.2 자바 힙 메모리 최적화

다음으로 자바 애플리케이션을 실행할 때 주의할 점을 알아보겠습니다.

자바 애플리케이션은 JVM(Java Virtual Machine)이라는 자바 런타임 환경에서 실행됩니다. JVM에서 사용하는 메모리에는 다양한 종류가 있는데, 그중 애플리케이션 성능과 가장 밀접한 관련이 있는 것이 힙(heap) 메모리입니다. 힙 메모리는 자바 객체가 동적으로 할당되는 공간으로, 객체 사용량이 증가할수록 힙 메모리 사용량도 함께 증가합니다.

자바 애플리케이션을 실행할 때 힙 메모리의 크기를 명시적으로 지정할 수 있습니다. 보통 전체 서버 메모리의 50%에서 80% 정도를 힙 메모리로 할당합니다.

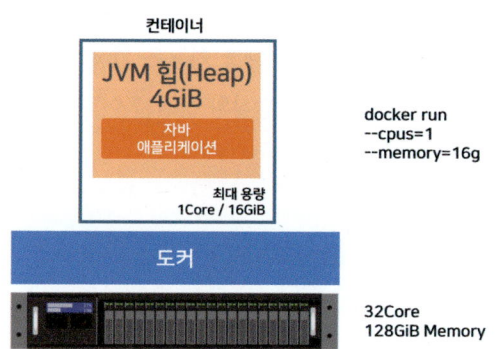

그림 9.21 자바 애플리케이션의 힙 메모리 구조

그림 9.21은 힙 메모리의 구조를 나타냅니다. 컨테이너 환경에서 자바 애플리케이션을 실행할 때는 컨테이너의 리소스 제한을 추가로 고려해야 합니다. 예를 들어, 컨테이너의 메모리 제한이 16GB이고 JVM의 힙 메모리가 이 값의 25%인 4GB로 설정된다면 애플리케이션은 서버 리소스를 충분히 활용할 수 없습니다.

자바 애플리케이션을 실행할 때 -Xmx 옵션으로 최대 힙 메모리 값을 지정할 수 있습니다. 하지만 이 방식은 컨테이너의 리소스 제한을 변경할 때마다 자바 실행 명령을 수정해야 합니다. 자바는 이러한 문제를 해결하기 위해 컨테이너의 리소스 제한을 자동으로 인식하고 힙 메모리를 조정하는 기능을 지원합니다.

자동 힙 메모리 조정 기능은 컨테이너의 리소스 할당량이 변경될 때 애플리케이션이 유연하게 대응할 수 있게 합니다. 자바 9 이하 버전은 `JAVA_OPTS` 환경변수에 `-XX:+UnlockExperimentalVMOptions`와 `-XX:+UseCGroupMemoryLimitForHeap` 옵션을 추가해 이 기능을 활성화할 수 있습니다. 자바 10 이상 버전은 기본으로 활성화되어 별도의 설정이 필요하지 않습니다.

주의할 점은 `-Xmx` 옵션으로 최대 사용량을 지정하면 자동 조정 기능이 비활성화된다는 것입니다. 따라서 컨테이너 환경에서 메모리를 최적화하려면 자동 힙 메모리 조정 기능을 활성화하고 `-Xmx` 옵션을 가능한 한 사용하지 않는 것이 좋습니다.

## 9.7 컨테이너를 활용한 개발 환경 구성

개발 환경을 구성하고 관리하는 일은 소프트웨어 개발에서 중요한 부분입니다. 이번 주제는 VS Code와 인텔리제이 IDEA(IntelliJ IDEA)의 확장 기능을 활용해 컨테이너 내부에서 애플리케이션을 개발하는 방법을 알아보겠습니다. 이 방식의 장점을 이해하기 위해 기존 개발 방식의 문제점을 살펴보겠습니다.

### 기존 개발 방식의 문제점: 환경의 불일치

애플리케이션 개발에는 많은 개발자가 협업합니다. 각 개발자는 자신의 컴퓨터로 소스코드를 개발합니다. 이 과정에서 Node.js나 자바 JDK 같은 런타임을 설치해야 하며, 모든 환경에서 동일한 버전을 사용해야 합니다.

하지만 이 방식은 여러 가지 문제를 일으킬 수 있습니다. 특히 개발 환경과 배포 환경이 다를 때 문제가 생깁니다. 예를 들어, 배포 서버의 Node.js 버전이 14.2.3에서 18.16.0으로 업그레이드되고 개발자의 PC는 여전히 14.2.3이라면 개발자의 PC에서는 잘 실행되는 애플리케이션이 배포 서버에서 제대로 동작하지 않을 수 있습니다.

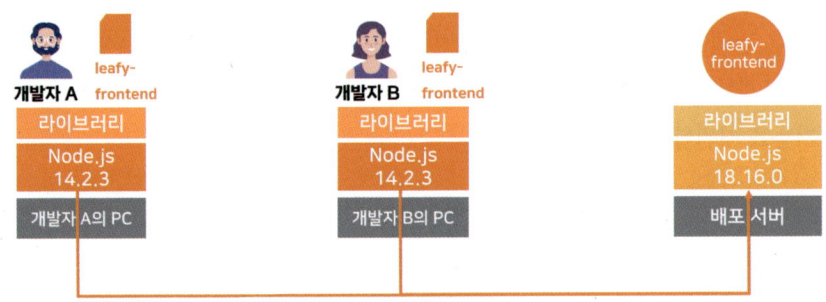

그림 9.22 개발 환경과 배포 환경의 불일치 문제

개발자 PC 간 환경 불일치 문제도 발생할 수 있습니다. 각 개발자 PC에 설치된 라이브러리 버전이 다르면 애플리케이션 빌드나 실행 시 에러가 발생할 가능성이 높아집니다. 그림 9.23과 같이 개발자 A와 개발자 B의 PC에 설치된 자바 버전이 다르면 문제가 발생합니다. 이러한 불일치를 해결하는 데는 많은 노력이 필요하며, 새로운 개발자가 팀에 합류할 때마다 개발 환경을 구성하는 데 시간이 오래 걸리게 됩니다.

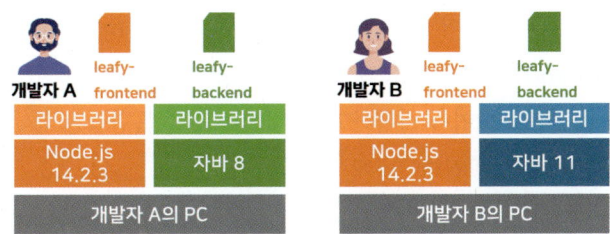

그림 9.23 개발 PC간 환경 불일치 문제

개발자 한 명이 여러 프로젝트에 참여할 수도 있습니다. 개발자가 PC에 직접 런타임이나 개발 언어를 설치하면 한 번에 하나의 버전만 사용할 수 있어 프로젝트를 전환할 때마다 버전을 변경해야 합니다. 이는 매우 번거로운 작업이며, 실수로 버전을 변경하지 않고 애플리케이션을 실행하면 에러가 발생해 개발 시간을 낭비하게 됩니다.

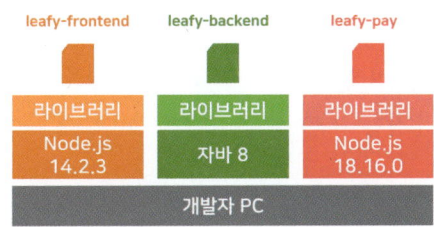

그림 9.24 개발 PC내 여러 프로젝트의 구성 문제

이러한 문제를 해결하기 위해 컨테이너 기술을 활용할 수 있습니다. 도커가 설치된 개발자 PC에서 애플리케이션을 개발할 Node.js나 자바 기반 컨테이너를 사용하면 일관된 개발 환경을 구성할 수 있습니다.

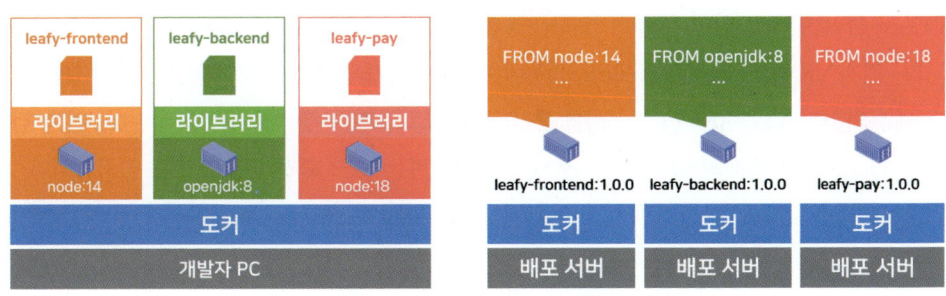

그림 9.25 컨테이너를 활용한 개발환경 구성

그림 9.25는 컨테이너를 활용한 개발 구조를 보여줍니다. leafy-frontend 프로젝트는 Node.js 14 버전, leafy-backend는 OpenJDK 8 버전, leafy-pay는 Node.js 18 버전을 사용합니다. 이 구조에서 개발자는 PC에 도커를 실행하고 각 개발 환경을 독립적인 컨테이너로 구성합니다. 컨테이너를 활용하면 `node:14` 컨테이너에서 leafy-frontend, `node:18` 컨테이너에서 leafy-pay를 각각 개발할 수 있습니다.

VS Code의 원격 개발 환경 기능을 활용하면 실행 중인 컨테이너 환경에서 애플리케이션을 개발할 수 있습니다. 개발에 필요한 이미지를 지정하고 기능을 활성화하면 이미지를 컨테이너로 실행하고 그 컨테이너 안에서 코드를 작성하고 테스트할 수 있습니다. 개발이 완료된 후 컨테이너를 종료하면 개발자 PC에 Node.js나 라이브러리를 설치하지 않고 항상 깔끔하게 유지할 수 있습니다.

### 실습 9.9 VS Code를 활용한 Node.js 원격 개발 환경 구성

이번 실습에서는 VS Code를 활용해 Node.js 원격 개발 환경을 구성해보겠습니다. 터미널을 실행한 후 소스코드의 버전을 수정합니다.

```
$ cd ~/easydocker/leafy3
$ git reset --hard HEAD
HEAD is now at ...
$ git clean -fd
$ git switch 06-devcontainer --force
branch '06-devcontainer' set up to track 'origin/06-devcontainer'
Switched to a new branch '06-devcontainer'
```

VS Code를 실행하고 상단 메뉴의 [File] → [Open]을 클릭해 ~/easydocker/leafy3 폴더를 엽니다. 먼저 VS Code의 기능을 확장하는 데 필요한 두 가지 확장 프로그램을 설치하겠습니다. 상단 메뉴의 [View] → [Extensions]를 통해 확장 프로그램 마켓플레이스를 엽니다. 왼쪽 검색 창에서 'Docker'를 검색해 마이크로소프트에서 제공하는 도커 확장 프로그램을 설치합니다. 이어서 'Dev Containers'를 검색하고, 마찬가지로 마이크로소프트에서 제공하는 확장 프로그램을 설치합니다.

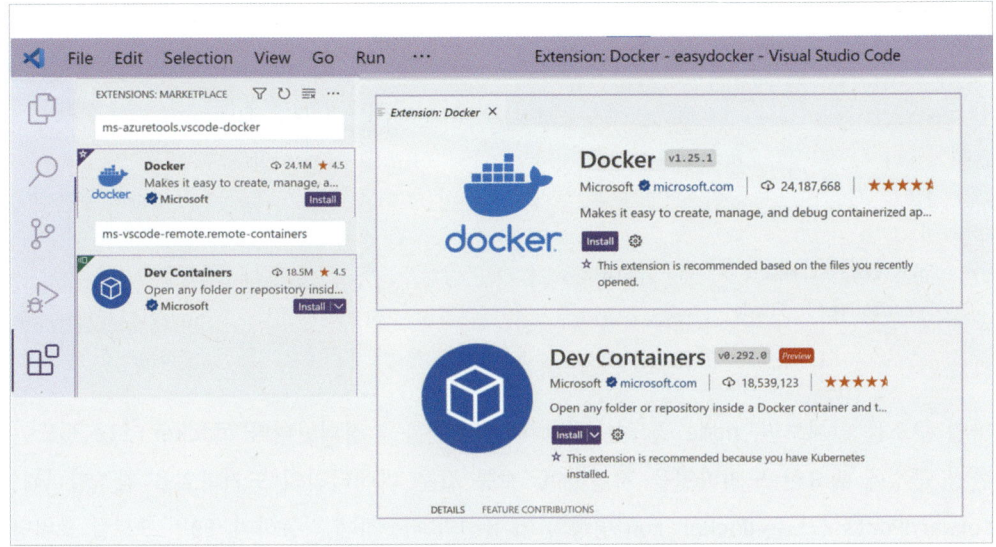

그림 9.26 VS Code의 확장 프로그램 설치 화면

두 확장 프로그램을 설치한 후 VS Code를 재시작해 변경사항을 적용합니다. `leafy-frontend` 폴더를 열면 `.devcontainer` 폴더를 확인할 수 있습니다. Dev Containers 확장 프로그램은 프로젝트 내의 `.devcontainer` 폴더를 통해 개발 환경을 구성합니다. 폴더에 있는 `devcontainer.json`과 `Dockerfile`의 내용을 확인해보겠습니다.

### devcontainer.json

`devcontainer.json` 파일은 VS Code에서 새로운 개발 환경을 만들 때 사용하는 설정 파일입니다.

```
~/easydocker/leafy3/leafy-frontend/.devcontainer/devcontainer.json
{
    "name": "Leafy-frontend project based node.js",
    "dockerFile": "Dockerfile",
    "forwardPorts": [80],

    "customizations": {
        "vscode": {
            "settings": {},
```

```
        "extensions": [
            "dbaeumer.vscode-eslint"
        ]
    }
  },
  "postCreateCommand": "npm install",
  "remoteUser": "node"
}
```

파일 구조를 살펴보면, name 필드는 개발 환경의 이름을 정의합니다. dockerFile 필드는 환경 구성에 필요한 도커파일을 지정하며, 보통 같은 디렉터리의 도커파일을 참조합니다. forwardPorts 필드는 docker run 명령의 -p 옵션과 비슷하게 작동하며, 80번 포트를 포워딩하도록 설정했습니다.

customizations에서는 VS Code와 관련된 설정을 조정할 수 있으며, 필요한 VS Code 확장 프로그램 정보와 기타 설정을 포함해 개발자에게 필요한 개발 환경을 구성합니다. postCreateCommand는 컨테이너 생성 후 실행할 명령을 지정하는 곳으로, CMD 지시어와 비슷한 역할을 합니다. 여기서는 npm install 명령을 사용해 필요한 패키지를 설치하도록 설정했습니다.

이러한 devcontainer.json 설정으로 개발자들은 일관된 환경에서 작업할 수 있습니다. 새로운 팀원이 합류하거나 다른 시스템에서 작업할 때도 소스코드에 작성된 개발 환경을 기반으로 쉽게 동일한 개발 환경을 구성할 수 있습니다.

## Dockerfile

실제 개발 환경을 구성하는 컨테이너를 실행하기 위한 도커파일입니다.

```
FROM node:14

RUN apt update && apt install -y less man-db sudo

ARG USERNAME=node
```

```
RUN echo "$USERNAME ALL=(root) NOPASSWD:ALL" > \
    /etc/sudoers.d/$USERNAME \
    && chmod 0440 /etc/sudoers.d/$USERNAME

ENV DEVCONTAINER=true
```

베이스 이미지로 Node.js 14 공식 이미지를 사용하고, 운영체제 패키지를 업데이트한 후, 필요한 유틸리티를 설치합니다. 보안과 권한 관리를 위해 Node.js 사용자에게 적절한 권한을 부여합니다. 환경변수 설정을 통해 이 컨테이너가 개발 목적임을 명시합니다.

### 개발 컨테이너 실행

설정한 내용으로 컨테이너를 실행하려면 명령 팔레트를 열어야 합니다. 윈도우 사용자는 Ctrl + Shift + P를, macOS 사용자는 Command + Shift + P를 누르면 그림 9.27처럼 상단에 명령을 입력하는 명령 팔레트가 열립니다. 검색창에 'Open Folder in Container'를 입력합니다. 이 옵션을 선택하면 파일 탐색기 창이 열리며, leafy-frontend 폴더를 선택하고 [Open]을 클릭하면 폴더 내 .devcontainer 폴더 설정을 참고해 컨테이너를 구성하고 실행합니다.

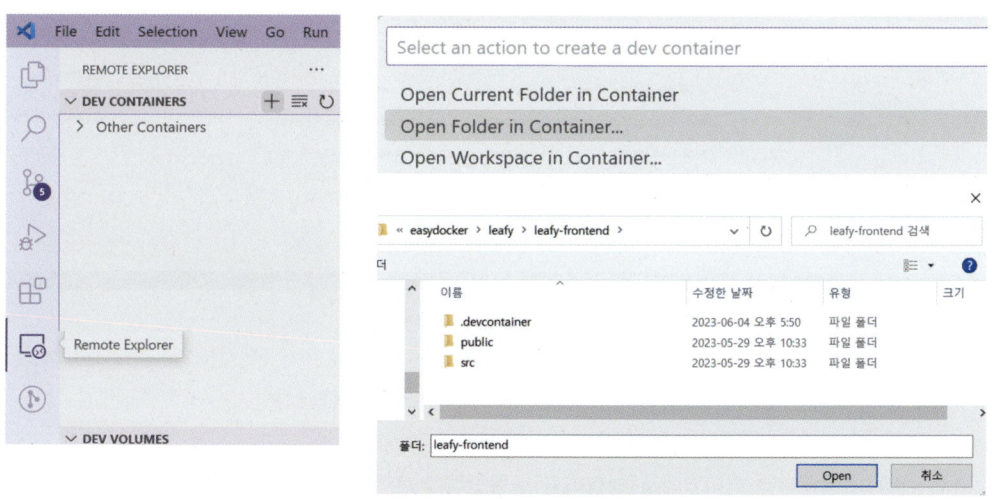

그림 9.27 명령 팔레트를 통해 컨테이너를 실행

[Open] 버튼을 클릭하면 컨테이너가 실행되면서 오른쪽 아래에 진행 상황을 나타내는 알림이 표시됩니다. [Show Log] 버튼을 클릭하면 컨테이너 실행 로그를 확인할 수 있습니다.

컨테이너가 성공적으로 실행되면 VS Code의 왼쪽 아래 상태 표시줄에 Dev Container 표시가 나타납니다. 이는 현재 VS Code가 컨테이너 환경 내에서 작업 중임을 의미합니다.

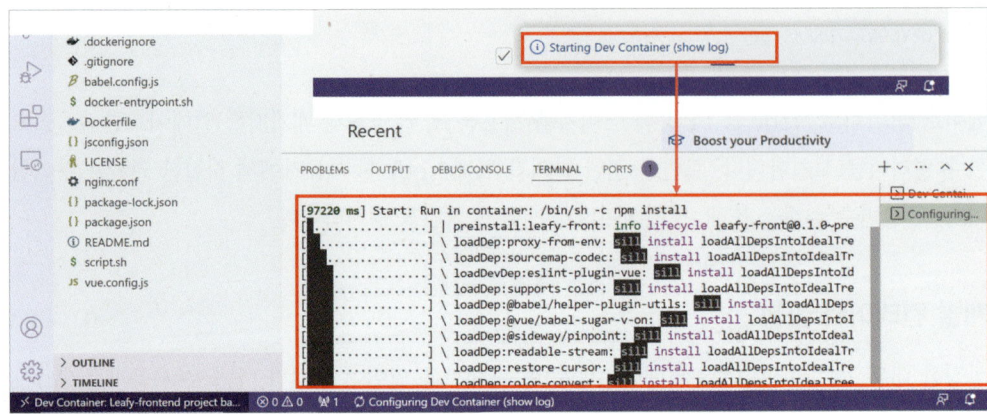

그림 9.28 컨테이너 실행 로그 확인

VS Code의 [+] 버튼을 눌러 터미널 창에서 새로운 터미널을 열 수 있습니다. 이 터미널은 node 라는 사용자로 접근하며 터미널에 표시된 ID는 실행된 컨테이너의 ID입니다.

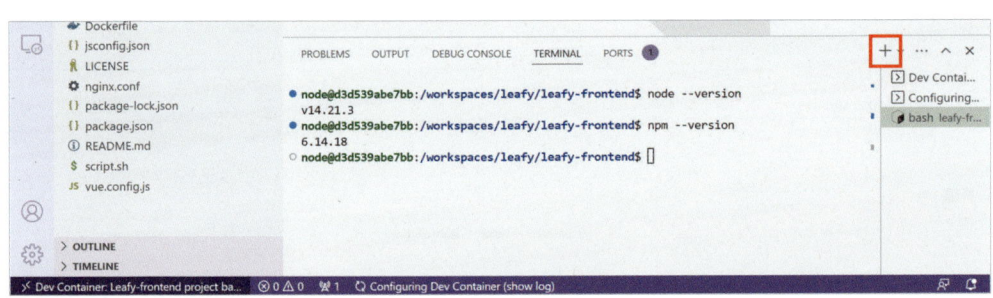

그림 9.29 새로운 터미널 실행

VS Code에서 새로 실행한 터미널에서 Node.js의 버전을 확인합니다.

```
# VS Code의 컨테이너 터미널에서 명령어를 실행합니다.
$ node --version
14.21.3
$ npm --version
6.14.18
```

컨테이너에는 Node.js 14.21.3 버전과 npm 6.14.18 버전이 설치돼 있습니다. 모든 사용자가 같은 도커파일로 개발 환경을 실행하기 때문에 버전도 완전히 동일합니다. 이처럼 컨테이너 개발 환경의 큰 장점은 개발자의 PC에 설치된 Node.js 버전이 다르거나 심지어 Node.js가 설치돼 있지 않더라도 항상 같은 상태의 개발 환경을 구성할 수 있다는 점입니다.

VS Code의 터미널에서 애플리케이션을 실행합니다.

```
# VS Code의 컨테이너 터미널에서 명령어를 실행합니다.
$ npm run serve
DONE  Compiled successfully in 6123ms                7:39:33 AM


  App running at:
  - Local:   http://localhost:80/
  - Network: http://172.17.0.3:80/


  Note that the development build is not optimized.
  To create a production build, run npm run build.
```

애플리케이션이 정상적으로 실행되는 것을 확인할 수 있습니다. VS Code에서 링크를 클릭하면 포트 포워딩을 통해 애플리케이션의 80번 포트에 접근할 수 있습니다. 확인을 마친 후 실행 중인 VS Code를 종료합니다. VS Code를 종료하면 실행된 컨테이너도 함께 종료됩니다.

이번 실습에서는 VS Code와 도커를 활용해 Node.js 개발 환경을 컨테이너로 구성하는 방법을 학습했습니다. 다음은 실습 환경의 구조를 나타낸 그림입니다.

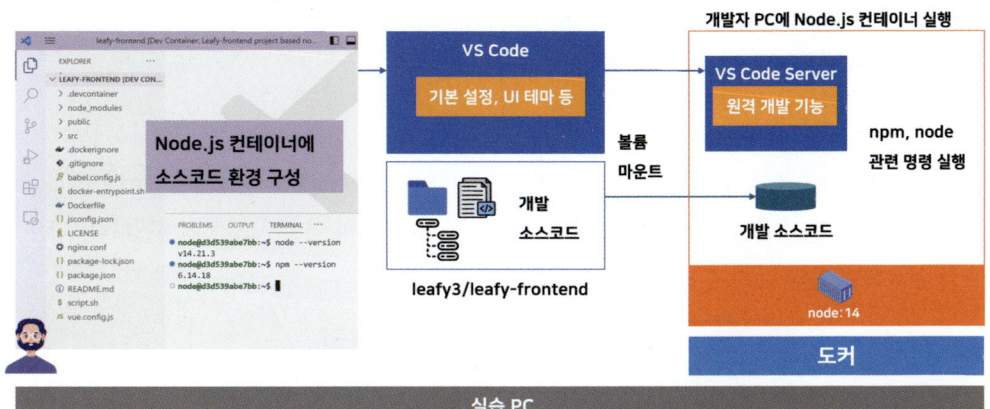

그림 9.30 VS Code의 컨테이너 기반 개발 환경 구조

이번 실습에서는 실습 PC의 VS Code에 Dev Containers 확장 프로그램을 설치한 후 개발 컨테이너를 실행했습니다. 이 과정에서 소스코드는 그림 9.30과 같이 컨테이너 내부에 저장되지 않고, 호스트OS인 실습 PC에 물리적으로 위치합니다. 개발 컨테이너가 코드가 저장된 경로를 마운트해 사용하므로 코드는 공유하면서도 개발 환경은 격리된 컨테이너로 구성할 수 있습니다.

이러한 구조 덕분에 개발자는 컨테이너에서 Node.js나 npm 같은 도구를 사용해 호스트OS에 있는 소스코드를 효율적으로 개발할 수 있습니다. 개발 작업이 완료된 후에는 컨테이너만 종료하면 되므로 개발자의 PC는 소프트웨어를 추가로 설치할 필요 없이 깨끗한 상태를 유지할 수 있습니다.

컨테이너를 활용한 개발 방식은 팀 프로젝트에서 특히 유용합니다. 개발 환경이 코드에 명시돼 있어 팀원들의 개발 환경을 일치시킬 수 있습니다. 또한 한 명의 개발자가 여러 프로젝트에 참여하더라도 각 프로젝트에 맞는 컨테이너에서 개발할 수 있으며, 개발 PC는 도커만 설치된 상태로 깔끔하게 관리할 수 있습니다.

## 실습 9.10 인텔리제이 IDEA의 도커 환경 구성 및 원격 JVM 디버깅

이번에는 인텔리제이 IDEA를 사용한 자바 애플리케이션 개발 환경에서 컨테이너를 활용하는 방법을 알아보겠습니다. 참고로 이번 실습에서 사용할 기능은 인텔리제이 IDEA 유료 버전에서만 지원되므로 라이선스가 없으면 실습하기가 어렵습니다. 유료 라이선스가 없을 경우 실습의 내용을 보고 이해하는 것만으로 충분합니다. 또한 인텔리제이 IDEA의 버전에 따라 설정 화면이 약간씩 다를 수 있습니다.

먼저 터미널에서 실습에 사용할 네트워크를 생성합니다.

```
$ docker network create leafy-network
(생성된 네트워크의 ID 출력)
```

인텔리제이 IDEA를 실행하고 [Open] 버튼을 클릭해 ~/easydocker/leafy3/leafy-backend 폴더를 엽니다. 폴더를 처음 열면 개발 환경 구성과 라이브러리 다운로드가 진행됩니다. 다운로드가 완료되면 파일 목록 중 `Dockerfile`을 엽니다.

## Dockerfile

이 도커파일은 개발한 애플리케이션을 실행할 컨테이너를 구성합니다. 기존 도커파일과 거의 동일하지만 5005번 포트가 추가됐고 애플리케이션 실행 명령이 수정됐습니다.

```
~/easydocker/leafy3/leafy-backend/Dockerfile
... (중략) ...
EXPOSE 8080
EXPOSE 5005

ENTRYPOINT ["java"]
CMD ["-agentlib:jdwp=transport=dt_socket,server=y,suspend=n,address=*:5005", "-jar", "leafy.jar"]
```

## 도커 플러그인 설치

도커 플러그인은 인텔리제이 IDEA 내에서 컨테이너 관련 작업을 수행할 수 있게 해주는 도구입니다. 인텔리제이 IDEA에서 [IntelliJ IDEA] → [Setting] 메뉴를 차례로 클릭한 다음, 설정 창 왼쪽에서 [Plugins] 섹션을 선택합니다. Marketplace 검색창에 'Docker'를 입력하고, 검색 결과에서 도커 플러그인을 찾아 설치합니다.

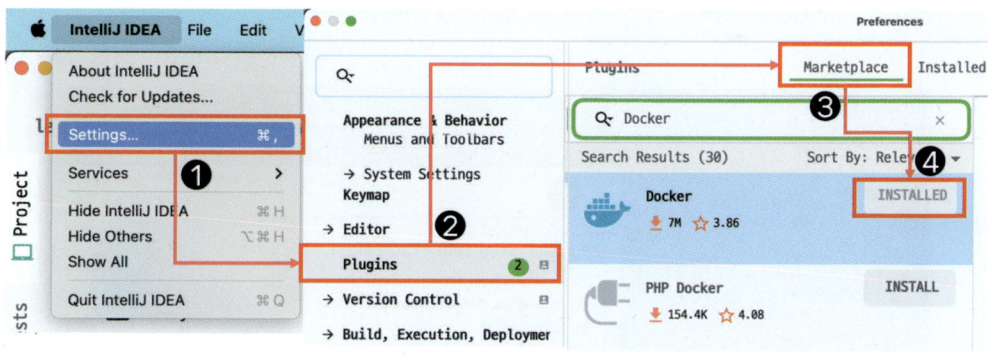

그림 9.31 Docker 플러그인 설치

다음으로 [Installed] 탭을 클릭해 Docker 플러그인이 활성화돼 있는지 확인합니다. 이미 설치됐거나 활성화돼 있다면 설치 단계를 건너뜁니다.

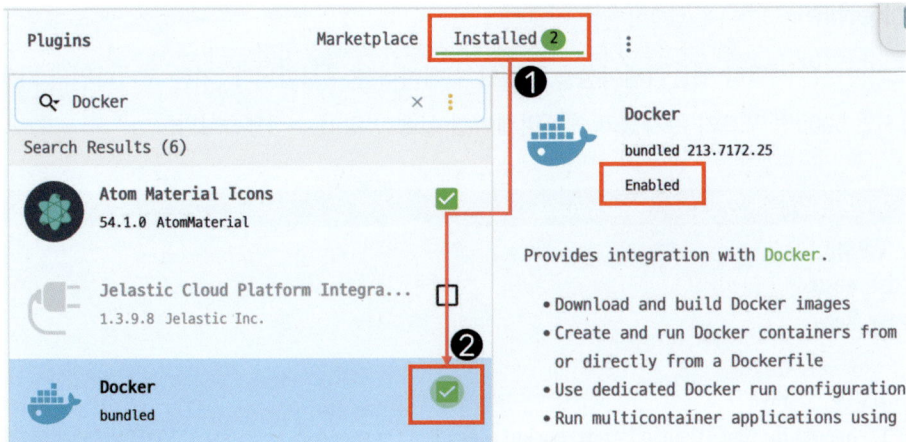

그림 9.32 Docker 플러그인 활성화

설정을 완료한 후 [OK] 버튼을 클릭해 변경사항을 저장합니다. 플러그인을 설치한 후 변경사항을 적용하기 위해 인텔리제이 IDEA를 재시작합니다.

## 애플리케이션 실행 설정

애플리케이션 실행 설정을 위해 인텔리제이 IDEA 상단의 [ADD CONFIGURATION] 버튼을 클릭합니다. 'Run/Debug Configurations' 창이 나오면 왼쪽에서 [+] 버튼 또는 [Add New] 버튼을 클릭하고, Docker 카테고리에서 [Dockerfile]을 선택합니다.

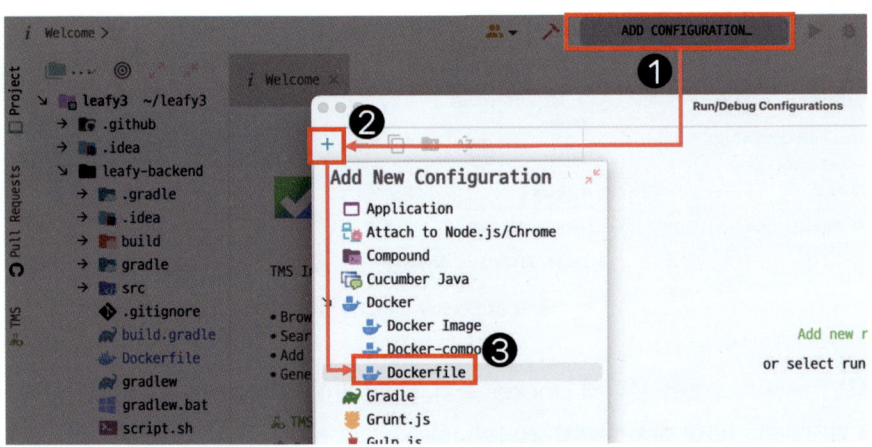

그림 9.33 도커파일 기반의 실행 환경 설정

[Name]에 설정명을 지정합니다. 여기서는 'LeafyDevContainer'로 지정했습니다. [Build] 섹션의 [Dockerfile]에는 애플리케이션을 실행할 도커파일의 이름인 'Dockerfile'을 입력합니다. [Image Tag]에는 애플리케이션 실행을 위해 빌드할 이미지의 태그를 지정합니다. 여기서는 'leafy-backend:dev'로 설정했습니다. 마지막으로 [Run] 섹션의 [Container name]에는 인텔리제이 IDEA에서 실행할 컨테이너의 이름을 지정합니다. 여기서는 'LocalLeafyDevContainer'로 지정했습니다.

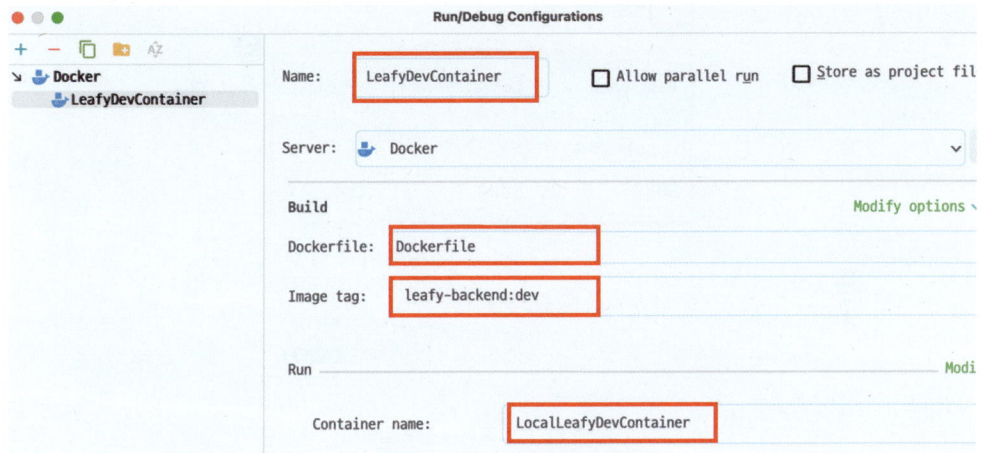

그림 9.34 각 필드의 값 입력

[Run] 오른쪽의 [Modify]를 클릭하면 추가 설정을 입력할 수 있습니다. [Bind ports]를 선택해 포트 포워딩 설정을 추가합니다.

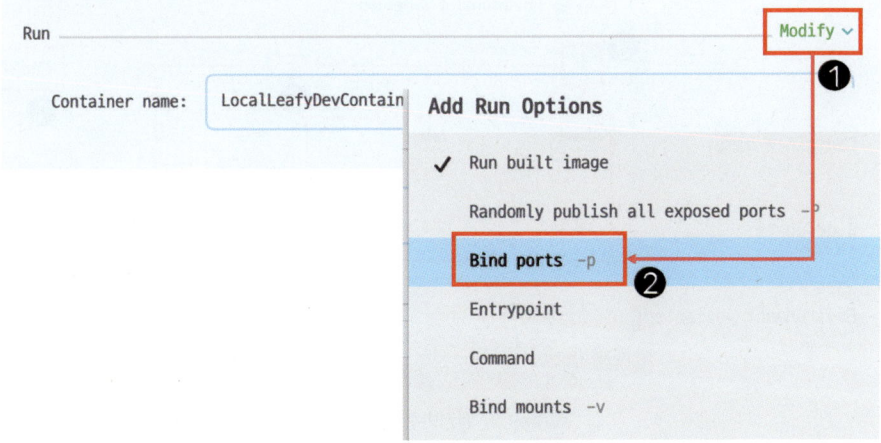

그림 9.35 포트 포워딩 설정 추가

[Bind ports] 오른쪽의 폴더 모양 아이콘을 클릭한 후 [Host port]와 [Container port]를 모두 8080으로 설정합니다.

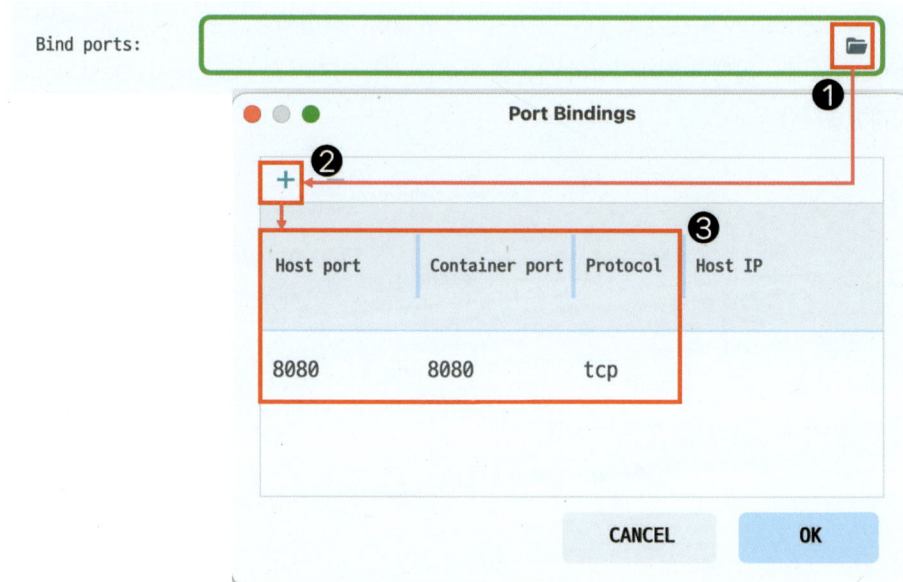

그림 9.36 포트 포워딩 정보 입력

[Run] 오른쪽의 [Modify] → [Environment variables]를 차례로 클릭해 환경변수 설정을 추가합니다. DB_URL=postgres로 설정합니다.

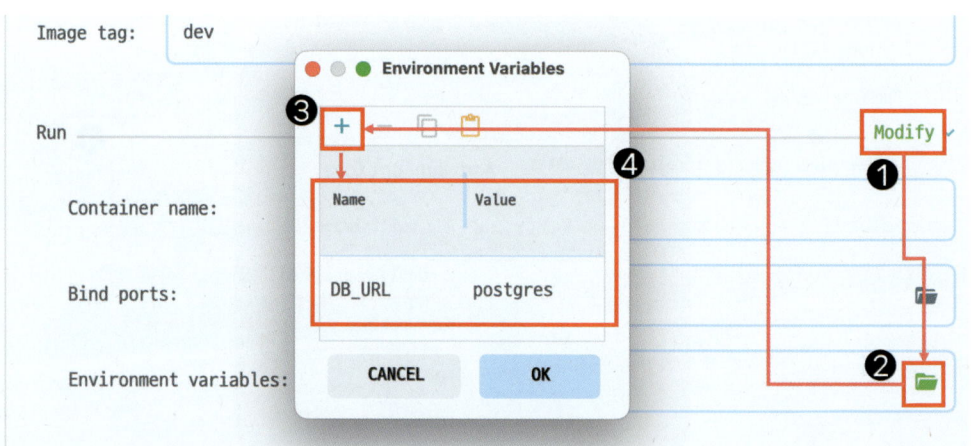

그림 9.37 환경변수 정보 입력

[Run] 오른쪽의 [Modify] → [Run options]를 클릭해 --network leafy-network를 입력합니다.

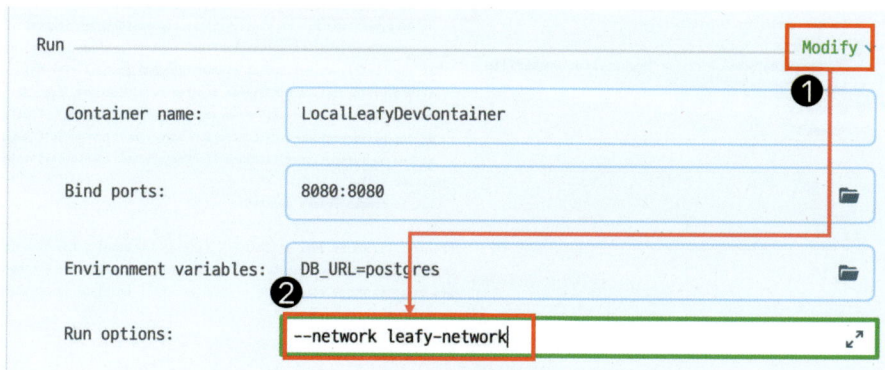

그림 9.38 컨테이너 실행 시 적용될 --network 옵션 추가

[OK]를 눌러 저장하고, 실행 구성 목록에 'LeafyDevContainer'가 추가된 것을 확인합니다.

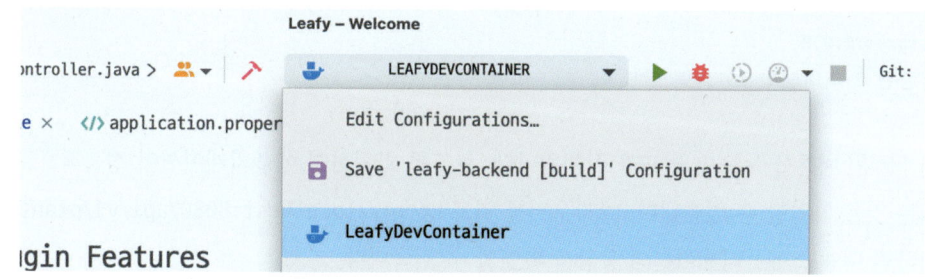

그림 9.39 추가된 LeafyDevContainer 실행 구성 확인

설정된 실행 구성을 통해 인텔리제이 IDEA의 실행 버튼으로 컨테이너를 실행할 수 있습니다. 그림 9.39에서 LeafyDevContainer 오른쪽에 있는 재생 모양의 [실행] 버튼을 클릭하면 이미지 빌드가 시작되고, 빌드가 완료된 후 컨테이너가 실행됩니다. 컨테이너의 정상 실행 여부를 확인하려면 상단의 [Log] 버튼을 클릭합니다. 그러면 애플리케이션이 정상적으로 실행되지 않았다는 에러 메시지가 표시됩니다.

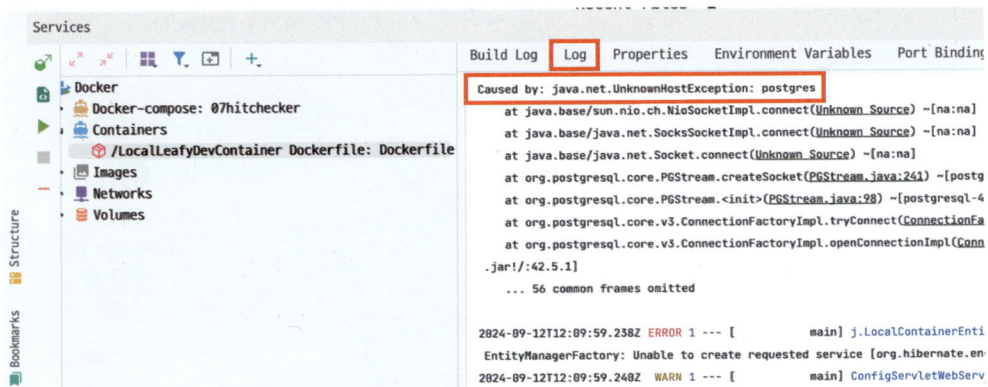

그림 9.40 실행된 컨테이너의 에러 확인

이는 애플리케이션이 사용할 데이터베이스 서버가 아직 실행되지 않았기 때문입니다. 터미널에서 다음 명령을 사용해 데이터베이스 컨테이너를 실행합니다.

```
$ docker run -d -p 5432:5432 --name postgres --network leafy-network devwikirepo/leafy-postgres:1.0.0
(실행된 컨테이너의 ID 출력)
```

다시 [실행] 버튼을 누르면 빌드가 실행됩니다. 로그를 확인하면 애플리케이션이 정상적으로 실행되는 것을 확인할 수 있습니다. 브라우저를 열고 http://localhost:8080/api/v1/plants를 입력하면 백엔드 애플리케이션의 응답을 확인할 수 있습니다.

## 애플리케이션 디버그 설정

이번에는 컨테이너에서 실행 중인 자바 애플리케이션을 디버깅하는 방법을 알아보겠습니다.

디버그는 애플리케이션을 개발하는 과정에서 발생하는 오류나 문제를 찾을 수 있는 기능입니다. 디버깅을 통해 개발자는 프로그램의 실행을 특정 지점에서 일시 중지하고, 변수의 값을 확인하며, 코드를 단계별로 실행하면서 문제를 분석할 수 있습니다. 이는 복잡한 애플리케이션에서 발생하는 오류를 파악하고 해결하는 데 큰 도움이 됩니다.

보통 PC에 설치된 자바 환경에서는 디버깅 기능이 기본으로 제공됩니다. 그러나 도커 컨테이너에서 애플리케이션을 실행할 때는 원격 디버깅 기능을 사용해야 합니다. 이를 위해 인텔리제이 IDEA에 새로운 실행 환경을 추가합니다.

LeafyDevContainer로 설정된 실행 구성 목록을 클릭하고 [Edit Configuration]을 선택합니다. Run/Debug Configurations 창이 열리면 왼쪽에 있는 [+] 버튼을 클릭하고 [Remote JVM Debug]를 선택합니다.

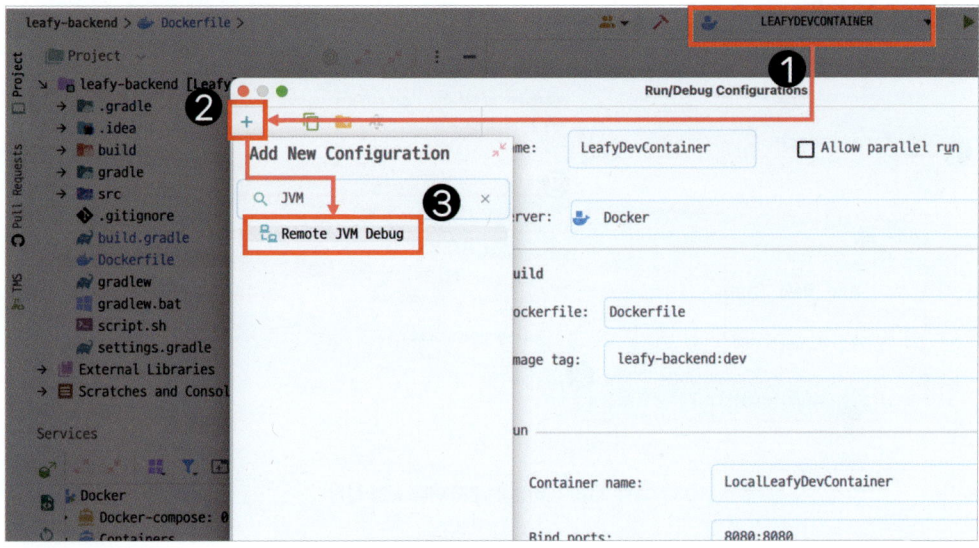

그림 9.41 실행된 컨테이너의 에러 확인

[Name] 필드에 LocalDevContainerDebug로 새 구성의 이름을 입력합니다. 기본 설정인 localhost 호스트와 5005번 포트는 유지합니다.

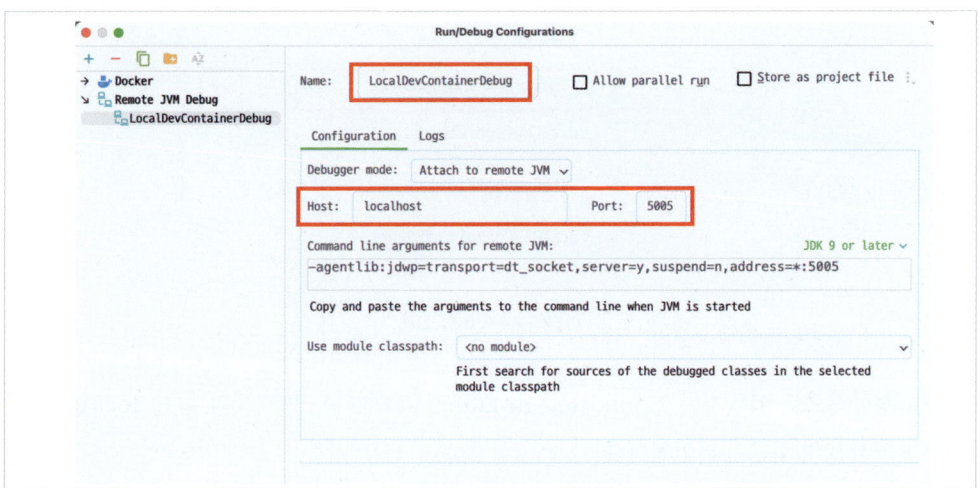

그림 9.42 기본 설정값 입력

하단의 [Before launch] 섹션에서 [+] 버튼을 클릭하고 [Launch Docker Before Debug]를 클릭합니다. [Docker configuration]에 LeafyDevContainer가 선택돼 있는지 확인하고, [Java debugger port]는 기본값 5005를 그대로 사용합니다. 별도의 수정 없이 [OK] 버튼을 클릭합니다.

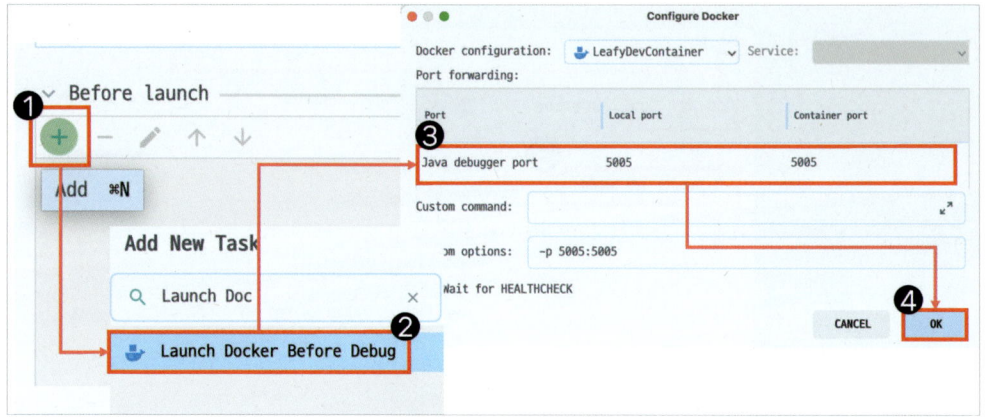

그림 9.43 디버깅 전 컨테이너 실행 설정

5005번 포트는 컨테이너에서 실행 중인 애플리케이션의 원격 디버깅에 사용하는 포트입니다. [Launch Docker Before Debug]를 설정하면 디버깅 전 컨테이너를 실행합니다. 실행 설정이 LocalDevContainerDebug로 설정된 것을 확인한 후 실행 버튼 옆의 벌레 모양의 디버그 버튼(🐞)을 클릭합니다.

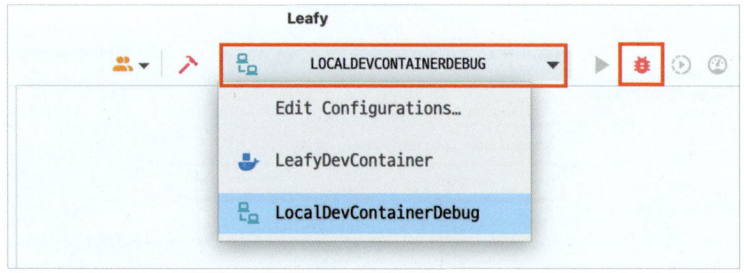

그림 9.44 디버그 실행

연결이 성공적으로 이뤄지면 'Connected to target VM'이라는 메시지와 함께 `localhost`의 5005번 포트로의 접근이 확인됩니다.

## 애플리케이션 디버그

실제 디버깅을 위해 아래 경로의 `PlantController.java` 파일을 엽니다.

```
~/easydocker/leafy3/leafy-backend/src/main/java/com/devwiki/leafy/controller/plant/PlantController.java
```

```
25      @GetMapping("")
26      public ResponseEntity<List<PlantDetailDto>> getAllPlants() {
27          List<PlantDetailDto> plantDetailDtoList = plantService.getAllPlants();
28          return new ResponseEntity<>(plantDetailDtoList, HttpStatus.OK);
29      }
```

27번 줄 옆 여백을 클릭해 브레이크포인트를 설정합니다.

그림 9.45 브레이크포인트 설정

브라우저에서 `http://localhost:8080/api/v1/plants`를 호출하면 인텔리제이 IDEA에서 설정한 브레이크포인트에서 프로그램이 일시 정지됩니다. 25~29번째 줄의 `getAllPlants()`는 애플리케이션의 `/api/v1/plants` 경로를 호출했을 때의 처리 로직이 있는 메서드입니다.

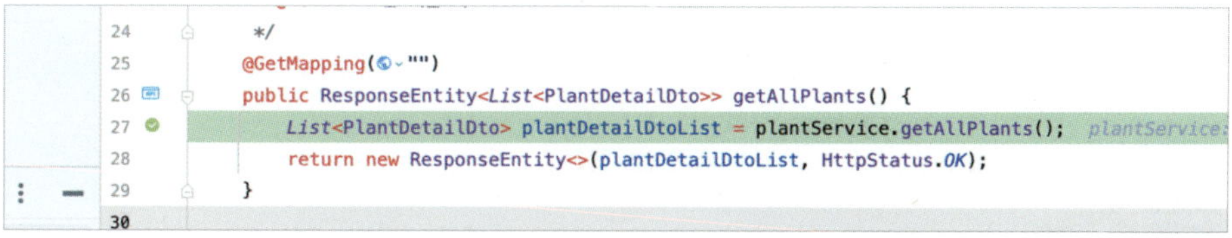

그림 9.46 브레이크포인트에서 프로그램 정지

키보드에서 F8 키를 누르면 다음 단계로 이동하는 스텝 오버가 실행되며, 디버그 포인트가 다음 줄인 28번 줄로 이동합니다. 27번 단계가 실행됐기 때문에 `plantDetailDtoList` 변수에 저장된 실제 값을 확인할 수 있습니다. 그림 9.47에서 데이터베이스에서 조회한 식물 정보가 18건 조회된 것을 확인할 수 있습니다.

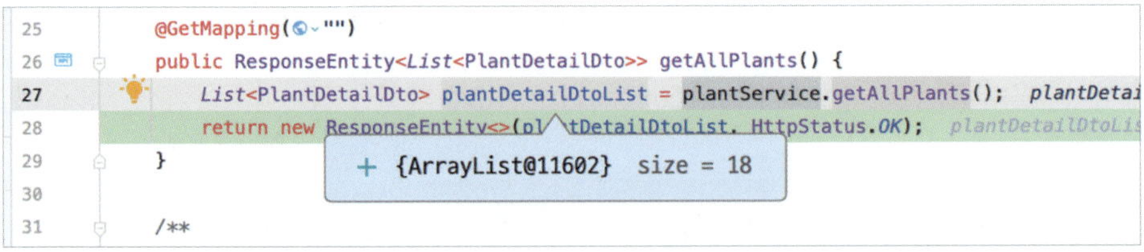
25 @GetMapping("")
26 public ResponseEntity<List<PlantDetailDto>> getAllPlants() {
27 List<PlantDetailDto> plantDetailDtoList = plantService.getAllPlants(); plantDetai
28 return new ResponseEntity<>(pl tDetailDtoList, HttpStatus.OK); plantDetailDtoLis
29 }
30
31 /**
+ {ArrayList@11602} size = 18

그림 9.47 plantDetailDtoList 변수의 값 확인

자바를 설치하지 않은 환경에서는 변수에 저장된 값이나 상세 로그를 확인할 수 없습니다. 인텔리제이 IDEA의 디버깅 기능을 제대로 사용하려면 PC에 JDK 17 버전을 설치하고 사용해야 합니다. 이는 컨테이너를 활용할 때 VS Code와 인텔리제이 IDEA의 차이점입니다. VS Code는 전체 개발 환경을 컨테이너 안에서 구동하지만 인텔리제이 IDEA는 개발 PC에서 환경을 실행하고 애플리케이션 실행과 디버깅에만 컨테이너를 활용합니다. 인텔리제이 IDEA에서 컨테이너를 활용할 때 누릴 수 있는 주된 이점은 **애플리케이션의 실행 환경을 다른 개발자의 환경 및 배포 서버와 일치시킬 수 있다는 점**입니다.

다음으로 F9 키를 누르면 백엔드 애플리케이션의 로직이 진행되며 브라우저에 정상적인 응답이 전달되는 것을 확인할 수 있습니다.

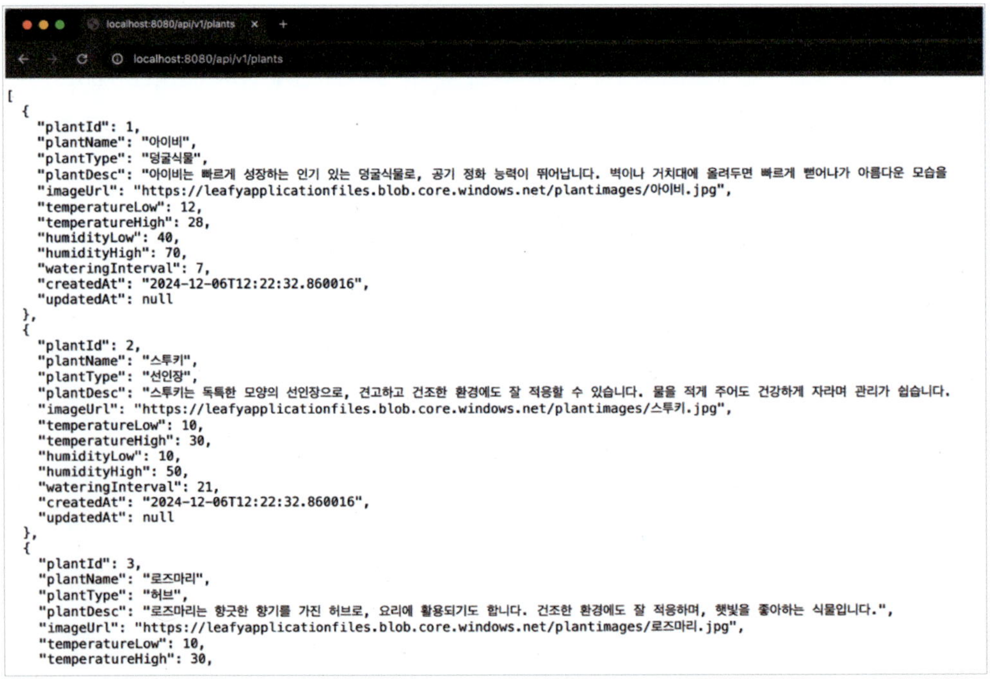
localhost:8080/api/v1/plants
localhost:8080/api/v1/plants
[
{
"plantId": 1,
"plantName": "아이비",
"plantType": "덩굴식물",
"plantDesc": "아이비는 빠르게 성장하는 인기 있는 덩굴식물로, 공기 정화 능력이 뛰어납니다. 벽이나 거치대에 올려두면 빠르게 뻗어나가 아름다운 모습을
"imageUrl": "https://leafyapplicationfiles.blob.core.windows.net/plantimages/아이비.jpg",
"temperatureLow": 12,
"temperatureHigh": 28,
"humidityLow": 40,
"humidityHigh": 70,
"wateringInterval": 7,
"createdAt": "2024-12-06T12:22:32.860016",
"updatedAt": null
},
{
"plantId": 2,
"plantName": "스투키",
"plantType": "선인장",
"plantDesc": "스투키는 독특한 모양의 선인장으로, 견고하고 건조한 환경에도 잘 적응할 수 있습니다. 물을 적게 주어도 건강하게 자라며 관리가 쉽습니다.
"imageUrl": "https://leafyapplicationfiles.blob.core.windows.net/plantimages/스투키.jpg",
"temperatureLow": 10,
"temperatureHigh": 30,
"humidityLow": 10,
"humidityHigh": 50,
"wateringInterval": 21,
"createdAt": "2024-12-06T12:22:32.860016",
"updatedAt": null
},
{
"plantId": 3,
"plantName": "로즈마리",
"plantType": "허브",
"plantDesc": "로즈마리는 향긋한 향기를 가진 허브로, 요리에 활용되기도 합니다. 건조한 환경에도 잘 적응하며, 햇빛을 좋아하는 식물입니다.",
"imageUrl": "https://leafyapplicationfiles.blob.core.windows.net/plantimages/로즈마리.jpg",
"temperatureLow": 10,
"temperatureHigh": 30,

그림 9.48 브라우저에서 응답으로 제공받은 값을 확인

마지막으로 인텔리제이 IDEA를 종료하고, 실습에 사용한 컨테이너와 네트워크를 모두 삭제합니다.

```
$ docker rm -f postgres
postgres

$ docker network rm leafy-network
leafy-network
```

CHAPTER

# 10

# 도커
# 컴포즈

도커 컴포즈(Docker Compose)는 여러 컨테이너를 실행하는 환경을 효율적으로 관리하는 도구입니다. 도커 컴포즈의 로고는 여러 개의 다리로 컨테이너를 들고 있는 문어 모양이며, 많은 컨테이너를 동시에 관리한다는 것을 나타냅니다.

그림 10.1 도커 컴포즈 로고

도커 컴포즈는 도커 데스크톱을 설치할 때 기본적으로 포함돼 있어 별도로 설치하지 않아도 바로 사용할 수 있습니다. 또한 한 번의 명령어로 모든 컨테이너, 네트워크, 볼륨을 동시에 생성할 수 있으며, 전체 환경을 한꺼번에 종료할 수 있습니다.

도커 컴포즈는 로컬 개발 환경에서 매우 유용합니다. 여기서 로컬 개발 환경이란 개발자의 개인 PC를 의미합니다. 개발 과정에서 개발자는 자신이 만드는 프로그램뿐만 아니라 데이터베이스 서버나 연관된 다른 애플리케이션 서버도 함께 실행해야 하는 경우가 많습니다. **도커 컴포즈를 사용하면 개발 환경을 운영 환경과 동일하게 PC에 빠르게 구성할 수 있습니다.**

예를 들어, 리피 애플리케이션을 실행할 때 네트워크를 생성하고 docker run 명령을 여러 번 입력해 각 컨테이너를 실행해야 했습니다. 도커 컴포즈를 사용하면 docker compose up 명령어 하나로 모든 환경을 한 번에 구성할 수 있습니다. 이는 개발 프로세스를 크게 간소화하고 효율성을 높이는 도커 컴포즈의 주요 장점 중 하나입니다.

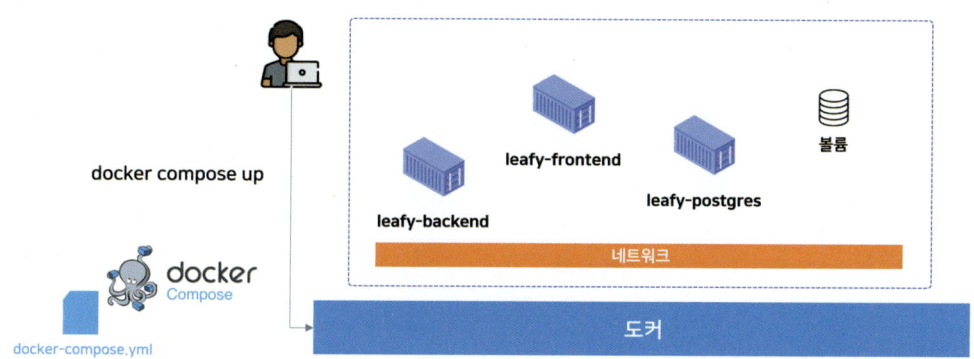

그림 10.2 도커 컴포즈를 활용한 컨테이너 환경 구성

## 10.1 YAML 파일

**도커 컴포즈는 docker-compose.yml 파일로 동작합니다.** 이 파일에는 애플리케이션을 구성하는 여러 컨테이너가 정의돼 있습니다. .yaml 또는 .yml 확장자는 YAML 문법으로 작성된 파일을 나타냅니다.

YAML(YAML Ain't Markup Language)은 데이터를 표현하는 형식 중 하나로, JSON과 비슷하지만 가독성에 더 중점을 둔 방식입니다. JSON은 HTTP 프로토콜에서 데이터를 주고받는 가장 대중적인 형식입니다. YAML은 비교적 최근에 등장한 형식입니다.

```
YAML 포맷 예시
name: John Doe
age: 30
isAlive: true
hobbies:
  - reading
  - gaming
  - coding
address:
  street: 123 Main St
  city: Anytown
  state: NY
```

```
JSON 포맷 예시
{
    "name": "John Doe",
    "age": 30,
    "isAlive": true,
    "hobbies": [
        "reading",
        "gaming",
        "coding"
    ],
    "address": {
        "street": "123 Main St",
        "city": "Anytown",
        "state": "NY"
    }
}
```

그림 10.3 YAML과 JSON 비교

YAML은 들여쓰기로 데이터의 계층 구조를 표현하고 대시(-)로 리스트를, 콜론(:)으로 키-값 쌍을 나타냅니다. 반면 JSON은 중괄호와 대괄호로 객체와 배열을 표현합니다. 그림 10.3은 같은 데이터를 JSON과 YAML로 나타낸 것입니다.

YAML 파일은 가독성이 뛰어나고 사용자가 직접 작성하기 쉬워 정의서 작성이나 리소스 관리에 사용됩니다. 쿠버네티스 같은 컨테이너 오케스트레이션 플랫폼에서도 YAML 문법으로 리소스를 관리합니다.

## 10.2 도커 컴포즈 명령어

도커 컴포즈의 명령어 사용법을 알아보겠습니다. YAML 파일에 정의된 서비스를 생성하고 시작하려면 **docker compose up** 명령을 사용합니다. -d 옵션을 추가하면 컨테이너를 백그라운드에서 실행할 수 있습니다.

```
docker compose up -d
```
YAML 파일에 정의된 서비스 생성 및 시작
```
docker compose ps
```
현재 실행 중인 서비스 상태 표시
```
docker compose build
```
현재 실행 중인 서비스의 이미지만 빌드
```
docker compose logs
```
실행 중인 서비스의 로그 표시
```
docker compose down
```
YAML 파일에 정의된 서비스 종료 및 제거

그림 10.4 도커 컴포즈의 기본 명령어

도커 컴포즈에서 서비스는 컨테이너와 유사한 개념입니다. 실행 중인 서비스의 상태를 확인하려면 `docker compose ps` 명령을 사용합니다. 서비스의 이미지만 빌드하려면 `docker compose build` 명령을 사용합니다. 또한 `docker compose logs` 명령으로 컴포즈로 실행한 모든 컨테이너의 로그를 한 번에 확인할 수 있습니다. `docker compose down` 명령은 컴포즈로 실행한 모든 컨테이너를 제거합니다.

### 실습 10.1 docker-compose.yml 파일을 사용해 도커 컴포즈 환경 구성하기

도커 컴포즈 실습을 위해 히트체커 애플리케이션을 활용하겠습니다. 히트체커는 애플리케이션에 접속한 횟수를 외부 캐시 저장소인 레디스(Redis)에 저장하는 애플리케이션입니다.

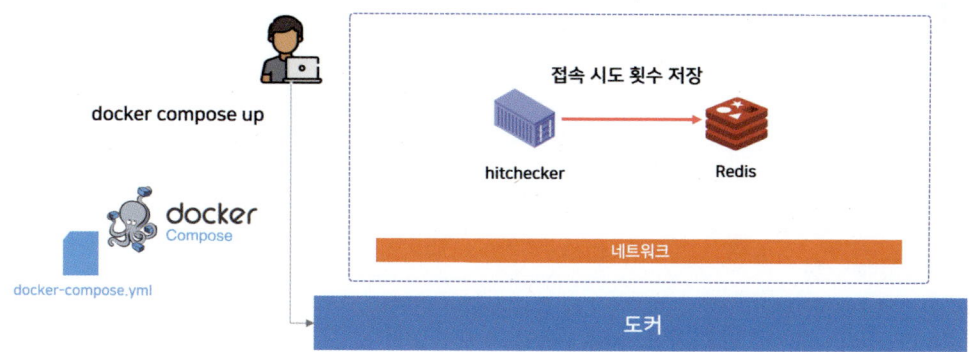

그림 10.5 도커 컴포즈를 활용한 히트체커 애플리케이션 환경 구성

이 애플리케이션은 페이지에 접속할 때마다 레디스의 키 값을 1씩 증가시킵니다. 따라서 애플리케이션이 종료되거나 재시작돼도 레디스에 접속 횟수가 지속적으로 누적됩니다.

레디스는 애플리케이션의 데이터를 저장하는 캐시 서버입니다. 보통 데이터베이스 서버에는 장기 보관이 필요한 데이터를, 캐시 서버에는 사용자의 세션 정보와 같이 일시적으로 필요한 정보를 메모리에 저장합니다.

히트체커 환경을 구성하려면 애플리케이션 서버와 레디스, 네트워크를 모두 생성해야 합니다. 도커 컴포즈로 이 같은 전체 환경을 한 번에 구성하겠습니다. 터미널을 열고 easydocker/build 폴더로 이동합니다.

```
$ cd ~/easydocker
$ ls
build
$ cd build
```

이전에 이미지 빌드에 사용했던 build 폴더를 다운로드하지 않았다면 easydocker 폴더에서 아래 git clone 명령어로 소스를 내려받을 수 있습니다.

[소스코드가 없는 경우]
```
$ cd ~/easydocker
$ git clone https://github.com/daintree-henry/build.git
$ ls
build
$ cd build
```

소스코드의 버전을 변경합니다.

```
$ git reset --hard HEAD
HEAD is now at ...
$ git clean -fd
$ git switch 02-practice --force
branch '02-practice' set up to track 'origin/02-practice'
Switched to a new branch '02-practice'
$ cd 07.hitchecker
```

VS Code로 **07.hitchecker/app** 경로의 **app.py** 파일을 확인합니다.

## app.py

```
~/easydocker/build/07.hitchecker/app/app.py
from flask import Flask
from redis import Redis

app = Flask(__name__)
redis = Redis(host='redis', port=6379)

@app.route('/')
def hello():
    redis.incr('hits')
    return '이 페이지는 %s 번 방문되었습니다.' % redis.get('hits').decode('utf-8')

if __name__ == "__main__":
    app.run(host="0.0.0.0", debug=True)
```

소스코드는 이전에 사용했던 웹 애플리케이션과 마찬가지로 특정 경로로 요청이 들어왔을 때 수행할 동작을 정의하고 있습니다. 히트체커 애플리케이션은 파이썬의 플라스크(Flask) 라이브러리로 개발됐습니다. 루트 경로로 요청이 들어오면 레디스에 연결해 **hits** 키의 값을 증가시키고, 증가된 값을 가져와 사용자에게 '이 페이지는 (접속 횟수) 번 방문되었습니다'라는 메시지를 출력합니다.

다음으로 같은 경로의 도커파일을 확인합니다. 소스코드를 웹 애플리케이션으로 빌드하기 위한 지시어를 확인할 수 있습니다.

## Dockerfile

```
~/easydocker/build/07.hitchecker/app/Dockerfile
FROM python:3.7-alpine
WORKDIR /app
COPY . /app
RUN pip install flask redis
CMD ["python", "app.py"]
```

docker-compose.yml 파일에는 hitchecker와 redis라는 두 개의 서비스가 정의돼 있습니다. hitchecker 서비스는 실습 PC의 8000번 포트를 컨테이너의 5000번 포트로 포트 포워딩합니다.

### docker-compose.yml

~/easydocker/build/07.hitchecker/docker-compose.yml
```
version: '3'
services:
  hitchecker:
    build: ./app
    image: hitchecker:1.0.0
    ports:
      - "8000:5000"
  redis:
    image: redis:alpine
```

도커 컴포즈 YAML 파일의 구조는 크게 version과 services의 두 부분으로 나눌 수 있습니다. version은 사용하고자 하는 도커 컴포즈 문법의 버전을 지정합니다. 선택한 버전에 따라 사용 가능한 기능이 달라질 수 있기 때문에 알맞은 버전을 선택해야 합니다.

services에는 실행할 컨테이너를 정의합니다. hitchecker 서비스는 build와 image, ports 옵션을 사용하고 있으며, redis 서비스는 image 옵션만 사용합니다.

hitchecker 서비스의 build 옵션은 컨테이너를 실행하기 전 ./app 디렉터리의 소스코드와 도커파일로 이미지를 빌드합니다. 이렇게 build 옵션을 사용하면 개발 중인 소스코드로 컨테이너를 실행할 수 있습니다. image 옵션은 빌드한 이미지에 hitchecker:1.0.0이라는 이름과 태그를 지정합니다. ports 설정은 컨테이너 실행 시 호스트의 5000번 포트를 컨테이너의 5000번 포트로 포트 포워딩합니다. redis 서비스와 같이 image 옵션만 있으면 기존 이미지를 사용해 컨테이너를 실행합니다.

도커 컴포즈를 사용해 히트체커 애플리케이션을 실행하겠습니다. 07.hitchecker 디렉터리에서 docker compose build 명령을 실행합니다.

```
$ docker compose build
=> [hitchecker 1/4] FROM docker.io/library/python:3.7-
=> [hitchecker 2/4] WORKDIR /app                        0.1s
=> [hitchecker 3/4] COPY . /app                         0.0s
=> [hitchecker 4/4] RUN pip install flask redis         2.0s
... (중략) ...
```

이 명령은 서비스 중 build 옵션이 있는 서비스를 찾아 이미지를 빌드합니다. 결과적으로 hitchecker:1.0.0 이미지가 생성됩니다. 빌드가 완료되면 이미지가 성공적으로 생성됐는지 확인합니다.

```
$ docker image ls hitchecker
REPOSITORY      TAG      IMAGE ID        SIZE
hitchecker      1.0.0    e2a35b649153    65.8MB
```

이미지 빌드가 확인되면 서비스로 정의한 컨테이너를 데몬 모드로 실행합니다.

```
$ docker compose up -d
 ✓ redis 8 layers [##########]    0B/0B     Pulled     7.7s
[+] Running 3/3
 ✓ Network 07hitchecker_default              Created   0.0s
 ✓ Container 07hitchecker-redis-1            Started   0.1s
 ✓ Container 07hitchecker-hitchecker-1       Started   0.1s
```

실행 과정에서 먼저 redis:alpine 이미지를 다운로드하는 것을 확인할 수 있습니다. redis는 image 속성 값의 이미지명을 참고해 로컬 스토리지에 redis:alpine 이미지가 있는지 확인하고, 이미지가 없으면 온라인에서 이미지를 다운로드합니다. 이미지 다운로드 후 도커 네트워크가 생성되고, redis 컨테이너와 hitchecker 컨테이너가 실행됩니다.

```
$ docker compose ps
NAME                          IMAGE              SERVICE       STATUS
07hitchecker-hitchecker-1     hitchecker:1.0.0   hitchecker    Up
07hitchecker-redis-1          redis:alpine       redis         Up
```

브라우저에서 http://localhost:8080으로 접속하면 페이지가 정상적으로 출력되며, 창을 새로고침할 때마다 카운터가 증가하는 것을 확인할 수 있습니다.

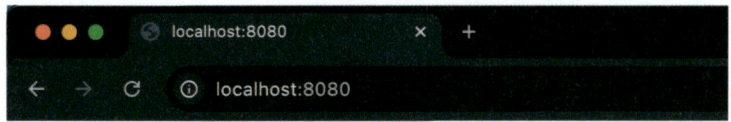

그림 10.6 히트체커 애플리케이션의 실행 결과

터미널에서 docker compose logs 명령을 실행하면 각 요청에 대한 200 응답 로그를 확인할 수 있습니다.

```
$ docker compose logs
... (중략) ...
hitchecker-1  | 192.168.65.1 - - [15:43:38] "GET / HTTP/1.1" 200 -
hitchecker-1  | 192.168.65.1 - - [15:43:49] "GET / HTTP/1.1" 200 -
hitchecker-1  | 192.168.65.1 - - [15:43:53] "GET / HTTP/1.1" 200 -
```

컨테이너 목록을 조회하면 도커 컴포즈로 실행한 컨테이너가 실행 중인 것을 확인할 수 있습니다. hitchecker 애플리케이션 컨테이너의 ID나 이름을 복사해 삭제합니다. 이 경우 redis 컨테이너만 남고 애플리케이션에 접근할 수 없습니다.

```
$ docker ps
IMAGE                 PORTS                 NAMES
hitchecker:1.0.0      8080->5000/tcp        07hitchecker-hitchecker-1
redis:alpine          6379/tcp              07hitchecker-redis-1
$ docker rm -f 07hitchecker-hitchecker-1
07hitchecker-hitchecker-1
```

이 상황에서 다시 docker compose up -d 명령을 실행하면 도커 컴포즈는 기존의 레디스 컨테이너는 그대로 유지하면서 삭제된 hitchecker 컨테이너만 새로 생성합니다. 07hitchecker-hitchecker-1 컨테이너는 새로 시작되어 로그에 Started라고 출력되고, 07hitcheckerredis-1 컨테이너는 이미 실행 중이었기 때문에 Running으로 출력됩니다. 레디스 컨테이너는 계속 실행 중이었기 때문에 이전의 접근 횟수 데이터가 그대로 보존됩니다.

```
$ docker compose up -d
[+] Running 2/2
 ✔ Container 07hitchecker-hitchecker-1   Started      0.0s
 ✔ Container 07hitchecker-redis-1        Running      0.0s
```

다시 브라우저에서 페이지를 열면 접근 횟수가 1부터 증가하는 것이 아닌 기존 접근 횟수부터 증가하는 것을 확인할 수 있습니다.

마지막으로 docker compose down 명령으로 실습 환경을 정리합니다.

```
$ docker compose down
[+] Running 3/2
 ✔ Container 07hitchecker-hitchecker-1   Removed
 ✔ Container 07hitchecker-redis-1        Removed
 ✔ Network 07hitchecker_default          Removed
```

### 실습 정리

- 도커 컴포즈를 활용해 여러 컨테이너와 네트워크를 한 번에 정의하고 실행할 수 있습니다.
- build 옵션은 특정 경로의 애플리케이션 코드를 image 옵션에서 지정한 이름의 이미지로 빌드합니다.
- image 옵션만 있을 경우 기존 이미지를 사용합니다.
- ports 옵션으로 포트 포워딩을 설정할 수 있습니다.
- docker compose up -d 명령으로 컨테이너를 백그라운드에서 실행합니다.
- docker compose ps로 실행 중인 서비스 상태를 확인합니다.
- docker compose logs로 실행 중인 모든 컨테이너의 로그를 한 번에 확인합니다.
- docker compose down으로 전체 환경을 제거할 수 있습니다.

## 실습 10.2 docker compose up --build 명령 사용법

이전 실습에서 사용한 docker-compose.yml 파일의 hitchecker를 정의한 부분은 다음과 같습니다.

```
hitchecker:
  build: ./app
  image: hitchecker:1.0.0
```

`build` 속성은 도커파일의 위치를 지정해 이미지를 빌드하는 데 사용합니다. 이때 빌드할 이미지의 이름은 `image` 속성에 지정한 값을 사용합니다. 도커 컴포즈를 실행할 때 로컬 환경에 같은 이름의 이미지가 있으면 새 이미지를 빌드하지 않고 기존 이미지를 사용합니다. **따라서 같은 이름의 이미지가 이미 존재하면 소스코드를 수정한 후 컴포즈를 실행해도 변경 사항이 반영되지 않을 수 있습니다.**

이 문제를 해결하는 방법은 두 가지입니다.

1. **이미지 버전 변경**

    소스코드를 수정할 때 이미지명을 `hitchecker:1.0.1`로 함께 수정하면 새로운 버전의 이미지로 빌드됩니다.

2. **--build 옵션 사용**

    `--build` 옵션을 사용하면 로컬 PC에 같은 이름의 이미지가 있어도 이를 제거하고 새 이미지를 빌드합니다. 이 방법을 사용하면 이미지명을 수정하지 않아도 항상 최신 소스코드가 반영된 이미지로 빌드할 수 있습니다.

**docker compose up -d --build**
로컬에 이미지가 있어도 다시 이미지를 빌드한 후 실행

그림 10.7 --build 옵션으로 컴포즈 실행 시 이미지를 재빌드

실습 10.1의 환경을 다시 한 번 실행해보겠습니다.

```
$ cd ~/easydocker/build/07.hitchecker
$ docker compose up -d
[+] Running 3/3
 ✔ Network 07hitchecker_default           Created
 ✔ Container 07hitchecker-redis-1         Started
 ✔ Container 07hitchecker-hitchecker-1    Started
```

처음 실행할 때 hitchecker:1.0.0 이미지를 빌드했기 때문에 두 번째로 실행할 때는 이미 빌드한 이미지로 컨테이너를 즉시 실행합니다. --build 옵션을 사용하면 새로운 이미지를 빌드하고 hitchecker 컨테이너도 새로 실행하는 것을 확인할 수 있습니다. 새로운 이미지 빌드는 소스를 수정하지 않았기 때문에 캐시를 사용해 빠르게 완료됩니다.

```
$ docker compose up -d --build
[+] Building 2.1s (11/11) FINISHED -
... (중략) ...
 => [hitchecker 1/4] FROM docker.io/library/python:3.7-
 => CACHED [hitchecker 2/4] WORKDIR /app
 => CACHED [hitchecker 3/4] COPY . /app
 => CACHED [hitchecker 4/4] RUN pip install flask
[+] Running 2/2
 ✓ Container 07hitchecker-hitchecker-1   Started
 ✓ Container 07hitchecker-redis-1        Running
```

#### 실습 정리

- build 옵션으로 이미지를 빌드할 때 image 옵션에서 지정한 이름의 이미지로 빌드합니다.
- image 옵션 값이 변경되지 않았다면 소스가 변경됐더라도 같은 이름의 이미지가 이미 빌드돼 있기 때문에 새로운 이미지를 빌드하지 않습니다.
- --build 옵션으로 기존 이미지를 제거하고 새로운 이미지를 빌드할 수 있습니다.

## 실습 10.3 도커 컴포즈의 공통 변수를 활용해 이중화DB 구성하기

도커 컴포즈를 사용해 PostgreSQL 데이터베이스 서버를 이중화 구조로 구성하겠습니다. 이 구성은 실습 9.6에서 docker run 명령으로 직접 구성했으며, 프라이머리와 스탠바이라는 두 개의 데이터베이스 컨테이너를 사용했습니다. 이때 사용한 컨테이너 실행 명령을 확인하겠습니다.

```
docker run -d
  --name postgres-primary-0
  --network postgres
  -v postgres_primary_data:/bitnami/postgresql
  -e POSTGRESQL_POSTGRES_PASSWORD=adminpassword
  -e POSTGRESQL_USERNAME=myuser
```

```
    -e POSTGRESQL_PASSWORD=mypassword
    -e POSTGRESQL_DATABASE=mydb
    -e REPMGR_PASSWORD=repmgrpassword
    -e REPMGR_PRIMARY_HOST=postgres-primary-0
    -e REPMGR_PRIMARY_PORT=5432
    -e REPMGR_PARTNER_NODES=postgres-primary-0,postgres-standby-1:5432
    -e REPMGR_NODE_NAME=postgres-primary-0
    -e REPMGR_NODE_NETWORK_NAME=postgres-primary-0
    -e REPMGR_PORT_NUMBER=5432
    bitnami/postgresql-repmgr:15

docker run -d
    --name postgres-standby-1
    --network postgres
    -v postgres_standby_data:/bitnami/postgresql
    -e POSTGRESQL_POSTGRES_PASSWORD=adminpassword
    -e POSTGRESQL_USERNAME=myuser
    -e POSTGRESQL_PASSWORD=mypassword
    -e POSTGRESQL_DATABASE=mydb
    -e REPMGR_PASSWORD=repmgrpassword
    -e REPMGR_PRIMARY_HOST=postgres-primary-0
    -e REPMGR_PRIMARY_PORT=5432
    -e REPMGR_PARTNER_NODES=postgres-primary-0,postgres-standby-1:5432
    -e REPMGR_NODE_NAME=postgres-standby-1
    -e REPMGR_NODE_NETWORK_NAME=postgres-standby-1
    -e REPMGR_PORT_NUMBER=5432
    bitnami/postgresql-repmgr:15
```

이중화 데이터베이스를 실행할 때는 도커 볼륨과 많은 환경변수를 사용합니다. 위 명령어를 기반으로 만든 도커 컴포즈 파일을 부분별로 확인해보겠습니다. 파일 위치는 ~/easydocker/build/08.multidb/docker-compose.yml입니다.

version은 컴포즈의 버전을 명시합니다.

```
version: '3'
```

services 아래에는 두 개의 컨테이너가 서비스로 정의됩니다.

```
services:
  postgres-primary-0:
  postgres-standby-1:
```

볼륨 설정은 최상단에 volumes 속성으로 정의하며 postgres_primary_data와 postgres_standby_data로 볼륨 이름을 지정합니다.

```
volumes:
  postgres_primary_data:
  postgres_standby_data:
```

postgres-primary-0 서비스의 세부 속성을 살펴보겠습니다. postgres-standby-1 서비스도 구조는 유사합니다.

```
services:
  postgres-primary-0:
    image: bitnami/postgresql-repmgr:15
    volumes:
      - postgres_primary_data:/bitnami/postgresql
    environment:
      POSTGRESQL_POSTGRES_PASSWORD: adminpassword
      POSTGRESQL_USERNAME: myuser
      POSTGRESQL_PASSWORD: mypassword
      POSTGRESQL_DATABASE: mydb
      REPMGR_PASSWORD: repmgrpassword
      REPMGR_PRIMARY_HOST: postgres-primary-0
      REPMGR_PRIMARY_PORT: 5432
      REPMGR_PARTNER_NODES: postgres-primary-0,postgres-standby-1:5432
      REPMGR_NODE_NAME: postgres-primary-0
      REPMGR_NODE_NETWORK_NAME: postgres-primary-0
      REPMGR_PORT_NUMBER: 5432
```

image에는 컨테이너에 사용할 이미지를 지정하고, volumes에는 마운트할 볼륨과 경로를 지정합니다. 볼륨은 postgres_primary_data를 사용합니다. environment에는 컨테이너의 환경변수를 지정합니다.

postgres-primary-0과 postgres-standby-1은 사용자 이름, 비밀번호, 데이터베이스 이름 등 같은 환경변수를 사용해 중복된 부분이 많습니다. 이러한 중복은 값을 변경할 때 두 곳을 모두 수정해야 하므로 한 부분에서 수정을 놓치면 오류가 발생할 수 있습니다.

이러한 코드의 유지보수성을 위해 도커 컴포즈 버전 3 이상에서는 공통 환경변수 기능을 제공합니다. 이 기능을 사용하면 중복되는 환경변수를 하나의 그룹으로 정의하고 여러 서비스에서 재사용할 수 있습니다. 파일 위치는 ~/easydocker/build/09.multidb-env/docker-compose.yml입니다.

```
version: '3'
x-environment: &common_environment
  POSTGRESQL_POSTGRES_PASSWORD: adminpassword
  POSTGRESQL_USERNAME: myuser
  POSTGRESQL_PASSWORD: mypassword
  POSTGRESQL_DATABASE: mydb
  REPMGR_PASSWORD: repmgrpassword
  REPMGR_PRIMARY_HOST: postgres-primary-0
  REPMGR_PRIMARY_PORT: 5432
  REPMGR_PORT_NUMBER: 5432
services:
  postgres-primary-0:
    image: bitnami/postgresql-repmgr:15
    volumes:
      - postgres_primary_data:/bitnami/postgresql
    environment:
      <<: *common_environment
      REPMGR_PARTNER_NODES: postgres-primary-0,postgres-standby-1:5432
      REPMGR_NODE_NAME: postgres-primary-0
      REPMGR_NODE_NETWORK_NAME: postgres-primary-0
  postgres-standby-1:
    image: bitnami/postgresql-repmgr:15
    volumes:
```

```
    - postgres_standby_data:/bitnami/postgresql
  environment:
    <<: *common_environment
    REPMGR_PARTNER_NODES: postgres-primary-0,postgres-standby-1:5432
    REPMGR_NODE_NAME: postgres-standby-1
    REPMGR_NODE_NETWORK_NAME: postgres-standby-1

volumes:
  postgres_primary_data:
  postgres_standby_data:
```

x-environment 키워드로 공통 환경변수 그룹을 정의할 수 있습니다. common_environment라는 이름으로 그룹을 만들고, 그 아래에 공통으로 사용할 변수를 나열합니다. 그다음 이 공통 변수를 사용할 서비스의 environment 속성에서 <<: *common_environment로 공통 변수를 참조합니다. 이처럼 공통 환경변수를 한 곳에서 관리하면 코드 가독성이 높아지고 변경에 더 유연한 구조를 만들 수 있습니다.

터미널에서 실습 폴더로 이동한 후 컴포즈를 실행하면 네트워크, 볼륨, 컨테이너가 한 번에 생성되는 것을 확인할 수 있습니다.

```
$ cd ~/easydocker/build/09.multidb-env
$ docker compose up -d
[+] Running 5/5
 ✓ Network 09multidb-env_default                         Created    0.0s
 ✓ Volume "09multidb-env_postgres_standby_data"          Created    0.0s
 ✓ Volume "09multidb-env_postgres_primary_data"          Created    0.0s
 ✓ Container 09multidb-env-postgres-standby-1-1          Started    0.0s
 ✓ Container 09multidb-env-postgres-primary-0-1          Started    0.0s
```

로그를 통해 스탠바이 컨테이너가 정상적으로 실행된 후 프라이머리 컨테이너에 연결되는 과정을 확인할 수 있습니다.

```
$ docker compose logs
postgres-standby-1-1  | server starting
postgres-standby-1-1  | LOG:  database system is ready to accept read-only connections
```

```
postgres-primary-0-1  | server stopped
postgres-primary-0-1  | postgresql-repmgr INFO  ==> ** PostgreSQL with Replication Manag
er setup finished! **
postgres-primary-0-1  | server starting
postgres-primary-0-1  | LOG:  database system is ready to accept connections
postgres-primary-0-1  | postgresql-repmgr INFO  ==> ** Starting repmgrd **
postgres-primary-0-1  | [NOTICE] new standby "postgres-standby-1" (ID: 1001) has connec
ted
(Ctrl + C로 종료)
```

터미널에서 Ctrl + C를 눌러 로그 출력을 종료한 후 생성된 컨테이너와 볼륨을 확인합니다.

```
$ docker ps
IMAGE              STATUS      NAMES
f3900cc937b6       Up          09multidb-env-postgres-standby-1-1
cf357e2f1c11       Up          09multidb-env-postgres-primary-0-1


$ docker volume ls
local      09multidb-env_postgres_primary_data
local      09multidb-env_postgres_standby_data
```

컴포즈 환경을 제거합니다.

```
$ docker compose down
[+] Running 3/2
 ✔ Container 09multidb-env-postgres-standby-1-1    Removed    0.2s
 ✔ Container 09multidb-env-postgres-primary-0-1    Removed    0.2s
 ✔ Network 09multidb-env_default                   Removed    0.0s
```

컨테이너와 네트워크가 삭제된 것을 알 수 있습니다. 그러나 볼륨은 여전히 남아 있습니다. 이는 볼륨이 영속성을 가지는 데이터이기 때문에 기본적으로 삭제되지 않고 유지되기 때문입니다.

```
$ docker volume ls
local      09multidb-env_postgres_primary_data
local      09multidb-env_postgres_standby_data
```

볼륨을 함께 삭제하려면 -v 옵션을 명시적으로 추가해야 합니다.

```
$ docker compose down -v
[+] Running 2/0
 ✔ Volume 09multidb-env_postgres_standby_data      Removed    0.1s
 ✔ Volume 09multidb-env_postgres_primary_data      Removed    0.0s
```

이번에는 볼륨까지 완전히 삭제된 것을 확인할 수 있습니다.

## 실습 10.4 도커 컴포즈를 활용한 리피 애플리케이션 개발

도커 컴포즈로 리피 환경을 구성하겠습니다. 터미널을 열고 프로젝트 폴더로 이동합니다.

```
$ cd ~/easydocker/leafy3
$ git reset --hard HEAD
HEAD is now at ...
$ git clean -fd
$ git switch 07-compose-init --force
branch '07-compose-init' set up to track 'origin/07-compose-init'
Switched to a new branch '07-compose-init'
```

초기 상태의 도커 컴포즈 파일을 통해 리피 애플리케이션의 환경을 구성하는 과정을 알아보겠습니다. VS Code에서 리피의 `docker-compose.yaml` 파일을 엽니다.

**~/easydocker/leafy3/docker-compose.yaml**
```yaml
version: '3'
services:
  leafy-postgres:
  ...
  leafy-backend:
  ...
  leafy-frontend:
  ...
```

서비스 섹션 아래에 leafy-postgres, leafy-backend, leafy-frontend라는 3개의 컨테이너가 정의돼 있습니다. 네트워크 설정이 별도로 명시되지 않은 이유는 도커 컴포즈가 기본적으로 네트워크를 생성하고 모든 컨테이너를 해당 네트워크에 포함하기 때문입니다.

### leafy-postgres

leafy-postgres 컨테이너 부분을 살펴보겠습니다.

```
leafy-postgres:
  image: devwikirepo/leafy-postgres:1.0.0
```

데이터베이스는 외부 이미지인 devwikirepo/leafy-postgres:1.0.0으로 실행됩니다. 이는 이전에 docker run 명령어로 컨테이너를 실행했을 때와 동일한 결과를 제공합니다.

```
docker run --name leafy-postgres --network leafy-network devwikirepo/leafy-postgres:1.0.0
```

컨테이너의 이름은 서비스의 이름을 참고해 만들어집니다. 실제로 생성되는 컨테이너명은 [디렉터리 이름]_[서비스 이름]_[인스턴스 번호]의 형태로 leafy3_leafy-postgres_1로 만들어지지만 도커 컴포즈는 서비스의 이름인 leafy-postgres로도 컨테이너가 통신할 수 있도록 네트워크 설정을 지원합니다.

### leafy-backend

다음으로 leafy-backend 설정을 확인합니다.

```
leafy-backend:
  build: ./leafy-backend
  image: leafy-backend:5.0.0-compose
  environment:
    - DB_URL=leafy-postgres
  depends_on:
    - leafy-postgres
```

build 속성에는 소스코드와 도커파일이 있는 leafy-backend 폴더를 지정하고, image 속성에는 leafy-backend:5.0.0-compose 태그를 지정했습니다. DB_URL 환경변수에는 데이터베이스 서비스의 이름인 leafy-postgres를 지정했습니다.

depends_on 속성은 컨테이너 간 의존 관계를 정의합니다. 이 속성을 사용하면 이전 컨테이너를 실행한 후 다음 컨테이너를 시작하도록 순서를 지정할 수 있습니다. 예를 들어, 백엔드 애플리케이션은 실행할 때 데이터베이스 서버에 연결돼야 정상적으로 실행됩니다. leafy-backend의 depends_on에 leafy-postgres를 지정하면 데이터베이스 컨테이너가 먼저 실행되도록 설정할 수 있습니다.

**그러나 depends_on 속성은 단순히 컨테이너의 실행 순서만 관리한다는 점에 주의해야 합니다.** 이전 컨테이너가 Running 상태가 되면 다음 컨테이너를 시작하지만 Running 상태가 반드시 프로세스의 완전한 준비 상태를 의미하지는 않습니다. Running 상태는 컨테이너가 실행되고 CMD로 정의한 프로세스를 시작한 상태입니다. 따라서 데이터베이스 컨테이너가 Running 상태이더라도 실제로 쿼리를 처리할 준비가 되기까지는 시간이 더 필요합니다.

이런 상황에서 데이터베이스 서비스에 의존하는 백엔드 서비스가 너무 빨리 시작되면 데이터베이스 연결 오류가 발생할 수 있습니다. 이 문제를 해결하기 위해 다음과 같은 방법을 고려할 수 있습니다.

1. 백엔드 애플리케이션이 데이터베이스가 연결될 때까지 주기적으로 재시도하도록 구성합니다.
2. 일정 시간 대기한 후 백엔드 애플리케이션을 시작합니다.

각 방법에는 장단점이 있으므로 실제 요구사항과 시스템 특성에 맞는 적절한 방법을 선택해야 합니다.

### leafy-frontend

리피 프런트엔드 애플리케이션은 백엔드와 마찬가지로 소스코드를 통해 빌드한 후 컨테이너로 실행합니다.

```
leafy-frontend:
  build: ./leafy-frontend
```

```
    image: leafy-frontend:5.0.0-compose
    environment:
      - BACKEND_HOST=leafy-backend
    ports:
      - 80:80
    depends_on:
      - leafy-backend
```

프락시 설정을 위해 엔진엑스 설정의 리피 백엔드 주소는 `BACKEND_HOST` 환경변수로 커스터마이징할 수 있습니다. 이 키의 값을 백엔드 서비스의 이름인 `leafy-backend`로 지정합니다. 프런트엔드 애플리케이션은 로컬 호스트에서 접근할 수 있어야 하므로 `80:80`으로 포트 포워딩을 설정합니다. 그리고 `depends_on` 속성으로 백엔드 컨테이너를 실행한 후 프런트엔드 컨테이너를 시작하도록 지정합니다.

터미널에서 `~/easydocker/leafy3` 폴더로 이동한 후 도커 컴포즈를 실행합니다.

```
$ cd ~/easydocker/leafy3
$ docker compose up -d
[+] Running 3/0
 ✔ Network leafy3_default                  Created    0.0s
 ✔ Container leafy3-leafy-postgres-1       Started    0.0s
 ✔ Container leafy3-leafy-backend-1        Started    0.0s
 ✔ Container leafy3-leafy-frontend-1       Started    0.0s
```

처음 실행할 때는 빌드한 이미지가 없어 새로운 이미지를 빌드합니다. 정상적으로 프런트엔드, 백엔드, 데이터베이스 컨테이너가 실행되며, `leafy_default`라는 이름의 네트워크가 자동으로 생성됩니다.

브라우저의 시크릿 탭을 열고 http://localhost에 접속하면 리피 애플리케이션을 확인할 수 있습니다. 아이디로 `john123@gmail.com`, 비밀번호로 `password123`을 입력해서 접속한 후 정상적으로 로그인되는지 확인하고 컴포즈 환경을 제거합니다.

```
$ docker compose down -v
[+] Running 4/3
 ✔ Container leafy3-leafy-frontend-1          Removed    0.1s
```

```
✓ Container leafy3-leafy-backend-1       Removed     0.1s
✓ Container leafy3-leafy-postgres-1      Removed     0.1s
✓ Network leafy3_default                 Removed     0.1s
```

## 실습 10.5 리피 애플리케이션의 도커 컴포즈 개선

이전 실습의 컴포즈 파일을 개선해 더 나은 구조로 만들어 보겠습니다. 완성된 코드로 실습을 진행하려면 07-compose 소스코드의 버전을 변경합니다.

```
$ cd ~/easydocker/leafy3
```

[완성된 버전으로 실습을 진행하고 싶을 경우]
```
$ git switch 07-compose --force
branch '07-compose' set up to track 'origin/07-compose'
Switched to a new branch '07-compose'
```

### 데이터베이스 볼륨 추가 및 연결

데이터베이스 컨테이너가 사용할 볼륨을 추가하겠습니다. 파일 맨 아래에 다음 내용을 추가합니다.

```
volumes:
  mydata:
```

다음으로 leafy-postgres 서비스에 build와 volumes 속성을 추가합니다.

```
leafy-postgres:
  build: ./leafy-postgresql
  image: leafy-postgres:5.0.0-compose
  volumes:
    - mydata:/var/lib/postgresql/data
```

build 속성을 추가했기 때문에 컨테이너 실행 전에 폴더 내 코드를 통해 이미지를 빌드합니다. 기존 image 속성의 값은 온라인 이미지 대신 로컬에서 빌드한 이미지 이름인 leafy-postgres:5.0.0-compose로 수정합니다.

volumes 속성은 대시(-)로 시작하는 리스트 형태로 볼륨 마운트 정보를 지정합니다. mydata 볼륨을 /var/lib/postgresql/data에 마운트하도록 설정합니다.

### 리소스 사용량 제한 및 재시작 설정

deploy와 restart 옵션을 사용해 컨테이너의 CPU와 메모리 사용량을 제한하고, 컨테이너가 종료될 때 재시작할 수 있도록 설정합니다.

```
leafy-postgres:
  build: ./leafy-postgresql
  image: leafy-postgres:5.0.0-compose
  volumes:
    - mydata:/var/lib/postgresql/data
  deploy:
    resources:
      limits:
        cpus: '1'
        memory: 256M
  restart: always
```

deploy - resources - limits 속성의 cpus와 memory 값을 지정해 CPU와 메모리 사용량의 상한선을 설정할 수 있습니다. CPU를 1 Core, 메모리를 256MB로 지정합니다.

다음으로 restart 속성으로 컨테이너가 종료됐을 때의 재시작 동작을 정의합니다. always로 설정하면 어떤 이유로든 컨테이너가 종료되면 항상 재시작합니다. 반면 on-failure로 설정하면 컨테이너가 메모리 부족과 같은 오류로 인해 종료됐을 때만 재시작합니다.

완성된 docker-compose.yml 파일의 내용은 다음과 같습니다.

```
version: '3'
services:
  leafy-postgres:
    build: ./leafy-postgresql
    image: leafy-postgres:5.0.0-compose
    volumes:
```

```yaml
      - mydata:/var/lib/postgresql/data
    deploy:
      resources:
        limits:
          cpus: '1'
          memory: 256M
    restart: always

  leafy-backend:
    build: ./leafy-backend
    image: leafy-backend:5.0.0-compose
    environment:
      - DB_URL=leafy-postgres
    depends_on:
      - leafy-postgres
    deploy:
      resources:
        limits:
          cpus: '1.5'
          memory: 512M
    restart: on-failure

  leafy-frontend:
    build: ./leafy-frontend
    image: leafy-frontend:5.0.0-compose
    environment:
      - BACKEND_HOST=leafy-backend
    ports:
      - 80:80
    depends_on:
      - leafy-backend
    deploy:
      resources:
        limits:
          cpus: '0.5'
          memory: 64M
    restart: on-failure
```

```
volumes:
  mydata:
```

수정한 파일로 컴포즈를 실행하고, 정상적으로 로그가 출력되는지 확인한 후 종료합니다.

```
$ cd ~/easydocker/leafy3
$ docker compose up -d
$ docker compose logs
$ docker compose down -v
... (생략) ...
```

이번 실습에서는 도커 컴포즈를 활용해 리피 애플리케이션을 구성하며 복잡한 개발 환경을 효율적으로 관리하는 방법을 배웠습니다.

도커 컴포즈는 복잡한 컨테이너 기반 애플리케이션을 효율적으로 관리합니다. 이 도구의 주요 강점은 여러 컨테이너로 구성된 시스템을 일관성 있게 정의하고 운영할 수 있다는 점입니다. 특히 개발 환경을 신속하게 구성하고, 필요에 따라 쉽게 제거함으로써 개발 생산성을 크게 높일 수 있습니다.

CHAPTER

# 11

# 도커와 데브옵스

이번 장에서는 컨테이너를 활용해 데브옵스(DevOps)를 구현하는 방법을 알아보겠습니다. 먼저 데브옵스의 핵심 개념과 CI/CD 파이프라인에 대해 학습하겠습니다. 이어서 깃허브 액션(GitHub Actions)으로 파이프라인을 구성하는 방법을 소개하겠습니다. 깃허브 액션은 깃허브에서 제공하는 파이프라인 구축 도구입니다. 실습을 통해 리피 애플리케이션의 파이프라인을 구성하고, 소스코드를 수정할 때 자동으로 이미지를 빌드하고 푸시하는 과정을 살펴보겠습니다.

## 11.1 데브옵스

**데브옵스(DevOps)는 개발(Development)과 운영(Operations)의 합성어로, 개발과 운영 프로세스를 통합하는 방법론**입니다.

데브옵스는 개발팀과 운영팀 간 차이로 인한 비효율을 해결하고자 등장했습니다. 전통적인 개발 환경에서는 개발팀과 운영팀의 역할이 명확히 구분됐고, 개발팀이 새로운 기능을 추가하면 운영팀이 애플리케이션을 배포하고 유지보수하는 역할을 독립적으로 수행했습니다. 이렇게 분리된 구조는 의사소통을 방해하고 갈등을 유발했습니다. 이로 인해 소프트웨어 출시 속도가 늦어지고 개발 프로세스의 효율이 떨어지는 문제가 발생했습니다.

데브옵스는 이러한 문제를 해결하고자 두 팀 간의 긴밀한 협업을 강조하며, 자동화 도구를 적극적으로 활용합니다. 이를 통해 개발부터 배포까지의 과정을 더 빠르고 안정적으로 만드는 것이 목표입니다.

**데브옵스의 핵심 기술에는 컨테이너와 CI/CD(Continuous Integration, Continuous Delivery/Deployment) 파이프라인이 있습니다.** 컨테이너는 개발 환경과 운영 환경의 차이를 최소화해 일관된 배포를 가능하게 합니다. CI/CD 파이프라인 자동화는 배포 주기를 단축해 소프트웨어를 빠르게 개선합니다.

## 11.1.1 CI/CD 파이프라인

CI/CD 파이프라인은 소프트웨어 개발부터 배포까지의 전 과정을 자동화하는 시스템입니다. 이는 마치 공장의 생산 라인과 비슷합니다. 원재료(소스코드)가 투입되면 여러 단계의 작업을 거쳐 최종 제품(고객에게 제공되는 서비스)이 나오는 것과 같습니다.

컨테이너 환경에서의 CI/CD 파이프라인은 보통 다음과 같은 순서로 진행됩니다.

1. **소스코드 업데이트**: 개발자가 코드를 작성해 소스 관리 시스템에 업데이트합니다.
2. **단위 테스트**: 소스코드를 사용해 다양한 테스트를 수행합니다. 단위 테스트, 정적 코드 분석, 보안 검사 등이 이 단계에서 진행됩니다.
3. **이미지 빌드**: 업데이트된 소스코드로 컨테이너 이미지를 빌드합니다. 이 과정에서 도커파일로 이미지를 만듭니다.
4. **테스트 환경 배포**: 이미지를 테스트 환경에 배포하며 기존 버전을 새로운 버전으로 교체합니다.
5. **통합 테스트**: 배포 환경에서 전체 시스템의 동작을 검증합니다.
6. **실제 환경 배포**: 이미지를 실제 운영 환경에 배포해 기존 버전을 새로운 버전으로 교체합니다.

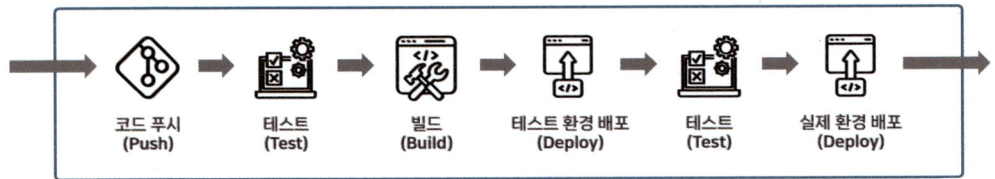

그림 11.1 일반적인 파이프라인 프로세스

파이프라인은 모든 과정을 하나의 일관된 환경에서 자동화해 실행합니다. 과거에는 개발자, 테스터, 운영자가 각자 다른 컴퓨터나 서버에서 직접 작업했습니다. 이러한 구조는 각 환경의 차이로 인해 문제가 발생할 가능성이 크고, 사람이 작업하기 때문에 일관성이 떨어졌습니다. 반면, CI/CD 파이프라인은 모든 과정을 단일 서버에서 자동화된 방식으로 실행합니다. 이를 통해 사람이 수동으로 작업하면서 발생할 수 있는 오류를 최소화하고, 전체 개발 및 배포 과정의 효율성을 크게 높입니다.

CI/CD 파이프라인은 크게 CI(Continuous Integration)와 CD(Continuous Delivery/Deployment)라는 두 부분으로 구성됩니다. CI는 '지속적 통합'을 의미하며, 개발자가 코드를 저장소에 올릴 때마다 아티팩트 생성 과정이 자동으로 시작됩니다. 컨테이너 환경에서는 아티팩트가 도커 이미지로 만들어지며, 레지스트리에 푸시됩니다.

CD는 '지속적 배포'나 '지속적 전달'을 의미하며, CI 단계에서 만든 아티팩트를 실제 운영 환경에 배포하는 과정을 자동화합니다. 이 과정은 다양한 테스트 환경을 거쳐 최종 사용자에게 서비스를 제공하는 단계입니다. CD는 소프트웨어의 신뢰성을 높이고, 배포 과정에서 사람의 실수를 줄이며 더 빠른 피드백을 가능하게 합니다.

## 11.2 깃허브 액션

깃허브 액션은 깃허브에서 제공하는 CI/CD 파이프라인 자동화 도구로, 별도의 빌드 서버 없이도 CI/CD 파이프라인을 구성할 수 있다는 장점이 있습니다. 또한 매월 일정 사용량을 무료로 제공하므로 학습용 소규모 프로젝트에 적합합니다.

그림 11.2 깃허브와 깃허브 액션

개발자가 코드를 깃허브에 푸시하면 파이프라인이 자동으로 실행됩니다. 깃허브 액션은 소스코드의 특정 폴더 내 YAML 파일을 기반으로 작업을 실행합니다. 이 파일에는 파이프라인의 실행

조건과 실행할 작업이 정의돼 있습니다. 깃허브 액션은 이 파일을 읽어 정의된 작업을 순서대로 수행하며, 개발자는 이를 통해 프로젝트에 맞는 파이프라인을 정의하고 자동화할 수 있습니다.

### 11.2.1 깃허브 가입 및 소스코드 포크

깃허브(https://github.com)에 접속한 다음, 로그인합니다. 계정이 없다면 깃허브 페이지 오른쪽 위에 있는 [Sign up] 버튼을 클릭해 새로운 계정을 생성한 후 로그인합니다. 정상적으로 가입이 완료되면 대시보드가 표시됩니다. 이제 https://github.com/daintree-henry/leafy3에 접속해 소스를 확인합니다. 이 리포지터리를 개인 깃허브 계정으로 복사한 후 파이프라인 실습을 진행할 것입니다. 깃허브에서 소스를 복사하는 과정을 포크(fork)라 부릅니다. 페이지 상단의 [Fork] 버튼을 클릭하고 로그인 계정명을 확인합니다.

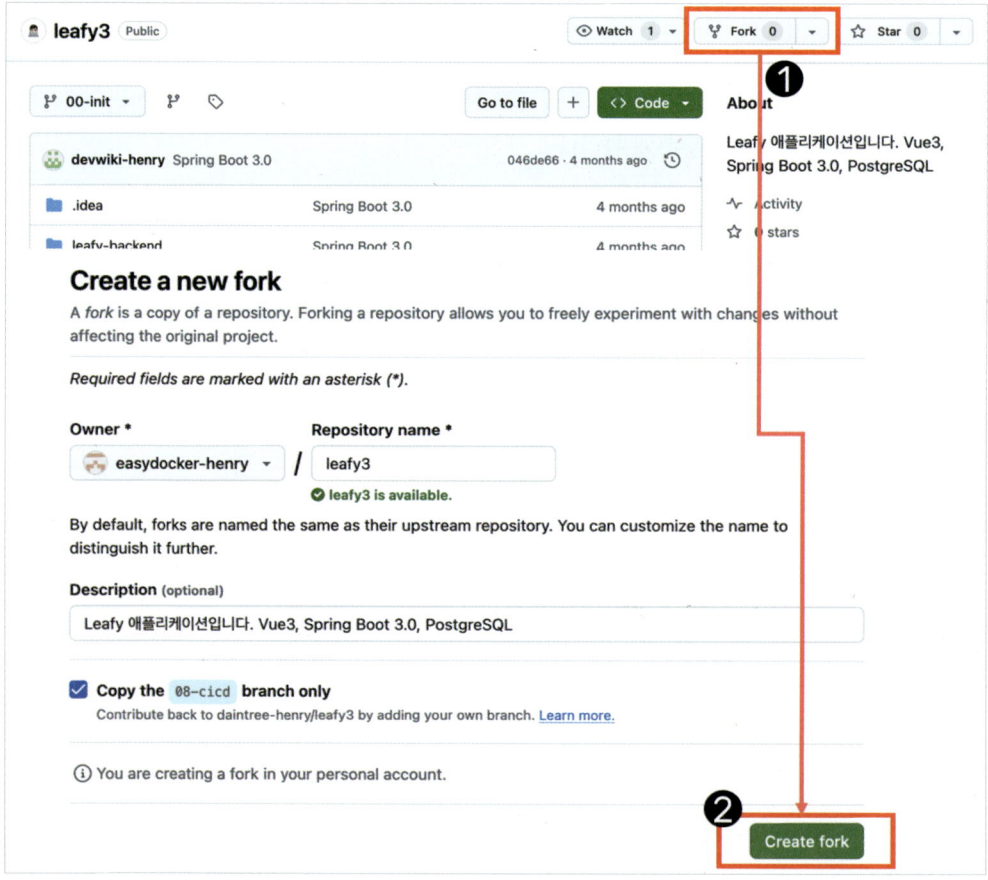

그림 11.3 리피 소스를 개인 계정으로 포크

별도의 정보 수정 없이 [Create fork] 버튼을 눌러 포크 과정을 완료합니다. 포크가 정상적으로 이뤄지면 깃허브 계정에 `leafy3` 리포지터리가 생성됩니다. 상단의 [Actions] 탭을 클릭한 뒤 [I understand my workflows, go ahead and enable them] 버튼을 클릭해 깃허브 액션을 활성화합니다.

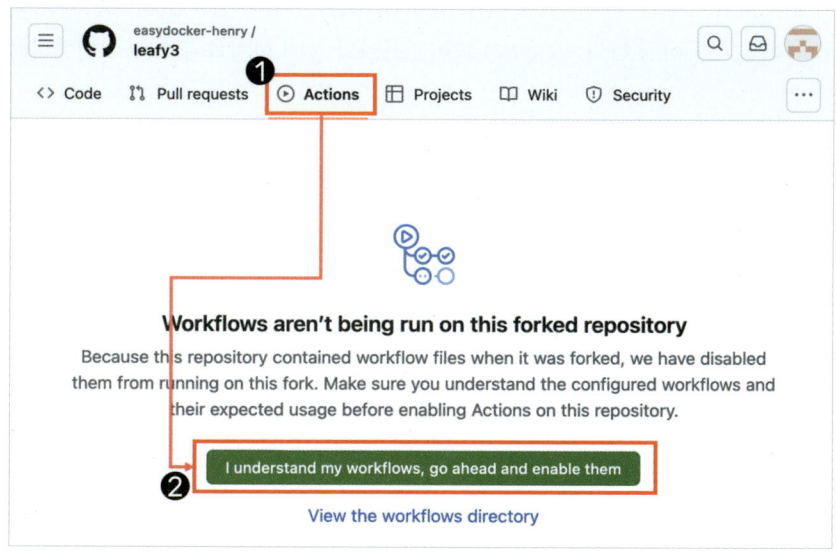

그림 11.4 깃허브 액션 활성화

## 11.2.2 리피 파이프라인 소스 확인

프로젝트의 기본 브랜치인 `08-cicd`에는 CI/CD 실습 파일이 포함돼 있습니다. 소스코드의 `.github/workflows` 디렉터리에는 백엔드, 프런트엔드, 데이터베이스 서버를 위한 세 개의 YAML 파일이 있습니다.

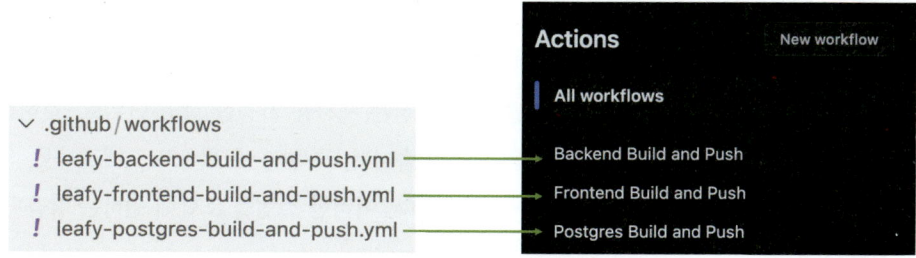

그림 11.5 파이프라인 관련 파일과 깃허브에 연동된 상태

깃허브는 이 YAML 파일을 자동으로 파이프라인으로 인식합니다. 따라서 파이프라인 파일을 작성하기 위해 깃허브 액션이 제공하는 기능을 이해해야 합니다.

### 11.2.3 깃허브 액션 개념

깃허브 액션의 핵심 개념을 살펴보겠습니다. **깃허브 액션은 러너, 워크플로, 잡, 스텝, 트리거로 구성**됩니다. 이 요소들이 조합되어 CI/CD 파이프라인의 실행 환경과 구조를 정의합니다.

#### 러너(Runner)

러너는 **파이프라인이 실제로 실행되는 서버**입니다. 지금까지는 도커 이미지 빌드와 푸시 같은 작업을 실습 PC에서 실행했지만 자동화된 CI/CD 환경에서는 이러한 작업을 실행할 서버가 필요합니다. 깃허브 액션은 일정 시간 동안 무료로 실행할 수 있는 러너를 제공합니다.

#### 워크플로(Workflow)

워크플로는 **러너에서 실행하는 프로세스**입니다. 이는 .github/workflows 폴더의 각 YAML 파일 한 개에 해당합니다. 워크플로는 파이프라인과 동일한 개념이며, 특정 조건에서 자동으로 실행되도록 설정할 수 있습니다.

#### 잡(Job)

워크플로는 여러 개의 잡으로 구성됩니다. 잡은 독립적인 실행 단위로, 서로 다른 러너에서 병렬로 실행될 수 있습니다. 예를 들어, 하나의 워크플로에서 백엔드 빌드, 프런트엔드 빌드, 테스트 실행 등을 별도의 잡으로 정의할 수 있습니다.

#### 스텝(Step)

하나의 잡은 여러 개의 스텝으로 구성됩니다. 각 스텝은 개별 작업을 수행하며, 셸 명령어 실행이나 미리 정의된 액션 등을 사용할 수 있습니다. 액션은 재사용 가능한 작업 단위로, 깃허브에서 제공하거나 커뮤니티에서 만든 것을 활용할 수 있습니다. 스텝의 예로는 코드 체크아웃, 의존성 설치, 테스트 실행, 도커 이미지 빌드 등이 있습니다. **이러한 스텝을 조합해 원하는 잡을 구성할 수 있습니다.**

## 트리거(Trigger)

트리거는 **워크플로를 자동으로 시작하는 특정 조건**을 의미합니다. 정해진 요일과 시각에 실행되도록 설정하거나 소스코드 푸시 같은 특정 이벤트가 발생했을 때 작동하도록 구성할 수 있습니다. 파이프라인을 효과적으로 자동화하려면 트리거를 적절히 설정해야 합니다.

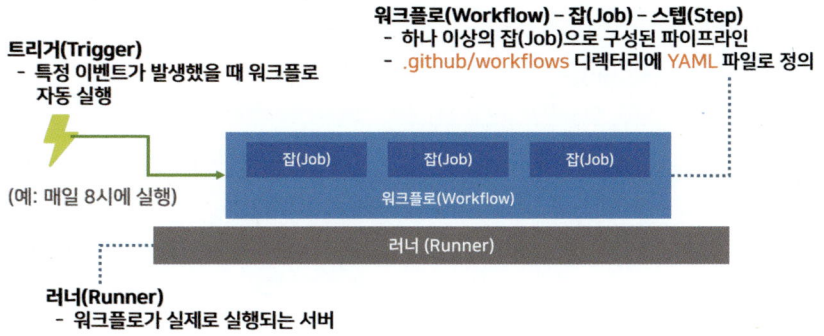

그림 11.6 깃허브 액션의 구성 요소와 역할

### 11.2.4 워크플로 문법

워크플로 파일은 YAML 문법을 사용하며, name, on, jobs라는 세 가지 주요 필드로 구성됩니다.

#### name

워크플로의 이름을 지정합니다.

#### on

워크플로를 실행하는 조건을 정의합니다. 주로 시간 기반 트리거와 이벤트 기반 트리거를 사용합니다.

#### jobs

각 작업은 독립적인 실행 단위로, 하나 이상의 스텝으로 구성됩니다. 작업마다 runs-on 키워드를 사용해 러너를 지정할 수 있으며, 보통 최신 버전의 우분투를 의미하는 ubuntu-latest를 사용합니다. 우분투는 오픈소스 리눅스 OS 중 하나입니다.

## steps

각 스텝은 name 필드로 식별되며, uses 필드를 통해 사용할 액션을 지정합니다.

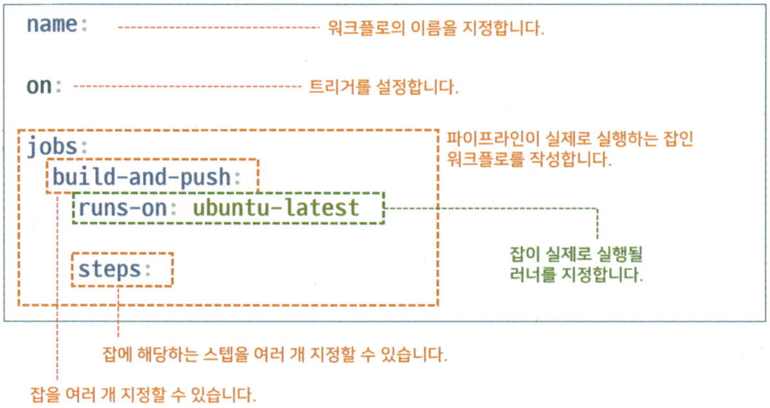

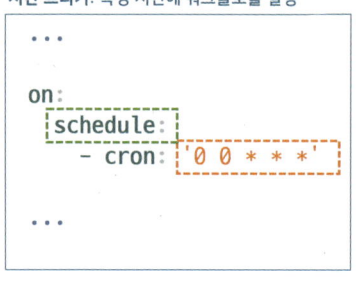

그림 11.7 name, on, jobs, steps 필드의 구성

## 시간 기반 트리거와 푸시 기반 트리거

on 속성의 트리거는 시간 기반 트리거와 푸시 기반 트리거로 설정할 수 있습니다. 시간 기반 트리거는 특정 시간에 워크플로를 실행하고, 푸시 트리거는 소스코드가 변경됐을 때 워크플로를 실행합니다.

그림 11.8 시간 트리거와 푸시 트리거

시간 기반 트리거는 schedule 속성으로 설정하며, cron 문법으로 실행 시간을 지정합니다. 예를 들어, '0 0 * * *'는 매일 자정에 워크플로를 실행하도록 설정합니다.

푸시 트리거는 소스코드가 저장소에 푸시될 때 워크플로를 자동으로 실행합니다. 이 트리거는 특정 브랜치, 경로, 또는 태그에 대해서만 반응하도록 설정할 수 있습니다. 특정 브랜치에 대한 푸시 이벤트로 트리거하려면 브랜치 이름을 지정합니다. 특정 폴더의 변경 사항에만 반응하게 하려면 paths 속성을 추가하고, 특정 태그가 붙은 커밋에만 반응하게 하려면 tags 속성을 사용합니다.

예를 들어, 그림 11.8의 푸시 트리거는 08-cicd 브랜치의 leafy-backend 폴더에서 발생한 변경 사항 중 dev로 시작하는 태그가 붙은 커밋일 때만 워크플로가 트리거됩니다.

### 11.2.5 자주 사용하는 액션

깃허브 액션은 다양한 작업을 실행할 수 있는 액션들을 제공합니다. 소스코드를 러너에 다운로드하는 기본적인 checkout 액션, 고급 빌드 기능을 활성화하는 setup-buildx-action, 그리고 이미지 레지스트리 인증 정보를 관리하는 login 액션의 활용법을 학습하겠습니다. 또한 이미지를 빌드하고 태그를 관리하며 멀티 플랫폼 지원을 위한 설정이 가능한 build-push-action 액션에 대해 알아보겠습니다.

#### checkout

작업이 실행되는 서버인 러너는 기본적인 도구만 설치된 임시 서버입니다. 따라서 대부분의 작업에서 첫 번째 스텝은 소스코드를 다운로드하는 것입니다. checkout 액션은 소스코드를 러너에 다운로드합니다.

actions/checkout@v2는 깃허브에서 제공하는 소스코드 체크아웃 액션의 2 버전을 의미합니다. 소스코드가 필요한 작업은 반드시 이 스텝을 포함해야 합니다.

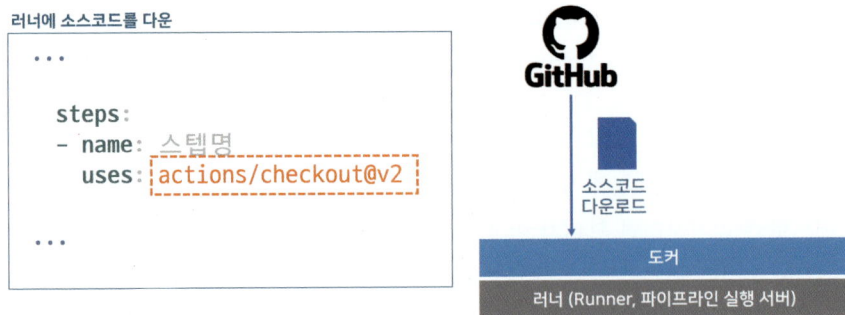

그림 11.9 깃허브의 checkout 액션

## setup-buildx-action

`setup-buildx-action`은 도커의 BuildX 기능을 활성화합니다. BuildX는 플랫폼 빌드나 캐싱과 같은 고급 기능을 제공합니다. 도커의 버전에 따라 활성화돼 있지 않은 경우가 있으므로 워크플로 초기에 이 액션을 사용하는 것이 좋습니다.

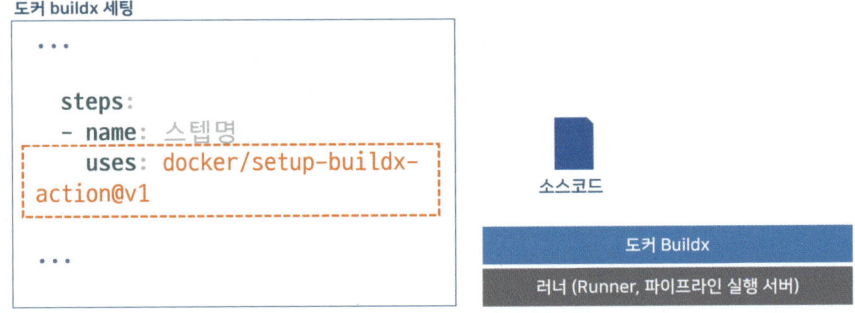

그림 11.10 도커의 setup-buildx-action 액션

## login

`login` 액션은 로컬 환경에서 `docker login` 명령을 실행하는 것과 유사한 역할을 합니다. 이 액션은 이미지 레지스트리에 인증하는 데 필요한 정보를 생성합니다. `with` 키워드를 사용해 도커 허브의 사용자명과 인증 토큰을 입력합니다.

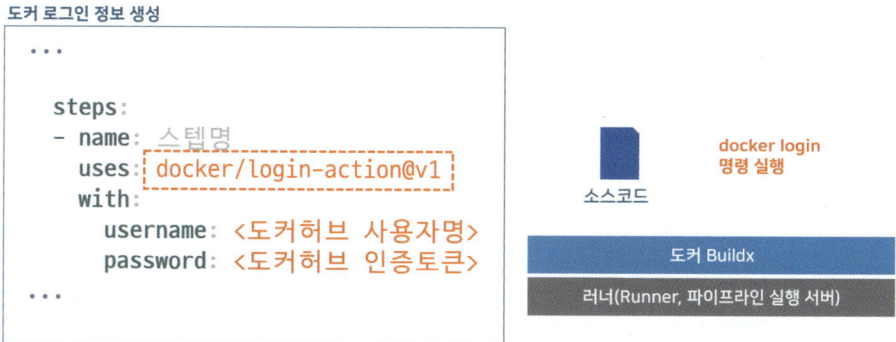

그림 11.11 docker의 login-action 액션

그러나 비밀번호와 같이 민감한 정보를 소스코드에 직접 포함시키는 것은 보안상 위험합니다. 깃허브의 Secrets 기능을 활용하면 값을 안전하게 저장하고 사용할 수 있습니다. 워크플로 파일은 그림 11.12와 같이 `${{ secrets.SECRET_NAME }}` 형식으로 깃허브에 저장한 값을 참조할 수 있습니다. 이 부분은 실습을 통해 자세히 알아보겠습니다.

그림 11.12 깃허브의 Secrets에 저장된 값을 파이프라인에 연동

### build-push-action

`build-push-action`은 도커 이미지를 빌드하고 레지스트리에 푸시하는 액션입니다. 이 액션은 `context`와 `file` 속성으로 소스코드와 도커파일의 위치를 입력받아 작동합니다. `push` 속성으로 이미지를 빌드만 할지, 빌드 후 레지스트리에 푸시까지 할지 유연하게 결정할 수 있습니다. 또한 `tags` 값으로 빌드할 이미지의 태그를 지정할 수 있어 버전 관리에 용이합니다.

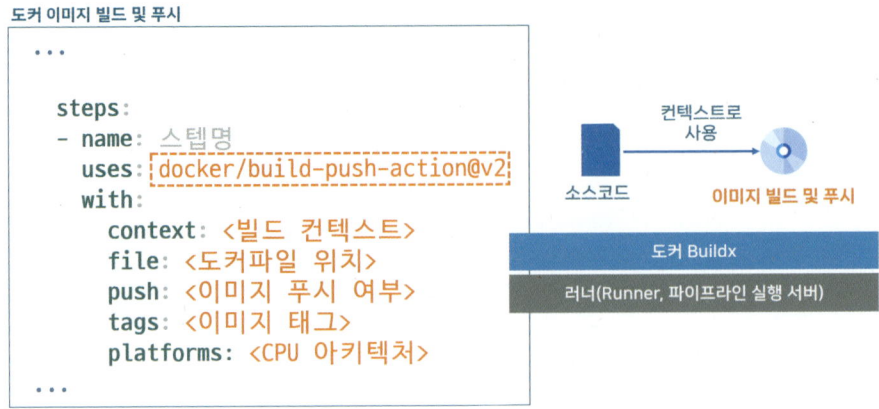

그림 11.13 도커의 build-push-action 액션

platforms 옵션은 도커의 멀티 플랫폼 빌드 기능과 밀접하게 연관돼 있습니다. 컨테이너 가상화는 호스트OS의 커널을 사용하므로 CPU 아키텍처에 맞는 이미지를 빌드해야 합니다. 예를 들어, macOS에서 빌드한 이미지가 윈도우나 리눅스에서 제대로 실행되지 않을 수 있습니다. platforms 옵션에 CPU 아키텍처를 명시하면 멀티 플랫폼 빌드 기능으로 이미지를 여러 CPU 아키텍처용으로 동시에 빌드할 수 있습니다.

CI/CD 파이프라인에서 ubuntu-latest 러너를 사용하면 기본적으로 리눅스 환경에 최적화된 이미지가 생성됩니다. 따라서 다양한 환경에서 호환성을 보장하려면 platforms 옵션으로 컨테이너를 실행할 CPU 아키텍처를 명시해야 합니다.

### 실습 11.1 리피 애플리케이션에 대한 깃허브 액션 파이프라인 실행

이번 실습은 도커 이미지를 생성하는 CI 파이프라인을 구성하겠습니다. 이를 통해 소스코드를 깃허브에 푸시했을 때 이미지를 자동으로 빌드하고 레지스트리로 푸시하는 과정을 관찰하겠습니다.

깃허브 계정에 포크한 소스코드를 실습 PC로 다운로드하겠습니다. 브라우저의 깃허브로 이동해 daintree-henry 계정이 아닌 개인 계정의 leafy3 리포지터리인지 확인합니다. 오른쪽 상단의 [Code] 버튼을 클릭하고 주소 오른쪽에 있는 [복사] 아이콘을 클릭해 소스코드의 클론 주소를 복사합니다.

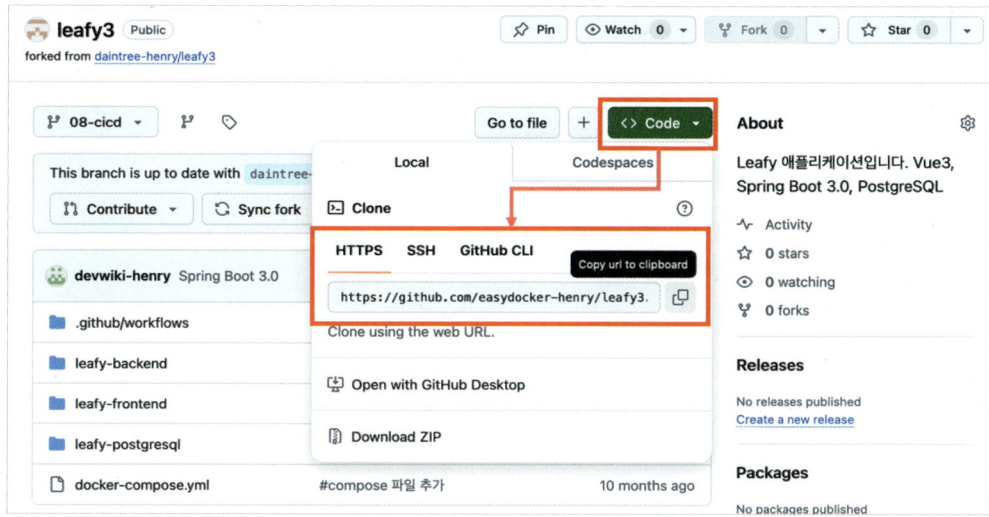

그림 11.14 소스코드의 클론 주소 복사

터미널을 열고 `my-leafy` 디렉터리를 생성한 후 이동합니다. 그리고 복사한 리포지터리 주소를 사용해 소스를 다운로드받습니다. `git clone` 명령 뒤에 `.` 을 붙이면 새로운 디렉터리를 만들지 않고 현재 디렉터리에 소스를 복사합니다.

```
$ cd ~/easydocker
$ mkdir my-leafy
$ cd my-leafy
$ git clone (복사한 주소) .
'.'에 복제합니다...
오브젝트를 받는 중: 100% (348/348), 229.73 KiB | 1.39 MiB/s, 완료.
델타를 알아내는 중: 100% (134/134), 완료.
$ ls -a
.          .git        docker-compose.yml    leafy-frontend
..         .github     leafy-backend         leafy-postgresql
```

VS Code를 열고 [File] → [Open] 메뉴를 차례로 선택해 방금 생성한 `my-leafy` 디렉터리로 이동한 후 [열기] 버튼을 클릭합니다.

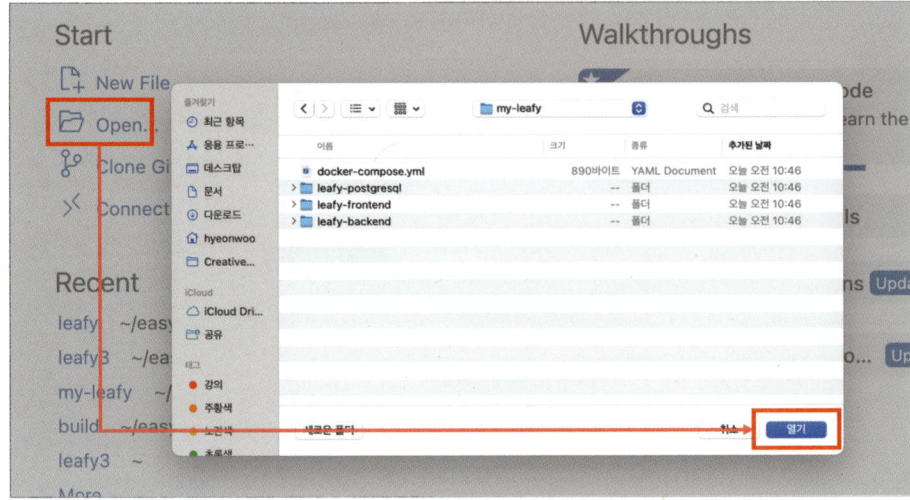

그림 11.15 my-leafy 폴더 선택

프로젝트명이 `my-leafy`인지 확인하고 `.github/workflows` 폴더를 확인합니다. `leafy-backend-build-and-push.yml`, `leafy-frontend-build-and-push.yml`, `leafy-postgres-build-and-push.yml`이라는 3개의 파일을 확인할 수 있습니다.

### leafy-backend-build-and-push.yml 코드 확인

```
name: Backend Build and Push
```

`name` 속성으로 파이프라인의 이름을 지정합니다.

```
on:
  push:
    branches:
      - 08-cicd
    paths:
      - 'leafy-backend/**'
```

푸시 트리거를 사용해 `08-cicd` 브랜치로 푸시할 때 워크플로가 실행되도록 설정합니다. 현재 프로젝트는 `leafy-backend`, `leafy-frontend`, `leafy-postgresql`이라는 3개의 디렉터리로 구성돼 있습니다. 백엔드 워크플로는 백엔드 소스코드가 변경될 때만 실행되도록 paths 속성에 leafy-backend 폴더명을 지정했습니다.

```
jobs:
  build-and-push:
    runs-on: ubuntu-latest
```

jobs 부분은 build-and-push로 이름을 지정합니다. runs-on 옵션을 사용해 최신 우분투 OS를 사용하도록 지정했습니다.

```
    steps:
    - name: Checkout Repository
      uses: actions/checkout@v2

    - name: Set up Docker Buildx
      uses: docker/setup-buildx-action@v1

    - name: Login to Docker Hub
      uses: docker/login-action@v1
      with:
        username: ${{ secrets.DOCKERHUB_USERNAME }}
        password: ${{ secrets.DOCKERHUB_TOKEN }}
```

steps 부분은 앞서 설명한 순서대로 구성돼 있습니다. 러너에 소스코드를 다운로드한 다음 buildx를 활성화하고 secret 값을 사용해 도커에 로그인합니다.

```
    - name: Build and Push
      uses: docker/build-push-action@v2
      with:
        context: ./leafy-backend
        file: ./leafy-backend/Dockerfile
        push: true
        tags: ${{ secrets.DOCKERHUB_USERNAME }}/leafy-backend:${{ github.sha }}
        platforms: linux/amd64,linux/arm64
```

Build and Push 액션은 context 속성으로 leafy-backend 디렉터리를 빌드 컨텍스트로 설정하고, file 속성으로 디렉터리 내의 도커파일로 이미지를 빌드합니다. 빌드된 이미지는 push 속성이 true이므로 tags 속성의 값을 참고해 도커 허브에 업로드됩니다.

이미지 태그를 지정하는 방식에는 여러 가지가 있으며, 실습 파이프라인에서는 깃허브의 커밋 ID를 활용합니다. 커밋 ID는 소스코드 변경 이력의 고유 식별자입니다. 파이프라인에서 ${{ github.sha }}로 현재 커밋 ID 값을 가져올 수 있습니다. 커밋 ID를 이미지 태그로 활용하면 이미지가 어떤 소스 버전으로 빌드됐는지 명확하게 알 수 있습니다. 이는 배포된 이미지와 소스코드 간의 연관성을 높여 문제가 발생했을 때 빠르게 디버깅하고 수정할 수 있습니다.

platforms 부분은 linux/amd64와 linux/arm64로 지정했습니다. 이렇게 두 개의 CPU 아키텍처를 지정하면 리눅스와 macOS 환경에서 모두 사용할 수 있는 이미지를 빌드할 수 있습니다. 리눅스에서 빌드하는 이미지는 기본적으로 amd64 아키텍처를 사용하지만 최신 macOS는 arm64 아키텍처 이미지가 필요합니다. 윈도우 PC에서 실행한 도커 데스크톱은 리눅스의 amd64 이미지를 사용합니다.

프런트엔드, 백엔드, 데이터베이스 워크플로 파일은 모두 동일한 구조로 구성돼 있습니다. 각 파이프라인은 도커파일로 이미지를 빌드하고 푸시하는 단계로 진행됩니다.

실습 파이프라인은 필수 요소만 포함한 기본 구조이지만 실제 업무 환경은 더 복잡하고 다양한 형태로 확장할 수 있습니다. 예를 들어, 백엔드 파이프라인에 테스트 과정을 추가하거나 데이터베이스 파이프라인에 데이터 유효성 검증 단계를 포함할 수도 있습니다. 이는 프로젝트의 규모와 복잡성, 요구사항에 따라 다양하게 구현할 수 있을 것입니다.

## 깃허브 토큰 확인

소스코드를 푸시하기 위해 인증 정보를 설정하겠습니다. 인증 정보를 설정하려면 깃허브의 인증 토큰이 필요합니다. 토큰을 확인하기 위해 깃허브 대시보드 오른쪽 위의 동그란 [사용자] 버튼을 클릭하고 [Settings]를 클릭합니다.

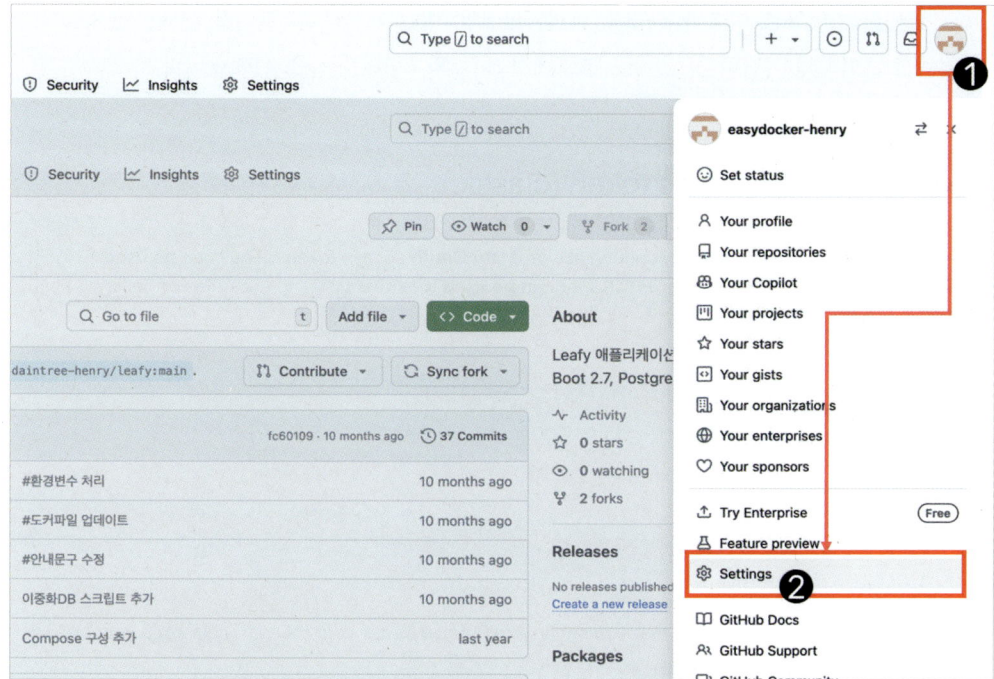

그림 11.16 깃허브에서 Settings 페이지로 이동

왼쪽 메뉴에서 맨 아래에 있는 [Developer settings]를 클릭하고 [Personal access tokens]에서 [Tokens (classic)]을 클릭합니다. 오른쪽 상단의 [Generate new token]을 클릭하고 아래에 [Generate new token (classic)]을 클릭합니다.

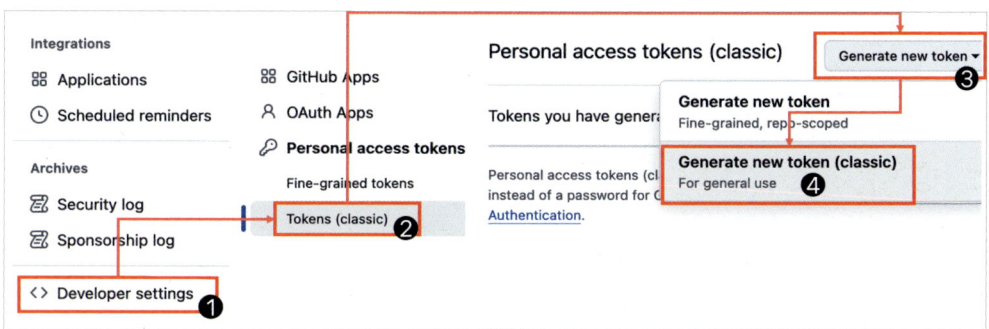

그림 11.17 깃허브 토큰 발급

Note에 원하는 이름을 지정하고 유효기간을 설정합니다. No expiration을 선택하면 유효기간이 없는 토큰이 만들어집니다. Scope 부분에서 repo와 workflow를 선택합니다.

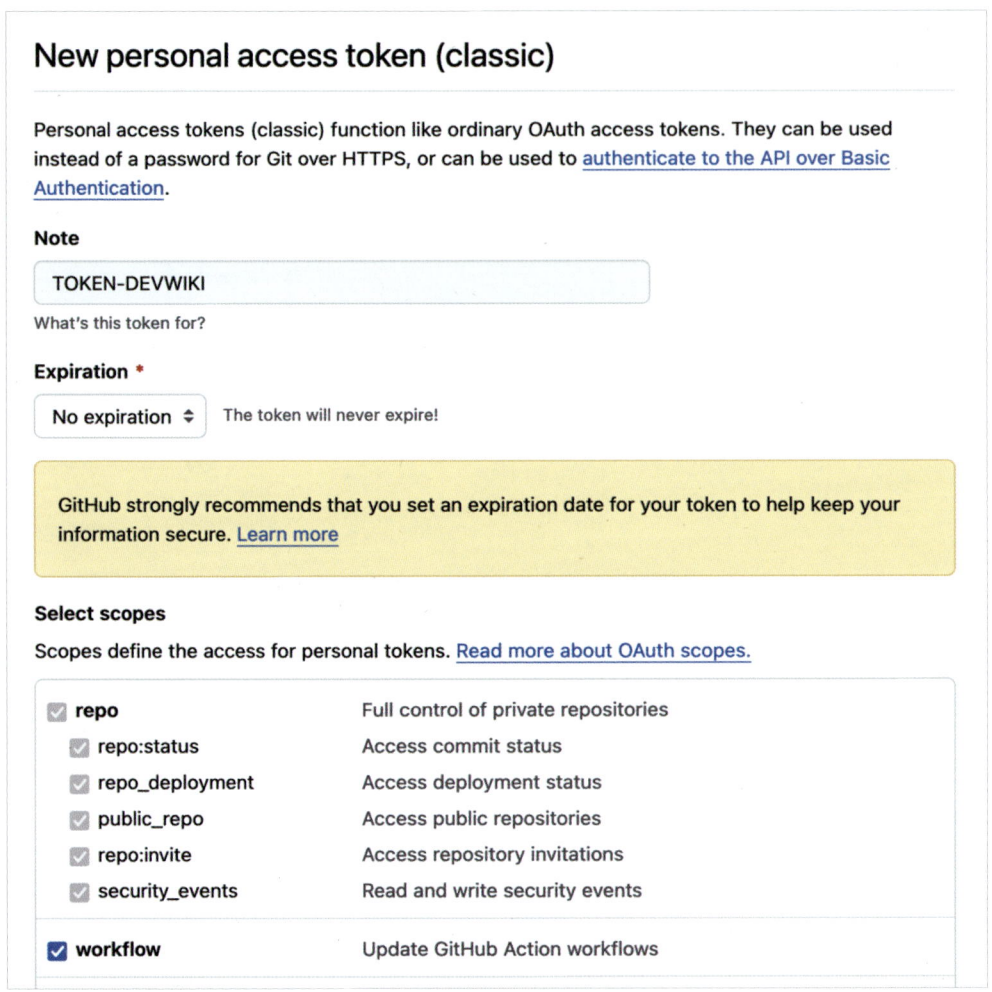

그림 11.18 깃허브 토큰 권한 지정

맨 아래의 [Generate Token] 버튼을 클릭하면 새로운 토큰이 만들어집니다. 토큰 오른쪽에 있는 [복사] 아이콘을 클릭해 토큰을 복사합니다.

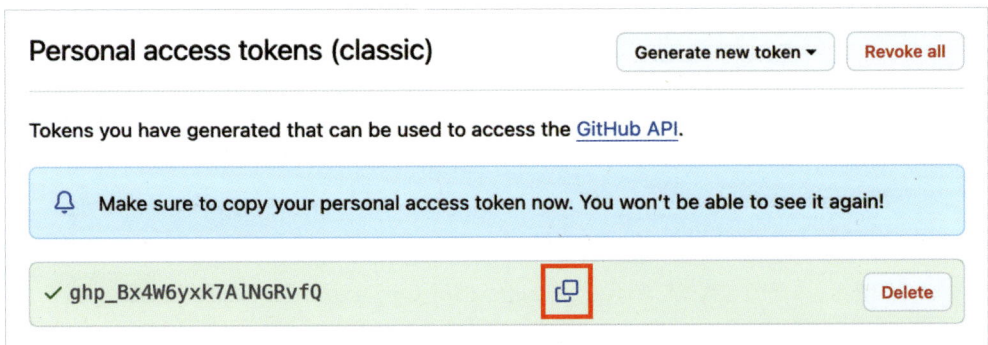

그림 11.19 깃허브 토큰 및 토큰 복사

## leafy-frontend 소스코드의 변경 사항 푸시

leafy-frontend 프로젝트의 소스코드를 변경한 후 푸시하겠습니다. VS Code에서 leafy-frontend의 App.vue 파일을 수정합니다. 여기에서는 5번째 줄의 '오늘도'를 '어제는'으로 수정했습니다.

```
~/easydocker/my-leafy/leafy-frontend/src/App.vue
5      <p class="description">어제는 즐거운 식물 관리하세요.</p>
```

변경 사항을 깃허브에 푸시하려면 앞서 생성한 깃허브 토큰이 필요합니다. `git remote set-url` 명령으로 포크한 리포지터리 주소와 토큰을 입력해 인증 정보를 설정합니다. 이후 `git push` 명령으로 변경 사항을 푸시합니다.

```
$ cd ~/easydocker/my-leafy
$ git add .
$ git commit -m "안내 문구 어제로 변경"
 1 file changed, 1 insertion(+), 1 deletion(-)
$ git remote set-url origin https://(복사한_토큰)@(리포지터리_주소)
# 예시:
# git remote set-url origin https://ghp_aBcDe@github.com/username/repo.git
$ git push origin 08-cicd
```

푸시가 끝나고 깃허브 대시보드로 이동하면 `08-cicd`가 최근에 푸시된 것을 확인할 수 있습니다.

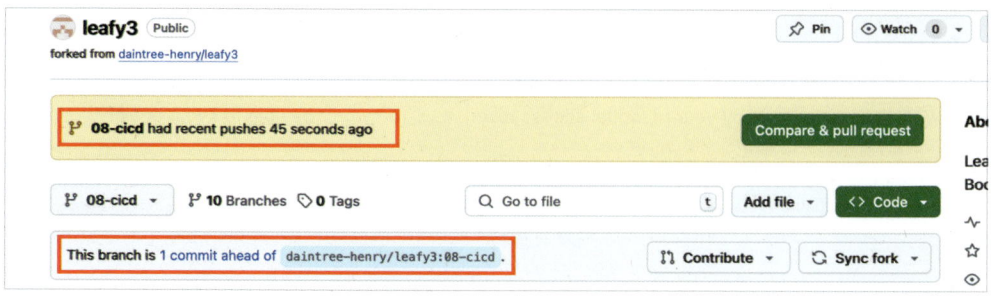

그림 11.20 새로운 커밋 내역 확인

깃허브에서 [Actions] 탭을 클릭하면 '안내 문구 어제로 변경'이라는 커밋 메시지와 함께 파이프라인이 실패한 것을 확인할 수 있습니다.

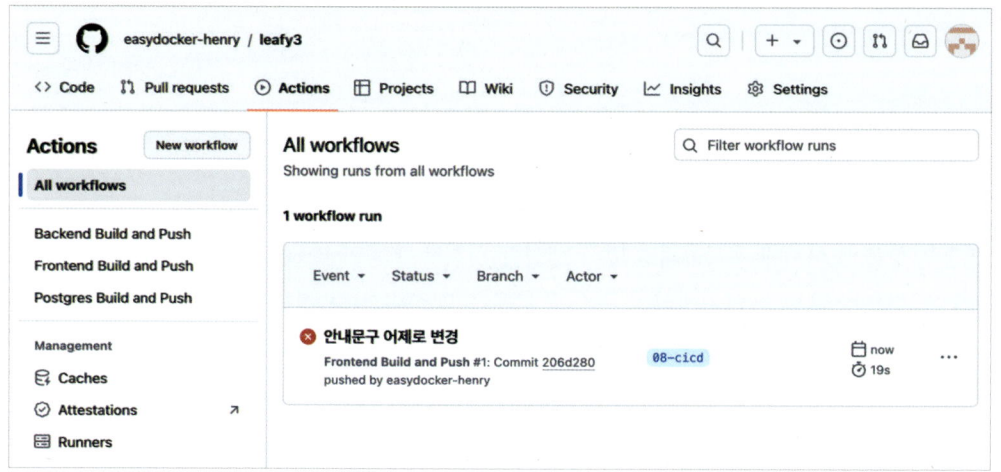

그림 11.21 새로운 커밋 내역 확인

워크플로를 클릭해 보면 도커 허브에 로그인하는 부분에서 실패한 것을 확인할 수 있습니다. 세부 정보를 확인해보면 사용자 이름과 비밀번호가 제공되지 않아 오류가 발생한 것을 알 수 있습니다.

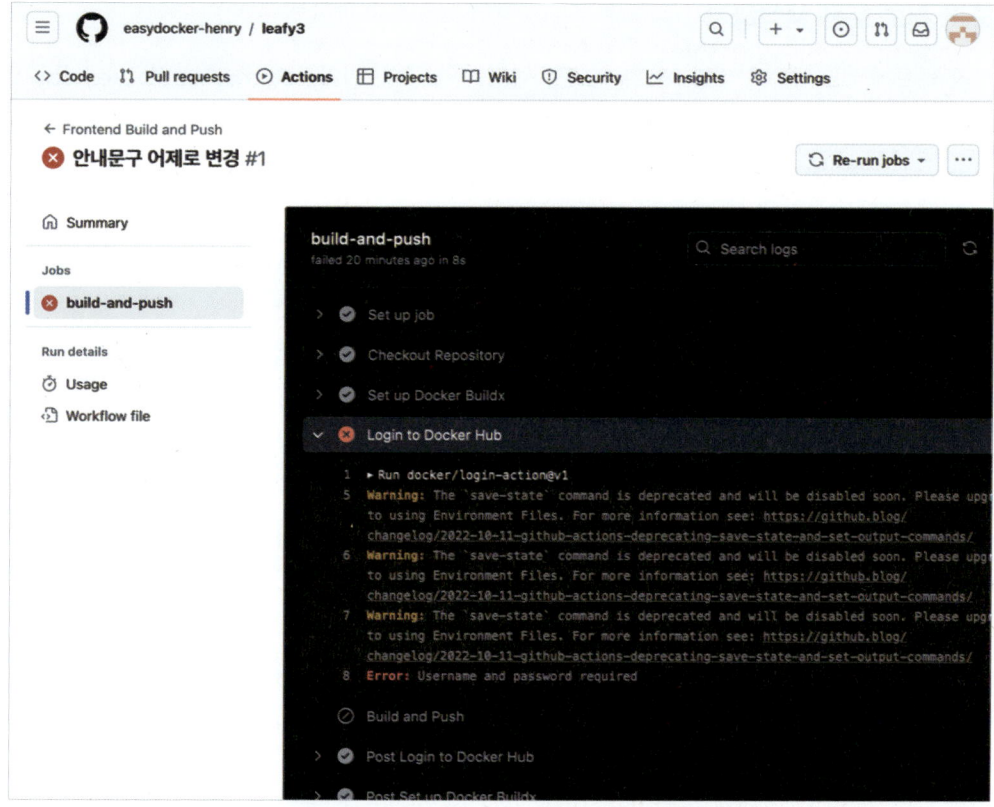

그림 11.22 도커 허브 로그인 정보가 없어 에러가 발생

이 오류는 도커 허브 계정 정보를 시크릿 값으로 지정하지 않았기 때문에 발생합니다. 깃허브 시크릿에 DOCKERHUB_USERNAME과 DOCKERHUB_TOKEN을 생성하면 username과 password 속성 값을 채울 수 있습니다.

```
- name: Login to Docker Hub
  uses: docker/login-action@v1
  with:
    username: ${{ secrets.DOCKERHUB_USERNAME }}
    password: ${{ secrets.DOCKERHUB_TOKEN }}
```

## 도커 허브 토큰 생성하기

도커 허브에 로그인하기 위한 새로운 토큰을 만들겠습니다. 먼저 `https://hub.docker.com`으로 이동해 로그인합니다. 오른쪽 위 프로필 아이콘을 클릭한 다음 [Account Settings]로 이동합니다.

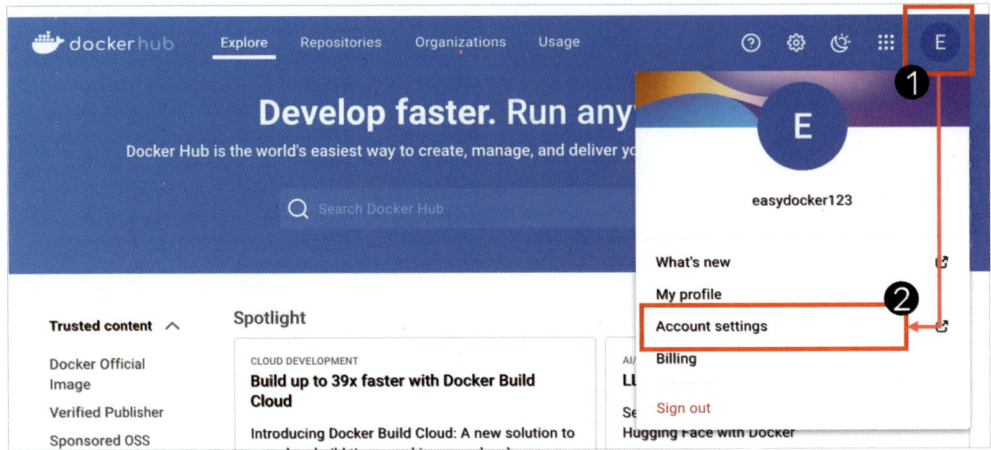

그림 11.23 계정 설정 선택

다음으로 Security 아래에 있는 [Personal access tokens]를 클릭한 다음 [Generate new token] 버튼을 클릭합니다.

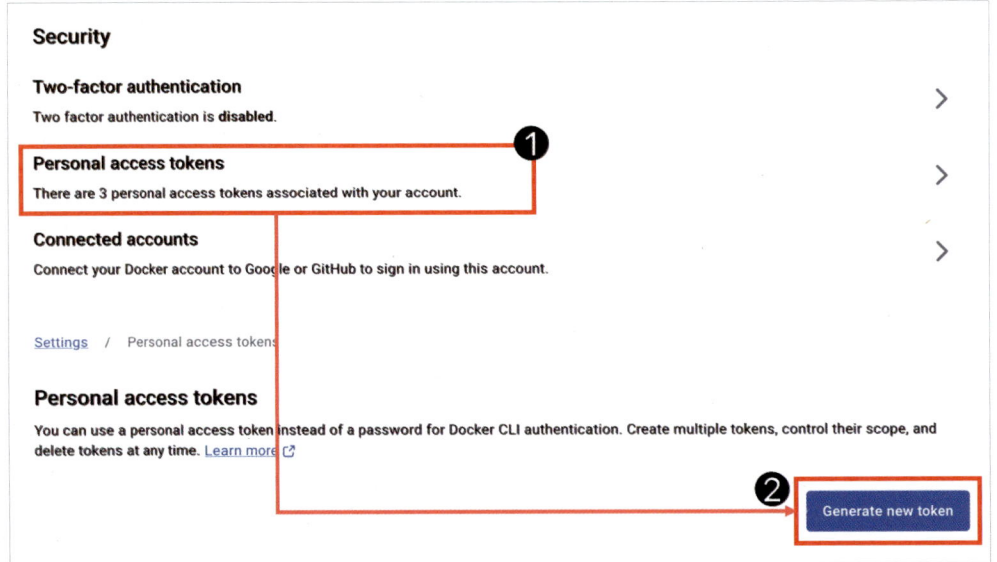

그림 11.24 새로운 토큰 생성

토큰의 이름(Access token description)을 HUBTOKEN으로 지정하고, 만료기한(Expiration date)은 'None'으로 지정한 다음, 권한(Access permissions)은 'Read, Write, Delete'를 선택합니다. 마지막으로 [Generate] 버튼을 클릭해 토큰을 생성하고 복사합니다.

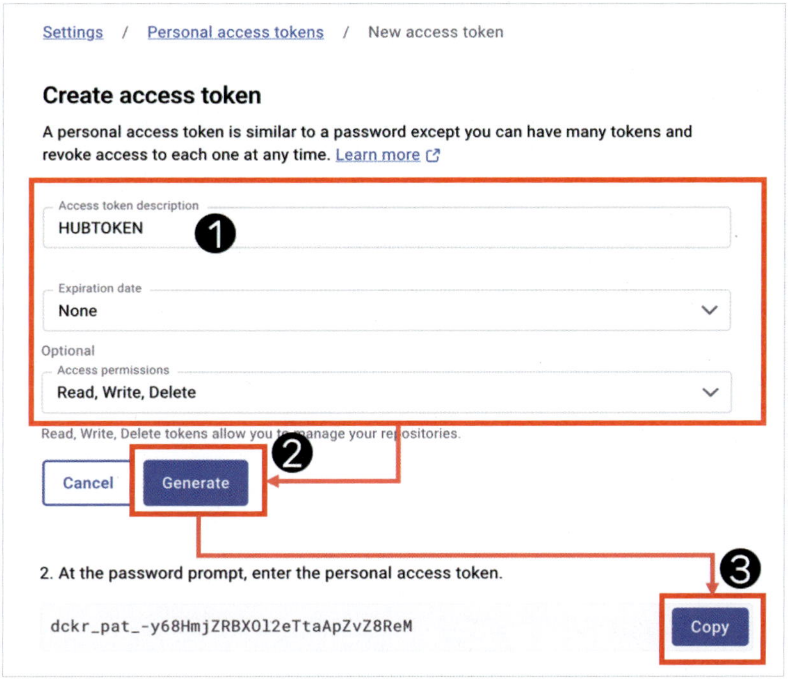

그림 11.25 토큰 생성 및 복사

### 깃허브 시크릿 설정

다시 깃허브로 돌아와 대시보드 메뉴에서 [Settings]를 클릭합니다. 왼쪽 메뉴에서 [Secrets and variables] → [Actions]를 클릭합니다.

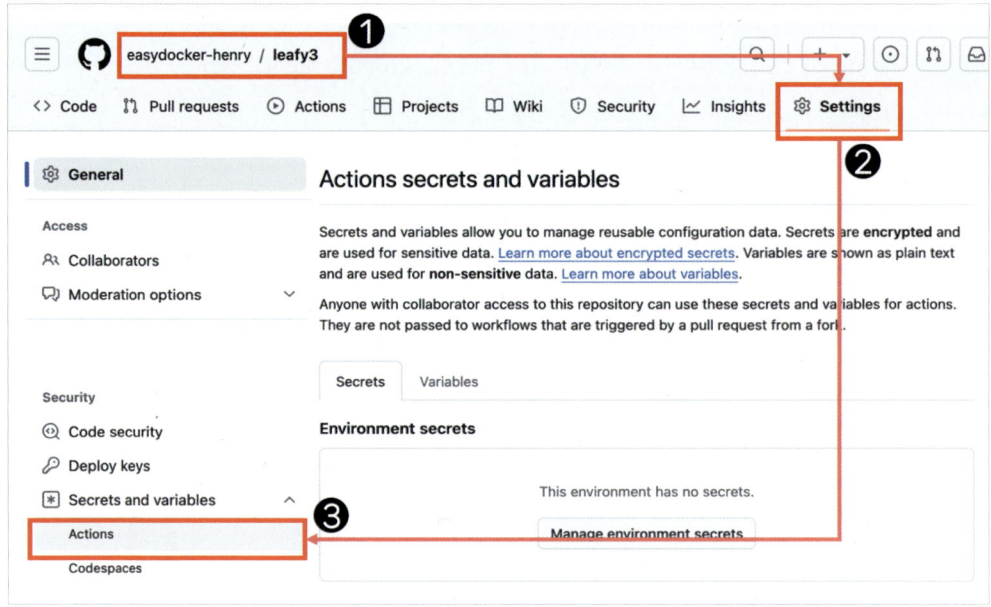

그림 11.26 시크릿 생성 페이지로 이동

[New repository secret] 버튼을 클릭합니다. [Name]은 DOCKERHUB_TOKEN으로 지정하고, [Secret]에는 방금 복사한 HUBTOKEN의 토큰 값을 붙여넣은 다음 [Add secret] 버튼을 클릭합니다. 다시 [New repository secret] 버튼을 다시 클릭하고, 이번에는 [Name]에는 DOCKERHUB_USERNAME을, [Secret]에는 도커 허브 계정명을 입력한 다음 [Add secret] 버튼을 누릅니다.

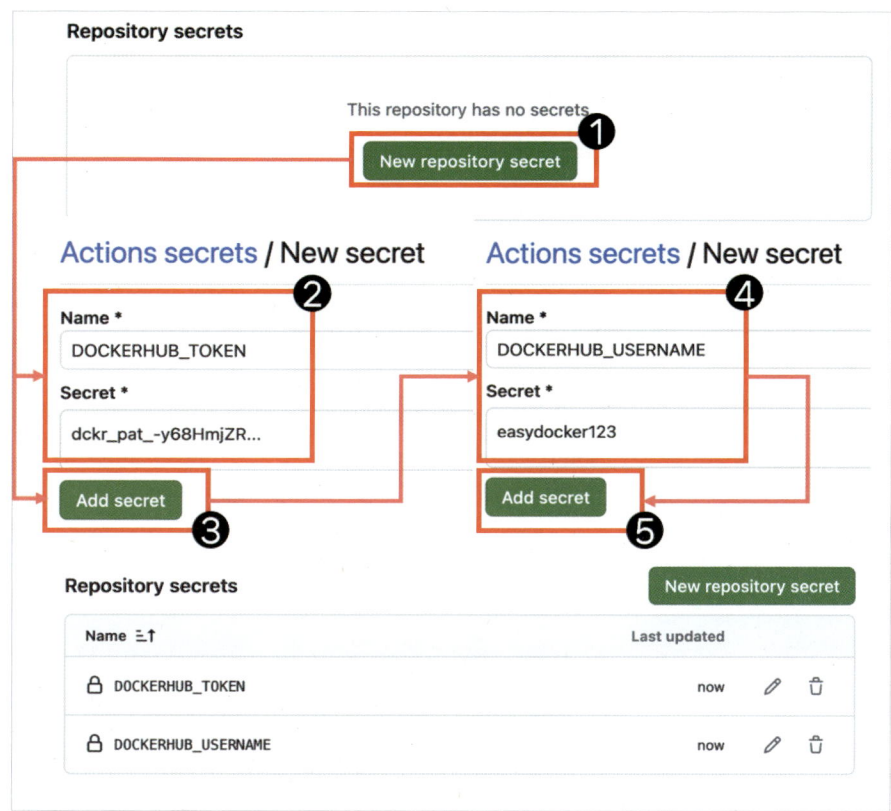

그림 11.27 도커 허브에 대한 접속 정보 시크릿 생성

## leafy-frontend 소스코드의 변경 사항 푸시

소스코드를 한번 더 변경한 후 푸시하겠습니다. 안내 문구 맨 오른쪽에 물음표를 추가한 다음 파일을 저장하고 커밋합니다. 이번에는 "어제도 즐겁게 식물 관리하셨나요?"를 "내일도 즐겁게 식물 관리 하세요!"로 수정했습니다.

```
~/easydocker/my-leafy/leafy-frontend/src/App.vue
5       <p class="description">내일도 즐겁게 식물 관리하세요!</p>
```

변경 사항을 깃허브에 푸시합니다.

```
$ cd ~/easydocker/my-leafy
$ git add .
$ git commit -m "안내 문구 내일로 변경"
 1 file changed, 1 insertion(+), 1 deletion(-)
$ git push
```

다시 [Actions]를 클릭하면 새 커밋 메시지로 워크플로가 실행 중인 것을 확인할 수 있습니다. 워크플로를 클릭해 보면 이번에는 도커 허브 로그인이 정상적으로 진행되고, 이미지를 푸시하는 것을 확인할 수 있습니다.

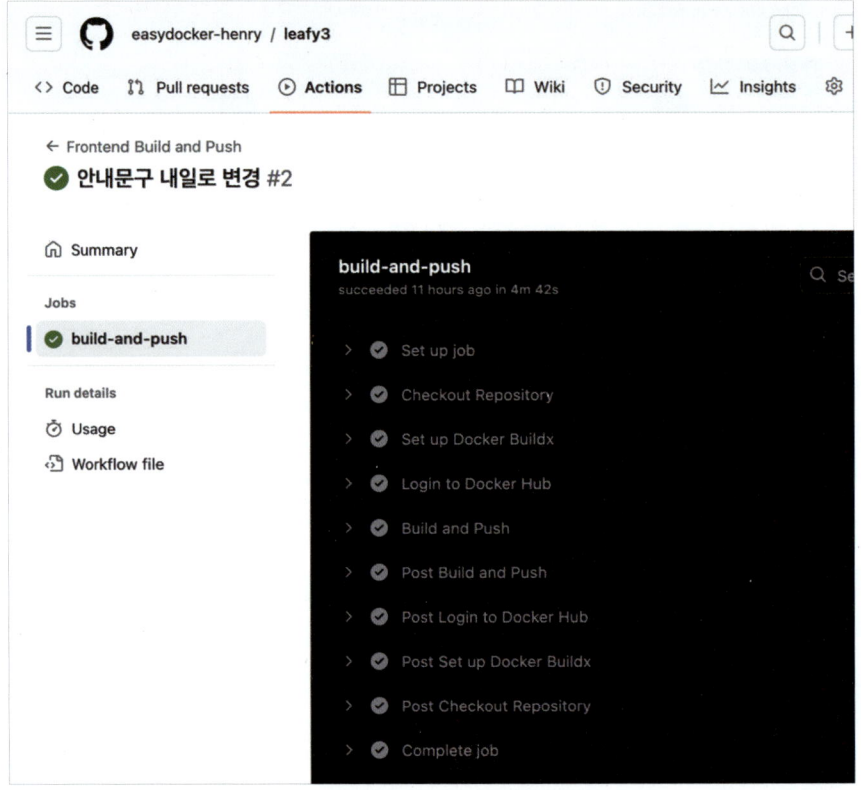

그림 11.28 시크릿 설정 후 파이프라인이 성공한 화면

다시 도커 허브로 이동해 [Repositories]에서 leafy-frontend의 [Tags] 탭을 클릭해 보면 깃허브 러너에서 푸시한 새 이미지가 추가된 것을 확인할 수 있습니다. 태그는 0082533으로 시작합니다.

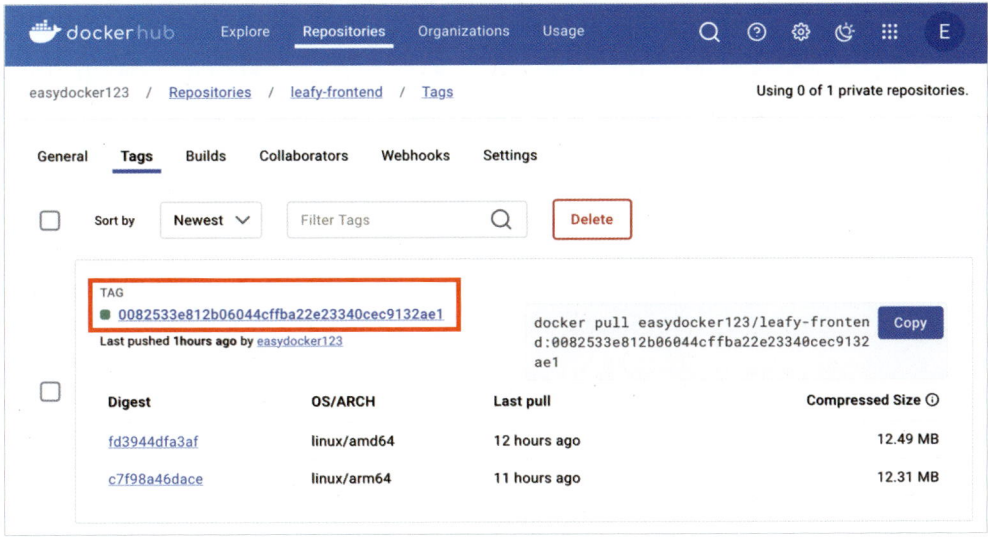

그림 11.29 파이프라인에서 푸시한 이미지 확인

깃허브의 [Code] 탭으로 이동하면 `08-cicd` 브랜치의 최신 커밋 ID가 `0082533`으로 시작하는 것을 알 수 있습니다. 이 커밋 ID는 실습 환경마다 다르게 생성되며, 이미지의 태그와 동일한 값입니다. 이렇게 커밋 ID를 이미지의 태그로 활용하면 이미지를 어떤 버전의 소스코드로 빌드했는지 쉽게 파악할 수 있습니다.

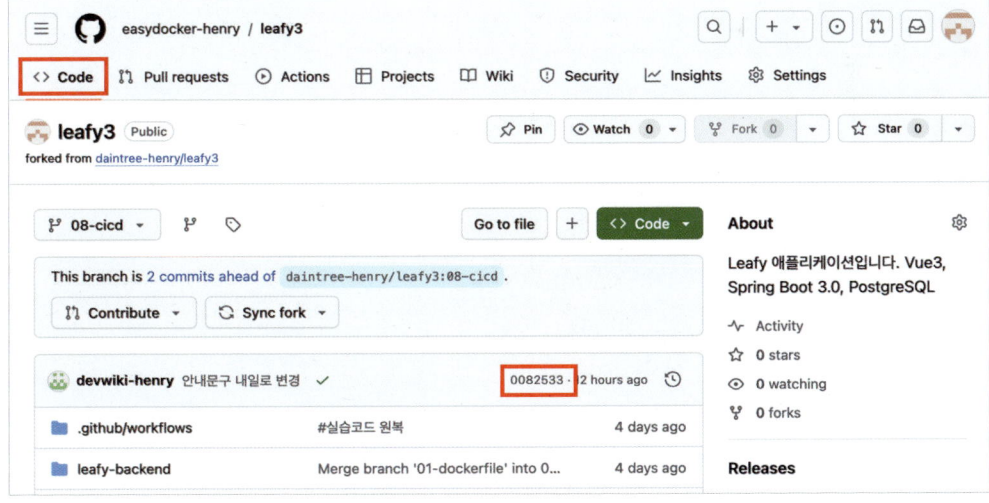

그림 11.30 소스코드의 커밋 ID 확인

## leafy-postgres 소스코드의 변경 사항 푸시

leafy-postgres의 샘플 데이터를 저장하는 `init.sql` 문을 수정하겠습니다. INSERT INTO USERS 부분에서 기존 이메일 계정을 원하는 계정으로 수정합니다.

```
~/easydocker/my-leafy/leafy-postgresql/init/init.sql
57      INSERT INTO users (name, email, password, gender, birth_date) VALUES
58      ('John', '원하는계정명@qmail.com', '$2a$10$vYR4pPQqR/oZcUDZfXrahecEejQHY0kLkDB5s
.FctPRMcEMh1PYhG', 'M', '1988-05-01'),
```

변경 사항을 깃허브에 푸시합니다.

```
$ cd ~/easydocker/my-leafy
$ git add .
$ git commit -m "로그인 아이디 변경"
 1 file changed, 1 insertion(+), 1 deletion(-)
$ git push
```

깃허브의 [Code] 탭으로 이동해 페이지를 새로 고치면 새로운 커밋이 추가된 것을 확인할 수 있습니다.

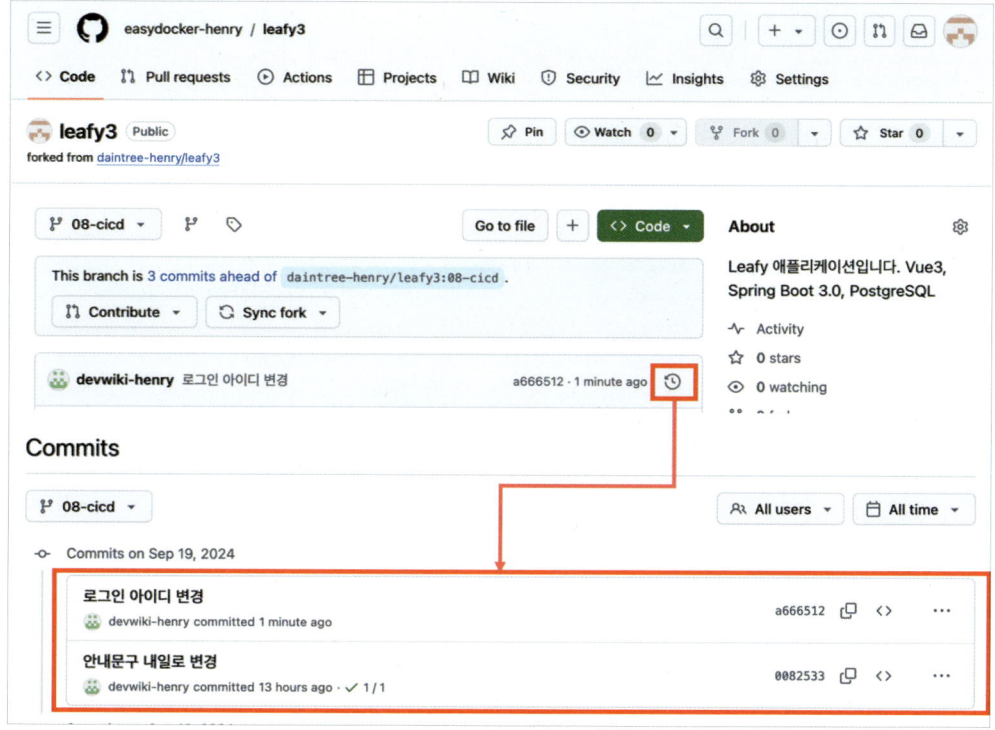

그림 11.31 커밋 내역 확인

이전 커밋(0082533)과 다르게 현재 커밋(a666512)에는 워크플로 표시가 없는 것을 확인할 수 있습니다. [Actions] 탭을 클릭하고 [Postgres Build and Push] 워크플로를 선택하면 실행된 워크플로가 없는 것을 확인할 수 있습니다.

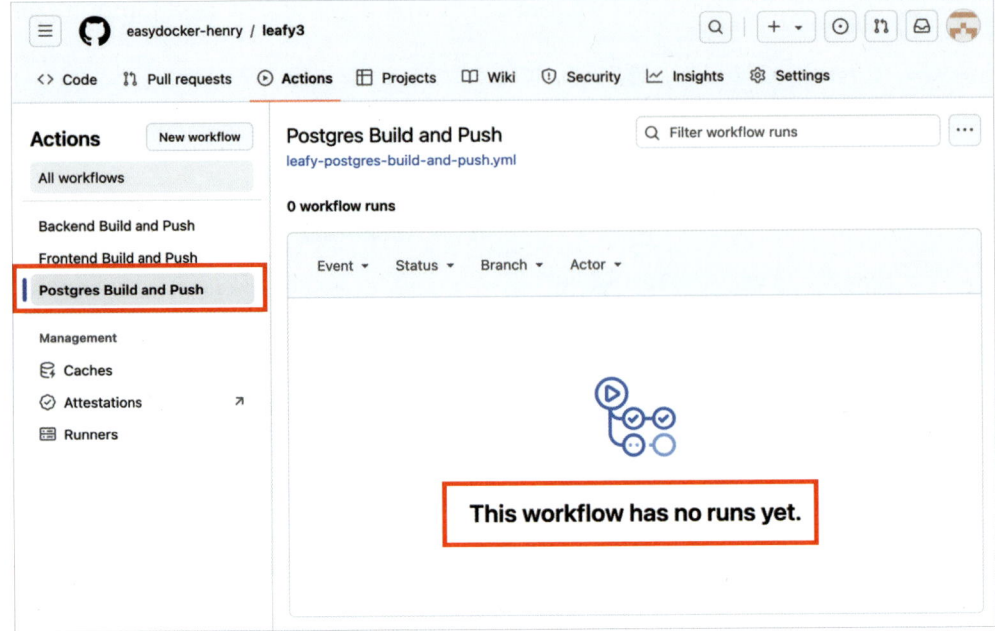

그림 11.32 파이프라인이 실행되지 않은 화면

커밋됐음에도 파이프라인이 실행되지 않은 이유는 워크플로에 정의된 경로에 오타가 있기 때문입니다. 워크플로 파일을 확인해보면 푸시 트리거 부분의 폴더명이 `leafy-postgres`로 돼 있습니다. 하지만 실제 디렉터리의 이름은 `leafy-postgresql`이므로 폴더명이 일치하지 않아 트리거가 발생하지 않은 것입니다. 디렉터리 이름을 `leafy-postgresql`로 수정합니다.

```
~/easydocker/my-leafy/.github/workflows/leafy-postgres-build-and-push.yml
8       paths:
9         - 'leafy-postgresql/**'
```

변경 사항을 깃허브에 푸시합니다.

```
$ cd ~/easydocker/my-leafy
$ git add .
$ git commit -m "파이프라인 디렉터리 수정"
 1 file changed, 1 insertion(+), 1 deletion(-)
$ git push
```

워크플로 파일에서 파이프라인 폴더명을 수정했지만 이전에 테스트용 로그인 아이디를 변경한 부분은 여전히 워크플로가 실행되지 않는 것을 확인할 수 있습니다. 워크플로 파일의 변경 사항은 이전 커밋에 영향을 미치지 않으며, 파일을 변경한 다음 커밋부터 적용됩니다. 이제 새로운 변경 사항을 푸시하겠습니다.

```
~/easydocker/my-leafy/leafy-postgresql/init/init.sql
57      INSERT INTO users (name, email, password, gender, birth_date) VALUES
58      ('원하는계정명', '원하는계정명@qmail.com', '$2a$10$vYR4pPQqR/oZcUDZfXrahecEejQHY
0kLkDB5s.FctPRMcEMh1PYhG', 'M', '1988-05-01'),
```

변경사항을 깃허브에 푸시합니다.

```
$ cd ~/easydocker/my-leafy
$ git add .
$ git commit -m "계정 정보 변경"
 1 file changed, 1 insertion(+), 1 deletion(-)
$ git push
```

워크플로의 `paths`에 업데이트한 `leafy-postgresql` 디렉터리에 `init.sql` 파일이 포함되므로 이번 커밋은 워크플로를 트리거합니다.

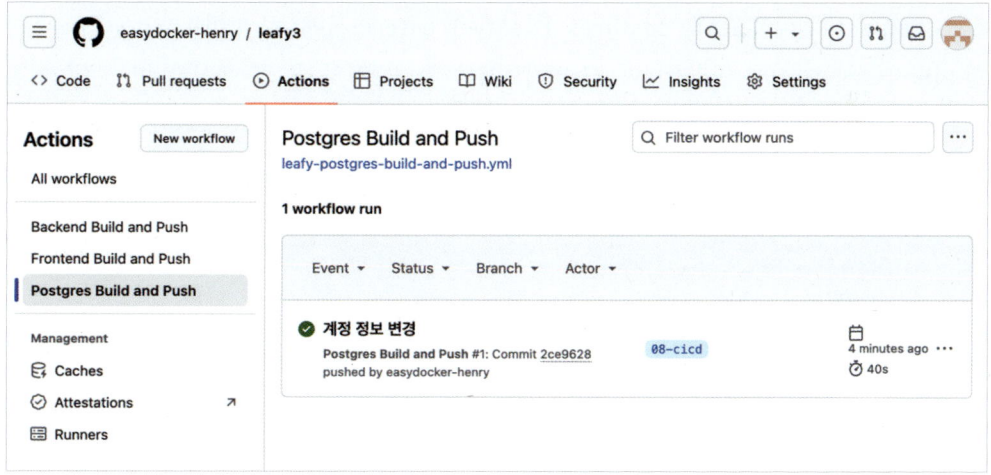

그림 11.33 파이프라인이 정상적으로 실행된 화면

파이프라인이 완료되면 도커 허브로 이동해 `leafy-postgres` 이미지를 확인합니다. `leafy-frontend`와 동일하게 커밋 ID 값을 태그로 한 이미지가 푸시된 것을 확인할 수 있습니다.

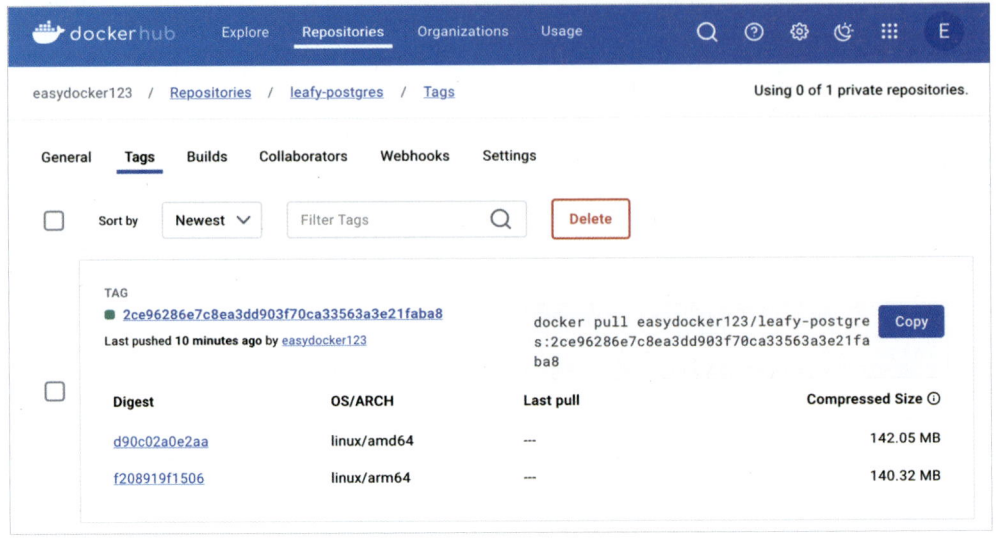

그림 11.34 파이프라인에서 푸시한 이미지 확인

## 파이프라인 이미지를 사용해 도커 컴포즈 실행

푸시된 이미지와 도커 컴포즈를 활용해 리피 애플리케이션을 실행해보겠습니다. 먼저 `docker-compose.yml` 파일에서 `leafy-postgres`와 `leafy-frontend` 서비스를 파이프라인을 통해 푸시한 이미지를 사용하도록 변경합니다. 도커 허브에서 각 이미지의 태그를 복사합니다. 두 이미지 모두 소스코드로 빌드하지 않고 도커 허브의 이미지로만 실행할 것이므로 `build` 속성은 제거합니다.

```
~/easydocker/my-leafy/docker-compose.yml
3      leafy-postgres:
4          build: ./leafy-postgresql
4          image: (도커 허브에서 복사한 이미지 태그)
예시:      image: easydocker123/leafy-postgres:2ce96286e7c8ea3dd903f70ca33563a3e21faba8
29     leafy-frontend:
30         build: ./leafy-frontend
30         image: (도커 허브에서 복사한 이미지 태그)
예시:      image: easydocker123/leafy-frontend:0082533e812b06044cffba22e23340cec9132ae1
```

컴포즈를 실행하면 leafy-postgres와 leafy-frontend 이미지를 도커 허브에서 다운로드하는 것을 확인할 수 있습니다.

```
$ cd ~/easydocker/my-leafy
$ docker compose up -d
 ✓ leafy-postgres 16 layers [▓▓]         Pulled     20.0s
 ✓ leafy-frontend 10 layers [▓▓]         Pulled     17.5s
[+] Running 5/5
 ✓ Network my-leafy_default              Created    0.0s
 ✓ Volume "my-leafy_mydata"              Created    0.0s
 ✓ Container my-leafy-leafy-postgres-1   Started    0.3s
 ✓ Container my-leafy-leafy-backend-1    Started    0.0s
 ✓ Container my-leafy-leafy-frontend-1   Started    0.0s
```

브라우저에서 시크릿 창을 열어 http://localhost에 접속합니다. 이번에는 로그인 계정을 이전의 init.sql에서 수정한 계정으로 로그인합니다. 비밀번호는 동일하게 password123으로 입력하면 정상적으로 로그인되는 것을 확인할 수 있습니다.

그림 11.35 데이터베이스의 수정한 정보로 로그인

화면에 표시되는 사용자 환영 문구도 App.vue 파일을 수정한 내용으로 정상적으로 반영된 것을 확인할 수 있습니다.

그림 11.36 수정된 사용자명이 반영된 모습

이처럼 CI 파이프라인을 사용해 자동으로 소스코드를 이미지로 빌드해 푸시하고, 이 이미지를 사용해 애플리케이션의 버전을 업그레이드할 수 있습니다.

이제 터미널로 돌아와 Ctrl + C를 눌러 컴포즈를 종료합니다. 컴포즈 환경을 제거하고 실습을 마치겠습니다.

```
$ docker compose down -v
[+] Running 5/3
 ✔ Container my-leafy-leafy-frontend-1     Removed      0.1s
 ✔ Container my-leafy-leafy-backend-1      Removed      0.1s
 ✔ Container my-leafy-leafy-postgres-1     Removed      0.1s
 ✔ Volume my-leafy_mydata                  Removed      0.0s
 ✔ Network my-leafy_default                Removed      0.0s
```

이번 실습에서는 세 가지 깃허브 액션을 생성해 CI 파이프라인을 구성했습니다. 각 액션에는 특정 조건을 감지하는 트리거가 설정돼 있어 소스코드를 푸시하면 자동으로 워크플로가 실행됩니다. 이 과정에서 러너가 활성화되어 소스코드를 다운로드하고, 이미지를 빌드해 도커 허브 계정으로 푸시합니다. 마지막으로, 실습용 PC 또는 실제 개발/운영 서버에서 이 이미지를 가져와 애플리케이션을 실행합니다.

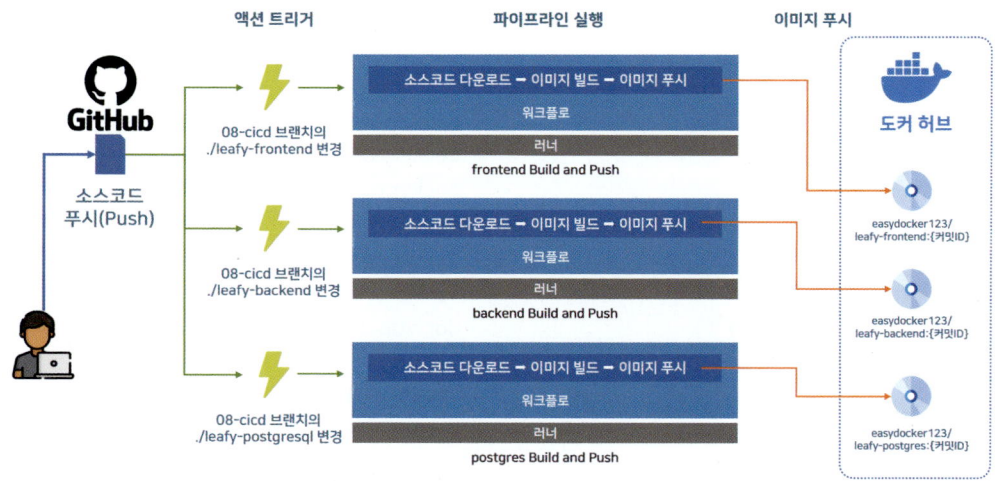

그림 11.37 실습 파이프라인 구조

자동화된 워크플로를 사용하면 개발부터 배포까지의 과정을 간소화하고, 일관된 환경에서 애플리케이션을 실행할 수 있습니다. 또한 개발 환경과 운영 환경 간의 차이를 최소화할 수 있습니다.

이번 장에서는 데브옵스와 파이프라인의 개념을 익히고, 깃허브 액션을 활용해 CI 파이프라인을 만들고 실행했습니다. 실습 소스코드를 깃허브 계정으로 직접 포크한 후 코드를 변경하면서 자동으로 워크플로가 실행되는 것을 관찰했습니다. 마지막으로 파이프라인에서 푸시한 이미지를 원하는 환경에 배포하는 작업만 추가하면 전체 CI/CD 파이프라인을 완성할 수 있습니다.

## 【기호】

| | |
|---|---|
| .dockerignore | 110, 243 |
| -e 옵션 | 61 |
| 3티어 아키텍처 | 256 |

## 【A - D】

| | |
|---|---|
| API(Application Programming Interface) | 34 |
| ARG | 122 |
| build | 325 |
| build-push-action | 339 |
| CD(Continuous Delivery/Deployment) | 331 |
| cgroups | 31 |
| checkout | 337 |
| CI/CD 파이프라인 | 329, 330 |
| CI(Continuous Integration) | 331 |
| CIDR | 197 |
| Cmd | 54 |
| CMD | 105, 126 |
| Commands | 40 |
| Common Commands | 40 |
| config.json | 83 |
| containerd | 33 |
| COPY | 105 |
| cpus | 326 |
| Created | 64 |
| cri-o | 33 |
| Deleted | 65 |
| depends_on | 323 |
| deploy | 326 |
| DNS(Domain Name System) | 189 |
| docker0 | 193 |
| docker 명령 | 39 |
| docker build | 105 |
| docker commit | 100 |
| docker compose up | 306 |
| docker-compose.yml | 305 |
| docker container --help | 40 |
| docker container inspect | 55, 231 |
| docker container run | 39 |
| docker cp | 153 |
| docker create | 64 |
| dockerd | 34 |
| docker events | 278 |
| docker exec | 232 |
| docker exec -it | 99 |
| Dockerfile | 104 |
| docker --help | 38 |
| docker image --help | 39 |
| docker image history | 93 |
| docker image inspect | 55 |
| docker image ls | 50 |
| docker image pull | 93 |
| docker inspect | 279 |
| docker logs | 67 |
| docker network create | 196 |
| docker network inspect | 196 |
| docker network ls | 196 |
| docker network rm | 196 |
| docker pause | 64 |
| docker ps | 36, 52 |
| docker pull | 79 |
| docker push | 79 |
| docker restart | 64 |
| docker rm | 41, 52, 65 |
| docker run | 39 |
| docker start | 64 |
| docker stats | 68, 278 |
| docker stop | 69 |
| docker tag | 79 |
| docker volume | 228 |
| docker volume inspect | 231 |
| docker volume rm | 229 |

## [E - O]

| | |
|---|---:|
| ENTRYPOINT | 126 |
| Env | 54 |
| ENV | 122 |
| EXPOSE | 119 |
| FROM | 105 |
| Gateway | 197 |
| IaC(Infrastructure as Code) | 103 |
| IP 주소 | 179 |
| iptables | 195 |
| iTerm2 | 11 |
| jobs | 335 |
| limits | 326 |
| login | 338 |
| Management Commands | 40 |
| memory | 326 |
| MSA | 141 |
| name | 335 |
| NAT | 186 |
| nslookup | 189 |
| OCI(Open Container Initiative) | 33 |
| on | 335 |

## [P - Z]

| | |
|---|---:|
| Paused | 64 |
| PostgreSQL | 143 |
| Replication Manager | 277 |
| repmgr | 277 |
| resources | 326 |
| restart | 326 |
| RUN | 241 |
| runC | 33 |
| Running | 64 |
| scratch 이미지 | 243 |
| setup-buildx-action | 338 |
| Stopped | 65 |
| Subnet | 197 |
| USER | 119 |
| Veth | 194 |
| Visual Studio Code | 8 |
| volumes | 325 |
| VS Code | 8, 14, 286 |
| Vue.js | 143 |
| WORKDIR | 119 |
| WSL 2 | 6 |
| YAML | 305 |

## 【ㄱ - ㄹ】

| | |
|---|---|
| 가상 네트워크 | 194 |
| 가상머신 | 28 |
| 가상화 | 1, 23 |
| 게스트OS | 28 |
| 격리성 | 221 |
| 고가용성 | 270 |
| 공인망 | 185 |
| 공인 IP | 181 |
| 관리 커맨드 | 39 |
| 구성 | 46 |
| 깃 | 2, 3 |
| 깃허브 | 73 |
| 깃허브 액션 | 329, 331 |
| 네임스페이스 | 31 |
| 네트워크 | 178 |
| 네트워크 인터페이스 | 184 |
| 데브옵스 | 329 |
| 데이터베이스 서버 | 21 |
| 데이터 영속성 | 223 |
| 데이터 일관성 | 224 |
| 도커 | 1, 19 |
| 도커 데몬 | 34 |
| 도커 데스크톱 | 2, 5, 12 |
| 도커 볼륨 | 223 |
| 도커 컴포즈 | 304 |
| 도커파일 | 104 |
| 도커 허브 | 72, 77 |
| 도커 CLI | 35 |
| 러너 | 334 |
| 레이어 | 87 |
| 레이어드 파일 시스템 | 87 |
| 로컬 스토리지 | 74 |

## 【ㅁ - ㅅ】

| | |
|---|---|
| 마운트 | 225 |
| 마이크로서비스 아키텍처 | 137, 141 |
| 멀티 스테이지 빌드 | 128 |
| 메타데이터 | 54 |
| 모놀리식 | 141 |
| 바인드 마운트 | 234 |
| 버추얼박스 | 30 |
| 베어메탈 | 22 |
| 복원력 | 140, 221 |
| 볼륨 마운트 | 226 |
| 불변성 | 220 |
| 브리지 네트워크 | 193 |
| 비용 효율성 | 140 |
| 비주얼 스튜디오 코드 | 2 |
| 빌드 | 98 |
| 사설망 | 185 |
| 사설 IP | 181 |
| 삭제 | 65 |
| 생명주기 | 64 |
| 생성 | 64 |
| 서버 | 19 |
| 서버 이중화 | 224 |
| 소프트웨어 | 24 |
| 스케일 아웃 | 142 |
| 스케일 인 | 142 |
| 스테이트리스 | 216 |
| 스텝 | 334 |
| 시간 기반 트리거 | 336 |
| 시스템 콜 | 29 |
| 실행 | 64 |

## 【ㅇ - ㅎ】

|  |  |
|---|---|
| 아웃바운드 | 186 |
| 아티팩트 | 114 |
| 알파인 이미지 | 243 |
| 엔진엑스 | 37 |
| 오버헤드 | 32 |
| 온디맨드 | 139 |
| 온프레미스 | 140 |
| 요청 | 20 |
| 워크플로 | 334, 335 |
| 원격 개발 환경 | 286 |
| 웹 서버 | 21, 37 |
| 웹 애플리케이션 서버 | 21 |
| 응답 | 20 |
| 이미지 | 41, 45, 46 |
| 이미지 레지스트리 | 72 |
| 이식성 | 221 |
| 이중화 | 270 |
| 인바운드 | 186 |
| 인텔리제이 IDEA | 292 |
| 일시정지 | 64 |
| 잡 | 334 |
| 종료 | 65 |
| 지속적 배포 | 331 |
| 지속적 전달 | 331 |
| 지속적 통합 | 331 |
| 카피-온-라이트 | 97 |
| 캐시 | 246 |
| 커널 | 29 |
| 커맨드 | 39 |
| 커밋 | 98 |
| 컨테이너 | 1, 19, 31 |
| 컨테이너 가상화 | 31 |
| 컨테이너 런타임 | 33 |
| 컨테이너 방식 | 22 |
| 컨테이너 엔진 | 33 |
| 컨테이너 플랫폼 | 33 |
| 클라우드 | 138 |
| 클라우드 서버 | 138 |
| 클라이언트 | 20 |
| 터미널 | 2 |
| 트리거 | 335 |
| 파일 서버 | 21 |
| 퍼블릭 레지스트리 | 74 |
| 퍼블릭 클라우드 | 138 |
| 포트 | 184 |
| 포트 포워딩 | 186 |
| 푸시 | 79 |
| 푸시 기반 트리거 | 336 |
| 풀 | 79 |
| 프라이머리-스탠바이 구조 | 272 |
| 프라이머리-프라이머리 구조 | 272 |
| 프라이빗 레지스트리 | 74 |
| 프라이빗 클라우드 | 138 |
| 프락시 | 257 |
| 프로그램 | 47 |
| 프로비저닝 | 138 |
| 프로세스 | 28, 47 |
| 하이브리드 클라우드 | 140 |
| 하이퍼바이저 | 19, 27 |
| 하이퍼바이저 가상화 | 27 |
| 하이퍼바이저 방식 | 22 |
| 호스트OS | 28 |
| 홈브루 | 11 |
| 확장성 | 139, 221 |
| 환경변수 | 263 |

memo